EUROPA VOR DEM ZWEITEN WELTKRIEG 1939

Hellmuth Günther Dahms

Der Zweite Weltkrieg

in Text und Bild

Hellmuth Günther Dahms

Der Zweite Weltkrieg
in Text und Bild

Mit 430 Farb- und Schwarzweiß-Abbildungen und Übersichtskarten

Herbig

Bildnachweis

Alle Fotos aus dem Bildarchiv J. K. Piekalkiewicz, außer:
Bibliothek für Zeitgeschichte, Stuttgart: 45, 274, 384
Brunswig, Hans: 243
Bundesarchiv: 35, 239
Sammlung Dahms: 1, 8, 9, 12, 16, 17, 18, 20, 21, 26, 30, 49, 54, 58, 69, 75, 83, 95, 96, 97, 113, 119, 125, 126, 130, 134, 148, 149, 152, 155, 156, 157, 167, 181, 186, 193, 196, 198, 205, 210, 216, 217, 223, 227, 236, 250, 261, 264, 269, 272, 273, 274, 276, 278, 287, 290, 293, 298, 310, 314, 320, 324, 325, 326, 328, 330, 332, 338, 351, 353, 354, 356, 361, 362, 366, 370, 380, 383, 406a, 407, 411, 412, 413, 414, 415, 417, 418
dpa-Bild: 40, 206, 409
General Headquarters Helsinki: 43
Buchverlage Langen Müller/Herbig: 4, 15, 104, 110, 112, 215, 222, 286, 291, 292, 300, 319, 327, 366, 381, 392, 400, 408, 416
Model, Hansgeorg: 313
Nordisk Pressefoto A/S: 329
Nowarra, Heinz J.: 46, 78, 106, 117, 124, 192, 352
Olbricht, Eva: 317
Pääesikunta Kuvakeskus, Helsinki: 43
Polizeipräsidium Hamburg: 105
Bildarchiv Preußischer Kulturbesitz: 64, 132, 170, 247, 253, 286, 385, 395, 396, 397, 401
Sammlung C. Weber: 14, 99, 103, 197, 225, 237, 316, 394
Sowjetunion heute: 315
Bilderdienst Südd. Verlag: 5, 19, 29, 38, 57, 67, 160, 175, 187, 266, 279, 386, 394, 402
Ullstein Bilderdienst: 36, 37, 47, 71, 82, 85, 93, 114, 116, 122, 135, 161, 177, 183, 188, 199, 213, 221, 224, 229, 252, 255, 256, 284, 369, 389, 391

1. Auflage September 1989
2. Auflage Dezember 1991
3. Auflage Mai 1993
4. Auflage Januar 1995
5. überarbeitete und ergänzte Auflage Mai 1999

Umschlaggestaltung: Wolfgang Heinzel
Reproduktion des Bildteils: SCAN TRANS, Singapore
Satz: Filmsatz Schröter GmbH, München
Gesetzt aus 10/11.5 Times auf Linotronic 330
Karten: Karlheinz Steffel
Druck und Binden: Gorenjski tisk, Kranj, Slovenia
Printed in Slovenia 1999
ISBN: 3-7766-2080-3

Inhalt

Teil II

Teil III

Abkürzungsverzeichnis

A4	Aggregat 4 (später V2)
AK	Armeekorps
Asdic	Allied Submarine Detection Investigation Committee (u.- von ihm entwickeltes Ortungsgerät)
B-Dienst	Funkbeobachtung
BdU	Befehlshaber der U-Boote
BRT	Bruttoregistertonne(n)
C-in-C	Commander-in-Chief (Oberkommandierender)
Comando Supremo	Oberkommando der italienischen Gesamtstreitkräfte
DFS	Deutsche Forschungsanstalt für Segelflug (u. von ihr entwickeltes Gerät)
FlK	Fliegerkorps
HF/DF	High Frequency Direction Finding
HGr	Heeresgruppe
Hiwi	Hilfswilliger
HX	Geleitzug Halifax–England
JS	Jossif Stalin (sowj. Panzer)
KGB	Kommisariat Dosudarstwennoj Besopastnosti (Kommissariat für Staatssicherheit d. UdSSR)
Komintern	Kommunistische Internationale
Krad	Kraftrad
kv	kriegsverwendungsfähig
KW	Kliment Woroschilow (sowj. Panzer)
KZ	Konzentrationslager (amtl. KL)
LFl	Luftflotte
NKWD	Narodnyj Kommisariat Wnutrennich Djel (Kommissariat für innere Angelegenheiten der UdSSR)
NS	Nationalsozialistisch
ObdM	Oberbefehlshaber der Marine
ObdH	Oberbefehlshaber des Heeres
ObdL	Oberbefehlshaber der Luftwaffe
ObdW	Oberbefehlshaber der Wehrmacht (Hitler)
OKL	Oberkommando der Luftwaffe
OKW	Oberkommando der Wehrmacht
OT	Organisation Todt
P	Panzer
Pak	Panzerabwehrkanone
PQ	Geleitzug England–Island–Murmansk
PzK	Panzerkorps
RAD	Reichsarbeitsdienst
RADAR	Radio Selecting and Ranging (Funkmeßgerät)
RLM	Reichsluftfahrtministerium
RSHA	Reichssicherheitshauptamt
SD	Sicherheitsdienst (des RSHA)
sm	Seemeile(n)
SS	Schutzstaffeln (der NSDAP)
Stawka	Stawka Glawnowo Kommandinija Woorzhannykh Sol CCCP
Stuka	Sturzkampfbomber
T	Tank (Panzer)
t	Gewichtstonne von Kriegsschiffen (im Unterschied zu BRT)
U	Unterseeboot
uk	unabkömmlich
V1, V2	Vergeltungswaffe (raketengetriebenes Projektil)
Wabo	Wasserbombe

Einführung

Europäischer Krieg

Der Zweite Weltkrieg begann mit Hitlers Angriff auf Polen (1939). Großbritannien und Frankreich kamen ihren Bündnisverpflichtungen gegenüber diesem Staat nach und erklärten Deutschland den Krieg. Die von Stalin beherrschte Sowjetunion eroberte Ostpolen, bemächtigte sich der baltischen Republiken und überfiel Finnland. Teile der deutschen Wehrmacht besetzten Dänemark und Norwegen, bevor größere Verbände an der Westgrenze des Reiches losschlugen, Luxemburg, die Niederlande, Belgien und Frankreich niederwarfen und das britische Heer vom Festland vertrieben (1940). Als Italien seine abwartende Haltung revidierte, wurden auch der Mittelmeerraum und Nordafrika in den Konflikt einbezogen (1940/41).

Hitler hatte mit Zustimmung von Stalin (UdSSR) und Mussolini (Italien) gehandelt. Er führte »Blitzfeldzüge« und nutzte die Zwischenzeiten zur Auffrischung der Kräfte. Diese Strategie versagte in der Luftschlacht um England (1940). Der deutsche Angriff auf die anfangs kooperierende Sowjetunion führte zum Dauerkrieg (1941). Die USA und Großbritannien näherten sich der UdSSR. Japan, das seit 1937 gegen China kämpfte und zunehmend unter anglo-amerikanischen Sanktionen litt, versuchte seine Widersacher durch den Überfall auf Pearl Harbor mattzusetzen (1941).

Globaler Krieg

Der zum globalen Krieg gewordene Konflikt brachte die Wende. Hatten die Angreiferstaaten bisher Boden gewonnen, so mußten sie sich nun verteidigen. Amerika, das als letzte Großmacht den Ring betrat, eröffnete die strategische Offensive. Sie ermöglichte der bedrängten Sowjetunion das Überleben und brachte den USA kraft ihres unangreifbaren technisch-wirtschaftlichen Potentials die Hegemonie. Dennoch überließ Präsident Roosevelt, der die UdSSR als Partner gegen Japan gewinnen und in eine neue Weltorganisation einbinden wollte, den Sowjets erhebliche Gewinne.

Die Alliierten

Die Politik der Mächte war von Interessen bestimmt. Keine Regierung konnte sich ihre Alliierten unter ideologischen Gesichtspunkten aussuchen. Frankreich war schon vor dem Krieg mit der Sowjetunion und dem autoritär gelenkten Polen verbündet. England bewegte sich in die gleiche Richtung. Hitler und Stalin – zwei erklärte Feinde – schmiedeten ein Komplott zur Aufteilung Ostmitteleuropas. Nach dem Bruch zwischen beiden Diktatoren eilten England und die USA der UdSSR zu Hilfe. Gleichzeitig umwarben die Anglo-Amerikaner auch andere autoritär regierte Staaten wie China und Brasilien, Spanien, Portugal und die Türkei.

Die Dreierpaktstaaten

Ebenso widerspruchsvoll entwickelte sich die von Hitler geschaffene Koalition. Deutschland hatte an Italien und Japan keine gleichgestimmten Weggefährten. Der Dreierpakt, den das Deutsche Reich mit ihnen schloß, hielt nur wenige Jahre. Kleinere Partner in dieser Konstellation – das demokratische Finnland, die kirchlich-autoritär geführte Slowakei, ideologiefreie Staaten wie Rumänien, Ungarn und Bulgarien – verstanden sich nicht als Teile eines unauflöslichen Blockes. Jeder blieb dem Bündnis nur so lange treu, wie es das eigene Interesse gebot.

Kriegsziele

Ursache waren die verschiedenen Kriegsziele. Hitler wollte »neuen Lebensraum« erobern. Mussolini suchte den status quo zu verändern, aber nicht auf Kosten osteuropäischer Völker, sondern im Mittelmeer, dem mare nostro *der Italiener. Japan erstrebte die Herrschaft über eine gesicherte Wirt-*

schaftssphäre mit ausreichenden Rohstoffreserven. Alle anderen wünschten eine Arrondierung ihrer Gebiete oder die Korrektur älterer Friedensschlüsse. Die Beweggründe der Dreierpaktstaaten ließen sich daher nicht auf einen Nenner bringen. Finnland, Rumänien, Ungarn und Bulgarien nahmen gegebene Chancen wahr – wie andere Mächte in vergleichbarer Lage. Japan und Italien expandierten unter dem Schock vorausgegangener Krisen. Auch Deutschland bewegten solche spätimperialistischen Reflexe, doch verband Hitler mit ihnen revolutionäre Ziele und eine rassistische Utopie, die zu Ausrottungskampagnen großen Umfanges führten.

Vorgeschichte

Die Schwelle der Zeit

Der Weg in den Krieg

Machthaber und Gehilfen

Kräfte und Kriegsmittel

Die Schwelle der Zeit

Seit der Jahrhundertwende hatte sich die Welt von Grund auf verändert. Neue Kräfte waren miteinander wirksam geworden. Wissenschaft und Technik erweiterten den Schauplatz des Geschehens. Sie verkürzten die Entfernungen für moderne Verkehrsmittel, Nachrichtensysteme und Waffen. Ihre Reichweite beschleunigte die Mobilität des Menschen und verleiteten ihn zu überstürztem Handeln.

Triebkräfte

Eine andere Triebkraft war die rasche Bevölkerungszunahme. Aus Furcht vor den Folgen unternahmen die Staaten immer neue Anstrengungen. Die Ernährungswirtschaft und das Transportsystem wurden verbessert, Rohstoffe und Energiequellen erschlossen, riesige Städte und Industrien gebaut, Arbeitskräfte eingestellt, Märkte erweitert, Bedürfnisse geweckt und in den *Kampf ums Dasein* einbezogen.

Ideologien

Die Umwälzung führte zu seelisch-geistigen Irritationen. Dem fortgeschrittenen Teil der Menschheit genügten herkömmliche Verheißungen nicht mehr. Das Heilsverlangen der neuen Erwerbsgesellschaft suchte Halt bei pseudowissenschaftlichen Totalanschauungen, verführerischen Ideologien, einfachen Programmen, schnell faßlichen Informationen. Die damit einhergehende Identitätskrise verstärkte den Wunsch nach zeitgemäßer Orientierung.

Massenbewegungen

Große Bevölkerungsgruppen bahnten sich Wege zum Erwerb materieller Lebensgüter. Massenproduktionen und Massenkonsum waren nicht mehr allein Resultate der Veränderung, sondern selbst von sozialer Dynamik. Die Politisierung des Glücksstrebens hatte begonnen. Massenbewegung und Massendemokratie, Massenmedien und Massenverführung, Massenwahn und Massenvernichtung kennzeichneten den Gang der Geschichte stärker als zuvor.

Großmächte

Ältere Gesellschaftsformen und staatliche Strukturen blieben vorerst noch bestehen: das selbstherrliche Zarentum (Rußland), die Militärmonarchie (Deutschland, Österreich-Ungarn), das konstitutionelle Königtum (Großbritannien), die bürgerliche Republik (Frankreich). Aber hinter den Fassaden sammelte sich Sprengstoff. Die Massen wurden organisiert, drängten zur Mitbestimmung und gaben dadurch der Politik neue leidenschaftliche Akzente.

Erster Weltkrieg

Dies geschah in der Artikulation eines mächtig aufbrausenden Nationalismus. Das Unvermögen, von dem Ringen um neue Lebenschancen und materiellen Gewinn abzulassen, war eine der tieferen Ursachen des Ersten Weltkrieges (1914–1918). Zwei Koalitionen traten sich gegenüber. An die Seite der Frankreich, Rußland und Großbritannien umfassenden Entente traten Japan und Belgien, Rumänien und Portugal, schließlich die USA und andere überseeischen Staaten. Die Mittelmächte – Deutschland und Österreich-Ungarn – gewannen nur das Osmanische Reich und Bulgarien als Verbündete.

Die Kabinettspolitik alten Stils war der zunehmenden Problematik nicht gewachsen. Verstrickende Bündnis und Rücksichtnahme auf Millionen Menschen, die begeistert zu den Waffen griffen, verlangten unkonventionelle Entschlüsse. Die Regierungen standen bei ihren Verbündeten und den Massen im Wort. Darüber ging die Kunst, rechtzeitig einen Kompromißfrieden zu schließen, verloren. Europa wurde vom Mahlstrom des Zerstörungskrieges fortgerissen.

Die Technik drückte der Strategie den Stempel auf. Doch sie bestimmte nicht nur über Pläne der Militärs, sondern lenkte durch Vervollkommnung des *totalen Krieges* auch zivile Kräfte. Neue sittlich-moralische Kategorien kamen ins Spiel. Schon war vom Rassen- oder Klassenfeind die Rede. Man verteufelte den Gegner und stigmatisierte ihn, sobald er unterlag, mit der »Kriegsschuld«.

Lenin und Wilson

Propheten nutzten die Stunde. Wladimir I. Uljanow (Lenin) und Lew D. Bronstein (Trotzkij) verkündeten ihr Revolutionsprogramm auf der Grundlage des Marxismus. Woodrow Wilson, der amerikanische Präsident, skizzierte den Entwurf einer bürgerlich-liberalen Weltordnung; ein Völkerbund, *a General and Common Family of the League of Nations*, sollte gegründet werden.

Doch der erhoffte »Friede ohne Sieger und Besiegte« blieb eine Illusion. Im Vertrag von Versailles wurden Grundsätze für eine bessere Weltordnung übergangen oder verfälscht. Ein Ultimatum der Sieger zwang die Weimarer Nationalversammlung zur Hinnahme des Diktates. Das Deutsche Reich mußte viele Gebiete abtreten und auf unabsehbare Zeit und in nicht genannter Höhe finanzielle Reparationen zahlen.

Versailles

Die Friedensbedingungen für Deutschlands Verbündete waren noch drükkender. Ungarn sah sich auf ein Drittel seines Territoriums beschränkt und mußte ebenso wie Österreich ohne Verbindung mit dem Meer existieren. Bulgarien verlor die Dobrudscha und seinen Ausgang zur Ägäis. Vom Osmanischen Reich blieben nur die kleinasiatische Türkei und Ostthrazien übrig.

Der Untergang des Zarenreiches, das Zerbrechen Österreich-Ungarns und die deutsche Niederlage hatten den Abfall nationaler Minderheiten zur Folge. Während Deutschland kleine Gruppen aus seinem Staatsverband entließ, trennte sich von Rußland die Masse der Polen, Litauer, Finnen, Esten und Letten. Das Ende der Habsburger-Monarchie brachte neben einer dritten polnischen Minorität vor allem Magyaren, Tschechen und Slowaken, Kroaten und Slowenen die Freiheit.

Völkerbund

Die neuen Verhältnisse wurden zur schweren Belastung für den 1920 in Genf konstituierten Völkerbund. Weder konnte er vorhandenen Minderheiten zu ihrem Recht verhelfen noch die Abrüstungsfrage lösen. Die Besiegten waren von der Weltorganisation ausgeschlossen. Auch fehlten ihr die drei flächengrößten Staaten. China blieb reserviert, die Sowjets befanden sich im Bürgerkrieg, der US-Senat verweigerte die Ratifizierung des mit dem Völkerbundstatut gekoppelten Versailler Vertrages.

Wilson hatte gehofft, die Weltprobleme mit der Liga unter amerikanischer Führung meistern zu können. Aber das Wählervolk der USA war ihm auf diesem Wege nicht gefolgt, sondern bei erster Gelegenheit mehrheitlich in die als »Normalität« bezeichnete Isolation zurückgekehrt. Die Vereinigten Staaten hatten daher kein Gewicht als Garantiemacht der neuen Friedensordnung.

Frankreich

Zusagen verloren ihre Geschäftsgrundlage. Großbritannien und Frankreich sahen sich allein gelassen. Militärkonventionen, zu denen sich Belgien, Polen und die Tschechoslowakei (ČSR) bereitfanden (1920/21), boten keinen Ersatz für die zerfallene Entente. Wegen ungelöster Grenzfragen konnten diese Bündnisse sogar gefährlich werden. Erstarkten das Deutsche Reich und Sowjetrußland, so war es um den *cordon sanitaire* der mittelosteuropäischen Staaten geschehen.

Italien

Italien und Japan hatten für die Machterhaltung der westeuropäischen Staaten kein Interesse. Beide fühlten sich hintergangen, weil ihre Kriegsbeteiligung ungenügend honoriert worden war. Rom forderte daher eine Revision der Friedensverträge, Tokio ein Verbot der »Rassendiskriminierung« durch den Völkerbund. Frankreich schob der italienischen Einwanderung in Tunesien einen Riegel vor, Großbritannien löste sein Bündnis mit dem fernöstlichen Kaiserreich.

Als die Westmächte auch ihre Wirtschaftshilfe einstellten, geriet die Apenninenhalbinsel an den Rand des Abgrunds. Die Produktion stockte, soziale Unruhen erschütterten Italien. Der Zerfall des parlamentarischen Systems schien unaufhaltsam. Eine Alternative boten außer den Kommunisten nur die von Benito Mussolini geführten Kampfbünde und ihre Ideologie, der Faschismus.

Japan

Fand schon Italien im Westen kaum Verständnis, so noch weniger das fremdartige Japan. Seine Bevölkerungszunahme verschärfte das Dorfelend und die Verstädterung bei latentem Rohstoffmangel und zunehmenden Absatzschwierigkeiten. Millionen drängten zur Emigration. Aber die USA wandten ihre restriktive Einwanderungspolitik gegen Ostasien an, und Niederländisch-Indien folgte diesem Beispiel.

Handelsschranken

Japan mußte das 1914 besetzte Schantung und Kiautschou auf Drängen der Anglo-Amerikaner räumen. Bei der Washingtoner Rüstungskonferenz sah sich das Kaiserreich zur zweitrangigen Seemacht deklassiert (1922). Sein Vorrang unter den ostasiatischen Völkern war gefährdet. Diskriminierende Einfuhrverbote, mit denen sich die USA und Kanada, Australien, Neuseeland und Niederländisch-Indien gegen Billigwaren abschirmten, ruinierten den Export des Inselreiches.

Die soziale Not übertrug sich auf das Heer. Junge Offiziere folgten nicht mehr blindlings dem *Kodo*, der Linie des Kaisers (Tenno). Viele schwärmten von einem vage umschriebenen Staatssozialismus. Ohne Rücksicht auf die bürgerlich-liberale Regierung, deren Kontrolle das Militär entzogen war, besetzten japanische Streitkräfte erneut Schantung und Kiautschou.

Deutschland

Auch Deutschlands Lage war schwierig. Um den Nachbarn zu schwächen, hatte Frankreich polnische Insurgenten, rheinisch-pfälzische Separatisten und bayrische Partikularisten unterstützt und überhöhte Reparationen gefordert. Als die Zahlungen stockten, beschloß das französische Kabinett den »Ruhreinbruch«, die überfallartige Besetzung des größten Industriereviers in Europa (1923).

Reparationen

Hunderttausende verloren dadurch Arbeit und Brot. Die deutsche Währung brach zusammen. Reparationen, Anleihen und Zinsendienst versagten. Nur mit britisch-amerikanischer Hilfe wurde die Krise überwunden (1924) und das Verhältnis zwischen den zerstrittenen Nachbarn auf eine neue Grundlage gestellt (1925). Deutschland konnte dem Völkerbund beitreten (1926).

Die Stabilisierung war von kurzer Dauer. Man rief nach Veränderungen. Neben die linksradikale »Kommunistische Partei Deutschlands« (KPD) trat eine rechtsradikale »Nationalsozialistische Deutsche Arbeiterpartei« (NSDAP). Verluste der staatstragenden Kräfte zwangen die Reichsregierung, sich auf das Notstandsrecht zu stützen. Ein letzter Ausweg schien die anderswo bereits etablierte Diktatur.

Autoritäre Regime

Rußland war nach dem Sturz des Zaren der bolschewistischen Herrschaft anheimgefallen (1917). Mussolini hatte in Italien die Macht ergriffen (1922), Mustafa Kemal die Türkei seinem Willen unterworfen (1923), Józef Pilsudski setzte sich in Polen, Antanas Smetona in Litauen an die Spitze des Staates (1926), Portugal kam unter die autoritäre Führung von Antonio Salazar (1928).

Weltwirtschaftskrise

Die Weltwirtschaftskrise bereitete weiteren Usurpationen den Boden. Der Staatsstreich des jugoslawischen Königs (1929) bildete den Auftakt. Es folgte die Berufung eines neuen ungarischen Ministerpräsidenten (1932) und der »Austrofaschismus« in Österreich (1933). Autoritäre Regime in Estland und Lettland (1934), Bulgarien (1934/35) und Rumänien (1935) sowie die Diktatur des griechischen Generals Joannis Metaxas (1936) vervollständigten das Bild.

Hitlers Aufstieg

Ohne die Auswirkungen der Weltwirtschaftskrise hätte Adolf Hitler nicht Millionen Menschen um sich sammeln können, die ihm zujubelten, als er am 30. Januar 1933 das Amt des deutschen Reichskanzlers übernahm. Seine Machtergreifung war durch Wahlsiege der NSDAP vorbereitet. Die meisten Beobachter des In- und Auslandes sahen darin einen legalen Regierungswechsel.

Daß Hitler eine vulgär-darwinistische Ideologie vertrat, die Schlagwörter wie »Bluts- und Schicksalsgemeinschaft«, »Rasse« und »Lebensraum« benutzte, trat hinter dem Zorn wider das »Unrecht von Versailles« zurück. Ein 1924 geschriebenes Buch des neuen Kanzlers wollte man bei den drängenden Regierungsaufgaben nicht besonders erst nehmen. Viele, die den Band (»Mein Kampf«) lasen, empfanden Hitlers Gedankenspiele als Phantasterei.

»Mein Kampf«

Das Buch enthielt auch imperialistische Zielsetzungen. Deutschland, schrieb Hitler, müsse die Verständigung mit England und Italien suchen, sich durch Niederwerfung Frankreichs den Rücken freimachen und das »bolschewistische Rußland« zerschlagen, so daß der dann »über die Grenzen von 1914« hinauswachsende »Germanenstaat« seine Hauptaufgabe lösen und das »Weltjudentum« vernichten könne.

Verlassen des Völkerbundes

Um Handlungsfreiheit zu gewinnen, löste sich Hitler aus kollektiven Bindungen. Die Gelegenheit dazu war günstig, denn alle Staaten suchten sich durch Selbstbestimmung aus der Weltwirtschaftskrise zu winden. Japan verließ den Völkerbund. Als die vor Monaten begonnene Abrüstungskonferenz ins Stocken kam, wurde auch die deutsche Delegation aus Genf abberufen.

Das erste überraschende Ergebnis der von Hitler eingeleiteten Politik war der deutsch-polnische Nichtangriffs- und Freundschaftspakt von 1934. Als sich Frankreich darauf der Sowjetunion näherte, sprach man in Berlin von einer »neuen Einkreisung«. Die NSDAP erhob das »feste Zusammenstehen aller Deutschen« zur Parole.

Festigung der Macht

Hitler hatte seine Macht durch Revirement und Propaganda, ein Ermächtigungsgesetz und die Gleichschaltung der politischen Kräfte erweitert. Angesichts möglicher Gegensätze zwischen den nationalsozialistischen Sturmabteilungen (SA) und der Reichswehr trat er auf die Seite des Militärs. Mitte 1934 ermordeten Schutzstaffeln des NSDAP (SS) viele SA-

Führer, konservative Politiker und auch zwei Generäle. Der Reichstag legalisierte dieses Vorgehen als »Staatsnotwehr«.
Auch für den Tod des greisen Reichspräsidenten war vorgesorgt. Ein Gesetz ermöglichte Hitler die Übernahme des vakant gewordenen Amtes. Als Staatsoberhaupt, Regierungschef und Führer der allein fortbestehenden NSDAP besaß er die Machtvollkommenheit eines Diktators. Er gebot der Legislative und Exekutive, beherrschte die Justiz, nannte sich Oberster Gerichtsherr und befehligte das auf ihn vereidigte Militär.

Aufrüstung

Die »Wiederwehrhaftmachung« des Reiches hatte insgeheim begonnen. Brückenschläge zwischen Paris, Brüssel, Prag und Moskau sowie die einem französisch-sowjetischen Beistandspakt vorausgehende Aufnahme der UdSSR in den Völkerbund wurden zur Rechtfertigung herangezogen. Als Frankreich die Militärdienstzeit verlängerte, ließ Hitler ein Reichsgesetz über die Einführung der allgemeinen Wehrpflicht in Kraft treten.

Flottenabkommen

Die nach Stresa eilenden Staatsmänner der Westmächte protestierten. Doch Großbritannien ergriff noch 1935 die Gelegenheit zum Abschluß eines Flottenabkommens mit Deutschland, das die Tonnagen im Verhältnis 100:35 (für U-Boote 100:45) festsetzte. Italien, das Abessinien eroberte und Sanktionen des Völkerbundes auf sich zog, ersuchte um deutsche Wirtschaftshilfe.

Rheinlandbesetzung

Darauf wagte Hitler mit geheimer Zustimmung des italiensichen Duce den nächsten Schritt: die Besetzung der entmilitarisierten Zone des Rheinlandes 1936. Gegenmaßnahmen unterblieben. Von England und Italien gewarnt, konnte Paris jetzt noch weniger als zuvor auf Einhaltung der Verträge bestehen. Diese Schwäche hatte sofort schwerwiegende Folgen: Belgien zog sich aus dem Bündnis mit Frankreich zurück.
Die Räumung des Rheinlandes und seine Besetzung durch deutsche Truppen verhinderte, daß Frankreich noch einmal das Ruhrgebiet einnahm. Ohnehin waren starke Kräfte des französischen Heeres unter Verzicht auf Mobilität in der sogenannten Maginotlinie einbetoniert. Die dadurch entstandene Lage zwang außer Belgien auch England, die ČSR und Polen zur Vorsicht.

Stalins Alleinherrschaft

Auf die UdSSR war kein Verlaß. Jossif W. Stalin hatte nach dem Tod von Lenin seine Mitbewerber – vor allem Trotzkij – verdrängt und die Ideologie des Marxismus-Leninismus revidiert, so daß nur noch vom »Sozialismus in einem Lande« (der Sowjetunion) gesprochen wurde. Eine neue Verfassung machte den Generalsekretär der KPdSU zum unumschränkten Herrscher des zentral gelenkten Staates (1936).
Von der Kommunistischen Internationale (Komintern) in Frankreich und Spanien organisierte »Volksfronten« brachten diesen Ländern keinen Gewinn. Internationale Brigaden, die Stalin bilden ließ, unterlagen im Spanischen Bürgerkrieg (1936–1939). Die französische Volksfrontregierung zerbrach. China verwies die sowjetischen Berater außer Landes. Japan hatte weiter an Boden gewonnen und Mandschukuo, einen Satellitenstaat, geschaffen, der die einst Rußland gewährten Konzessionen zurücknahm.
Stalin schritt erneut zu blutigen »Säuberungen«. Hatte er schon das Kulakentum – die selbständigen Bauern – zugrundegerichtet und nach Schauprozessen die »trotzkistische« Opposition ausgemerzt, so fielen ihm außer zahllosen Kommissaren, unteren Chargen und Emigranten nun auch

25 000 Offiziere zum Opfer. Infolgedessen verlor die Rote Armee in den Augen der Welt ihren Bündniswert.

Spanischer Bürgerkrieg

Hitler und Mussolini entdeckten gemeinsame Interessen. Sie traten an die Seite des Generals Francisco Franco, der im Spanischen Bürgerkrieg eine linksorientierte »Volksfront« besiegte. Der Duce bezeichnete die wachsende Übereinstimmung als »Achse Berlin – Rom« und veranlaßte, daß Italien dem 1936 zwischen Deutschland und Japan geschlossenen Antikominternpakt beitrat.

Krieg mit China

Japan nutzte den erweiterten Handlungsspielraum. Seine Heeresleitung entfesselte wieder einen Krieg mit China ungeachtet fremder Interessen. Der amerikanische Präsident Franklin D. Roosevelt hatte wegen solcher Störungen bereits die Sowjets umworben. Allerdings waren ihm durch Neutralitätsgesetze des Kongresses die Hände gebunden. Doch diese Fessel mochte bei geänderten Mehrheitsverhältnissen fallen.

Roosevelt verfolgte jedenfalls wachsam die Ruhelosigkeit der zu kurz Gekommenen. Denn ihr Drang konnte die bestehende Weltordnung erschüttern und das mit ihr eng verflochtene System der angelsächsischen Vorherrschaft in Finanzen, Rohstoffbesitz, Handel, Transport und Nachrichtenübermittlung zerstören.

In einer »Quarantänerede« forderte Roosevelt die Ächtung der Aggressoren. Er hatte Grund zu der Annahme, daß sich die »Habenichtse« zusammentun könnten. Tatsächlich suchte der künftige Reichsaußenminister Joachim von Ribbentrop den Antikominternpakt zu einer Dreierkonstellation zwischen Berlin, Rom und Tokio umzugestalten, die ihre Spitze gegen London richten würde.

Appeasement

Da Moskau und Washington bündnisunfähig schienen, Frankreich Konflikte scheute und die Pazifisten jede Gefahr leugneten, neigte England zur Beschwichtigung der Aggressoren *(Appeasement)*. Diese Politik sollte nicht bloße Nachgiebigkeit sein, vielmehr bei differenzierter Konzessionsbereitschaft in allen Fragen das britische Mitspracherecht geltend machen. Das Ziel war, Deutschland durch *peaceful change* an die internationale Rechtsordnung zu binden.

Die Zurückhaltung der Westmächte kam Hitlers Aspirationen zupaß. In einer Denkschrift verlangte er, die deutsche Wehrmacht müsse binnen vier Jahren »einsatzbereit«, die Wirtschaft »kriegsbereit« sein. Ende 1937 bekam ein enger Kreis von ihm zu hören, daß verschiedene »Fälle« eintreten könnten. Er sei schon 1938 zum Handeln entschlossen, mit »Gewalt unter Risiko«. Womöglich werde man die »Tschechei« und »Österreich« niederwerfen, um jede Flankenbedrohung des etwaigen Vordringens nach Westen auszuschalten.

Anschluß Österreichs

Am 12. März 1938 rückten deutsche Truppen in Österreich ein, von der Bevölkerung stürmisch gefeiert. Hitler sah sich als Vollstrecker der lang ersehnten Wiedervereinigung zweier Teile des alten Deutschland. Mehr bedeutete ihm freilich die Umklammerung der Tschechoslowakei. Ihre lebensbedrohende Lage zwang auch Paris, London und Moskau zu neuen Schlüssen.

Um die ČSR zu »zerschlagen« setzte Hitler wieder auf das Zusammenwirken äußeren Druckes und innerer Schwäche. Hatten unlängst landeseigene Nationalsozialisten die österreichische Politik gelähmt, so dienten nun die Sudetendeutschen als Hebelkraft. Ihre Autonomieforderungen und Entschädigungsansprüche sollten das Gefüge des Vielvölkerstaates erschüttern.

Sudetenkrise

Unruhen im Sudetenland führten zu einer europaweiten Nervenkrise. Auf Wunsch des französischen Ministerpräsidenten Edouard Daladier flog Englands Premier Neville Chamberlain zweimal nach Deutschland, ohne von Hitler beruhigende Zusagen zu erhalten. Die ČSR machte mobil. Frankreich schickte 61 Divisionen zur Grenze. Der Royal Navy wurde Kriegsbereitschaft befohlen.

Unter dem Eindruck dieser Maßnahmen, wohl auch weil ihm die Kriegsfurcht des eigenen Volkes bewußt wurde, entschloß sich Hitler zum Einlenken. Er akzeptierte den auf Anregung Englands von Mussolini unterbreiteten Vorschlag für Viererverhandlungen auf der Grundlage bestimmter Forderungen an den tschechoslowakischen Präsidenten Edvard Beneš und sein Kabinett.

Münchener Abkommen

Bevor Chamberlain, Daladier, Mussolini und ihre Außenminister mit Hitler zusammentrafen, rang sich Prag zum Verzicht auf die deutschbesiedelten Randgebiete durch. Das am 29. September 1938 in München unterzeichnete Abkommen regelte den Besitzerwechsel. Die Signatarstaaten erklärten, das der ČSR verbleibende Territorium garantieren zu wollen, sobald auch die Ansprüche der Polen und Ungarn befriedigt seien.

Hitler verdroß die am Ende zustandegekommene Einigkeit der Westmächte, Mussolinis Vermittlerrolle, das »magere« Ergebnis überhaupt. Immerhin drohte der Tschechoslowakei nun die Auflösung. Beneš trat zurück. Polen okkupierte das Olsagebiet. Deutschland und Italien verhalfen Ungarn im (ersten) Wiener Schiedsspruch zur Aneignung südslowakischer Gebiete und der Karpatenukraine.

Zuvor hatte Hitler eine Weisung zur »Erledigung der Rest-Tschechei« ausgefertigt. Slowakischen Nationalisten wurde ermöglicht, die Unabhängigkeit ihres Landes zu proklamieren, so daß der Prager Regierung nurmehr Böhmen und Mähren verblieben. Um wenigstens diese Länder zu sichern, eilten der neue tschechische Staatspräsident und sein Außenminister nach Berlin.

Prager Coup

Sie wurden am 15. März 1939 in der Reichskanzlei mit dem Hinweis empfangen, daß folgenden Tags deutsche Truppen die Grenze überschreiten, Prag besetzen und jeden Widerstand brechen würden. Angesichts dieser Kriegsdrohung unterschrieben die beiden Tschechen ein vorbereitetes Dokument und erklärten, das Schicksal ihres Volkes »vertrauensvoll in die Hände des Führers« Adolf Hitler zu legen.

Während die beiden Staatsmänner zurückfuhren, hielt Hitler, der ihnen im Flugzeug vorausgeeilt war, Einzug auf dem Prager Hradschin. Die tschechoslowakische Armee leistete befehlsgemäß keinen Widerstand. Ein »Erlaß über das Protektorat Böhmen und Mähren« vereinigte beide Territorien unter Gewährung von Autonomie mit dem Deutschen Reich.

1 Der Reichsadler als nationalsozialistisches Hoheitszeichen. Ein Werk des Salzburger Bildhauers Josef Thorak für das Nürnberger Parteitagsgelände. Abbildungen wurden zu Propagandazwecken auf Plakaten und in der Filmwochenschau verwendet.

Am Ende steht
der Sieg!

Der Weg in den Krieg

Der »Prager Coup« wurde in vielen Hauptstädten mit Bestürzung verzeichnet. Die Westmächte protestierten. Kleinere Nachbarstaaten des Deutschen Reiches bangten um ihre Zukunft, als Ribbentrop wenige Tage später ein Ultimatum an Litauen richtete und seine Regierung zwang, das 1919 von Deutschland abgetrennte Memelgebiet zurückzugeben.

Deutsch-polnischer Konflikt

Der neue Besitzwechsel irritierte Warschau ebenso wie die Ratifikation eines deutsch-slowakischen Schutzvertrages. Auch Polen hatte Litauen Zugeständnisse abgepreßt, vor allem Transitrechte in Memel. Nun war dies fraglich und wohl auch das polnische Wilna/Vilnius gefährdet. Vorsorglich verlegte Marschall Edward Rydz-Smigly einige Divisionen zur ostpreußischen Grenze.

Berlin hatte den polnischen Außenminister Józef Beck um Kursangleichung ersucht. Ribbentrop warb um eine gemeinsame Ukrainepolitik, empfahl Warschau den Beitritt zum Antikominternpakt und forderte die Rückkehr des Freistaates Danzig in das Reich sowie exterritoriale Straßen- und Bahnverbindungen zwischen Pommern und Ostpreußen quer durch den 1919 geschaffenen Korridor. Zum Ausgleich sollte Polen einen Freihafen und langfristige Grenzgarantien erhalten.

Warschau verwarf diese »Globallösung«. Man hielt die polnischen Sonderrechte in Danzig für indiskutabel und durchschaute, daß Hitler die Ukraine nur als Köder verwenden wollte. Der Beitritt zum Antikominternpakt hätte Polen zum Gehilfen der deutschen Ostpolitik gemacht und einen 1932/34 mit Moskau geschlossenen Nichtangriffspakt entwertet.

Sinneswandel der Westmächte

Rydz-Smigly erklärte sich entschlossen, für Danzig »den Kampf aufzunehmen«. Hitler befahl die generalstabsmäßige Bearbeitung des »polnischen Problems«. In London setzte sich der schon vor dem »Prager Coup« angebahnte Sinneswandel *(swinging round)* unter Einwirkung amerikanischer Diplomaten beschleunigt fort. Großbritannien führte die allgemeine Wehrpflicht ein. Chamberlain gab ein Garantieversprechen zugunsten Polens ab.

»Fall Weiß«

Die Reichsführung hielt dies für einen Bluff und blieb dabei, als London und Paris nach der Okkupation von Albanien durch Italien auch Griechenland und Rumänien garantierten, denn die Westmächte waren nicht in der Lage, den genannten Staaten zu helfen. Am 3. April 1939 erteilte Hitler eine Weisung zum »Fall Weiß«; Polen sollte, wenn es Deutschland bedrohte, »mit überraschend schnellen Schlägen« besiegt werden, die »Durchführung ab 1. 9. 1939 möglich« sein.

Deutsch-italienischer Verteidigungspakt

Als Roosevelt an die Achsenpartner appellierte, sich weiterer Aggressionen zu enthalten, erntete er nur Spott der beiden Diktatoren. Um das Gesetz des Handelns weiter bestimmen zu können, kündigte Hitler den deutsch-polnischen Nichtangriffspakt und das Flottenabkommen mit England. Am 22. Mai 1939 schlossen das Deutsche Reich und Italien den »Stahlpakt«, ein Verteidigungsbündnis.

Inzwischen hatten Frankreich und Polen ihre Allianz durch das sogenannte Kasprzycki-Gamelin-Abkommen vertieft. Am 23. Mai 1939 erklärte Hitler den versammelten Militärs, »Danzig« sei »nicht das Objekt«; Ziel eines Krieges wäre die »Erweiterung des Lebensraumes im Osten«. Polen

2 Der polnische Kriegsminister, General Tadeuz Kasprzycki, eine maßgebende Persönlichkeit aus dem Kreis der »Obristen«, die Polen autoritär regierten. Ein Abkommen, das er mit dem französischen Generalstabschef schloß, schien der Regierung in Warschau erhöhte Sicherheit zu gewährleisten.

3 Mitte 1937 hatte Japan wieder in die Kämpfe zwischen den chinesischen Kuomintang, Kommunisten und War Lords eingegriffen. Der Krieg – in Tokio als »China«-Zwischenfall bezeichnet – veranlaßte Moskau und Washington zu erhöhter Aufmerksamkeit. Auf dem Manöverbild Hirohito, der Kaiser (Tenno) des Inselreiches.

stehe jetzt auf der Gegenseite, daher entfalle die Notwendigkeit, diesen Staat zu schonen. Man werde ihn bei passender Gelegenheit angreifen. Ein »Bündnis Frankreich-Rußland« gäbe Veranlassung, auch im Westen loszuschlagen.

Neuorientierung im Kreml

Zum ersten Mal wurde die UdSSR als Bündnisfaktor erwähnt. Sie war noch nicht aus der Reserve hervorgetreten, aber mit Frankreich liiert und, wie Hitler wußte, von England umworben. Man kannte in Berlin das der sowjetischen Planung zugrundeliegende Dogma, wonach Gegensätze zwischen »imperialistischen Mächten« zum Kriege führten. Stalin hatte gefolgert: »Wir werden zuletzt angreifen und das entscheidende Gewicht in die Waagschale« werfen.

Hinzu kam das sowjetische Einkreisungstrauma. Die UdSSR befürchtete einen doppelseitigen deutsch-japanischen Angriff, denn schon hatte sich der Grenzkonflikt am Chalchin-Gol wieder zugespitzt. Stalin suchte daher das Verhältnis zwischen Berlin und Moskau zu entkrampfen. Er dämpfte die Propaganda, ließ durch Anastas I. Mikojan wegen eines Millionen-Kredites vorfühlen und ernannte Wjatscheslaw M. Molotow zum Ratsvorsitzenden und Außenkommissar.

Werben um die UdSSR

Molotow sollte herausfinden, was die Westmächte von der UdSSR erwarteten und welchen Preis sie dafür zahlen würden. Daladier dachte offenbar an die Ausgestaltung des Beistandspaktes von 1935, Chamberlain versprach sich von den Sowjets, deren militärische Stärke er gering schätzte, kein unmittelbares Eingreifen, sondern eher Wirtschaftshilfe für die von England garantierten Staaten.

Diese Wünsche mußten im Kreml enttäuschen. Stalin forderte ein Defensivbündnis ohne Wenn und Aber. Er wollte jedem Anrainer Schutz gewähren, wobei Finnland, Estland, Lettland und Litauen, Polen und rumänisches Gebiet in die »Interessensphäre« der UdSSR einbezogen würden. Am 24. Juni 1939 einigte man sich auf Beistandsverpflichtungen gegenüber diesen Staaten, zuzüglich der Türkei und Griechenlands.

Deutsch-sowjetische Annäherung

Das Abkommen sollte nach Unterzeichnung einer Militärkonvention in Kraft treten. Doch die Konferenz scheiterte, als Molotov erfuhr, daß Deutschland der UdSSR weiter entgegenkommen würde. Berlin ließ durch seinen Botschafter in Moskau, Friedrich Werner von der Schulenburg, die Grundzüge eines Nichtangriffspaktes übermitteln.

Zunächst kam ein Handelsabkommen zustande. Deutschland gewährte der UdSSR einen Wechselkredit von 200 Millionen Reichsmark bei siebenjähriger Laufzeit zur Finanzierung von Einfuhren. Moskau verpflichtete sich zu Rohstofflieferungen im Werte von 180 Millionen RM. Damit waren die Wirtschaftsbeziehungen zwischen den beiden Mächten ein Politikum ersten Ranges geworden.

Hitlers Kalkül

Die Reichsführung drängte weiter. Wenn sie sich nicht über die für einen Polenfeldzug operationsgünstige Zeit hinhalten lassen wollte, war Eile geboten. Die Wehrmacht bereitete sich schon auf den Krieg vor. Eine Aufmarschanweisung der Heeresleitung lenkte die als Manöver getarnte Truppenkonzentration. Schließlich öffnete ein Telegrammwechsel zwischen Hitler und Stalin die Tür zum letzten entscheidenden Schritt.

Als der Reichsaußenminister am 23. August 1939 den Moskauer Kreml betrat, wurde er von Stalin persönlich begrüßt – ein ungewöhnlicher, für die Tragweite des Geschehens bezeichnender Vorgang. Die paktierenden

4 *Eintreffen der britisch-französischen Militärmission in Moskau am 12. August 1939. Links General Joseph Doumenc, rechts Admiral Sir Reginald Plunkett-Erne-Erle-Drax.*

5 *Kabinettssitzung in Washington (l.). Präsident Franklin D. Roosevelt, zu seiner Linken Henry Morgenthau, zu seiner Rechten Cordell Hull.*

Parteien mußten nicht mehr lange verhandeln; eine kurze Rückfrage beschied Hitler positiv. Kurz nach Mitternacht unterzeichneten Ribbentrop und Molotow den Vertrag.

Deutsch-sowjetischer Nichtangriffspakt

Er verpflichtete die beiden Mächte, sich in den nächsten zehn Jahren »jeder aggressiven Haltung ... zu enthalten«. Durch geheimes Zusatzprotokoll wurden Finnland, Estland und Lettland, nicht jedoch Litauen, der sowjetischen Interessensphäre zugeordnet. »Für den Fall einer territorial-politischen Umgestaltung« Polens sollte die Teilungslinie den Flüssen Narew, Weichsel und San folgen. Deutschland bekundete sein Desinteresse, die UdSSR ihr Interesse an Bessarabien.

Der Eroberung deutschen Lebensraumes im Osten waren vorläufig Grenzen gezogen. Dafür kam es gewiß zur Auseinandersetzung zwischen den »imperialistischen Mächten«. Denn jetzt wußte Hitler für eine Offensive im Westen ohne operatives Risiko den Rücken frei. Stalin hatte ihn letzter Hemmungen – der tief wurzelnden Sorge vor einer britischen Seeblockade und dem Zweitfrontenkrieg – enthoben.

Britisch-polnischer Beistandspakt

Hitler irrte freilich, als er annahm, daß die Bekanntgabe des deutsch-sowjetischen Nichtangriffspaktes auf London, Paris und Warschau lähmend wirken würde. Das britische Kabinett hatte im Wissen um Ribbentrops Moskau-Reise ein Notstandsgesetz beschlossen, militärische Maßnahmen eingeleitet und einen polnisch-englischen Beistandsvertrag vorbereitet, der am 24. August 1939 unterzeichnet wurde.

Erschüttert wurde hingegen die Dreierkonstellation Berlin–Rom–Tokio. Japan, das gegen Chinesen und Russen kämpfte, befürchtete Rückschläge infolge der mit dem deutsch-sowjetischen Nichtangriffspakt für die UdSSR eintretenden Entlastung. Der kaiserliche Premierminister demissionierte. Die Beziehungen zwischen dem fernöstlichen Inselreich und Deutschland erstarrten in eisiger Atmosphäre.

Italienisches Zögern

Für Galeazzo Ciano, den Schwiegersohn und Außenminister des italienischen Duce, stand fest, daß Hitler beim Abschluß mit der UdSSR die Konsultationspflicht des »Stahlpaktes« verletzt hatte. Nachdem schon im Mai deutlich ausgesprochen worden war, daß Italien nicht vor 1943 kriegsbereit sein würde, mußte Mussolini auf Drängen aller Berater erneut die Schwäche seines Staates gegenüber Deutschland eingestehen.

Hitlers erster Angriffsbefehl

Die Nachrichten aus Rom und anderen Hauptstädten veranlaßten Hitler, den schon am 26. August 1939 erteilten Angriffsbefehl, der an verschiedenen Stellen grenzüberschreitende Aktionen des deutschen Militärs ausgelöst hatte, zurückzunehmen. Bis zum 1. September, dem letzten günstigen Termin, blieb noch eine knappe Woche. Diese Frist sollte wahrgenommen werden, um die Westmächte von Polen zu trennen.

Hitler forderte die Entsendung eines bevollmächtigten polnischen Unterhändlers. Außenminister Beck, der sich des Affronts gegen die Tschechen im März erinnerte, wies das Ansinnen zurück. Erst auf Empfehlungen der Briten und fast ängstliche Mahnungen aus Paris wurde der Botschafter in Berlin beauftragt, die unterbrochenen Kontakte wiederherzustellen. Rydz-Smigly befahl die Generalmobilmachung.

Hitlers zweiter Angriffsbefehl

Doch der polnische Botschafter erhielt keine Verhandlungsvollmacht. Seine einschränkende, von deutscher Seite abgehörte Direktive lieferte Ribbentrop einen Vorwand, dem Polen zu erklären, es sei sinnlos, sich weiter zu unterhalten. Gleichzeitig ließ Adolf Hitler unwiderruflich durch

6 Unterzeichnung des deutsch-sowjetischen Nichtangriffspaktes in Moskau vom 23. August 1939. Sitzend Wjatscheslaw M. Molotow; stehend (v. l. n. r.): der sowjetische Generalstabschef, Kommandant 1. Ranges Boris M. Schaposchnikow, Hitlers SS-Adjutant Richard Schulze-Kossens, Joachim von Ribbentrop, Josif Stalin und ein Dolmetscher.

7 Auf der Regierungsbank im Deutschen Reichstag. In der vorderen Reihe: Adolf Hitler und Rudolf Heß; hinter ihnen Wilhelm Frick, Joseph Goebbels und Walther Funk.

Keitel der Wehrmacht den Angriffsbefehl für den Fall »Weiß« übermitteln. Andere Maßnahmen – fingierte polnische Überfälle auf grenznahe Orte, insbesondere den Gleiwitzer Sender (Unternehmen »Tannenberg«) – hatte die Geheime Staatspolizei eingeleitet. Hitler nutzte dies, als er am 1. September 1939 zum Reichstag sprach und verkündete, daß jetzt »zurückgeschossen« werde. Von »Krieg« war nicht die Rede, obwohl Wehrmachtsverbände seit 04.45 Uhr in Polen eindrangen. Die Weltöffentlichkeit sollte glauben, es handle sich um eine Polizeiaktion.

Überfall auf Polen

Daß sich die Kriegserklärung der Westmächte um Tage verzögerte, hatte verschiedene Gründe: einen Konferenzvorschlag Mussolinis, Unstimmigkeiten in Paris und Chamberlains Rückfragen bei den Regierungen der Commonwealth-Staaten, die konsultiert werden mußten. Doch am 3. September taten Großbritannien und Frankreich den entscheidenden Schritt. Ihre Botschafter überreichten dem Reichsaußenminister in Berlin nacheinander gleichlautende Noten. Deutschland wurde aufgefordert, seine Truppen innerhalb von drei Stunden aus Polen zurückzuziehen. Als dies bis zum Ablauf der Frist nicht geschah, traten die angekündigten Kriegserklärungen der beiden Westmächte in Kraft.

Kriegserklärung der Westmächte

Unfähig, sich Grenzen zu setzen, war Hitler mit sukzessiven Erpressungen bis an den Rand des Abgrundes gegangen. Bei seinem leichtfertigen Spiel stach keiner der vermeintlichen Trümpfe. Die scheinbar hochgerüstete Wehrmacht, der Antikominternpakt, das Bündnis mit Italien, die beiden deutsch-sowjetischen Abkommen, der Druck auf die empfindlichen Nerven des demokratischen Westens – nichts von alledem hatte England und Frankreich gehindert, ihren Verpflichtungen diesmal nachzukommen.

9 Die kriegsauslösende Bindung zwischen Hitler und Stalin, als Karikatur von »Ken«, des ägyptischen Graphikers Kimon Evan Marenjo, der 1939 für Zeitungen in London und Paris arbeitete.

Machthaber und Gehilfen

10 Adolf Hitler und Benito Mussolini (l.) hatten zwar am 22. 5. 1939 mit Hilfe von Graf GaleazzoCiano (r.) einen Bündnisvertrag, den »Stahlpakt« (»patto d'acciao«) geschlossen, doch blieb offen, wann Italien in den Krieg eingreifen würde.

Hitler hatte den Entschluß zum Angriff auf Polen ganz allein gefaßt. Als Diktator befragte er weder das Kabinett noch die Volksvertretung. Protokollgemäß nannte man ihn seit 1934 »Führer und Reichskanzler«, was zwei verschiedenen Rechtssphären entsprach. Die revolutionäre »Führergewalt« sog die »Amtsgewalt des Regierungschefs« auf. Das Handeln des Vollstreckers wurde vom Außernormativen bestimmt, seiner »Weltanschauung«, rassenbiologischen Grundsätzen und neomacchiavellistischen Verfahrensmustern.

Hitlers Herrschaft war umfassend und total, sein Wille absolut maßgebend. Der Diktator äußerte sich kaum noch bei Massenveranstaltungen. An die Stelle dieser älteren Mitteilungsform traten Lageorientierungen, Bekundungen in kleinerem Kreis, geheime Führererlasse und Führerbefehle, für die Militärs vor allem Weisungen, vereinzelt auch Denkschriften. Fremde Staatsmänner wurden brieflich angegangen oder zu Unterredungen geladen.

Der Diktator ließ sich bald nur noch »Führer« nennen, in Schriftsätzen gelegentlich »Oberster Befehlshaber der Wehrmacht« (ObdW). Der »graue Rock«, den Hitler am 1. September 1939 wieder angezogen hatte, sollte seinen Träger in die Welt des Soldatischen entrücken. Innere Angelegenheiten, alles was der erste Mann nicht selbst entschied, blieben anderen Machthabern (Reichsführern, Reichskommissaren, Reichsleitern, Generalbevollmächtigten und -inspektoren) überlassen.

Als Exekutivorgan sollte der am 30. August 1939 ernannte »Ministerrat für die Reichsverteidigung« mitspracheberechtigt sein. Er bildete einen Ausschuß, den »Reichsverteidigungsrat«. Außer Hermann Göring, den Hitler zu seinem Nachfolger bestimmt hatte, gehörten dem Gremium fünf Männer an: der »Generalbevollmächtigte für die Reichsverwaltung«, Wilhelm Frick, der »Stellvertreter des Führers«, Rudolf Heß, der »Chef des OKW«, Generaloberst Wilhelm Keitel, der »Generalbevollmächtigte für die Wirtschaft«, Walter Funk, und der »Chef der Reichskanzlei«, Hans Heinrich Lammers.

Das unterschiedliche Gewicht dieser Persönlichkeiten verhinderte die klare Ausrichtung der Maßnahmen. Eine Ursache des Versagens war die Inanspruchnahme des geltungsbedürftigen Hermann Göring als Reichsluftfahrtminister und Oberbefehlshaber der Luftwaffe, Bevollmächtigter für den Vierjahresplan, Präsident des Reichstages, preußischer Ministerpräsident und Innenminister, Reichsjäger- und Reichsforstmeister, Vorsitzender des Reichsforschungsrates und gelegentlicher Unterhändler.

Rudolf Heß hatte wenig Einfluß. Dagegen trat sein Sekretär, der immer dienstbereite und daher für Hitler unentbehrliche Martin Bormann aus dem Halbdunkel hervor. In seinen Händen liefen viele Fäden zusammen, vor allem die der Personalentscheidungen der NSDAP. Es gelang ihm zwar nicht, einen Dreierausschuß zu bilden, der den schwerfälligen Reichsverteidigungsrat ablösen sollte. Doch vollendete der neue Kanzleichef die Gleichsetzung der Partei und mit dem Staat.

Dahin wirkte auch die Tätigkeit des Gauleiters von Groß-Berlin und Reichsministers für Volksaufklärung und Propaganda, Joseph Goebbels.

11 Die führenden Staatsmänner der Westmächte 1939. Vorn (v. r. n. l.) Neville Camberlain und Edouard Daladier; hinter ihnen (v. l. n. r.) LordHalifax, Paul Reynaud und Winston Churchill.

Nach seinen Direktiven wurden täglich das Wahre mit dem Halbrichtigen, Irreführenden und Falschen gemischt und über Presse, Rundfunk und Film verbreitet. Experten, die nicht alle Parteigenossen sein mußten, von Zeitungsleuten und Künstlern bis zu ehemaligen Kommunisten und sprachgewandten Ausländern, verhalfen dieser Politik zum Erfolg.
Im Unterschied zu Goebbels hatte der Reichsaußenminister Joachim von Ribbentrop keine Hausmacht. Als selbständigen Export-Import-Kaufmann, der fließend Englisch und Französisch sprach, war er spät zur NSDAP gestoßen. Seine eigenen Gedanken – Prämissen der Wilhelminischen und Weimarer Zeit – waren für Hitler irrelevant. Sie konnten nicht von den Fernzielen des Diktators ablenken.
Schwer durchschaubar war Heinrich Himmler, der »Reichsführer SS und Chef der deutschen Polizei«. Ihm unterstanden die »Höheren SS und Polizeiführer« sowie sechs Konzentrationslager mit rund 25000 Häftlingen (1939), die er kraft eigener Jurisdiktion beschickte. Seinen Personalbedarf deckte der unscheinbare Mann zuerst aus der »Allgemeinen SS«, einer Parteigliederung, die sich von der bedeutungslos gewordenen SA durch den Anspruch auf Ordenscharakter unterschied.
Die Administration des wachsenden »SS-Staates« besorgten außer Himmlers persönlichem Stab zwölf sogenannte Hauptämter unter SS-Gruppenführern. Der wichtigste in ihrer Reihe war der Chef des Reichssicherheitshauptamtes (RSHA), Reinhard Heydrich, ein vielseitig begabter, ehrgeiziger und skrupelloser Machthaber, dem aufmerksame Beobachter zutrauten, daß er bei Gelegenheit an die Spitze des Apparates trat.
Da Hitler das Recht als ein formales, dem politischen Willen jederzeit zugängliches System ansah, gab es Willkür und Inkompetenz. Viele »Hoheitsträger der Partei« konnten aus ihren Vollmachten die Befugnis zum Erlaß von Rechtsvorschriften ableiten. Das dadurch entstehende Gegen- und Durcheinander war labyrinthisch. Allein die Selbstdisziplin und der Gemeinsinn des Volkes gab der öffentlichen Ordnung festen Halt.
Die NSDAP war allgegenwärtig. Sie gliederte sich in Blocks, Zellen, Ortsgruppen, Kreise und Gaue, geführt von braununiformierten Funktionären (»Goldfasanen«). Insgesamt gab es 539445 Blockwarte, 121406 Zellenleiter, 30801 Ortsgruppenleiter, 890 Kreisleiter und 43 Gauleiter. Letztere wurden zu Reichsverteidigungskommissaren ernannt und stimulierten die zivilen Aktivitäten.
Dem »Dritten Reich« schien das faschistische Italien zu gleichen. Nach dem »Marsch auf Rom« waren jedoch neben und über den mit Mussolini zur Macht gelangten »Schwarzhemden« ältere Institutionen bestehen geblieben. Italien war Monarchie, sein König das Staatsoberhaupt. Auf ihn konnten traditionsbewußte Kräfte wie Repräsentanten der Diplomatie und des Offizierskorps bauen. Auch der hohe Klerus hatte noch erheblichen Einfluß.
Mehr als Italien ähnelte dem Dritten Reich das bolschewistische Rußland. Der Oberste Sowjet war so wenig höchstes Organ der Staatsgewalt wie Hitlers Reichstag. In beiden Ländern gab es weder unabhängige Medien noch freie Wahlen und Gewerkschaften. Beiden fehlte die genaue Abgrenzung zwischen Legislative, Exekutive und Judikative. Propaganda, Deportationen und Massenmord kennzeichneten die Omnipotenz des Regimes.
Die Kommunistische Partei (KPdSU) hatte das Privileg, den »Aufbau des

Sozialismus« zu vollenden. Sie zählte 1,8 Millionen Mitglieder (1% der Gesamtbevölkerung), war also kleiner als die NSDAP mit ihren 8 Millionen Parteigenossen (10% der Gesamtbevölkerung) und bedurfte zur Durchsetzung politischer Ziele keiner Ordenselite in Gestalt des von Himmler geführten »Schwarzen Korps«.

Über die Richtlinien sollte ein 150 Funktionäre umfassendes Zentralkomitee (ZK) bestimmen. In Wirklichkeit wurden seine Entscheidungen durch das Politbüro der Partei vorweggenommen. Ausschlaggebend war ihr Generalsekretär. Unterstützt von wenigen Gehilfen – Aleksandr N. Poskrebyschew und Georgij M. Malenkow – lenkte Stalin die Spitzengremien, ohne selbst vor 1941 ein staatliches Amt zu übernehmen.

Dieses Verfahren, die Nomenklatura, wurde auch von untergeordneten Machthabern des Sowjetsystems angewendet. Als Stalin zur Reform des ruinierten Volkskommissariates für innere Angelegenheiten (NKWD) seinen Landsmann Lawrentij P. Berija berief, ließ dieser enge Mitarbeiter des Vorgängers umbringen und weitere Kaukasier nachkommen.

Das NKWD gliederte sich in bestimmten Sektoren ähnlich wie das Reichssicherheitshauptamt in Berlin, das die Sicherheitsdienste der Partei (SD) und des Staates (Sipo) in vier Abteilungen – SD-Inland (Ohlendorf) und SD-Ausland (Schellenberg), Gestapo (Müller) und Kripo (Nebe) – zusammenfaßte, vorerst aber nicht die Ordnungspolizei und den militärischen Nachrichtendienst.

Die Führungsstruktur der sowjetischen Streitkräfte hatte allerdings noch nicht den letzten Zuschnitt. Dem Politbüro unterstanden zwei Gremien: der Oberste Kriegsrat und der Oberste Flottenrat. Im ersten führte der Verteidigungskommissar, Marschall Kliment J. Woroschilow, den Vorsitz, im zweiten der Leningrader Parteisekretär Andrey A. Shdanow. Jeder von beiden Sowjets zählte zwölf Mitglieder. Ein Spitzenfunktionär gehörte beiden an – Stalin.

Er mißtraute den führenden Militärs. Sie waren zwar alle Parteigenossen, doch bestand Gefahr, daß sich ihre Hierarchie verselbständigte und, wie man sagte, zum »Bonapartismus« wurde. Erst der deutsche Angriff von 1941 zwang Stalin zur Bildung eines Oberkommandos. Dieses Organ wurde mit einem aus der Geschichte früherer Kriege überkommenen Begriff als »Stawka« bezeichnet.

Neben der Stawka, der das Verteidigungskommissariat und der Generalstab zugeordnet wurden, entstand ein politisches Verteidigungskomitee unter dem Vorsitz Stalins, der auch die Funktion des Oberbefehlshabers ausübte. Beisitzer waren außer Molotow vor allem Berija, Woroschilow, Shdanow, Mikojan und Malenkow. Den Ausschlag gab immer die Entscheidung des sowjetischen Diktators.

Hitler hatte die gegensätzlichen Funktionen von Politik und Kriegführung schon früher in seinen Händen vereinigt. Dabei diente ihm, dem ObdW, das Oberkommando der Wehrmacht (OKW) als gesamtstrategisches Beratungs- und Exekutivorgan. Der Chef dieser Behörde – Generaloberst Wilhelm Keitel – bekam zwar die Immediatstellung eines Reichsministers, übte aber keine Befehlsgewalt aus.

Zentrale Dienststelle des OKW war der Wehrmachtführungsstab (WFSt) unter General Alfred Jodl mit den Abteilungen »Landesverteidigung« (Warlimont) und »Wehrmachtnachrichtenverbindungen« (Fellgiebel) sowie den Amtsgruppen »Ausland/Abwehr« (Canaris) und »Wehrwirtschaft/ Rüstung« (Thomas). In der Abteilung »L« waren verschiedene Gruppen für Quartiermeisteraufgaben zuständig.

Neben dem OKW standen die Oberkommandos des Heeres, der Luftwaffe und der Kriegsmarine (OKH, OKL, OKM) mit eigenen Behördenapparaten. Oberbefehlshaber des Heeres war Generaloberst Walther von Brauchitsch. Den Oberbefehl über die Luftwaffe übte Generalfeldmarschall Hermann Göring aus. Die Marine befehligte Admiral Erich Raeder als ObdM und Chef der Seekriegsleitung (Skl.).

Enge Mitarbeiter der Oberbefehlshaber waren die Chefs der Generalstäbe. Beim ObdH bekleideten diesen Posten nacheinander die Generäle Franz Halder, Kurt Zeitzler, Heinz Guderian und Hans Krebs, beim ObdL die Generäle Hans Jeschonnek, Günter Korten, Werner Kreipe und Karl Koller, Chefs des Stabes der Skl. wurden der Reihe nach die Admirale Otto Schniewind, Kurt Fricke und Wilhelm Meisel.

Von den Kommandobehörden schien das OKH vorzüglich organisiert. Ein Generalquartiermeister (Wagner) und fünf Oberquartiermeister führten die Aufsicht über zwölf Abteilungen. Einige blieben in Berlin, wo auch der Oberbefehlshaber des Ersatzheeres (BdE), Generaloberst Friedrich Fromm, arbeitete. Andere wurden nach Zossen verlegt. Der Stab des ObdH bezog mit Halder ein Feldquartier.

Alle Dienststellen des ObdL – die Bezeichnung »OKL« setzte sich erst später durch – waren auf das Berliner Reichsluftfahrtministerium und einen Lagerkomplex in Wildpark bei Potsdam verteilt. Als Stellvertreter Görings hatte der Staatssekretär und Generalinspektor der Luftwaffe, Generaloberst Erhard Milch, zivile und militärische Befugnisse, auch gegenüber dem Generalluftzeugmeister, General Ernst Udet.

Raeder hatte kein Feldquartier. Seine Weisungen ergingen hauptsächlich an die Marinegruppenkommandos (Ost und West, später Nord und West), wurden gelegentlich aber auch dem Flottenkommando auf hoher See erteilt. Höhere Dienststellen blieben in Berlin, unter ihnen der wichtige xB(eobachtungs-)Dienst. Seine eigene Kommandozentrale besaß Kapitän z. S. Karl Dönitz als Befehlshaber der Unterseeboote (BdU) in Sengwarden bei Wilhelmshaven.

Die Zusammenarbeit zwischen der Wehrmachtführung und den drei Oberkommandos war oft problematisch. Hitlers willkürliche Kriegführung verursachte Unstimmigkeiten. Sein plötzlicher Entschluß zum Angriff im Westen und der Befehl, die Militärverwaltungen durch Parteiorgane abzulösen, rief Proteste hervor. Umstritten blieben verschiedene Rüstungsprojekte wie auch die spätere Anordnung, alle schweren Kriegsmarineeinheiten stillzulegen.

Beim Gegner waren die Gegensätze vielfach noch schärfer. In Polen litt das Duumvirat von Präsident Ignac Mościcki und dem zum »Hauptbefehlshaber des Volkes« avancierten Marschall Edward Rydz-Smigly unter Spannungen. Der Kriegsminister, General Tadeuz Kasprzycki, wußte wenig über den endgültigen Operationsplan. Auch der Generalstabschef, General Waclew Stachiewicz, kannte nicht alle Einzelheiten.

In Frankreich war der *Conseil supérieur de la Défense nationale* auseinandergegangen, nachdem er die Kriegsbereitschaft festgestellt hatte. Das nun hauptverantwortliche *Comité de guerre* tagte nur zweimal. Sein Vorsitzender, der *Etat-Major Général* Maurice Gamelin, geriet zwischen die Fronten innenpolitischer Auseinandersetzungen. Ministerpräsident Edouard Daladier wollte ihn halten, Paul Reynaud, der Nachfolger, jedoch entlassen.

Der *Etat-Major Général* hatte sein Hauptquartier in den Kasematten von Vincennes, wo er politischer Spannung sehr nah, dem Kriegsgeschehen aber allzu fern war und kaum Einfluß auf General Alphonse Georges *(Commandant-en-chef Nord-Est),* General Joseph Vuillemin (Armée de l'Air) und Admiral François Darlan (Marine nationale) ausüben konnte.

Um den *Etat-Major Général* zu entlasten, verfügte Darlan die Aufteilung des Oberbefehls. So entstand ein drittes Hauptquartier für General Joseph Doumenc, der eine *organisation généralisée* für alle Kriegsschauplätze herbeiführen sollte. Die Folge war ein Kompetenzwirrwarr, bei dem Generalstabsbüros auseinandergerissen oder zwischen verschiedenen Standorten hin und her geschoben wurden.

Die Briten bevorzugten ihr herkömmliches *Waging War by Committees.* Sämtliche strategischen Entscheidungen traf das Kriegskabinett, ein Regierungsausschuß, dem außer Chamberlain und Lord Halifax nur Sir John Simon und Sir John Anderson sowie die drei Wehrminister – Winston Churchill (Admirality), Sir Howard Kingsley Wood (Air) und Leslie Hore-Belisha (War) – angehörten.

Die Stabschefs der britischen Streitkräfte bildeten ein Beratergremium, das *Chiefs of Staff Committee* (CSC). Für die Royal Navy nahm der Erste Seelord, Admiral Sir Dudley P. A. Pound (später Admiral Sir Andrew B. Cunningham) an den Sitzungen teil, für die Royal Air Force der Chief of the Air Staff, Luftmarschall Sir Cyril Newall (später Sir Charles Portal), für die British Army der *Chief of the Imperial General Staff* Sir William Ironside (den Sir John Dill und schließlich Sir Alan Brooke ablösten).

Frankreich und England hatten bei Geheimverhandlungen Ende März 1939 die Schaffung eines interalliierten Kriegsrates *(Supreme War Council)* vereinbart. Er trat am 4. September 1939 zusammen und beendete seine Arbeit unter mißlichen Umständen im Juni 1940.

Bald darauf – noch vor dem Kriegseintritt Amerikas – beschlossen Großbritannien und die USA aufgrund geheimer A(merican)-B(british) Agreements gemeinsame Stäbe zu bilden. Als oberstes Organ entstand so das *Combined Chiefs of Staff Committee* (CCSC).

Kräfte und Kriegsmittel

Wirtschaft und Zahlungsverkehr des Deutschen Reiches mußten den kriegsbedingten Verhältnissen angepaßt werden. Der Reichsbankpräsident und Wirtschaftsminister Hjalmar Schacht war zurückgetreten, nachdem er Hitler mitgeteilt hatte, daß es in der Reichsbank keine Gold- und Devisenreserven mehr gebe und die Staatsfinanzen »am Rand des Zusammenbruchs« stünden.

Das Regime behalf sich mit drastischen Einsparungen, einer Mobkreditaktion, der Ausgabe von Wehrmachtverpflichtungsscheinen und Reichsschatzanweisungen. Zugrunde lagen ein »Neuer Finanzplan« und die am 4. September 1939 erlassene Kriegswirtschaftsverordnung, später auch Maßnahmen zur Erfassung des »Beuteguts«.

Göring führte den Vierjahresplan weiter. Verbleibende Aufgaben des Wirtschaftsressorts übernahmen Walter Funk und sein Stellvertreter Emil Puhl, ein erfahrener Bankbeamter. Offiziell ging es um »Autarkie«, eine »blockadesichere Versorgung des Volkes«. In Wirklichkeit diente die Planwirtschaft dem Angriffskrieg.

Der Vierjahresplan setzte Schwerpunkte bei Kohle, Stahl und NE-Metallen, synthetischem Faserstoff, Benzin und Gummi (Buna). Durch Parteinahme im Spanischen Bürgerkrieg hatte das Reich sowohl Kupfer als auch Schwefelkies gwonnen. Der Anschluß Österreichs und die Errichtung des Protektorates Böhmen und Mähren verschafften Deutschland weitere Eisen- und Kupfervorkommen, dazu Zinn, Zink und Blei.

Gleichwohl mangelte es an ausreichenden Ressourcen. Trotz fortschreitender Kohleverflüssigung, der Erzeugung von synthetischem Benzin (1939: 2,3 Millionen t) blieb Deutschland zu 50% bis 65% auf Treibstoffimporte angewiesen. Der Bezug rumänischen Erdöls war jedoch eine »ungelöste Transportfrage«. Die Einfuhren gingen zurück, weil Anteilseigner aus England, Amerika und Frankreich, die in Rumänien 80% der Produktion kontrollierten, die Fördermengen herabsetzten.

Der deutsche Bedarf an festen Rohstoffen war 1939 auf ein Jahr gesichert. Die Vorräte reichten verschieden lange: Naturkautschuk 2 Monate, Kupfer 7 Monate, Aluminium 12 Monate, Manganerz 18 Monate, Kobalt 30 Monate. Eisenerz mußte zu 45% überwiegend aus Schweden eingeführt werden. Auf dem NE-Metallgebiet schwankte die Auslandsabhängigkeit des Deutschen Reiches zwischen 23% und 100%.

England besaß 3,33 Milliarden, Kanada 1,07 Milliarden, Frankreich 2,5 Milliarden Dollar in Gold. Bei Inanspruchnahme ihrer Überseegebiete verfügten die Westmächte 1939 sogar über Zahlungsmittel im Werte von 8,44 Milliarden Dollar. Mit ihnen konnten die Alliierten erforderliche Importe und Fremdleistungen 12–19 Monate lang finanzieren. Dagegen war Deutschland, wie Hitler sagte, auf »rücksichtslose Auspowerung« besetzter Länder angewiesen.

Bei Kriegsbeginn fehlten ihm zahlreiche Arbeitskräfte. Walter Funk mußte daher die Arbeitszeiten in vielen Industriezweigen verlängern und das OKW zahlreiche Spezialisten beurlauben. Eine vorläufige Entspannung brachte Ende Oktober 1939 der Zwangseinsatz von etwa 100000 polnischen Arbeitern. Doch 1940/41 führte der Dauerkrieg zu immer höherem Bedarf.

12 Die Erdölfelder von Ploesti/Rumänien. Da Deutschland keine größeren Vorkommen hatte und nur einen Teil seines Treibstoffbedarfes aus der Kohleverflüssigung decken konnte, waren diese Rohstoffquellen für Hitler besonders wichtig.

13 Die Hydrierwerke in Leuna und anderen Standorten produzierten auf der Basis einer von den IG Farben entwikkelten Kohleverflüssigung synthetisches Benzin. Als Schlüsselindustrie waren sie Ziel heftiger Bombenangriffe.

NS-Gauleiter Fritz Sauckel, der »Generalbevollmächtigte für den Arbeitseinsatz«, holte unablässig Massen von »Fremdarbeitern« nach Deutschland. Die meisten wurden nicht mehr wie zu Beginn vorwiegend in der Landwirtschaft eingesetzt, sondern Industriebetrieben und Zechen zugewiesen. Bis 1944 stieg die Zahl dieser Ausländer auf 7,65 Millionen Männer und Frauen.

Mit diesem Kräftepotential und 800000 eigenen Facharbeitern, den neuen Rohstoffindustrien, erweiterten Kapazitäten, beträchtlichen Vorräten und einem leistungsfähigen Transportsystem war Deutschland seinen Gegnern überlegen – vorausgesetzt, Amerika und die UdSSR hielten sich fern und es gelang, den Konflikt etappenweise nach dem Grundmuster der von Hitler konzipierten »Blitzfeldzüge« auszutragen.

Doch kein weitblickender Beobachter rechnete damit. Die wiederholt bekundete Interventionsbereitschaft der USA konnte nicht ignoriert werden. Und der sowjetische Diktator hielt wahrscheinlich an den seit vierzehn Jahren verbindlichen Leitlinien sowjetischer Außenpolitik fest; seine jüngst erhobenen Gebietsansprüche waren dafür Beweis genug.

Roosevelt konnte Deutschland nicht einfach den Krieg erklären, weil dieses Recht verfassungsgemäß allein dem Kongreß zustand, der 1939 noch stark unter dem Einfluß von Isolationisten stand. Dennoch erreichte der interventionistisch gesonnene Präsident sein erstes Ziel, die Umgestaltung des riesigen amerikanischen Wirtschaftspotentials in ein »Arsenal der Demokratie«.

Im Lauf der nächsten ein bis zwei Jahre mußte sich die Mehrzahl der amerikanischen Politiker diesem Kurs anpassen, weil die neue Konjunktur den 9,49 Millionen Arbeitslosen schon bald Arbeit und Brot verhieß. Für ein ökonomisches Engagement der USA sprach auch, daß die Sowjetunion nach dem Abschluß des Handelsabkommens vom August 1939 zum »Arsenal des Dritten Reiches« werden mochte.

Das Anpeitschen ihrer Produktion hatte zu bemerkenswerten Ergebnissen geführt. Insgesamt war die Industrie der UdSSR zu Beginn des dritten Fünfjahresplanes (1938) um 12% gewachsen, die Rüstungsindustrie sogar um 39%. Im letzten Vorkriegsjahr wurden unter der Leitung von Nikolaj A. Wosnessjenskij 18,3 Millionen t Stahl und 13,9 Millionen t Roheisen erzeugt.

Frankreich stand unter den Kriegsführenden wirtschaftlich an letzter Stelle. Das Jahresdurchschnittseinkommen des Franzosen lag 50% unter dem eines Amerikaners. Das Volksfrontregime hatte nicht gewagt, die Steuern zu erhöhen. Eine deflationistische Geldpolitik und die verpaßte Franc-Abwertung richteten erheblichen Schaden an. Die Industrieproduktion war um 24% gesunken, während sie in Deutschland um 16% stieg.

Großbritannien stützte sich auf sein Empire und das Commonwealth. Im Vereinigten Königreich lebten 44 Millionen, in den Dominien weitere 25 Millionen Menschen; Indien zählte rund 300 Millionen, die Kronkolonien, Protektorate und Mandatsgebiete hatten etwa 62 Millionen Einwohner. Ihre Wechselbeziehungen regelten die Westminsterbeschlüsse von 1931. Eine gemeinsame Pfundwährung, der Sterlingblock, erleichterte den Zahlungsverkehr.

Einige Territorien förderten Kohle und erzeugten Stahl. Andere lieferten Lebensmittel und schickten Arbeitskräfte nach England. Neben Kanada, das mit seinen wirtschaftlichen Leistungen die vierte Stelle unter den Alliierten innehatte, wurde die Südafrikanische Union ein hervorragender Produzent, organisierte sich die »Eastern Group«, ein Verbund der Empire-Gebiete östlich von Suez.

Rund 45% aller Transportschiffe liefen unter englischer Flagge: Großbritannien kontrollierte ein Fünftel des Welthandels. Als John M. Keynes das Finanzministerium reformierte, konnte England seine Kriegskosten durch Streuereinnahmen decken. Die amerikanische Staatsschuld stieg indessen von 40,4 Milliarden (1939) auf 158,7 Milliarden Dollar (1945) – ein Preis für die mächtigen Anstrengungen der USA.

Roosevelt hatte das Inkrafttreten der Neutralitätsakte hinausgezögert, damit die Alliierten noch Rüstungsgüter aus Amerika abholen konnten. Ab Oktober unterstützte der Präsident die Westmächte durch Schaffung einer »Sicherheitszone« in der »westlichen Hemisphäre« und den Einsatz von »Neutralitätspatrouillen« zur Behinderung des deutschen Seeverkehrs. Anfang November 1939 gab ein *Cash-and-carry-* Gesetz den Verbündeten die Chance zu neuen Einkäufen.

Mit amerikanischer Hilfe konnte England den Krieg auf lange Sicht führen, vorausgesetzt, seine Flotte hielt die ozeanischen Verkehrswege offen und bewahrte das Inselreich vor einer Invasion. An ihrer Spitze stand als *Senior Service* die Royal Navy (RN). Den zweiten Platz beanspruchte die Royal Air Force (RAF). Erst an dritter Stelle folgte die British Army.

Die Royal Navy war ein machtvolles Kriegsinstrument. Wohl gab es bei ihren 15 Schlachtschiffen nur 2 Neubauten, doch lagen 4 weitere Einheiten auf Kiel und wurde die Zahl der Flugzeugträger verdoppelt. Zu den 25 schweren und 38 leichten Kreuzern kamen 19 Neubauten. Auch hatte die Admiralität 141 Geleitfahrzeuge in Auftrag gegeben. Die Zahl der Zerstörer stieg 1939 auf 202, die der U-Boote auf 69.

Die französische Marine besaß 7 Schlachtschiffe und 2 Träger, 19 Kreuzer, 71 Zerstörer und 76 U-Boote, 3 alte Panzerschiffe und 344 Minenräumer sowie 148 andere Einheiten. Im Unterschied zur Royal Navy, die nur über einen *Fleet Air Arm* an Bord ihrer Flugzeugträger verfügte, hatte Frankreichs Flotte eine starke Marineluftwaffe mit etwa 500 Flugzeugen.

Die deutsche Kriegsmarine war nicht zum Kampf gegen zwei Seemächte gerüstet. Die Alternative lautete: entweder U-Boote und Panzerschiffe (zur Verwendung im ozeanischen Zufuhrkrieg) oder eine Mehrzweckflotte (für Operationen auf Handelstonnage und Kampfverbände). Der dazu entwickelte Z(iel)-Plan sollte bis 1948 erfüllt sein, wurde jedoch bei Kriegsbeginn zu den Akten gelegt.

Die vorhandenen Einheiten – 2 Schlachtschiffe, 3 Panzerschiffe, 2 Schwere und 6 Leichte Kreuzer, 34 Zerstörer und 57 Unterseeboote außer 25 Schnell-, 10 Geleit- und 82 Minensuchbooten – konnten nur zum Teil in die Ferne wirken. Ein Operationsbefehl der Skl. hob drei Gesichtspunkte hervor: »Unterbrechung der feindlichen Seeverbindungen ... Feindliche Seestreitkräfte nur dann an(zu)greifen, wenn ... für die Hauptaufgabe erforderlich ... Häufiger Wechsel des Operationsgebietes.«

Raeder hatte die Panzerschiffe »Deutschland« (Wennecker) und »Admiral Graf Spee« (Langsdorff) als Handelsstörer in den Atlantik geschickt.

Gleichzeitig waren 18 deutsche U-Boote zwischen Gibraltar und den Hebriden postiert, um den Kampf gegen Transportbewegungen des Gegners zu eröffnen, sobald Hitler Operationsfreiheit gewährte. Mit der (Hochsee-)Flotte (Boehm) wollte die Skl. im Sinne der doppelpoligen Kriegführung kurze Vorstöße bis nach Island wagen.

Hitler hatte an maritimen Operationen kaum Interesse. Er wollte Großbritannien den »Festlandsdegen« aus der Hand winden und das Inselreich zwingen, die deutsche Vorherrschaft auf dem Festland anzuerkennen. Dies sollte durch »blitzschnelle Schläge« geschehen, einen überraschenden Angriff von Heeresverbänden mit Unterstützung starker Fliegerkräfte.

Denkansatz jahrelang geführter Diskussionen war die Frage, wie eine Wiederkehr des zeitraubenden Stellungskrieges von 1914–1918 zu verhindern sei. Einige Experten befürworteten den Aufbau schnell beweglicher und stark gepanzerter Berufsarmeen. Im Unterschied hierzu hatte der Italiener Giulio Douhet die Schaffung einer hochentwickelten Luftwaffe befürwortet.

Sie sollte durch vernichtende Schläge gegen Ziele im Hinterland des Gegners sowohl Produktion als auch Moral der Feindmacht zerrütten. Dazu war völlig neues Fluggerät erforderlich, ein »Luftkreuzer« oder »Fernbomber« mit großer Eindringtiefe und erheblicher Ladekapazität. Kurz vor Beginn des Krieges verfügte jede Militärmacht zumindest über einen solchen Prototyp.

Den ersten mit vier Triebwerken freischwebenden Ganzmetalleindecker hatte Andrej N. Tupolew 1929 in der Sowjetunion konstruiert. Frankreich folgte mit dem Langstrecken-Luftkreuzer Farman »F 223/4«. Eine amerikanische Flugzeugfabrik entwickelte den Großbomber Boeing »B 17«, der wegen seiner starken Bewaffnung als »Fliegende Festung« *(Flying Fortress)* bezeichnet und ab 1939 serienweise gebaut wurde.

Die deutsche Luftfahrtbehörde hatte 1935 den Auftrag zur Konstruktion eines »Uralbombers« vergeben. Junkers baute vier Maschinen, dann wurde die Produktion wegen des Fehlens leistungsstarker Motoren und ausreichender Rohstoffe eingestellt. Deutschland besaß 1939 kein Flugzeug im Maßstab Douhets. Die viermotorige Focke Wulf »FW 200 Condor« und die dreimotorige »Ju 52« waren Verkehrsmaschinen.

Bei der Royal Air Force waren die Bristol »Blenheim«, Handley Pages »Hampden«, Vickers »Wellington« und Armstrongs »Whitney« etwa mit den deutschen Standardbombern Heinkel »He 111«, Dornier »Do 17« und Junkers »Ju 88« zu vergleichen. Immerhin hatte das britische Luftfahrtministerium 1936 eine Viermotmaschine in Auftrag gegeben, die in der zweiten Kriegshälfte als Avro »Lancaster« wirkungsvolle Angriffe flog.

Die deutsche Luftwaffe hatte am 1. September 1939 listenmäßig 4093 Maschinen, von denen 3636 einsatzbereit, aber nur 2751 kampfverwendungsfähig waren. Polen besaß 850 Flugzeuge, darunter 397 von moderner Bauart. Frankreich brachte im Mutterland 1929 Maschinen zum Start. England stellte auf seinen Heimatflugplätzen 1979 Maschinen bereit und erwartete weitere aus dem Commonwealth.

Im Unterschied zur deutschen Luftwaffe, deren »Flotten« mit ihren fliegenden Verbänden, Luftnachrichtentruppen, Flakartillerie- und Fallschirmjäger-Regimentern gleichsam Abbilder des ganzen Wehrmachtteiles waren, hatte Großbritannien »reinrassige« Großverbände. *Coastal*

14 Serienbau deutscher Panzerkampfwagen vom Typ »P III« in Kassel. Eine Gemeinschaftskonstruktion der Firmen Krupp, Henschel und M A N. Wannen und Aufbauten lieferten großenteils die Edelstahlwerke Hannover.

15 Serienproduktion deutscher Kampfflugzeuge vom Typ Junkers »Ju 88« in Dessau. Insgesamt wurden 1939 über 8290 Flugzeuge gebaut (in Großbritannien 7950, in Frankreich 3100, in der UdSSR 10300).

Command (Bowhill), *Fighter Command* (Dowding) und *Bomber Command* (Ludlow-Hewitt).
Die deutsche Luftwaffe eignete sich gut zur Unterstützung operierender Heeresverbände. Die Royal Air Force löste diese Aufgabe durch Abordnung gemischter Kampfgruppen, ohne deshalb den Großverbänden ihren Rang zu nehmen. Das Küstenkommando schützte die Schiffahrt, die Jäger verteidigten das Mutterland. Die Bomber trugen als eine Angriffselite im Sinne Douhets ihre Lasten über weite Entfernungen ins Ziel.
Dabei blieb es, obwohl die Einzelkämpfer in den Lüften mehr Beifall erhielten. Jagdeinsitzer wie die britische »Spitfire« und »Hurricane« waren in aller Munde, ebenso wie die fast legendäre Messerschmitt »Bf 109«, ein trudelsicherer, sturzflugfester Jäger, neben den ab 1942 die Focke Wulf »FW 190« als Standardflugzeug trat.
Die deutschen Landstreitkräfte schienen der gestellten Aufgabe am besten gewachsen. Sie gliederten sich in Heeresgruppen und Armeen. Seit der am 26. August 1939 verfügten, aber nicht öffentlich bekanntgegebenen Mobilmachung gab es 23 Korps- und 26 Generalkommandos mit 35 Infanterie-, 3 Gebirgs-, 5 Panzer-, 4 motorisierten und 4 leichten Divisionen sowie 1 Kavallerie-Brigade. Hinzu kamen 51 Reservedivisionen. Die SS-Verfügungstruppe wurde operativ dem Heer unterstellt.
Deutschland hatte seit Wiedereinführung der Dienstpflicht die Wehrkraft seiner 80-Millionen-Bevölkerung nicht ausschöpfen können; das Feldheer zählte daher erst 2,75 Millionen Soldaten. Dagegen mobilisierte Polen von 32,1 Millionen Einwohnern 2,3 Millionen Kombattanten, Frankreich von 41,9 Millionen Einwohnern 5,5 Millionen (darunter 340 000 Nordafrikaner und 110 000 Kolonialsoldaten). Die britische Armee zählte zu Beginn des Krieges 897 000 Mann.
Diese Massen gewannen erst durch Beweglichkeit und Feuerkraft an Wert. Beim deutschen Heer beruhte sie, wie General Georg Thomas feststellte, nicht auf einer »Tiefenrüstung«. Die Truppe mußte mit einer Vielzahl von Waffentypen zurechtkommen. Die Panzerabwehrkanone (Pak) war veraltet, das luftgekühlte Maschinengewehr, der Granatwerfer und die 10,5-cm-Feldhaubitze galten jedoch als vorzügliches Kampfgerät.
Technische Voraussetzungen für vollmotorisierte, geländegängige Streitkräfte, die Fuller, Liddell Hart und Martel (England), Estienne, Delestraint und de Gaulle (Frankreich), Chaffee (USA), Burstyn und Eimansberger (Österreich), Lutz und Guderian (Deutschland) befürwortet hatten, waren gegeben, doch fehlte ausreichender Treibstoff. Die Infanterie mußte zu Fuß marschieren und ihre Waffen schultern oder pferdebespannt mitführen.
Der »Tank« des Ersten Weltkrieges war modernisiert und in größerer Stückzahl vorhanden, nur stritt man über seine Verwendung. In Frankreich war Philippe Pétain überzeugt, daß die von Charles de Gaulle geforderte »Kampfwagenphalanx« an Mauern der Pak zerschellen oder auf Minenfeldern zerbrechen werde. Man schloß einen Kompromiß. Von 3100 Panzern, die Frankreich besaß, wurden die älteren auf infanteriebegleitende Bataillone verteilt, neuere Modelle leichten Truppen zugeteilt.
Das britische *Royal Armoured Corps* war kein operativer Verband, sondern eine Waffengattung. Auch in England unterschied man Panzer, die Infanterie begleiten sollten, und selbständige *Crusaders*. Bald nach der

16 »Colossus« ein Computer der Code und Ciphre School in Bletchley Park, 80 km nördlich von London. Mit diesem Gerät konnten Kryptologen durch Anwendung mathematisch-analytischer Methoden verschlüsselte Funksprüche des Gegners entziffern und als »Ultra« (auf höchster Geheimhaltungsstufe) den Spitzengremien zuleiten.

17 Der Vormast einer britischen Fregatte zeigt die Verwendung moderner Elektronik auf Kriegsschiffen. Über der unteren Plattform das Navigations-Radar »Type 974«, eine Stufe höher ein Warnungsgerät »293 air/sea«, an der Spitze die Antenne des HF/DF (High Frequency Direction Finding).

18 Deutsches Funkmeßgerät »Würzburg« der Firma Telefunken (in angelsächsischen Ländern RADAR genannt). Der Parabolspiegel war Sende- und Empfangsantenne; sein rotierender Dipol gestattete erstmals eine genaue Seiten- und Höhenpeilung von Flugzeugen in einer 200 Millionstel Sekunde.

Mobilmachung wurde die *1st Army Tank Brigade* (Pratt) aufgestellt, 1940 eine Panzerdivision, von der aber nur Teile auf dem Kontinent zum Einsatz kamen.
Hitler hatte die Panzerlehre begierig in seine Blitzkriegskonzeption einbezogen. Fast alle deutschen Reiterregimenter mußten absatteln und Personal für die Bildung gepanzerter Formationen stellen. Die Ernennung des Generals Heinz Guderian zum »Chef der Schnellen Truppen« beschleunigte den »Umbau«. Am 1. September 1939 waren fünf Panzerdivisionen mit 2307 Kampfwagen einsatzbereit.
Über die Verwendung dieser Kräfte bestand kein Zweifel. Geplant waren Panzerraids über Hunderte von Kilometern hinweg. Die Durchbruchstaktik der in engem Zusammenwirken mit Nahkampfverbänden der Luftwaffe vorgetriebenen Panzerkeile schien realisierbar, obwohl Manöver- und Kriegserfahrungen fehlten.
Die Zusammenfassung in Korps, zu denen außer Panzern, motorisierte Infanterie, Artillerie, Pioniere, Fernmeldetruppen, Reparatur- und Nachschubkolonnen, sogar Verbindungsflugzeuge gehörten, verlieh den deutschen Stoßkräften nie dagewesene operative Beweglichkeit. Auch eine gute Optik und die Ausnutzung der Ultrakurzwelle für den Sprechfunkverkehr waren von Vorteil.
Zur Weiterentwicklung eines komplizierten Kriegsmittels mußten beständig verschiedene Arbeitsgänge der Kriegspolitik, Planung und Produktion, nicht zuletzt Wissenschaft, Forschung und Technik aufeinander abgestimmt werden. War dies während der kurzen Aufrüstungsperiode aus Zeitmangel unterblieben, so bedurfte es nun dringend einer sorgfältigen Koordination.
Churchill studierte eifrig die rund 2000 Denkschriften seines engen Vertrauten, des in Deutschland geborenen Frederick A. Lindemann. Roosevelt verschaffte Vannevar Bush maßgebenden Einfluß auf viele Entwicklungsprojekte der Vereinigten Staaten. Beide Berater ermöglichten den anglo-amerikanischen Staatsmännern wichtige Entscheidungen. Dagegen wahrten die kontinentaleuropäischen Diktatoren gegenüber Experten weiten Abstand.
Der Reichswissenschaftsrat hatte keine nennenswerten Vollmachten. Obwohl er rund 10 000 Projekte betreute, ließ ihm Göring nur geringe Mittel zuteilen. Der auf Vorschlag des Kernphysikers Walther Gerlach in Haigerloch gebaute Reaktor diente nicht vorzugsweise der Entwicklung eines neuen Waffensystems. Hitler zeigte für die, wie er sagte, »jüdische Atomphysik« kein Interesse.
Auch zwei andere vielversprechende Objekte kamen nicht gleich zum Zuge: das Strahlentriebwerk, mit dessen Schubkraft Jagdmaschinen 1000 km/h flogen, und die als Bombenträger gedachte Flüssigkeitsrakete »A 4«. Hellmuth Walter, der 1939 die »He 176«, das erste Düsenflugzeug der Welt, ausgerüstet hatte, wandte sich anderen Gebieten zu. Wernher von Braun und Walter Riedel verbesserten die Raketenprojektile, obwohl Hitler die Fertigung zunächst von der Dringlichkeitsliste strich.
Weit gediehen war das im Bereich der Hochfrequenztechnik entwickelte Funkmeßverfahren (deutsch: Dezimeter-Telegrafie; amerikanisch: *Radio Detection and Ranging,* RADAR). In Deutschland hatten ihm Rudolf Kühnhold und Wilhelm Runge zum Durchbruch verholfen, in England Robert

Watson-Watts und Henry Tizard. Während das Luftfahrtministerium zur Sicherung des Inselreiches 18 Radarstationen einrichten ließ, kaufte die Wehrmacht einige tausend Exemplare des »Freya« genannten Modells. Mit ihm konnte man Flugzeuge in 100 km Entfernung erfassen.
Peiltrupps der Funkabwehr machten Agentensender ausfindig und schufen Voraussetzungen für das Umdrehen gefaßter Spione sowie raffinierte Funkgegenspiele zur Irreführung des Gegners in mehr als 160 Fällen. Konnte man Funksprüche abhören, zeitgleich entziffern und schnell auswerten, sein Wissen geheimhalten und durch Kombination zu Erkenntnissen kommen, so ergab sich eine breite Nutzanwendung.
Die Reichsführung glaubte sich gegen Einbrüche in ihren Nachrichtenverkehr gefeit. Eine Maschine, die Arthur Scherbius erfunden und »Enigma« getauft hatte, war in viele Länder verkauft worden. Deutschland verfügte jedoch über neue, streng geheime Baumuster dieses Gerätes mit zahlreichen Sicherheitsvorkehrungen.
»Enigma« hatte das Aussehen einer Schreibmaschine. Der zur Transmission bestimmte Schriftsatz wurde durch Anschlagen der Tastatur eingegeben und vermittels elektromechanischer Signale über ein Steckerbrett mit paarweise gestöpselten Kabelbuchsen und austauschbaren Schlüsselwalzen in wirre Zahlen- und Buchstabenreihen gebracht. Der Empfänger konnte das Zerrbild nur dann in Klartext rückverwandeln, wenn er selbst ein solches Gerät besaß und die jeweils geltende Walzeneinstellung kannte.
Zuerst hatten Polen den deutschen Schlüsselverkehr mit eigenen Rechenmaschinen zu entziffern versucht. Sie gelangten über Frankreich nach England, wo Alan M. Turing in Blechtley Park einen größeren Kryptocomputer konstruierte. Mit ihm konnten die Briten ab Mai 1940 Funksprüche der deutschen Luftwaffe entziffern. Der besser gesicherte Marinecode blieb dem Gegner noch bis 1941 verschlossen.
Das entzifferte Nachrichtenmaterial gelangte unter der Bezeichnung »Ultra« auf die Schreibtische führender Engländer und wurde bald auch Amerikanern, später teilweise sogar den Sowjets übermittelt. Entgegen der sonstigen Übung fehlte stets die Quellenangabe. Nur wenige Eingeweihte wußten um die Herkunft der Informationen. Das Geheimnis blieb bis in die siebziger Jahre gewahrt.

19 Kriegsbereitschaft der Royal Navy. Vorn (v.l.n.r.) die Schlachtschiffe »Ramillies«, »Royal Sovereign«, »Repulse« und »Nelson«, im Hintergrund (v.l.n.r.) »Hood« und »Prince of Wales«.

20 Im Unterschied zu Großbritannien, dessen 1939 wieder eingeführte Wehrpflicht keine solche Maßnahme erforderte, gab es in Frankreich am 1. September 1939 eine Generalmobilmachung. Einberufene Reservisten auf dem Gare du Nord in Paris.

21 Amerikanisches Propagandaplakat. Die USA waren 1939 vorgeblich neutral, jedoch standen sie vom ersten Tage des Krieges an mit immer neuen Maßnahmen des Präsidenten Franklin D. Roosevelt auf seiten der Westmächte.

Teil I

Der Feldzug in Polen 1939

Deutsch-sowjetisches Einvernehmen

Die deutsche Widerstandsbewegung 1939

Der finnische Winterkrieg 1939/40

Das Unternehmen »Weserübung« 1940

Der Angriff im Westen 1940

Der Zusammenbruch Frankreichs

Auswirkungen des Krieges im Westen

Die Schlacht um England

Der Dreimächtepakt

Molotow in Berlin

Südosteuropa 1941

Die Schlacht im Atlantik 1941

Unternehmen »Barbarossa«

Der Feldzug im Osten 1941

Der Feldzug in Polen 1939

Die für den »Fall Weiß« gewiesenen Ziele waren unverändert. Brauchitsch und Halder hatten einen entsprechenden Operationsplan vorliegen. Die »westlich der Weichsel-Narew-Linie« anzutreffende Masse des Gegners sollte doppelseitig umfaßt und durch »konzentrischen Angriff« vernichtet werden. Gedachte doch Rydz-Smigly die 2000 km langen Grenzen des Landes zu decken, auch das Korridorgebiet und die weite Auswölbung um den Wartheabschnitt.

Polen hatte aber erst 29,5 Infanteriedivisionen, 11 Kavalleriebrigaden und 2 motorisierte Verbände mobilisiert. Mit ihnen bildete das Warschauer Oberkommando sechs Armeen und vier selbständige Operationsgruppen, von denen am 1. September 1939 noch keine die vorgesehene Kampfstärke besaß. Volle Kriegsbereitschaft meldeten nur der Flottenstab und die Fliegertruppe.

Auf deutscher Seite waren 55 Divisionen, 1600 Kampfwagen und 1938 Flugzeuge angriffsbereit. Das Oberkommando des Heeres (OKH) lief damit kein geringes Risiko. Denn der starken französischen Armee standen zur gleichen Zeit lediglich 33 Divisionen – größtenteils Reserveverbände sowie 58000 Angehörige des Reichsarbeitsdienstes (RAD) ohne Panzer und ausreichende Munition – gegenüber.

Das deutsche Ostheer gliederte sich in zwei Heeresgruppen (HGr.). Die HGr. Süd (Rundstedt) umfaßte drei Armeen (14., 10., 8.) in Schlesien und der Westslowakei. Die HGr. Nord (Bock) hatte beiderseits des Korridorgebietes, in Pommern und Ostpreußen, zwei Armeen (3., 4.) bereitgestellt. Die motorisierten und gepanzerten Divisionen waren an den Schwerpunkten des Angriffs zusammengefaßt.

Jede der beiden Heeresgruppen sollte von einer Luftflotte (LFl.) unterstützt werden. Die LFl. 4 (Löhr) operierte im Süden der Angriffsfront, die LFl. 1 (Kesselring) im Norden. Die Luftflottenkommandos meldeten am 31. August 1538 startklare Maschinen. Rund 130 Flugzeuge, überwiegend Aufklärer und Transporter, hielt Göring als Reserve zurück; 288 hatte er an das Heer abgegeben.

Der Eröffnungsschlag (Unternehmen »Ostmarkenflug«) wurde am Morgen des 1. September 1939 geführt. Gegen Mittag hatten die deutschen Flieger die Luftherrschaft errungen. Kampfgeschwader zerstörten Startbahnen, Hangars und Treibstofflager des Gegners. Polnische Jäger waren bald nur noch in Dreierketten oder Zweierrotten anzutreffen.

Warschauer Regierungsstellen befürchteten seit langem eine Erhebung der nationalen Minderheiten. Für diesen Fall gab es gedruckte Proskriptionsverzeichnisse. Bei der aufkommenden Panik verhaftete die durch Hilfskräfte verstärkte Polizei zahlreiche Deutsche und Ukrainer. Von diesen Menschen wurden etwa 5000 ermordet, davon rund 1000 am 3. September 1939 in und um Bromberg.

Das Chaos wuchs, denn massierte deutsche Bombenwürfe zerstörten die Nachrichtenverbindungen, ein Netz veralteter Freiluftleitungen. Die Befehle des Warschauer Zentralstabes und einiger Armeeoberkommandos kamen daher oft nur verstümmelt oder in falscher Reihenfolge zur Truppe. Marschall Rydz-Smigly glitten die Zügel aus der Hand.

22 *Der Überfall auf Polen.*
Für viele Verteidiger des Nachbarlandes war das Angriffsverfahren deutscher Sturzkampfbomber (»Stuka«) vom Typ Junkers »Ju 87« eine Überraschung.

23 *Das Antreten deutscher Truppen zu Beginn der Offensive, ein Gemisch aus motorisierten Kolonnen und Reiterformationen.*

Im Süden hatte die 14. Armee (List) Polnisch-Oberschlesien und das Becken von Neumarkt eingenommen. Die 10. Armee (Reichenau) trieb jenseits der Warthe einen Panzerkeil zur Pilica vor. Ihren Flankenschutz besorgte, nach links gestaffelt, die 8. Armee (Blaskowitz). Im Norden durchstieß die 4. Armee (Kluge) den Korridor, unterstützt von der 3. Armee (Küchler).
Das Gefüge der polnischen Verteidigung brach auseinander. Die Armee »Pomorze« (Bortnowski) war teilweise bei Tuchel eingeschlossen. Der Armee »Modlin« (Przedrzynmirski) drohte die Überflügelung. Die Armeen »Lódź« (Rómmel) und »Krákow« (Szilling) wichen unter schweren Verlusten zurück. Die Armee »Prusy« (Dab-Biernacki) zerfiel nach Bombenschlägen und Panzerstößen.
Rydz-Smigly befahl den Rückzug hinter die Weichsel. Als die noch intakte Armee »Poznán« (Kutrzeba) kehrtmachte, war ihr der Weg versperrt. Denn die deutsche 10. Armee (Reichenau) hatte weiter an Boden gewonnen. Die 1. Panzerdivision (Schmidt) nahm den Weichselübergang bei Ǵora Kalwarja, die 4. Panzerdivision (Reinhardt) erreichte den Stadtrand von Warschau.
Aus dem Wendemanöver des Generals Tadeuz Kutrzeba entwickelte sich eine Kesselschlacht an der Bzura. Der Einschließungsraum enthielt die Masse von 19 Infanteriedivisionen und 3 Kavalleriebrigaden, von denen etwa 170000 Mann kapitulierten. Gleichzeitig wurden in der Tucheler Heide, bei Ilza und Radom rund 76000 polnische Soldaten als Gefangene eingebracht.
Staatspräsident Mościcki und Außenminister Beck waren bereits aus Warschau geflohen. Marschall Rydz-Smigly begab sich nach Brest-Litowsk, um weit im Osten eine neue Front aufzubauen. Da der Oberbefehlshaber seinen Stabschef, General Waclaw Stachiewicz zurückließ, fiel der Zentralstab auseinander.
Brauchitsch ermächtigte Generaloberst Fedor von Bock, das verstärkte XIX. Armeekorps (Guderian) aus dem Korridor durch Ostpreußen bis nach Masuren vorzuziehen. Bei Lomza, am linken Flügel der 3. Armee (Küchler), erkämpfte es sich den Narewübergang und damit die Operationsfreiheit für einen Panzerraid bis zum Bug.
Die Fortbewegung des südlichen Heeresflügels wurde durch den Kriegseintritt der Slowakei erleichtert. Eine ihrer Divisionen nahm Sanok und ermöglichte, Teile der polnischen Karpatengruppe westlich des San festzuhalten. Die 14. Armee (List) schloß Przemyśl ein, wechselte das Ufer und erreichte mit Spitzen die Außenbezirke von Lemberg.
Guderian hatte Brest-Litowsk genommen und die 3. Panzerdivision (Geyr von Schweppenburg) den Bug entlang bis nach Wlodowa vorgeworfen. Aus der Gegenrichtung nahten über Tomaszów-Lublielski die Kampfwagenverbände des XXII. Armeekorps (Kleist). Kradschützen stellten zwischen beiden Greifern der Zange Verbindung her, als die Sowjetunion auf den Plan trat.
Nach dem für sie günstigen Ausgang der Schlacht am Chalchin-Gol hatte Molotow ein Waffenstillstandsabkommen mit Japan paraphiert. Vierundzwanzig Stunden später, am 17. September 1939, wurde Schulenburg von Stalin eröffnet, daß am nächsten Morgen Verbände der Roten Armee nach Polen eindringen würden.

24 Ausschreitungen polnischer Sicherheitskräfte führten zum gewaltsamen Tod zahlreicher Deutscher und Ukrainer, die im Lande lebten.

25 Eine entscheidende Operation im Polenfeldzug war das Durchbrechen der feindlichen Mitte. Deutsche Panzerdivisionen stießen aus Schlesien zur Weichsel vor und verlegten an der Grenze stehenden Armeen den Rückweg.
Das Schlachtfeld an der Bzura.

Der polnische Botschafter in Moskau wurde vom Stellvertretenden Außenkommissar abgefertigt: Polen habe zu bestehen aufgehört; alle Verträge seien daher hinfällig und die Sowjetunion gezwungen, den Schutz der ihr nahestehenden Weißrussen und Ukrainer jenseits der bisher gemeinsamen Grenze sicherzustellen.

Die polnischen Botschafter in Paris und London forderten erneut das Eingreifen der Westmächte. Doch Frankreich machte geltend, daß es der Alliierte nicht nur Polens, sondern auch der UdSSR sei. England verwies auf ein Zusatzprotokoll des britisch-polnischen Bündnisvertrages. Danach war das Vereinigte Königreich nur für den Fall eines deutschen Angriffs zum Beistand verpflichtet.

Polen wurde seinem Schicksal überlassen. Gamelin, der zur Beschwichtigung erregter Publizisten und Politiker eine Scheinoffensive im Vorfeld des deutschen Westwalles begonnen hatte, stellte den Angriff ein. Die Royal Air Force begnügte sich mit Demonstrationsflügen. Hitler honorierte diese schwachen Aktivitäten, indem er U-Booten und Handelsstörern des Reiches die Operationsfreiheit versagte.

Als starke Kräfte der Roten Armee nach Ostpolen vorstießen, entstand auch dort heillose Verwirrung. Einige Truppenteile wähnten, der Nachbar komme ihnen zu Hilfe. Andere setzten sich zur Wehr. Mościcki und Beck flohen nach Rumänien; Rydz-Smigly folgte am nächsten Tag. Alle drei wurden aus Furcht vor deutsch-sowjetischen Repressalien in Bukarest rechtswidrig interniert.

In Berlin war von einem »Feldzug der 18 Tage« die Rede. Ab 20. September verlegte das OKH Verbände an die Westfront. Doch vielen Orts wurde noch gekämpft. Auch Warschau hatte nicht kapituliert. Die Generale Waclaw Stachiewicz und Juliusz Rómmel organisierten den Widerstand, überzeugt, daß der vermeintlich begonnene französisch-britische Großangriff die Deutschen zum Abzug zwingen werde.

Göring beauftragte General Wolfram von Richthofen mit der Kampfführung im Luftraum über Warschau. Während am Boden um die veralteten Forts der Festungsstadt gerungen wurde, warfen 550 deutsche Flugzeuge 486 t Spreng- und 72 t Brandbomben auf die Metropole, bis zum Erlöschen des Widerstandes noch einmal soviel. Die Zivilbevölkerung erlitt schwere Verluste.

Am 27./28. September 1939 kapitulierten in Warschau 120000 polnische Soldaten. Zwei Tage später ergab sich Modlin mit 92000 Mann. Darauf zeigte auch Hela die weiße Flagge, legten letzte Truppenreste bei Janow und Lublin die Waffen nieder. Der Feldzug war beendet. Nur vereinzelte Partisanentätigkeit, zu der Móscicki aufgerufen hatte, wurde weiter vermerkt.

Wehrmachtstellen zählten insgesamt 694000 Gefangene. Die Rote Armee hatte 230670 Mann entwaffnet. Rund 100000 Polen waren nach Litauen, Lettland und Rumänien entkommen. Die Mehrzahl erreichte das ihr wohlgesonnene Ungarn. Von dort gelangten Tausende nach Frankreich, wo sie sich den Streitkräften der Exilregierung des Generals Ladislaus Sikorski anschlossen.

Die blutigen Verluste des polnischen Heeres wurden auf 66300 Tote und 133700 Verwundete geschätzt. Die Ausfälle der Roten Armee bezifferte Molotow vor dem Obersten Sowjet mit 737 Gefallenen und 1859 Verletz-

26 *Das Personal im Cockpit eines deutschen Kampfflugzeuges vom Typ Heinkel »He 111«. Die Horizontalbomber zerstörten Flugplätze, Eisenbahnknotenpunkte und Transportzüge des Gegners.*

27 *Zur raumgreifenden Operation wurde auch das Vorziehen eines Korps durch Ostpreußen bis nach Brest-Litowsk. Die Kampfwagen »P II« (2-cm-Kanone und MG) mit der für Polen bestimmten Kennung, einem weißen Kreuz. Rechts ein Kommandofahrzeug (Sd. Kfz. 251) mit Rahmenantenne. Die Panzerfahrer trugen noch Friedensuniform.*

ten. Das Oberkommando der deutschen Wehrmacht meldete 10572 Gefallene, 30322 Verwundete und 3404 Vermißte.

Der Feldzug in Polen 1939

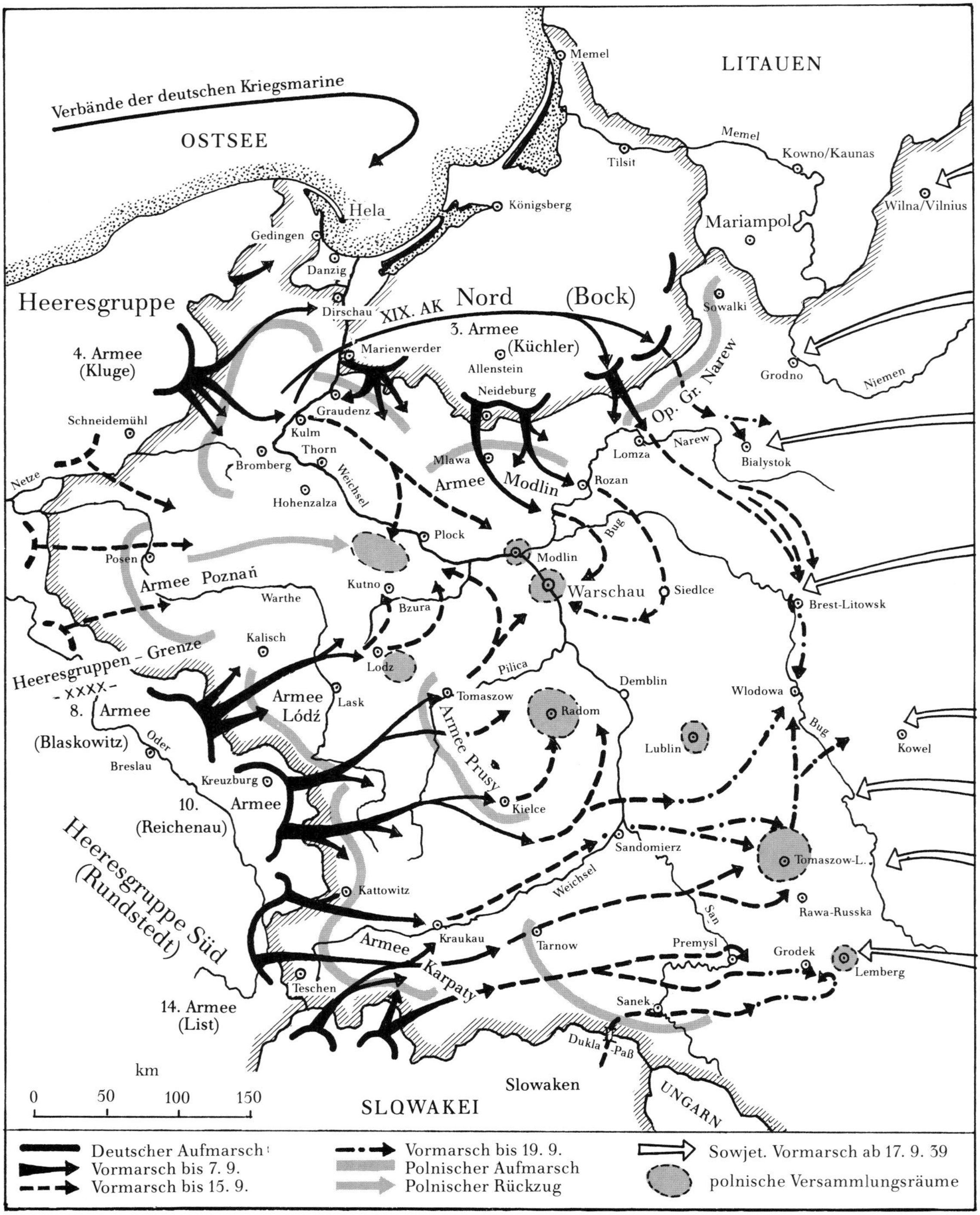

28 Im brennenden Lomza beobachtet ein deutscher Meldereiter den Vormarsch der Panzer.

29 Am 17. September 1939 erklärte die UdSSR den Nichtangriffspakt mit Polen für hinfällig und ließ starke Kräfte der Roten Armee in das Land eindringen. Deutsche Soldaten begrüssen eine sowjetische Panzerbesatzung mit Blumen.

Deutsch-sowjetisches Einvernehmen

30 Beim zweiten Besuch des Reichsaußenministers Joachim von Ribbentrop in Moskau am 27./28. September 1939 wurde eine gemischte Kommission zur Festlegung der neuen Demarkationslinie zwischen dem Deutschen Reich und der UdSSR eingesetzt.

Der Polenfeldzug war ohne rechtsverbindliche Handlung beendet worden. Kein Waffenstillstandsabkommen oder Friedensvertrag bestimmte die Normen, unter denen das polnische Volk weiterleben konnte. Die deutsche Politik blieb undurchsichtig. Im Auswärtigen Amt dachte man an »Rückgliederung« des Korridorgebietes und Ostoberschlesiens sowie die Konstituierung eines »Reststaates«.

Darüber sollte jedoch nach dem deutsch-sowjetischen Vertrag vom 23. August 1939 keine Teilungsmacht allein entscheiden. Die Sowjetunion machte ihr Mitspracherecht geltend. Stalin wandte sich gegen die mögliche Restitution des polnischen Staates und empfahl ein Tauschgeschäft. Deutschland sollte die Woiwodschaften Warschau und Lublin »bis zum Bug« erhalten und dafür Litauen preisgeben.

Ribbentrop wurde nach Moskau eingeladen, wo gleichzeitig die Außenminister der Türkei und Estlands antichambrierten. Denn Stalin wollte auch die Meerengenfrage und das »Problem« der baltischen Republiken aufrollen. Die Sowjetpresse warf den betroffenen Staaten vor, sie ließen es an der notwendigen Entschlossenheit zur Verteidigung ihrer Neutralität fehlen. Ein Zwischenfall in Tallinn (Reval), wo ein polnisches U-Boot interniert worden war, nun aber ausbrach, diente dem Kreml als Argument für seine Forderungen.

Ribbentrop war mit großem Gefolge nach Moskau geflogen, wo er nicht allein Stalin und Molotow, sondern auch Berija und Mikojan, Woroschilow und Wosnessjenskij sprach. Gleichzeitig standen der Este und sein Kollege aus Ankara unter Druck. Verletzungen des Luftraumes, Grenzzwischenfälle und vermehrte Vorwürfe sollten den Widerstand der kleinen Nachbarstaaten zermürben.

Ribbentrop und Molotow behandelten vorrangig die polnische Teilung und den verstärkten Handelsaustausch, berührten aber auch die »baltische Frage« und das »Problem der Meerengen«. Das Ergebnis fand seinen Niederschlag in einem deutsch-sowjetischen Grenz- und Freundschaftsvertrag vom 28. September 1939 sowie verschiedenen Zusatzprotokollen, Briefen und Erklärungen.

Stalin markierte die neue Trennungslinie mit Blaustift. Diese im Vertrag als »endgültig« bezeichnete »Grenze« folgte etwa dem Lauf der Flüsse Pissa, Narew, Bug und San. Die Suwalkia fiel an Deutschland, das von dem aus seiner Interessensphäre entlassenen Litauen auch das Gebiet um Mariampol erhalten sollte, sobald die UdSSR in der mit Vilnius (Wilna) beschenkten Republik »besondere Maßnahmen« ergriff.

31 Die deutsch-sowjetischen Handelsbeziehungen entwickelten sich zu einem »Jahrhundertvertrag«. Hitler bezog aus der UdSSR und (durch Transit) aus dem Fernen Osten die zur Fortsetzung des Krieges benötigten Güter. Kesselwagen auf dem Verschiebebahnhof in Przemysl.

Zudem bekundeten die Teilungsmächte ihre Absicht, »Personen deutscher Abstammung, Ukrainer und Weißrussen« umzusiedeln. Ribbentrop hatte darauf Wert gelegt, weil der Kreml den baltischen Republiken schon Anfang Oktober sogenannte Beistandspakte mit Stationierungsrechten für Sowjetstreitkräfte aufdrängte und die Annexion der drei Staaten fortan nur noch eine Zeitfrage war.

Im Briefwechsel zwischen Ribbentrop und Molotow vereinbarten die beiden Mächte auch eine Erweiterung des Handelsvolumens. Die Sowjetunion versprach, die Deutschland durch den Verbleib der galizischen

34 Deportationen aus Ostpolen. Nach dem Einfall der Roten Armee wurden über 1640000 Einwohner des Landes nach Sibirien und Zentralasien verschleppt.

32 Warschau nach der Kapitulation am 27./28. September 1939. Zwischen den Trümmern der zur Festung erklärten Stadt werden Tote und Verwundete in Pferdedroschken abtransportiert.

33 Einen Aufruf des polnischen Staatspräsidenten zur Entfesselung des Partisanenkriegs nahmen die Besatzungsmächte zum Vorwand für Exekutionen. Frauen und Kinder flehen um das Leben der festgenommenen Männer.

35 Das »Abschieben« polnischer Bevölkerung aus dem Gebiet um Gnesen in das »Generalgouvernement« durch deutsche Polizei – eine Maßnahme der »Volkstumspolitik«.

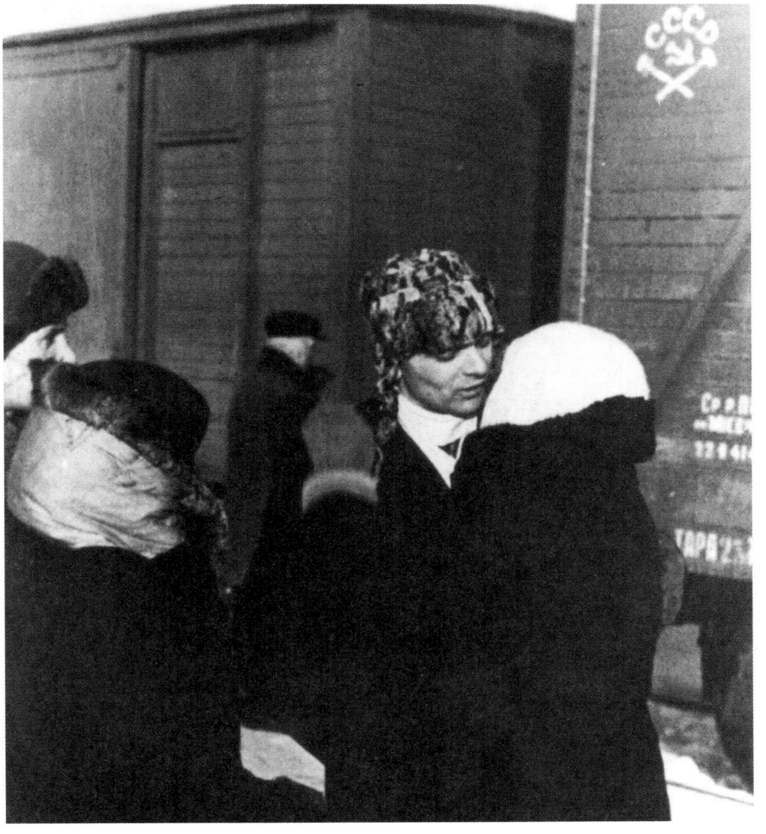

Erdölfelder bei Rußland entgangenen Fördermengen auszugleichen. Zugleich öffnete sich die UdSSR für den Transit der vom Deutschen Reich in Rumänien und Asien erworbenen Wirtschaftsgüter.

Der Grenz- und Freundschaftsvertrag zerlegte Polen in zwei etwa gleich große Gebiete. Die UdSSR erhielt 201 000 qkm, Deutschland 188 000 qkm. Der Kreml unterwarf seiner Herrschaft 5,27 Millionen Polen, 4,59 Millionen Ukrainer, 1,12 Millionen Weißrussen und 1,2 Millionen Juden. Das Dritte Reich verfügte über 21 Millionen Menschen vorwiegend polnischer Volkszugehörigkeit.

Da zwischen Moskau und Warschau kein Kriegzustand herrschte, galten die gefangenen Polen als Sträflinge. Sie wurden in Konzentrationslager abtransportiert und, soweit es sich um Offiziere und Intendanten handelte, größtenteils erschossen. Ihnen folgten die als Klassenfeinde eingestuften Beamten und Justizpersonen, Gutsherren, Fabrikbesitzer und Kaufleute, insgesamt etwa 25 000.

Zuständig war Lawrentij P. Berija, der seine Aufgaben zum Teil an den Chef des Sicherheitsdienstes, Wsewolod N. Merkulow, und dessen Stellvertreter Iwan I. Serow delegierte. Den politischen Verlauf der Besitzergreifung lenkten Antelejmon K. Ponomarenko und Nikita S. Chruschtschow, die Parteisekretäre der Weißrussischen und Ukrainischen Sozialistischen Sowjetrepubliken.

Berija ließ das eroberte Ostpolen mit einem Netz von sowjetischen Kommissariaten überziehen und 1 646 000 Menschen deportieren. Sämtliche höheren Schulen, Universitäten, Forschungsinstitute und Bibliotheken wurden geschlossen, die meisten Periodika verboten. Verlage und Rundfunkanstalten übernommen, Kirchen, Betsäle und Synagogen versiegelt, das Eisenbahnwesen einer Aufsichtsbehörde in Moskau unterstellt.

Auf der anderen Seite ließ Hitler die 1919 von Deutschland abgetretenen Provinzen durch kongreßpolnische Kreise verdoppeln und den gesamten Komplex zweiteilen. So entstanden die »eingegliederten Ostgebiete« und ein mit Geheimerlaß vom 12. Oktober 1939 geschaffenes »Generalgouvernement«. Beide Territorien wurden nach Aufhebung der Militäradministration zu Dominien der NSDAP

Zuerst entstand der »Reichsgau« Danzig-Westpreußen. Die Suwalkia und ein großer Teil der Woiwodschaft Warschau fielen an Ostpreußen. Zum größten der eingegliederten Ostgebiete entwickelte sich das Wartheland durch Zusammenlegung der ehemals deutschen Provinz Posen mit Gebieten um Lódź und Kalisch. Zu Oberschlesien kamen Kattowitz und Königshütte sowie die Distrikte von Pleß und Teschen.

Dem als »Beuteland« bezeichneten »Generalgouvernement« war ein hartes Los beschieden. Das Gebiet mußte abgeschobene Bevölkerungsteile aufnehmen, wurde bald zur »Leihzentrale« für ungelernte Zwangsarbeiter und bildete im Distrikt Lublin ein »Judenreservat«. Die Verwaltung übernahm ein deutscher Generalgouverneur, Hitlers ehemaliger Rechtsbeistand und Reichsminister ohne Geschäftsbereich: Hans Frank.

Millionen Menschen wurden ihrer nationalen Identität beraubt, planmäßig germanisiert und entrechtet, ausgetrieben, verschleppt oder verstreut, vielfach mit dem Brandmal einer »minderwertigen Rasse« abgestempelt und systematisch zugrunde gerichtet. Endziel dieser von Frank vertretenen Politik war die »restlose Beseitigung« des polnischen Elementes in den eingegliederten Gebieten.

Eine deutsche Volksliste sollte die »Umvolkung« verschiedener Gruppen »schwebenden Volkstums« erleichtern. Der Moskauer Vertrag führte zur Umsiedlung der Volksdeutschen aus Ostpolen. Abkommen mit Lettland und Estland ermöglichten zudem die »Heimkehr« von 65000 Baltendeutschen. Anfang des Jahres 1941 sollten ihnen die Litauen-Deutschen sowie deutsche Siedler des Buchenlandes und Bessarabiens folgen.

Aufsicht führte Heinrich Himmler, vorwiegend in seiner Eigenschaft als »Reichskommissar für die Festigung des deutschen Volkstums«. Er befahl SS-Gruppenführer Reinhard Heydrich und seinem »Judenreferenten« Adolf Eichmann, »alle Kongreßpolen« und Juden sowie »führende deutschtumsfeindliche« Personen aus dem Aufnahmegebiet der Umsiedler – Danzig-Westpreußen und Wartheland – über die Grenze nach Osten abzuschieben.

Stellenweise rächten sich Volksdeutsche für die vorher erlittene Drangsal. In der Regel dienten Massaker von polnischer Seite jedoch als Vorwand für Liquidierungen, denen Priester, Adlige und Juden, nicht zuletzt tonangebende Mitglieder des Westmarkenverbandes, der Polnischen Legion und des See- und Kolonialvereins zum Opfer fielen.

Ein anderes Bild bot sich auf den Bahnhöfen von Lemberg, Przemyśl, Rowno und Kowel. Langen Zügen mit Beutegut, die nach Rußland rollten, begegneten Transporte in westlicher Richtung. Wochenlang wurden täglich 3000 t Erdöl und 3600 t feste Rohstoffe aus der Sowjetunion, Rumänien und Asien für Deutschland umgeschlagen. Das geteilte Polen war zur Drehscheibe des Ost-Westhandels geworden.

Die Sowjets zeigten sich an Investitionsgütern, Waffen und Konstruktionszeichnungen interessiert. Die Ausfuhren des Reiches steigerten sich um 600 Prozent. Umgekehrt bestellte ein »Rußlandausschuß der deutschen Wirtschaft«, dem General Thomas angehörte, vor allem Erdöl und Kautschuk, Kupfer, Zinn und Zink, Asbest und Harze, Getreide und Palmfett. Die Lieferungen ermöglichten Hitler, seinen nächsten »Blitzfeldzug« vorzubereiten.

Die deutsche Widerstandsbewegung 1939

Am 12. September 1939 hatte Hitler seinem Wehrmachtadjutanten, Oberst Rudolf Schmundt, unter dem Siegel der Verschwiegenheit eröffnet, daß die deutsche Wehrmacht nach dem Polenfeldzug auch im Westen initiativ werden müsse. Eine Weisung Nr. 6 vom 9. Oktober 1939 veranlaßte Brauchitsch und Halder, die Offensivplanung einzuleiten.
Hitlers Absicht versetzte die Opposition in tiefe Unruhe. Schon zur Zeit der Sudetenkrise (1938) waren die Generale Ludwig Beck, Erwin von Witzleben und Karl-Heinrich von Stülpnagel, Admiral Wilhelm Canaris und Oberst Hans Oster übereingekommen, Kriegsabenteuer durch Brechung der NS-Herrschaft zu verhindern. Doch die Voraussetzung der Fronde hatte sich nicht erfüllt.
Inzwischen war Hitlers Prestige durch seine Verständigung mit der UdSSR und den Sieg über Polen weiter gewachsen. Gleichwohl schreckte der Gedanke an einen Waffengang gegen das vermeintlich überlegene Frankreich die opponierenden Militärs wie auch Beamte des auwärtigen Dienstes. Hinzu kam das Entsetzen über die Greueltaten im Osten und den bevorstehenden Bruch der niederländisch-belgischen Neutralität.
Die Widerstandsbewegung rechnete mit gleichgesinnten Männern, sogar Parteileuten wie Wolf-Heinrich von Helldorf, Fritz Dietloff von der Schulenburg und Ribbentrops Stellvertreter, den Staatssekretär Ernst von Weizsäcker sowie Erich Kordt. Die scharfe Überwachung durch Sicherheitskräfte verhinderte jedoch den organisatorischen Zusammenschluß. Hitlers Gegner bildeten daher nur kleine Kreise.
Gefährlich war für Hitler fast allein die Militäropposition, denn sie konnte gewaltsam den Umsturz herbeiführen. Aber auch dieser Bewegung blieb die Einheit versagt. In der »Abwehr« des OKW drängte Oster entschlossen zur Tat. Beim OKH dachte Becks Nachfolger, der neue Chef des Generalstabes, an einen Staatsstreich. Halder und sein »Arbeitskreis« hielten den Putsch freilich nur für die »ultima ratio«.
Der Oberbefehlshaber des Heeres konnte unter Umständen die erforderlichen Truppenbewegungen anordnen, widerstrebte selbst jedoch einem Gewaltakt. Am Ende beschlossen Brauchitsch und Halder, Hitlers Vorhaben mit sachbezogenen Argumenten entgegenzutreten – Hinweisen auf das schlechte Flugwetter, die geringen Munitionsvorräte und den mangelnden Elan des deutschen Infanteristen.
Hitler ließ sich die Initiative nicht aus der Hand nehmen. Hartnäckig betonte er seinen »unabänderlichen Entschluß« zur Offensive im Westen. Vorläufiger Termin sollte der 22. Oktober 1939 sein, dann die Zeitspanne zwischen 14. und 20. November. Zu Beginn des neuen Monats wurde der geplante Angriff auf den 12. November vorgezogen. In einer Führerbesprechung am 5. November sollte darüber entschieden werden.
Brauchitsch war auf die Unterredung gründlich vorbereitet. Doch sein Vortrag führte zum Eklat. Der ObdW verließ »türenknallend« den Raum. Die dabei geäußerte Wut über den »Geist von Zossen« ließ Halder befürchten, daß der Plan für einen Staatsstreich verraten sei. Darauf wurden alle Unterlagen vernichtet, zumal eine östlich der Elbe bereitstehende Panzertruppe ihren Verlegungsmarsch zur Westfront fortsetzen mußte.

36 Abneigung gegen die NS-Herrschaft und eine Fortsetzung des Krieges riefen in Deutschland den Widerwillen oppositioneller Kreise hervor. Generaloberst Walther von Brauchitsch (r.) und der Chef seines Stabes, General Franz Halder (l). suchten Hitler von dem beabsichtigten Angriff im Westen abzubringen.

37 Attentat auf Hitler im Münchener Bürgerbräukeller am 8. November 1939. Der Diktator entging dem Anschlag, weil er vorzeitig nach Berlin aufgebrochen war.

Angesichts des »Schwächeanfalls« reagierten die Verschwörer im OKW verbittert. Einige von ihnen verabredeten, Hitler unverzüglich zu beseitigen. Oster wollte die Sprengmittel beschaffen, Kordt das Attentat ausführen, wenn der Diktator am 12. November 1939 von einer Reise nach Berlin zurückkehrte. Da explodierte vier Tage vorher die Zeitzünderbombe eines Einzelgängers im Münchener Bürgerbräukeller.

Sieben Personen starben; Hitler hatte jedoch vorzeitig den Saal verlassen, weil am nächsten Morgen in der Berliner Reichskanzlei über die Westoffensive entschieden werden sollte. Eine unmittelbare Folge waren die von Himmler verschärften Sicherheitsmaßnahmen. Sie hinderten Oster und Kordt an der Verwirklichung ihres Attentatplanes.

Jetzt war die Atmosphäre für einen Vorstoß Hitlers günstig. Unter Auferbietung der ihm zu Gebote stehenden Beredsamkeit wollte er den höheren Offizieren seinen Willen aufzwingen und die Schwankenden mitreißen. Am 23. November 1939 befahl der Diktator zweihundert von ihnen zu sich in die Reichskanzlei.

Man werde ihm vorwerfen, sagte Hitler, seine Losung laute »Kampf und wieder Kampf«. Doch er sehe nun einmal »im Kampf das Schicksal aller Wesen«. Die »steigende Volkszahl« erfordere »größeren Lebensraum«. Hier helfe »keine geklügelte Gescheitheit«, sondern nur die »Lösung mit dem Schwert«. »Solange ich lebe«, rief der Diktator, »werde ich nur an den Sieg ... denken. Ich werde vor nichts zurückschrecken und jeden vernichten, der gegen mich ist!«

Der finnische Winterkrieg 1939/40

Hitlers Vorbereitungen für eine Westoffensive wurden bald auch durch die unerwartete Ausdehnung des Konfliktes nach Nordeuropa gestört. Der Kreml hatte von Finnland das Mitspracherecht auf den Ålandinseln und die Abtretung einiger Stützpunkte und Grenzgebiete verlangt. Der finnische Verteidigungsrat unter Feldmarschall Carl Gustav Mannerheim empfahl, diese Forderung nicht zurückzuweisen. Eine Verhandlungsdelegation reiste nach Moskau.
Stalin bot ein Tauschgeschäft an: »Gegen die geographische Lage ist nichts zu machen. Leningrad hat 3,5 Millionen Einwohner, etwa so viele wie Finnland. Da wir die Stadt nicht verlegen können, muß die Grenze verlegt werden. Wir bitten deshalb um 2750 qkm und bieten 5500 qkm.« Helsinki schickte eine zweite und dritte Delegation, wollte aber nur Grenzkorrekturen zustimmen.
Der deutsche Militärattaché riet, das Gespräch fortzusetzen, weil sonst von »Finnland vielleicht nur eine Heldensage übrig« bliebe. In Helsinki wurden aber auch Stimmen vernommen, die meinten, daß nichts zu befürchten sei.
Am 2. November 1939 wurden die Verhandlungen abgebrochen. Stalin wünschte den abreisenden Finnen »alles Gute«; Molotow sagte »au revoir«.
Am 26. November explodierten beim Kirchspiel Mainila auf der Karelischen Landenge einige Granaten. Wenig später verlas Molotow dem Finnischen Gesandten eine Note, die Finnland für den Zwischenfall verantwortlich machte. Die Anregung, eine Kommission mit der Untersuchung zu beauftagen, wies der Ratsvorsitzende zurück. Die UdSSR kündigte den finnisch-sowjetischen Nichtangriffspakt.
Am 30. November 1939 erschütterten Helsinki starke Detonationen. Sowjetische Kampfgeschwader bombardierten die Hauptstadt und andere Zentren. Die Baltische Rotbannerflotte (Tribuz) beschoß Ziele an der Südküste. Zwanzig Divisionen überschritten die Ostgrenze. Stunden später bestimmte der Kreml den eingenommenen Badeort Terijoki zum Sitz einer Marionettenregierung.
Finnland klagte beim Völkerbund. Doch Molotow telegraphierte, die UdSSR befinde sich nicht im Kriegszustand, sie unterhalte vielmehr gute Beziehungen mit der »Demokratischen Republik« in Terijoki. Die Liga wurde durch diesen Streich fast gelähmt. Ihre Mitglieder diskutierten zwei Wochen lang, ehe sie zu einem vorliegenden Resolutionsentwurf vollzählig Stellung nahmen.
Estland, Lettland und Litauen waren mundtot, Bulgarien, Griechenland und Jugoslawien machten Ausflüchte. Schweden, Norwegen und Dänemark wollten am liebsten schweigen. Die Niederlande und Belgien fürchteten Deutschland, den Komplizen der UdSSR. Allein Frankreich und Großbritannien war zuzuschreiben, daß die Sowjetunion als Aggressor verurteilt und vom Völkerbund ausgeschlossen wurde.
Das Gros der 400 000 Mann zählenden finnischen Armee hielt die Mannerheimlinie südlich des Ladogasees. Ein Korps verteidigte Nordkarelien. In den sich bis nach Lappland hinziehenden Ödmarken operierten kleine Kampfgruppen. Die Luftwaffe nahm mit 96 Flugzeugen den Kampf auf.

40 Am 14. Dezember 1939 wurde die Sowjetunion wegen ihres Überfalles auf Finnland nach nur fünfjähriger Mitgliedschaft vom Völkerbund ausgeschlossen. Darauf ließ Stalin alle für die UdSSR aus internationalen Konventionen resultierenden Verpflichtungen annullieren.

◁ *38 Ohne Kriegserklärung bombardierten am 30. November 1939 sowjetische Kampfgeschwader die finnische Hauptstadt, Verbände der Baltischen Rotbannerflotte beschossen die Häfen des Nachbarlandes.*

◁ *39 In Karelien scheiterte die erste Offensive der Roten Armee vor der Mannerheim-Linie (zwischen Meeresküste und Ladogasee).*

Eisbrechende Küstenpanzerschiffe hielten den Seeweg zwischen Turku (Åbo) und Stockholm offen.

Die erste Offensive der Roten Armee kam zum Stehen. Bei Sortavala erlitten sowjetische Truppen eine Niederlage. Weiter nördlich zerschlugen Kampfgruppen der Obersten Hjalmar Siilasvuo und Paavo Talvela drei Divisionen. General Sikorski, der bei den Westalliierten als Rußlandexperte galt, führte diese Rückschläge auf Stalins vorausgegangene Säuberungen zurück.

41 Die Finnen behaupteten sich nicht nur sechs Wochen lang in der Mannerheim-Linie, sondern erfochten auch bei Sortavala und Suomussalmi aufsehenerregende Siege.

Mit der Geringschätzung für die Rote Armee ist zu erklären, daß man in Paris und London auf der Suche nach strategischen Alternativen ein Projekt entwickelte, das zum Krieg mit den Sowjets führen mußte. Eine ausholende Zangenoperation sollte über den Kaukasus und Skandinavien hinweg die UdSSR als Rohstofflieferanten des Dritten Reiches zum Einlenken zwingen. Die Alliierten hofften so ihre Wirtschaftsblockade gegen Deutschland enger gestalten zu können.

Aber die durch einen Beistandspakt an den Westen gebundene Türkei wollte nicht zum Aufmarschgebiet gegen das Sowjetreich werden. Und die nordischen Königreiche weigerten sich, den Alliierten das Transitrecht gemäß Artikel 16 des Völkerbundstatutes einzuräumen. Wußte man doch, daß Großbritannien und Frankreich unter dem Vorwand der »Finnlandhilfe« zunächst Narvik und das schwedische Erzgebiet besetzen wollten, um Hitler von dieser Wirtschaftszone abzuschneiden.

Als am 10. Januar 1940 zwei verirrte deutsche Fliegeroffiziere mit geheimen Papieren bei Maasmechelen notlandeten, erfuhren die Alliierten aus Brüssel von Hitlers geplanter Westoffensive. Sie sollte, wie Oster dem niederländischen Militärattaché irrtümlich mitteilte, in fünf Tagen losbrechen, wurde jedoch erneut verschoben, so daß alle Betroffenen für ihre Initiativen noch einmal Zeit gewannen.

In Kenntnis der westalliierten Alternativplanung verdoppelte Stalin seinen Einsatz. Ende Januar besaß die von Semjon K. Timoschenko befehligte Heeresgruppe gegenüber den Finnen eine Überlegenheit im Verhältnis 2,3:1 (Infanterie), 2,8:1 (Artillerie), 1:0 (Panzer) und 8:1 (Flugzeuge). Nach schwerem Kampf mußte sich Finnlands Karelische Armee (Österman) auf die zweite Verteidigungslinie zurückziehen.

Schweden schickte den Nachbarn zahlreiche Hilfsgüter und 8000 Freiwillige. Wirksam unterstützen konnten Finnland aber nur die Westmächte. Daladier drängte, das bereitstehende britisch-französische Expeditionskorps nach Narvik zu entsenden. Zuvor wollte Churchill den norwegischen Neutralitätswillen auf die Probe stellen.

Nach einem Seegefecht vor der La-Plata-Mündung hatte das deutsche Panzerschiff »Admiral Graf Spee« (Langsdorff), ehe es sich wegen irreparabler Beschädigungen sprengte, seinen Versorger entlassen. Churchill befahl die durch norwegische Gewässer heimwärts laufende »Altmark« in den Jössingfjord abzudrängen, wohin ihr ein Zerstörer der Royal Navy folgte, das Troßfahrzeug durch ein Kommando entern und 303 Gefangene befreien ließ.

42 Die europäischen Westmächte wollten Finnland helfen, jedoch nur, um auf dem Wege dorthin das für Hitler kriegswichtige Narvik und die nordschwedische Erzreviere besetzen zu können. Ein Überfall auf das deutsche Troßschiff »Altmark« setzte Norwegen unter Druck.

Darauf erreichten die Beziehungen zwischen Oslo und London einen Tiefstand. Auch in Stockholm wuchs die Besorgnis. Um den Verbündeten jeden Vorwand für weitere Provokationen zu nehmen, trug die schwedische Regierung dem Kreml ihre Mittlerdienste an. Stalin griff zu, denn er

ALTMARK

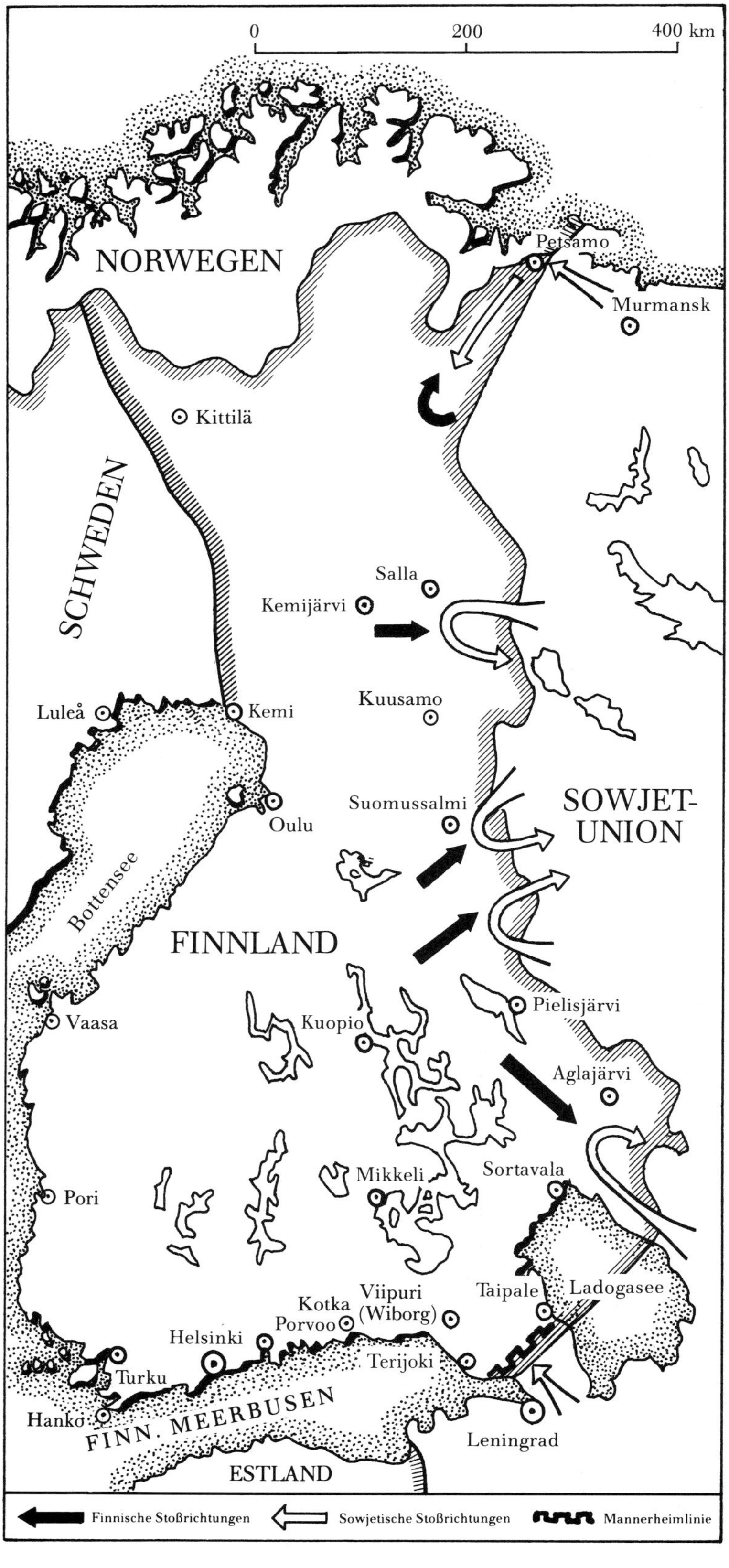

43 Als die Finnen erkannten, daß ihnen nicht ausreichend Hilfe zuteil würde, schlossen sie mit schwedischer Vermittlung am 13. März 1940 den sogenannten Moskaufrieden. Aus den abgetretenen Gebieten strömten über 450 000 Menschen nach Westen.

hatte nicht weniger Gründe, die Absichten der Westalliierten zu durchkreuzen.

Timoschenko warf die Karelische Armee (Heinrichs) aus der zweiten Stellung und drängte mit Panzern gegen den Stadtrand von Viipuri (Wiborg). Motorschlitten und Kavallerie der Sowjets erreichten über das Eis die finnische Südküste bei Hamina. Mannerheim empfahl daher, die im Vorjahr abgebrochenen Verhandlungen wiederaufzunehmen.

Um den Weg dafür zu ebnen, ließ Stalin die »Demokratische Republik« von Terijoki von der Bildfläche verschwinden. Darauf konnte der finnische Ministerpräsident Risto Ryti nach Moskau fliegen. Am 13. März 1940 wurde zur Überraschung der Westmächte ein Friedensvertrag unterzeichnet. Die UdSSR erhielt Karelien, mehrere Inseln und pachtweise Hanko (Hangö), einen wichtigen Stützpunkt am Eingang des Meerbusens, dazu Transitrechte in Finnland.

Rund 450000 Flüchtlinge aus den abgetretenen Gebieten strömten nach Westen; jeder neunte Finne verlor Haus und Hof. Das Heer der kleinen Republik verzeichnete 24923 Tote und 43745 Verletzte. Die Ausfälle der Roten Armee bezifferte Molotow vor dem Obersten Sowjet auf 48745 Gefallene und 158863 Verwundete.

Das Unternehmen »Weserübung« 1940

Der Finnische Winterkrieg hatte die Achsenmächte fast entzweit. Nun zwangen die wirtschaftlichen Probleme zur Wiederannäherung. Denn die über Antwerpen laufende Kohleversorgung Italiens litt sehr unter der britischen Seeblockade. Ribbentrop kam dem Partner entgegen. Hitler und Mussolini trafen sich am 18. März 1940 auf dem Brenner. Der Duce mußte versichern, daß sein Staat in den Krieg eintreten werde, »sobald die italienische Wehrmacht bereit« sei.

Der nordische Krieg hatte auch Frankreich erschüttert. Eine Kammermehrheit glaubte, Daladier habe Finnland geopfert, als er die Landung in Norwegen verzögerte. Die neue Regierung bildete Paul Reynaud. Er mußte aus koalitionspolitischen Gründen das Verteidigungsressort dem eben gestürzten Daladier anbieten, der deshalb seine schützende Hand weiter über Gamelin halten konnte.

In England verlangte Churchill für sich ein auf allen Gebieten der Kriegführung bisher nicht existierendes Verteidigungsministerium. Er verfolgte rastlos immer neue, ressortübergreifende Projekte, insbesondere das Auswerfen von Minensperren vor Narvik unter dem Schutz der Royal Navy (Operation »Wilfred«).

Sie zielte auf den Nerv der deutschen Kriegswirtschaft. Da der schwedische Ausfuhrhafen Luleå am Bottnischen Meerbusen vier Monate lang zufror, mußte das bei Gällivare und Kiruna geförderte Erz zur Winterszeit über die norwegische Grenze nach dem eisfreien Narrvik transportiert und dort im Schutze neutraler Gewässer von Frachtschiffen abgeholt werden.

In Deutschland wurde seit langem die Besetzung Norwegens erörtert. Auch Raeder dachte eine Zeitlang an die »Ausweitung der Operationsbasis«. Ehe ihm klar wurde, daß ein Stützpunkt wie Drontheim nur unzureichend versorgt werden konnte, war Vidkun Quisling, der Führer einer kleinen rechtsradikalen Partei, nach Berlin gekommen, um vor Geheimabsprachen zwischen Oslo und London zu warnen.

Hitler hatte schon einen Sonderstab unter General Nikolaus von Falkenhorst mit dem Studium damit zusammenhängender Probleme beauftragt. Seit dem »Altmark«-Zwischenfall drängte der ObdW zur Willensbildung. Eine Weisung Nr. 10a für den »Fall Weserübung« – die Besetzung Norwegens – bezog auch Dänemark in die Planung ein.

In einer Besprechung mit Keitel und Jodl begründete Hitler das Ausgreifen nach Norden nicht mehr allein mit der notwendigen Sicherung des Schwedenerzes. Ihn leitete nun der Vorsatz, sich einen freien Weg »in die Welt« zu bahnen, weil es »unerträglich« sei, daß »jede Generation erneut dem Druck Englands unterworfen« werde. Anscheinend wollte der Diktator die norwegische Küste okkupieren.

Man beschloß, den »Wesertag« wegen der dunklen Neumondnächte zwischen dem 8. und 10. April 1940 anzuberaumen. Nach Prüfung der Wetterprognosen und Eisverhältnisse, Meldewege, Funkverbindungen und Erkennungsdienste fiel die Wahl auf den 9. des Monats, vorbehaltlich eines Widerrufes bis zum 3. April.

Weitschweifenden Gedanken zum Trotz galt die »Weserübung« als eine Nebenaktion. Vorrang behielt die geplante Westoffensive, weshalb Brau-

44 Im Wissen um die westalliierten Absichten ließ Hitler das Unternehmen »Weserübung« zur Besetzung von Norwegen und Dänemark vorbereiten. Kriegsschiffe und Transporter auf Schilling-Reede bei Wilhelmshaven.

45 Auch kleine Kriegsschiffe nahmen Truppen an Bord und liefen unter dem Schutz des noch winterlichen Wetters in »Ausfuhrstaffeln« nach Norwegen aus. Das Risiko war groß, aber die Überraschung gelang.

chitsch nur 8 Divisionen, 1 Brigade und 1 Panzerabteilung bereitstellte, Göring 3 Kampfgeschwader, 3–4 Jagdgruppen und die Verbände des Lufttransportführers Oberst Fritz Morzik.

Allein Raeder konnte sämtliche Einheiten der Kriegsmarine einsetzen: die beiden Schlachtschiffe, 1 Panzerschiff, 1 altes Linienschiff, 2 Schwere und 4 Leichte Kreuzer, 14 Zerstörer und 31 Unterseeboote sowie eine Anzahl von Minenlegern, Räum- und Schnellbooten, dazu die unterstellten Frachtschiffe und Tanker.

Das Unternehmen »Weserübung« war ein großes Wagnis, nicht nur weil sich Dänemark und Norwegen mit je 34000 Mann Heerestruppen und etwa 250 Flugzeugen, etlichen Küstenpanzerschiffen und U-Booten zur Wehr setzen konnten, mehr noch wegen der drohenden schwedischen Intervention. Vor allem stand zu befürchten, daß die britische *Home Fleet* (Forbes) den Vormarsch der Wehrmacht durch Flankenstoß beenden würde.

Aber die skandinavischen Regierungen rührten sich kaum, obwohl sie Oster warnen ließ. Die Operation »Wilfred« war angelaufen und die *Home Fleet Submarine Force* (Horton) quer zur deutschen Marschrichtung aufmarschiert. Ein britischer Flieger und zwei U-Boote sichteten die Deutschen. Trotzdem hatte die Admiralität erst gegen Abend ein annähernd klares Lagebild.

Die deutschen Schlachtschiffe »Scharnhorst« (Hofmann) und »Gneisenau« (Netzband) sowie der Schwere Kreuzer »Admiral Hipper« (Heye) waren am 7. April 1940 ausgelaufen. Von den 14 (12) Zerstörern, die zum Verband traten, hatte jeder Soldaten des Heeres an Bord. Admiral Günther Lütjens deckte Gruppen, die nach Oslo, Kristiansand, Stavanger und Bergen vorstießen und entließ selbst Kräfte zur Inbesitznahme von Drontheim und Narvik.

Angesichts der deutschen Landungen und drohender Luftangriffe beschloß der Staatsrat in Kopenhagen, den begonnenen Kampf nach einer halben Stunde einzustellen. Dänemark wurde dadurch die Kapitulation erspart. König und Regierung blieben auf ihren Posten. Der »Reichsbevollmächtigte«, den Hitler entsandte, war ein deutscher Repräsentant ohne Vollzugsgewalt.

Die Reichsführung hoffte, daß Norwegen dem dänischen Beispiel folgen werde. König, Kabinett und Parlament zogen sich aber ins Landesinnere zurück. Ihre Streitkräfte leisteten Widerstand, der härter wurde, als Quisling die Macht an sich reißen wollte und alliierte Flottenverbände auf die Westküste des Landes zuhielten.

Der *Supreme War Council* ließ die dänischen Färöer, später auch Island besetzen. Die *Home Fleet* (Forbes) suchte der deutschen Flotte (Lütjens) nach einem Seegefecht querab Vestvågöy den Rückweg abzuschneiden, stieß jedoch ins Leere. Darauf wurden Trägerflugzeuge eingesetzt und Truppen beiderseits von Drontheim gelandet.

Die deutschen Verluste nahmen zu. Außer 10 in Gefechten bei Narvik gesunkenen Zerstörern gingen 3 Kreuzer und 9 Transporter verloren. Unterseeboote, denen seit September 1939 zahlreiche Frachter – auch 1 Flugzeugträger und 1 Schlachtschiff der Royal Navy – zum Opfer gefallen waren, kamen vor der norwegischen Küste wegen Torpedoversagens zu keinem Erfolg.

Immerhin erreichten 107581 deutsche Soldaten mit 20339 Fahrzeugen,

46 Am 9. April 1940 besetzten deutsche Luftlandetruppen mit Transportflugzeugen vom Typ Junkers »Ju 52« den Lufthafen Oslo-Fornebu.

47 Zerstörer und Unterseeboote der deutschen Kriegsmarine in dem für die Verladung des Schwedenerzes wichtigen Hafen von Narvik.

48 Truppen des norwegischen Heeres setzten sich stellenweise heftig zur Wehr; auch wurden westalliierte Kräfte angelandet. Deutsche Infanterie im Kampf um ein brennendes Dorf.

BARENTSEE
EUROPÄISCHES NORDMEER
FINNMARKEN
Kirkenes
Petsamo
Polarnoje
Murmansk
HALBINSEL KOLA
LOFOTEN
Harstad
Narvik
LAPPLAND
Kiruna
Kittilä
Salla
Mo
Gällivare
Mosjöen
Luleå
Suomussalmi
KARELIEN
Namsos
NORWEGEN
SCHWEDEN
Drontheim
FINNLAND
Sortavala
Andalsnes
BOTTISCHE SEE
Mikkeli
Ladogasee
Lahti
Viipuri
Kotka
Bergen
Elverum
Hamar
Turku
Helsinki
Koivisto
Suursarvi
Leningrad
Oslo
Dröbak
Hanko
Stavanger
Horten
Stockholm
Aaland-Inseln
Reval/Tallinn
Egersund
Aarendal
ESTL.
Kristiansand
SKAGERRAK
LETTLAND
JÜTLAND
Riga
UdSSR
Kopenhagen
DÄNEMARK
LITAUEN
Kaunas
Wilna/Vilnius
Königsberg
Hamburg
JADE-BUCHT
Stettin
DEUTSCHLAND
Deutsche Marschwege
Alliierte Landungen
Luftlandungen
Finnische Grenze bis 13.3.1940
Finnische Grenze nach dem 13.3.1940

16102 Pferden und 101404 t Material das ferne Land, transportierte die Luftwaffe dorthin weitere 29280 Mann und 2375 t Versorgungsgüter. Falkenhorst konnte aus Oslo und Drontheim relativ starke Kampfgruppen aufeinander zu dirigieren. Milch schuf den Fliegern eine Infrastruktur und ermöglichte so heftige Schläge auf die alliierten Seestreitkräfte.
Mit den britisch-französischen Schiffen wurden die Landungstruppen beiderseits Drontheim abgezogen. Der *Supreme War Council* hatte beschlossen, bei Narvik, wo deutsche Gebirgsjäger unter General Eduard Dietl und schiffbrüchige Matrosen isoliert waren, einen neuen Schwerpunkt zu bilden. Die Schlacht um den Erzhafen ging dem Höhepunkt entgegen, als Hitlers Westfeldzug begann.

49 Die Versenkung eines großen britischen Truppentransporters durch Schlachtschiffe der Kriegsmarine. Im Vordergrund ein deutscher Zerstörer.

Der Angriff im Westen 1940

50 Am 10. Mai 1940, kurz vor Beginn der Westoffensive, landete eine »Sturmabteilung« deutscher Fallschirmjäger auf dem belgischen Fort Eben-Emael. Das dazu benutzte Fluggerät »DFS 230« wurde von Propellermaschinen bei Dunkelheit über eine Leuchtfeuerstraße zur Grenze geschleppt.

Hitler hatte in einem Memorandum für Göring, Keitel, Brauchitsch und Raeder seinen Entschluß begründet: Deutschland müsse sich nach Westen wenden, weil die Zeit für den Gegner arbeite. »Rußlands Neutralität« sei nicht dauerhaft »sichergestellt«. Die USA kämen ins Spiel. Dem Ruhrgebiet drohe Gefahr. Denn die Alliierten könnten die belgisch-niederländische Neutralität aufheben, zum Rhein vorstoßen und dadurch den Zusammenbruch der deutschen Kriegswirtschaft herbeiführen.

Die erste Aufmarschanweisung hatte General Erich von Manstein kritisiert, weil sie nur einen »ordinären Sieg«, nicht aber die »strategische Entscheidung« ermöglichte. Ein Entwurf des Generals verlegte das Schwergewicht in Richtung Boulogne. Der rechte Flügel sollte Holland besetzen und den Gegner verleiten, Manövriermasse dorthin zu werfen. Ein deutscher Panzerraid würde sie dann von ihrer Ausgangsbasis abschneiden.

Rundstedt und Guderian unterstützten den Operationsentwurf von Manstein. Schmundt hatte ihm daher die Gelegenheit zum Vortrag an höchster Stelle verschafft. Nach der Aussprache versicherte Hitler, auch er habe sich schon immer für den Ansatz eines »starken Sturmbockes« interessiert. Die Idee des »Sichelschnittes« stand vor der Verwirklichung.

Der nördlich Aachen stehenden HGr. B (Bock) wurden das XVI. Armeekorps (Hoepner) und eine selbständige Panzerdivision zugeteilt. Die zwischen Aachen und Trier versammelte HGr. A (Rundstedt) erhielt sieben Panzerdivisionen, zusammengefaßt im XIX. Armeekorps (Guderian), XXXI. Armeekorps (Reinhardt) und XV. Armeekorps (Hoth), deren zwei samt dem vollmotorisierten XIV. Armeekorps (Wietersheim) die »Panzergruppe Kleist« – den »Sturmbock« – bildeten.

Die Infanterie bekam zweitrangige Aufgaben zugewiesen. Am rechten Flügel sollten 24 Divisionen mit der einzigen Kavalleriedivision die Niederlande besetzen und den Einbruchsraum in Nordost-Belgien erweitern. Die Heeresmitte erhielt 38 Divisionen zur Ausfüllung des von Panzern gebahnten Korridors. Den 18 Divisionen der HGr. C (Leeb) oblag die Fesselung des ihr gegenüber stehenden Gegners.

Die Luftflotten 2 (Kesslring) und 3 (Sperrle) waren auf Zusammenarbeit mit den Kräften des rechten Flügels und der Mitte angewiesen. Das zum »Nahkampf« gerüstete VIII. Fliegerkorps (Richthofen) sollte nach drei Tagen einen Schwerpunktwechsel zwischen Südholland und Lothringen vollziehen. Operative Aufgaben hatte außer dem V. Fliegerkorps (Greim) die 9. Fliegerdivision (Coeler). Ihr wurde die Sperrung der küstennahen Zwangswege des Gegners durch Fallschirmminen befohlen.

Die Landstreitkräfte der Westmächte umfaßten 144 Divisionen im Unterschied zu 141 Divisionen des Angreifers. Frankreich hatte an seiner Nordostgrenze 103 Divisionen. Die *British Expeditionary Force* (Gort) zählte 10 Divisionen. Belgien stellte 22, Holland 8 Divisionen und etliche Brigaden. Insgesamt standen 3,4 Millionen alliierte und neutrale Soldaten 3 Millionen Deutschen gegenüber.

Die alliierte und belgisch-niederländische Artillerie zählte 13947 Rohre, das deutsche Westheer 7378. Franzosen und Briten verfügten über 3373

51 Deutsche Fallschirmjäger landeten im Sprungeinsatz auch bei dem Moordijk-Brücken am südlichen Zugang der »Festung Holland« und gewannen hier trotz energischer Gegenwehr eine Schlüsselposition.

52 Zur Eröffnung des Westfeldzuges bombardierten deutsche Geschwader zahlreiche Stützpunkte im Hinterland des Gegners. Andere Verbände blockierten mit Fallschirmminen die belgisch-französischen Häfen. Kampfmaschinen vom Typ Dornier »Do 217« über Nordfrankreich.

53 Am 14. Mai 1940 wurde nach einem deutschen Bombenangriff auf Rotterdam die Stadt durch Folgebrände weitgehend zerstört. Stunden später kapitulierte der niederländische Oberbefehlshaber. Die Königin, Marineeinheiten und Flieger entkamen nach England.

54 Die deutsche Offensive bewog den französischen Oberkommandierenden, eine Armee durch Belgien in die südlichen Niederlande zu werfen. Ihre motorisierten Kräfte – hier die Kradschützen eines Kürassier-Regimentes – lösten diese Aufgabe in zwei bis drei Tagen.

Panzer, die Angreifer hatten 2445. Rund 50 belgische Kampfwagen waren aus neutralitätspolitischen Gründen abgestellt. Daß 10 von ihnen sowie 18 niederländische Fahrzeuge eingesetzt wurden, fiel nicht ins Gewicht.
Die Armée d' l'air hatte 3284 Flugzeuge, jedoch nur 1649 an der französischen Nordostfront, davon 1386 einsatzbereit. Die *British Air Force in France* (Barratt) zählte 456 Maschinen, die belgische Aéronautique militaire 250, die niederländische Luftwaffe 175. Insgesamt konnten den 4040 deutschen Flugzeugen 3099 alliierte und neutrale Maschinen entgegengeworfen werden.
Die Zahlenverhältnisse kennzeichneten aber nicht wirklich das bestehende Ungleichgewicht. Der alliierte Flugpark war größtenteils veraltet. Von den französischen Jagdflugzeugen konnten es eigentlich nur 86 »Dewoitine 520« mit der Messerschmitt »Bf 109« aufnehmen. Die etwa gleichwertige »Spitfire« der Royal Air Force wurde auf Beschluß des britischen Kriegskabinetts in England zurückgehalten.
Da Belgien und die Niederlande weder untereinander noch mit Frankreich und Großbritannien verbündet waren, fehlte das gemeinsame Oberkommando. Die *British Expeditionary Force* (Gort) wurde erst am zweiten Tag der deutschen Offensive dem Hauptquartier in Vincennes unterstellt. Ebenso lange wartete Brüssel mit der Annahme des Alliiertenstatus. Holland blieb jede Mitbestimmung versagt.
Gamelin hatte erkannt, daß der deutsche Angreifer die Maginotlinie umgehen würde. Der *Etat Major Général* richtete daher sein Augenmerk auf die nördlichen Ebenen, wo er dem *1er Groupe d'armées* (Billotte) nahezu alle mobilen Reserven zuteilen ließ. Dieser Großverband sollte aufgrund der »Hypothèse E« (Escaut) handeln und später die »Hypothèse D« (Dyle) realisieren, also bis zur Schelde oder Dyle vorrücken.
Als bekannt wurde, daß Hitler nicht nur Luxemburg und Belgien, sondern auch ganz Holland überrennen würde, mußte der linke alliierte Flügel sogar bis nach Breda in Nordbrabant ausgreifen. Diese Aufgabe stellte Gamelin der links von den Briten eingeschobenen 7. Armee (Giraud). Sie sollte den Niederländern auf dem Land- und Seewege zu Hilfe eilen.
Gamelin unterschätzte die Schnelligkeit und Wucht der bald hereinbrechenden deutschen Panzerlawine. Er glaubte, daß General Gaston Billotte genügend Zeit haben würde, um mit seiner Heeresgruppe vorzuschwenken. Die Kanäle und Flußbarrieren, verstärkt durch belgisch-niederländischen Verteidigungsanlagen, waren für den Angreifer gewiß ein ernstes Hindernis.
Kurz vor Beginn des Kampfes erschütterten die Westmächte wieder Regierungskrisen. Reynaud verlangte nach dem Fehlschlag bei Drontheim die Ablösung von Gamelin. Als ihn Daladier nicht fallen ließ, erklärte der Ministerpräsident seinen Rücktritt. Er mußte zwar bis zur Bildung eines neuen Kabinettes die Geschäfte weiterführen, nichtsdestoweniger war Frankreich in der Stunde höchster Not ohne eine starke Führung.
Chamberlain fand vor dem englischen Unterhaus keine überzeugende Erklärung für das Fiasko in Norwegen. Am 9. Mai 1940 schrumpfte die Regierungsmehrheit um 81 Stimmen. Mit der Labour-Opposition, ein paar Unabhängigen und dem einzigen Nationalliberalen forderten 40 Konservative personelle Konsequenzen. Darauf trat der Premierminister zurück.
Die deutsche Offensive begann am 10. Mai 1940 um 05.35 Uhr. In schriftli-

55 Während französisch-britische Verbände zur Schelde vorrückten, nahm der Angreifer alle belgischen Befestigungsanlagen. Benommen von Detonationen verlassen belgische Soldaten das Fort Boncelles bei Lüttich.

56 Die Westmächte besaßen mehr Kampfwagen als das deutsche Heer. Einige französische Modelle – z. B. diese liegengebliebenen B 1 (2,50 m × 2,79 m; 28 km/h, zwei 7,5 cm-Geschütze und 1 MG) – gehörten zu den stärksten Fahrzeugen ihrer Art.

57 General Heinz Guderian in seinem Kommandowagen.
Vorn links die Chiffriermaschine »Enigma«, ein wichtiges Führungsinstrument der zehn deutschen Panzerdivisionen bei ihrem Raid zum Englischen Kanal.

58 Ein deutscher Panzerverband in der Bereitstellung zum Stoß durch Südbelgien und Nordfrankreich.
Die drei vorderen Fahrzeuge sind aus den im Vorjahr übernommenen 204 tschechoslowakischen Panzern der Firma Škoda abgezweigt und nun »P 38(t)« benannt.

chen Erklärungen erhob Deutschland schwere Anschuldigungen gegen die Regierungen in Brüssel und Den Haag: sie hätten einseitig die Westmächte begünstigt, die Wehrmacht müsse daher die Neutralität von Belgien, Holland und auch Luxemburg sicherstellen.

Seit Mitternacht warf die 9. Fliegerdivision (Coeler) Luftminen vor westeuropäische Hafeneinfahrten: Das V. Fliegerkorps (Greim) bombardierte 72 französische Flugplätze und zerstörte etwa 350 Maschinen. Bei Köln starteten 21 Lastensegler im Schlepp von »Ju 52«-Flugzeugen. Es dämmerte, als die Sturmabteilung des Hauptmanns Walter Koch lautlos auf dem Fort Eben-Emael niederging und vier wichtige Brücken nahm.

Gamelin wurde sofort unterrichtet. Politische Lethargie, Rückfragen, Kompetenzwirrwarr und ein schlechtes Nachrichtensystem verhinderten jedoch die rechtzeitige Durchgabe des Befehls zur Einleitung der grenzüberschreitenden Dyle-Breda-Operation. Erst gegen Abend hatten sich alle französisch-britischen Truppen des linken Flügels in Bewegung gesetzt.

Die deutsche Luftlandung in den Niederlanden war teilweise mißglückt, der Versuch, die Königin und ihre Regierung auszuheben, gescheitert. Rund 325 der eingesetzten Flugzeuge lagen zerstört oder beschädigt am Boden. Indes hatten Fallschirmjäger der 7. Fliegerdivision (Student) den südlichen Zugang der »Festung Holland« erreicht und Brücken über die große Strombarriere gesichert.

Der Kampf um die Niederlande dauerte fünf Tage. Teile der 18. Armee (Küchler) erreichten die Zuidersee. Die 9. Panzerdivision (Hubicki) stieß zu den Fallschirmjägern vor und schob sich dabei in den Rücken der Grebbelinie. Als sich die Übergabe von Rotterdam verzögerte, flogen Verbände der Luftflotte 2 (Kesselring) einen Bombenangriff. Die City brannte nieder, 814 Einwohner fanden den Tod.

Königin und Regierung waren nach England geflohen. Wegen rasch zunehmender Auflösungserscheinungen bat der niederländische Oberkommandierende um Waffenstillstand. Die Kapitulation wurde am 14. Mai 1940 vollzogen. Der »Fünf-Tage-Krieg« hatte 2292 holländischen Soldaten und 2258 Zivilisten das Leben gekostet; 29 Menschen waren vermißt, 6899 verwundet.

In England hatte Churchill das Ruder einer Allparteienregierung ergriffen. Er leitete auch das neue Verteidigungsministerium und konnte nun über die Köpfe der Wehrminister hinweg die Gedankengänge der *Combined Chiefs of Staff* mitbestimmen. Lord Halifax blieb Außenminiser, Anthony Eden wechselte vom Kolonialamt ins War Office.

Churchill und Reynaud, Gamelin und Georges rangen um Entschlüsse. Sie erhielten zwei Tage lang keine Meldung, obwohl französische Aufklärer die »Panzergruppe Kleist« in den scheinbar unzugänglichen Ardennen gesichtet und das Kolonnenende der 41 130 Ketten- und Räderfahrzeuge 80 km östlich des Rheines beobachtet hatten.

Fort Eben-Emael war gefallen. Das XVI. Armeekorps (Hoepner) schlug bei Gembloux in der ersten Panzerschlacht des Krieges einen französischen Kampfwagenverband. Die 7. Panzerdivision (Rommel) erreichte unweit Dinant das Westufer der Maas. Das XXXXI. Armeekorps (Reinhardt) nahm Monthermé. Das XIX. Armeekorps (Guderian) stand plötzlich vor Sedan am Ende der hier auslaufenden Maginotlinie.

59 Bei Gembloux in Belgien kam es zwischen zwei Divisionen zur ersten Panzerschlacht des Krieges. Die französischen »29 H« waren den deutschen »P II« überlegen, zogen jedoch unter einem Stuka-Angriff, mit Sperren im Rücken und bei unzureichenden Führungsinstrumenten den kürzeren.

60 Als der starke deutsche Panzerkeil die Somme-Mündung erreichte, wurden die nach Norden vorgeschwenkten Kräfte des Gegners abgeschnitten. Das belgische Heer kapitulierte. Engländer und Franzosen zogen sich auf die Küste zurück und wurden aus dem Raum von Dünnkirchen evakuiert, bis zum 5. Juni 1940 etwa 340 000 Mann.

Der Beginn des deutschen Westfeldzuges 1940

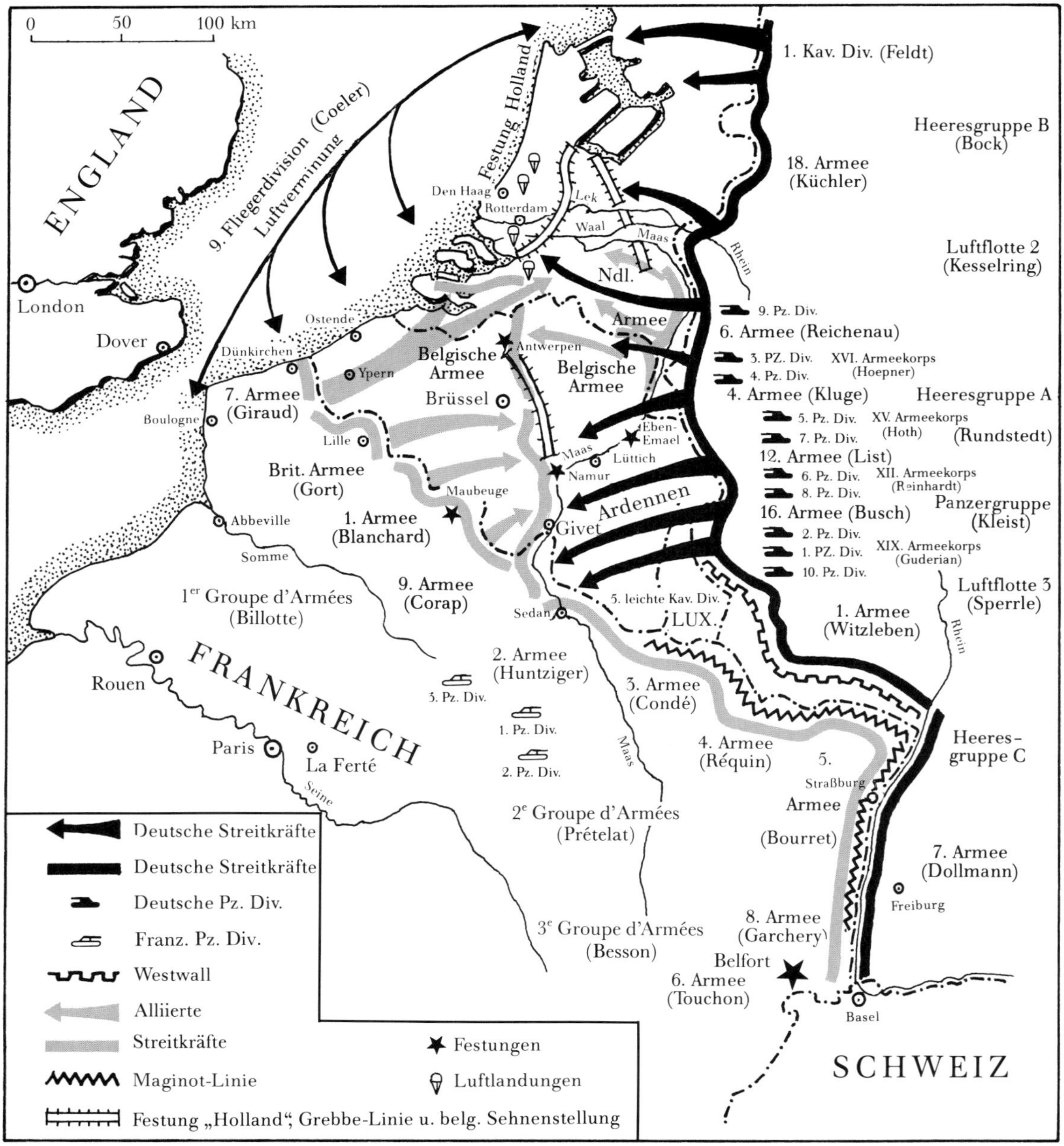

Der deutsche Panzerstoß zur Küste 1940

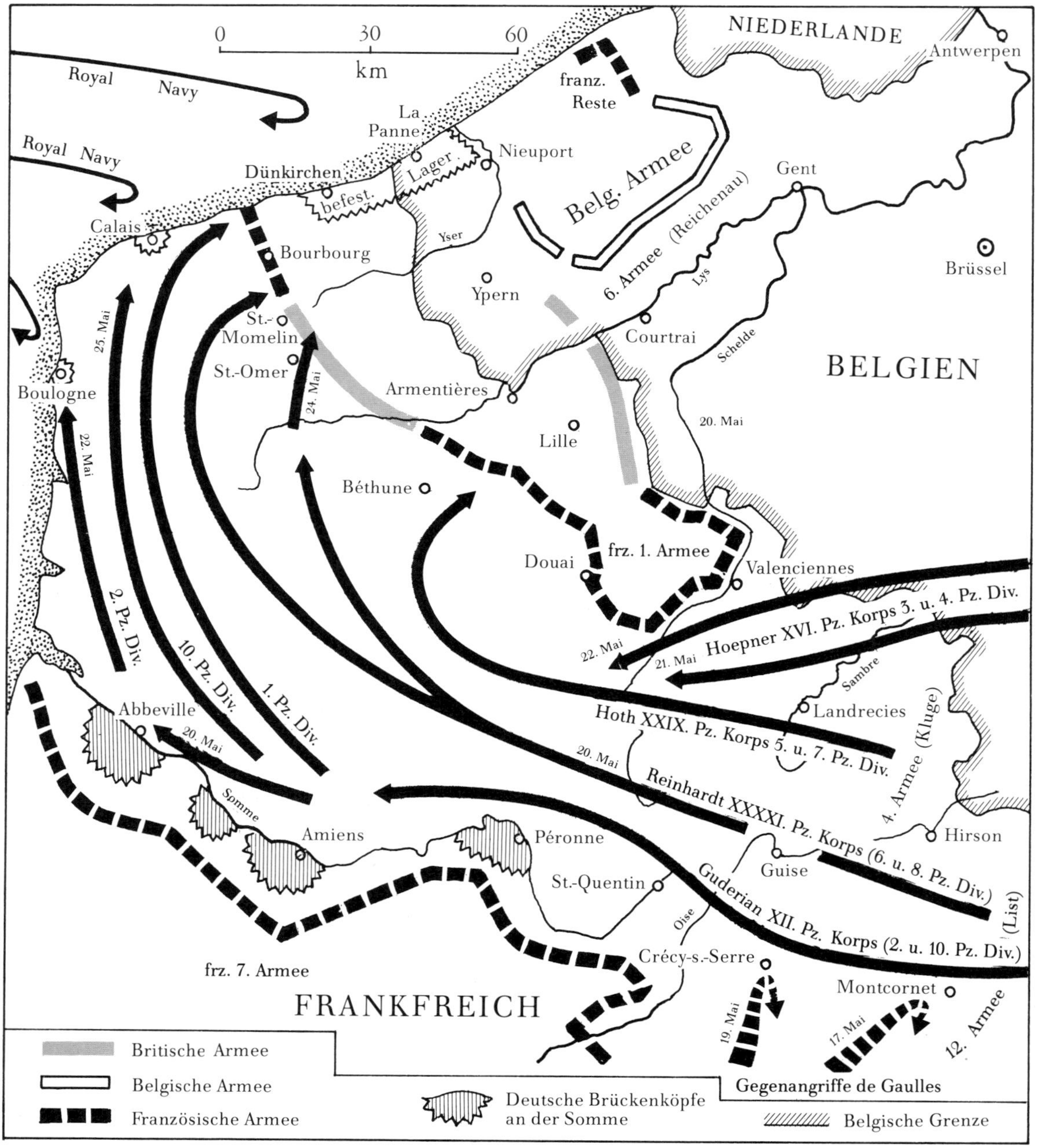

Während Gamelin noch vergebens den Schwerpunkt der feindlichen Offensive zu erkennen suchte, brach die Panzergruppe des Generals Ewald von Kleist in das französische Hinterland ein. Cambrai, St. Quentin, Arras und Amiens fielen. Eine deutsche Division nahm Abbeville. Damit war die nördlich des Stoßkeiles operierende Masse der Alliierten von ihren Landverbindungen abgeschnitten.
Daladier wurde zur Seite geschoben, Gamelin durch General Maxime Weygand abgelöst, Reynaud flog über Kleists Kolonnen hinweg nach Ypern, um durch Koordinierung beiderseitiger Angriffe den deutschen Panzerkeil abzukneifen. Der Versuch scheiterte. Billotte fand den Tod. Das belgische Heer kapitulierte am 18. Mai 1940 nach einem Verlust von mehr als 7500 Gefallenen und 15 800 Verwundeten.
Die Alliierten wichen kämpfend auf einen *Secteur fortifié des Flandres* an der Küste bei Dünkirchen zurück. Trotzdem ließ Hitler wegen seiner Erfahrungen in diesem feuchten Gebiet die deutschen Panzer anhalten, zumal ihm Göring erklärt hatte, daß die Luftwaffe allein durch Bombenangriffe den Gegner zur Übergabe zwingen könne.
Eden begann, das britische Expeditionskorps vom Kontinent abzuziehen, während die Franzosen noch an Verteidigung dachten. Ihre Illusionen zerrannen, als Hitler auf Drängen von Schmundt den »Haltbefehl« widerrief. Mit einem Halbrechtsschwenk über Boulogne, Calais und St. Omer stießen deutsche Panzer nunmehr auf Dünkirchen vor.
In London hatte man nicht nur die Evakuierung des Expeditionskorps, sondern auch den Abzug der in Narvik eingedrungenen Kräfte beschlossen. Für Norwegen traf die *Home Fleet* (Forbes) alle erforderlichen Maßnahmen, bei Dünkirchen der *Flag Officer Dover* (Ramsay). Beide Operationen waren gefährdet, als Kampfverbände der Luftwaffe eingriffen und die deutsche Flotte (Marschall) wieder auslief.
Die Schlachtschiffe vernichteten in der nördlichen Nordsee zwei Leertransporter, einen Flugzeugträger und vier Zerstörer (Unternehmen »Juno«), bekamen aber nicht das Gros des abziehenden Gegners zu fassen. Die Alliierten ließen an Land 2402 Tote (1869 Briten, 533 Franzosen und Polen) zurück, Norwegen trauerte um 1335 Gefallene. Die deutschen Verluste beliefen sich auf 3682 Mann.
In Flandern mußte die Evakuierung (Operation »Dynamo«) an den offenen Strand verlegt werden, wo das gesamte britische Material verloren ging, darunter 2472 Geschütze und 68 879 Kraftfahrzeuge. Über 270 alliierte Schiffe, überwiegend requirierte Kleinfahrzeuge, sanken unter deutschen Bombenschlägen. Doch am Ende hatte Admiral Sir Bertram Ramsay 198 315 Briten und 139 901 Franzosen nach England evakuiert.

Der Zusammenbruch Frankreichs

61 In der zweiten Phase des Westfeldzuges beschloß das französische Oberkommando, Paris kampflos zu übergeben. Deutsche Artillerie am 14. Juni 1940 in der Nähe des Arc de Triomphe.

Nach der Zerschlagung seines linken Heeresflügels war Frankreich in militärisch aussichtloser Lage. Brauchitsch hatte für die zweite Feldzugsphase (Fall »Rot«) vorgesorgt und mit den 104 Infanteriedivisionen von sechs Armeen an der Südflanke des deutschen Panzerkorridors eine neue Front aufgebaut. Sie umschloß wichtige Ausgangspositionen – Brückenköpfe bei Abbeville, Amiens und Péronne.
Demgegenüber hielten zwei Heeresgruppen unter den Generalen Charles Huntziger und Georges Besson mit nur 49 Divisionen ein Verteidigungssystem zwischen Maginotlinie und Kanalküste. Die beiden letzten französischen Panzerverbände hatten noch 83 und 50 Kampfwagen. Der Armée de l'air waren 1221 Flugzeuge verblieben.
Brauchitsch und Halder planten eine zeitlich gestaffelte Abfolge von drei Operationen. Zuerst sollte Bock die französischen Linien südlich der Somme durchstoßen. Dann hatte Rundstedt die Masse des Gegners jenseits der Aisne zu fassen. Darauf mußte Leeb die noch verhältnismäßig starken Kräfte in der Maginotlinie offensiv binden.
Der erste Schlag wurde am 5. Juni 1940, einen Tag nach dem Fall von Dünkirchen, geführt. Infanterie der 4. Armee (Kluge) erstürmte die Stellungen vor den Sommebrückenköpfen und ermöglichte dem gepanzerten XV. Armeekorps (Hoth) das Ausgreifen zur unteren Seine. Nachdem auch der Widerstand bei Péronne und Rethel gebrochen war, kamen die Panzergruppen Kleist und Guderian in Fahrt.
Brauchitsch dirigierte sie nach Südosten in den Rücken der Maginotlinie. Das Gefüge der französischen Front zerbrach. Weygand forderte Waffenstillstandsverhandlungen. Charles de Gaulle, der neue Staatssekretär im Verteidigungsministerium, widersprach. Da wurde bekannt, daß Italien an die Seite Deutschlands trat und Frankreich wie auch Großbritannien am 10. Juni 1940 den Krieg erklärte.
Die sich überstürzenden Ereignisse hatten Mussolini zu verfrühtem Eingreifen gezwungen. Er war ebenso wie König Viktor Emanuel III. überzeugt, daß Italien andernfalls nicht mehr Gelegenheit haben würde, seine Interessen wahrzunehmen. Der Duce erhielt vom Monarchen den Oberbefehl. Die operative Führung übernahm Marschall Pietro Badoglio. Er sollte bei dem kurzen Waffengang nichts riskieren.
Auf Schloß Muguet versammelte sich zum letzten Mal der *Supreme War Council*. Churchill verlangte von Reynaud aufopfernden Widerstand. Der Premier pries die kräfteabsorbierende Wirkung eines Kampfes um Paris, forderte ein bretonisches Reduit, notfalls den Rückzug nach Nordafrika, wollte aber ohne Zustimmung des Air Chief Marshal Sir Cyril Newall keine britische Fliegerunterstützung gewähren.
Am folgenden Tag durchbrach Infanterie der 18. Armee (Küchler) die Pariser Schutzstellung. Weygand ließ die Metropole zur »offenen Stadt« erklären und kampflos übergeben. Im Westen hatte die 7. Panzerdivision (Rommel) Operationsfreiheit in Richtung Cherbourg. Auf dem anderen Flügel blockierten die 12. Armee (List) und das XXXXI. Armeekorps (Reinhardt) rückwärtige Verbindungen der Maginotlinie.
Für den mit 400000 Mann noch fast intakten *2e Groupe d'armées* (Prételat)

62 Zur Unterstützung raumgreifener Panzeroperationen in Richtung auf Dijon und Besançon griffen deutsche Kräfte auch die Maginotlinie an. Diese Offensive fesselte eine starke Heeresgruppe des Gegners in Lothringen.

63 *Um nicht völlig von Deutschland abhängig zu werden, trat Italien am 10. Juni 1940 in den Krieg gegen Frankreich und Großbritannien ein. Angesichts ihrer Niederlage schien dieser Schritt kein Risiko. Daß die schwache Bomberwaffe Italiens nicht sofort Malta niederkämpfen konnte, hatte schwerwiegende Folgen.*

64 *Die Offensive Italiens in den Seealpen sollte ein Mitspracherecht anmelden, ebenso der Angriff von Eingeborenen-Truppen aus Libyen gegen die Marethlinie im französisch beherrschten Tunesien.*

65 *Während deutsche Infanterie ihren Vormarsch südlich der Loire zur Garonne fortsetzt, ziehen in der Gegenrichtung entwaffnete Verbände des Gegners ohne Bewacher zu den rückwärtigen Sammelplätzen.*

66 *Das in Bordeaux unter Marschall Philippe Pétain neugebildete Regierungskabinett beschloß die Einstellung der Kampfhandlungen. Am 22. Juni 1940 unterzeichnete General Charles Huntziger im Walde von Compiègne das deutsch-französische Waffenstillstandsabkommen.*

blieb die Burgundische Pforte als Ausweg, bis Guderian weiter nach Osten eindrehte und diese Lücke sperrte. Die neue von Weygand festgelegte Verteidigungslinie konnte deshalb nicht mehr bezogen werden. Auch das *réduit breton* verschwand von der Karte, obwohl bei Brest britische Truppen landeten.
Die Regierung Reynaud war nach Bordeaux geflohen. Drei Projekte beschleunigten ihren Untergang. Roosevelt wollte das Gold der Bank von Frankreich in Verwahrung nehmen. Vansittart und andere Engländer ersannen eine Union beider Alliierten. Churchill wollte den Verbündeten nur dann aus der Vertragspflicht entlassen, wenn sich die französische Flotte der Royal Navy anschloß.
Admiral François Darlan wandte sich gegen die Abtretung der Marine und eine gleichfalls vorgeschlagene Evakuierung französischer Streitkräfte nach Afrika. Die Kabinettsmehrheit argwöhnte, man wolle das geschundene Frankreich beerben; jeder begehre, was er wolle: Amerika das Gold, England die Flotte und den Kolonialbesitz. Der Unionsplan wurde verworfen. Reynaud trat zurück.
Das rasche Vordringen der Deutschen über die Loire und Rhône veranlaßte Marschall Philippe Pétain, den neuen Regierungschef, zu einem Waffenstillstandsersuchen. Der ObdW erfuhr davon auf dem Wege zum Treffen mit Mussolini. Hitler war außer sich vor Freude, der Duce hingegen peinlich berührt; – da Badoglio seine Offensive verzögert hatte, besaß Italien kein Faustpfand bei den bevorstehenden Verhandlungen.
Pétain ernannte Huntziger zum Delegationsleiter. Von deutscher Seite wurde Keitel bevollmächtigt. Man traf sich auf der historischen Waldlichtung bei Compiègne, dem Ort des Waffenstillstandsvertrages von 1918. Rückfragen in Bordeaux wurden nach internen Auseinandersetzungen der Franzosen positiv beschieden. Am 22. Juni 1940 unterzeichneten die Verhandlungsführer das Abkommen.
Danach umfaßte die deutsche Besatzungszone Nordfrankreich und einen breiten Landstreifen entland der Atlantikküste bis zur Bidassoamündung. Das mit Belgien und den Niederlanden verbundene Gebiet sollte als Basis zur Fortsetzung des Krieges gegen England dienen. Zwei Fünftel Frankreichs blieben frei. Die Regierung Pétain konnte sich in dem einen oder anderen Teil niederlassen.
Inzwischen hatte sich die französische Delegation auch nach Rom begeben. Ciano und Badoglio verbargen hinter freundlichen Gesten, daß Italien seine exorbitanten Forderungen zurückschrauben mußte. Mit dem am 24. Juni 1940 unterzeichneten Waffenstillstandsvertrag erhielt das italienische Heer nur ein kleines Besatzungsgebiet. Dafür mußte Frankreich die tunesische Ostgrenze entmilitarisieren.
Am 25. Juni 1940 schwiegen die Waffen. Frankreich schätzte seine blutigen Verluste auf 92000 Tote und 200000 Verwundete. Italien registrierte 1247 Gefallene, 2631 Verwundete 2351 andere Soldaten, die beim plötzlichen Kälteeinbruch in den Hochalpen Erfrierungen davongetragen hatten. Das OKW meldete 27074 Tote, 111034 Verwundete und 18384 Vermißte.

Auswirkungen des Krieges im Westen

Der Sieg über Frankreich führte Hitler auf die Höhe seiner Macht. Durch einen »klassischen Feldzug« hatte er den bisher stärksten Gegner in sechs Wochen ausmanövriert und niedergeworfen, das englische Heer vertrieben und die Besetzung der Küsten vom Nordkap bis nach Spanien vollendet. Viele Beobachter meinten, daß Großbritannien nun gezwungen sein werde, sich mit Deutschland zu verständigen.
Aber Churchill wollte im Verrauen auf Englands Insellage und die USA weiterkämpfen. Roosevelt hatte Großbritannien aus US-Beständen große Mengen an Waffen und Munition zugeleitet und die britisch-niederländischen Besitzungen in der Neuen Welt unter amerikanischen Schutz gestellt. Der Präsident tat auch Schritte zur Wiedereinführung der allgemeinen Wehrpflicht und beschloß, geheime Stabskonferenzen mit den Briten anzubahnen.
Aus der deutschen Hegemonie zogen viele Staaten ihre Konsequenzen. Neben Mussolini nutzte Francisco Franco die Gunst der Stunde. Zuerst hatte er im Einvernehmen mit England das internationalisierte Tanger besetzen lassen, dann einen Statuswechsel von der Neutralität zur Nichtkriegführung vollzogen und schließlich bei Hitler spanische Gebietsansprüche erhoben.
Stalin schlug den meisten Gewinn aus der neuen Lage. Molotow hatte die baltischen Regierungen beschuldigt, sich insgeheim gegen Moskau verbünden zu wollen. Einem sowjetischen Ultimatum war die überfallartige Besetzung der drei Republiken gefolgt. Andrej A. Shdanow, Andrej J. Wyschinskij und Wladimir G. Dekanosow inszenierten Wahlen, aus denen kommunistisch gelenkte Versammlungen hervorgingen und um Eingliederung ihrer Staaten in die UdSSR baten.
Tiefe Unruhe erfüllte Südosteuropa, voran Rumänien, das mit Deutschland einen Öl-Waffen-Pakt geschlossen hatte, aber durch ein Ultimatum aus Moskau zur Abtretung der Nordbukowina und Bessarabiens gezwungen worden war. Seither bestanden Ungarn und Bulgarien in Bukarest auf die Rückgabe verlorener Gebiete, sahen sich auch Jugoslawien, Griechenland und die Türkei vom Revisionismus bedroht.
Japan, das China nicht befrieden konnte, solange Roosevelt und Churchill dort General Tschiang Kai-schek unterstützten, zwang die von Deutschland geschlagenen Westmächte zu Konzessionen. Frankreich mußte dem Kaiserreich das nördliche Indochina als Besatzungszone überlassen, England den Transportverkehr auf der für Versorgungszwecke ausgebauten Burmastraße drei Monate lang einstellen.
Die Zusammenarbeit zwischen Großbritannien und den USA nahm dadurch keinen Schaden. Roosevelt bestärkte Churchill vielmehr in seinem Willen, sich der französischen Flotte zu bemächtigen. Während die US-Navy Martinique und Guadeloupe beschattete, mußte der Erste Seelord, Adrmial Sir Dudley Pound, den Überfall auf die entmobilisierten Geschwader des bisherigen Waffengefährten vorbereiten.
Mit dem vor Alexandria liegenden Verband wurde ein Gentlemen's Agreement geschlossen. Dagegen beugte sich das in Mers-el-Kebir versammelte Gros nicht dem britischen Druck. Das Geschwader wurde am 3. Juli 1940

67 In gleichförmigen Tagungen des Obersten Sowjets mußten aus gelenkten Wahlen hervorgegangene Delegationen im Kreml um die Angliederung der Republiken Estland, Lettland und Litauen bitten. Auf der Tribüne (v. r. n. l.) Josif Stalin, Nikita S. Chruschtschow, Michail I. Kalinin; Zweiter von links Semjon K. Timoschenko.

68 Die Unterwerfung der drei baltischen Völker hatte eine erste Welle von Deportationen zur Folge. Sowjetisches Konzentrationslager bei Pravenǐskes in Litauen.

69 Die 717 Meilen lange Burma-Straße zwischen Lashio und Kumming diente dem Transport amerikanischer Kriegsgüter in das unter General Tschiang Kai-schek gegen Japan kämpfende China. Nach der Niederlage im Westen mußte Großbritannien diese strategisch wichtige Route zeitweise schließen.

von der *Force H* (Somerville) zusammengeschossen. Drei große Einheiten sanken oder mußten auf den Strand gesetzt werden, ein Schlachtschiff und fünf Zerstörer entkamen nach Toulon.

70 Am 3. Juli 1940 ließ Großbritannien das vor Mers-el-Kebir in Algerien liegende Gros der französischen Flotte angreifen. Der Überfall sollte eine Auslieferung dieses Verbandes an die Achsenmächte verhindern.

Der Tod von 1147 Seeleuten empörte Frankreich. Flugzeuge der *Armée de l'armistice* starteten sofort zum Vergeltungsschlag gegen Gibraltar. Aber die Hoffnung vieler Menschen beiderseits der deutsch-französischen Grenze, daß ihre Völker nun zusammenfinden würden, trog. Die Realpolitik Pétains und das Hegemonialstreben des NS-Diktators schlossen eine baldige Verständigung aus.

Pétain durfte mit Rücksicht auf die Kolonien und das in Fort Kayes eingelagerte Gold der Bank von Frankreich den Kampf gegen England nicht fortsetzen. Auch der nach London geflohene de Gaulle trat auf den Plan. Zwar fand er nur wenige Anhänger, doch konnte ihn Großbritannien für seine Zwecke verwenden, wie schon bald zwei Vorstöße an die Senegalküste zeigten.

Inzwischen hatte Hitler die NS-Gauleiter Josef Terboven und Arthur Seyß-Inquart zu Reichskommissaren in Norwegen und den Niederlanden ernannt. Gleichzeitig wurden Eupen, Malmedy und Luxemburg von Deutschland annektiert. Auch Belgien und Teilen des besetzten Frankreich standen Veränderungen bevor, die eine von der Schweiz bis zum Englischen Kanal gezogene »Nordostgrenze« andeuteten.

Frankreich suchte sich durch Verfassungsreform den Achsenmächten anzupassen. Eine nach Clermont-Ferrand berufene Nationalversammlung übertrug auf Antrag von Pierre Laval mit 469 gegen 80 Stimmen bei 50 Enthaltungen am 10. Juli 1940 Philippe Pétain außerordentliche Vollmachten. Der Marschall wurde Oberhaupt eines neuen »Führerstaates« mit Vichy als provisorischer Hauptstadt.

London und Washington verfolgten gegenüber diesem Regime eine Doppelstrategie. England hatte zwar die diplomatischen Beziehungen zu Frankreich abgebrochen, verweigerte jedoch dem von de Gaulle gegründeten »Nationalkomitee Freier Franzosen« den Status einer Exilregierung. Die USA schickten einen Botschafter nach Vichy, der dort bald erheblich Einfluß gewann.

71 Nach dem Zweiten Wiener Schiedspruch am 30. August 1940 rückten ungarische Truppen in Nordsiebenbürgen ein. Der von Budapest ausgehende Revisionismus war eine wirksame Triebkraft südosteuropäischer Politik.

M.F.I.
MAGYAR FILM IROD

Die Schlacht um England

72 Zur Unterwerfung des letzten 1940 noch verbliebenen Kriegsgegners ließ Hitler eine Invasion Großbritanniens vorbereiten. Daraus entwickelte sich die Luftschlacht um England. Oberbefehlshaber war Reichsmarschall Hermann Göring, hier in seinem Verbindungsflugzeug vom Typ Fieseler »Fi 156 Storch«.

Hitler hielt die »Augen stark auf den Osten« gerichtet. Die Auseinandersetzung mit der Sowjetunion war entscheidend in seinem »Gesamtkriegsplan«. Vorwände gab es genug, als Stalin über die vereinbarte Demarkationslinie hinausgriff und in Litauen das Gebiet um Mariampol sowie auch die rumänische Nordbukowina samt dem Kreis Hertza besetzen ließ.

Hitler reagierte darauf verhalten. Er widerrief die befohlene Reduzierung der deutschen Landstreitkräfte und verlegte das Armeeoberkommando 18 (Küchler) mit 15 Divisionen nach Polen. Die Verschiebung der Schwerpunkte zugunsten von Kriegsmarine und Luftwaffe blieb wirksam, denn diese beiden Wehrmachtteile sollten bald Großbritannien zum Einlenken zwingen.

Die Stimmung in England war gedrückt. Schiffsführer hatten sich geweigert, Dünkirchen anzulaufen. Das Kabinett drohte am Gegensatz zwischen *War Hawks* und *Ex-Appeasers* zu zerbrechen. Labour-Politiker betrachteten den Krieg als Katalysator gesellschaftlicher Veränderungen – ein Grund für Konservative, die Friedensbereitschaft des deutschen Kriegsgegners zu prüfen.

Hitler wollte »England ... kommen lassen«. Großbritannien sollte die unter Mandatsverwaltung stehenden deutschen Kolonien zurückgeben, als Weltreich jedoch gestützt werden, weil sein Verfall nur Japan und den Vereinigten Staaten zupaß käme. Die Weltöffentlichkeit erfuhr von diesen Absichten durch ein Interview des deutschen Diktators.

Doch mit den USA als Nothelfer und dem Hinweis auf eine expandierende Sowjetunion im Rücken des deutschen Widersachers brauchte Churchill seinem Kabinett nicht lange Gewinnchancen vorzurechnen. Der interne Meinungsstreit verstummte. Die reibungslose Einführung des Belagerungszustandes mit der Todesstrafe für Saboteure, Streikverbot und verschärfter Pressezensur war bezeichnend.

Hitler plante einen »Friedensappel«, verschob aber die dazu entworfene Reichstagsrede und ließ am 16. Juli 1940 eine Weisung Nr. 16 ausfertigen: da »England trotz seiner militärisch hoffnungslosen Lage noch keine Anzeichen der Verständigungsbereitschaft zu erkennen« gebe, habe er sich »entschlossen, eine Landungsoperation vorzubereiten und, wenn nötig, durchzuführen«.

Sofern es noch eines Beitrages zur Überbrückung innerbritischer Gegensätze bedurfte, leistete ihn Roosevelt. Er entsprach der englischen Bitte um Überlassung demobilisierter Zerstörer der US-Navy, bezeichnete die totalitären Mächte als »Antichristen« und genehmigte am Tag vor Hitlers Reichstagsrede das Gesetz zum Bau einer »Zwei-Ozean-Flotte«.

Inzwischen waren die deutschen Vorschläge auf diplomatischen Umwegen nach London gelangt. Hitlers folgende Reichstagsrede enthielt außer einem »Appell an die Vernunft« nur Drohungen. Die Antwort erfolgte prompt. Lord Halifax – der britische Außenminister, ein *Ex-Appeaser* – wies die Deklamation zurück und bezog sich dabei ausdrücklich auf die jüngsten Erklärungen des amerikanischen Präsidenten.

Zur weiteren Kriegführung gegen England hatte Jodl eine Denkschrift verfaßt. Er empfahl, das Inselreich mit See- und Luftstreitkräften zu

73 Dreierkette deutscher Jagdeinsitzer an der britischen Kreideküste bei Beachy Head.

74 Bildauswerter der deutschen Luftwaffe in einem Stabsquartier bei Abbeville.

76 Zu Beginn der Luftschlacht um England war deutschen Kampffliegerverbänden der Angriff auf Städte untersagt.
Ein Bomber vom Typ Heinkel »He 111« über der Themse-Schleife in London.

77 Nachdem das britische Kriegskabinett die Bombardierung bestimmter Städte des Reiches beschlossen und freigegeben hatte, wurde auch London angegriffen.
Brände in den Docks nordöstlich der Tower Bridge.

75 Ein wichtiges Element der britischen Luftraumverteidigung waren auf 80 m hohen biegsamen Gittermasten montierte Radargeräte, die Home Chain.

»belagern«. Mit ihnen sollte Großbritannien von ozeanischen Zufuhren abgeschnitten und seiner wehrwirtschaftlichen Kraftquellen beraubt werden. Periphere Unternehmungen mochten dies ergänzen.
Kommandobehörden der deutschen Kriegsmarine waren bereits nach Paris und Kernevel bei Lorient umgezogen, um die Überflügelung der britischen Inseln zu realisieren. Man erwog eine Verbreiterung der Seefront bis nach Afrika. Dem Gedanken an eine Landung in Großbritannien standen Raeder und die meisten seiner Offiziere skeptisch gegenüber.
Hitler selbst hatte die Kanalüberquerung (Unternehmen »Seelöwe«) nur halbherzig vorgesehen und darum wohl keinen gemeinsamen Stab der drei Wehrmachtsteile eingesetzt. Bald kam es zwischen ihnen zu Differenzen. Das OKH wollte durch Anlanden der 9. Armee (Strauß) und 16. Armee (Busch) die Kräfte des Gegners auf 140 km Breite zersplittern. Raeder hingegen glaubte den Erfolg einer solchen Operation mit Kriegsschiffen allein nicht gewährleisten zu können.
Eines forderten Marine und Heer gleichermaßen: die Erringung der Luftherrschaft vor dem großen Sprung nach England. Die Weisung Nr. 17 vom 1. August 1940 setzte dazu einen Rahmen. Sie bestimmte den Bomber zur Schwerpunktwaffe. Den Befehl zu »Terrorangriffen« auf die Zivilbevölkerung wollte sich Hitler noch »als Vergeltung« vorbehalten.
Der zum Reichsmarschall erhobene Hermann Göring war siegesgewiß. Auch die Feldmarschälle Albert Kesselring und Hugo Sperrle gaben sich zuversichtlich. Dagegen bezweifelte General Hans Jeschonnek, daß die nur für Unterstützungsaufgaben gerüstete Luftwaffe eine strategische Entscheidung im Sinne von Douhet erzwingen werde.
Der Luftwaffengeneralstab hatte errechnet, daß die Royal Air Force 900 Jagdflugzeuge besaß, davon 675 einsatzbereit. Nicht genügend berücksichtigt waren die sich für den Gegner im eigenen Luftraum ergebenden Vorteile. Die Jäger des *Fighter Command* (Dowding) konnten täglich zwei- bis dreimal starten und dank eines vorzüglichen Leitsystems oft vor dem Kampf günstige Gefechtspositionen erreichen.
Wenig bekannt war auch die britische Flugzeugproduktion. Lord Beaverbrook, den Churchill für das Ressort der wirtschaftlichen Kriegführung gewonnen hatte, stimmte mit dem Luftfahrtminister Sir Archibald Sinclair und Air Vice Marshal Sir Hugh Dowding darin überein, daß England durch einmotorige Jäger zu verteidigen sei. Entsprechend wurde die Fertigung programmiert.
Die deutsche Produktion hielt damit nicht Schritt. Von Juni bis Oktober 1940 konnte der Luftzeugmeister, General Ernst Udet, der Jagdwaffe nur 975 fabrikneue Messerschmitt »Bf 109« zuführen. Im gleichen Zeitraum lieferte Beaverbrook der Royal Air Force 2354 Jagdmaschinen, darunter 2100 »Spitfires« und »Hurricanes«.
Göring hielt für die Luftoffensive 2355 Flugzeuge bereit. Die in den Niederlanden, Belgien und Nordfrankreich aufmarschierten Luftflotten 2 (Kesselring) und 3 (Sperrle) zählten 875 Bomber, 316 Stuka, 702 Jäger, 227 Zerstörer und 45 Fernaufklärer. Die in Dänemark und Norwegen aufgestellte Luftflotte 5 (Stumpff) besaß 123 Kampfflugzeuge, 34 Zerstörer und 33 Aufklärer.
Außer der mit Zusatztanks ausgerüsteten Messerschmitt »Bf 109« war kein deutsches Baumuster den gestellten Aufgaben gewachsen. Der zweimotorige Messerschmitt-Zerstörer »Bf 110« blieb 100 km/h hinter dem »Spit-

78 Drei Vickers Supermarine »Spitfire I A« Jagdeinsitzer kurven zum Angriff auf deutsche Flugzeuge ein.

79 Zurück aus England. Zwei Angehörige einer deutschen Bomberbesatzung mit schweren Brandverletzungen.

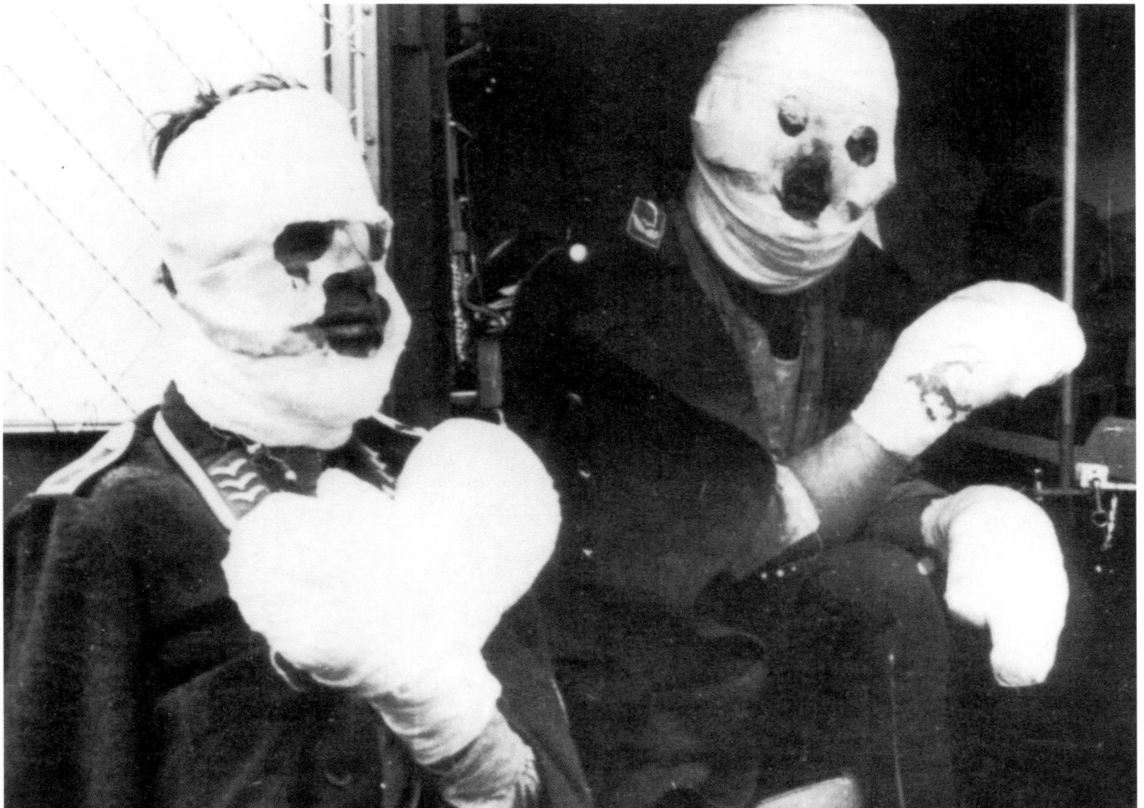

fire«-Jäger zurück. Der langsame Sturzkampfbomber »Ju 87« wurde eine leichte Beute des Gegners. Die Kampfflugzeuge vom Typ »Do 17«, »He 111« und »Ju 88« erreichten bei ungenügender Stabilität und Zuladung nur begrenzte Eindringtiefe.

In England gab es eine *Home Chain* mit 52 Radarstationen, auf 80 m hohe Gittermasten montierte Empfänger, die alle küstennahen deutschen Jägerplätze unter Kontrolle hatten. Anfliegende Verbände wurden auch von Posten des *Royal Observer Corps* beobachtet. Ihre Meldungen gingen über Funk an das Hauptquartier des *Fighter Command* in Stanmore.

Die Briten waren in das Schlüsselsystem der Luftwaffe eingebrochen. Der *Secret Intelligence Service* konnte nicht immer zeitgleich mitlesen, aber eine für Sinclair arbeitende Spezialistengruppe gewann wertvolle Informationen über die deutsche Angriffsplanung, besonders für den 13. August 1940.

Zunächst sollten möglichst viele »Spitfires« zum Kampf gestellt werden. Der erste große Bombenschlag richtete sich am 15. August 1940 gegen ausgewählte Radarstationen und Flugplätze. Göring versprach sich von diesem Angriff eine Lähmung des *Fighter Command* (Dowding). Statt dessen gingen 57 deutsche Maschinen verloren.

Jeschonnek drängte zum Schwerpunktwechsel. Hauptziel der deutschen Tag- und Nachtangriffe wurde nunmehr die Luftrüstungsindustrie. Da ihre Fabriken größtenteils in Städten lagen, war die Zivilbevölkerung mitbetroffen. London sollte ausgespart bleiben. Dennoch warfen deutsche Kampfflugzeuge am 24./25. August 1940 Bomben auf die City.

Darauf gab das britische Kriegskabinett die schon am 5. Mai 1940 begonnenen, seither jedoch nahezu eingestellten Städteangriffe des *Bomber Command* (Portal) wieder frei. Nach einem Raid gegen Berlin befahl Hitler Vergeltungsschläge. »Wenn sie erklären«, rief er, »sie werden unsere Städte angreifen – wir werden ihre Städte ausradieren!«

London wurde fortan jede Nacht bombardiert, Bristol und Birmingham, Hull und Coventry schwer getroffen. Dabei ging die »Jägerschlacht« unvermindert weiter, das Duell der Einzelkämpfer, von denen »Fliegerasse« wie John E. Johnson und Patrick Pattle, Helmut Wick, Werner Mölders und Adolf Galland besonders häufig Erwähnung fanden.

Die deutsche Kriegsmarine zog für das Unternehmen »Seelöwe« zwischen Antwerpen und Le Havre zahlreiche Frachter, Leichter und Prähme zusammen. Aber auch diese Ansammlung war ein wichtiges Angriffsziel des britischen *Bomber Command* (Portal). Als Hitler die vorgesehene Landung umdatierte und schließlich »bis auf weiteres« verschob, fühlte sich Raeder erleichtert.

Die monatelangen Kämpfe zerrten an den Nerven der Flieger und ihrer Kommandeure. Sinclair konnte den Hader zwischen führenden RAF-Offizieren nicht mehr schlichten. An die Stelle von Newall trat Air Vice Marshal Sir Charles Portal; Dowding wurde entlassen. Udet und Jeschonnek bekamen die meisten Vorwürfe zu hören. Göring nahm Urlaub.

Die Royal Air Force verlor bis Ende Oktober 915 Jäger und 480 Bomber samt 448 Piloten. Die deutsche Luftwaffe bezifferte ihre Verluste vom 1. August 1940 bis 31. März 1941 auf 2265 Flugzeuge, 3363 Tote und 2117 Verwundete. Die Zahl der zu Schaden gekommenen Zivilpersonen gab das Home Office mit 23 002 Gefallenen und 32 138 Verletzten an. In Deutschland starben zur gleichen Zeit 3000 Menschen unter Bombeneinwirkung.

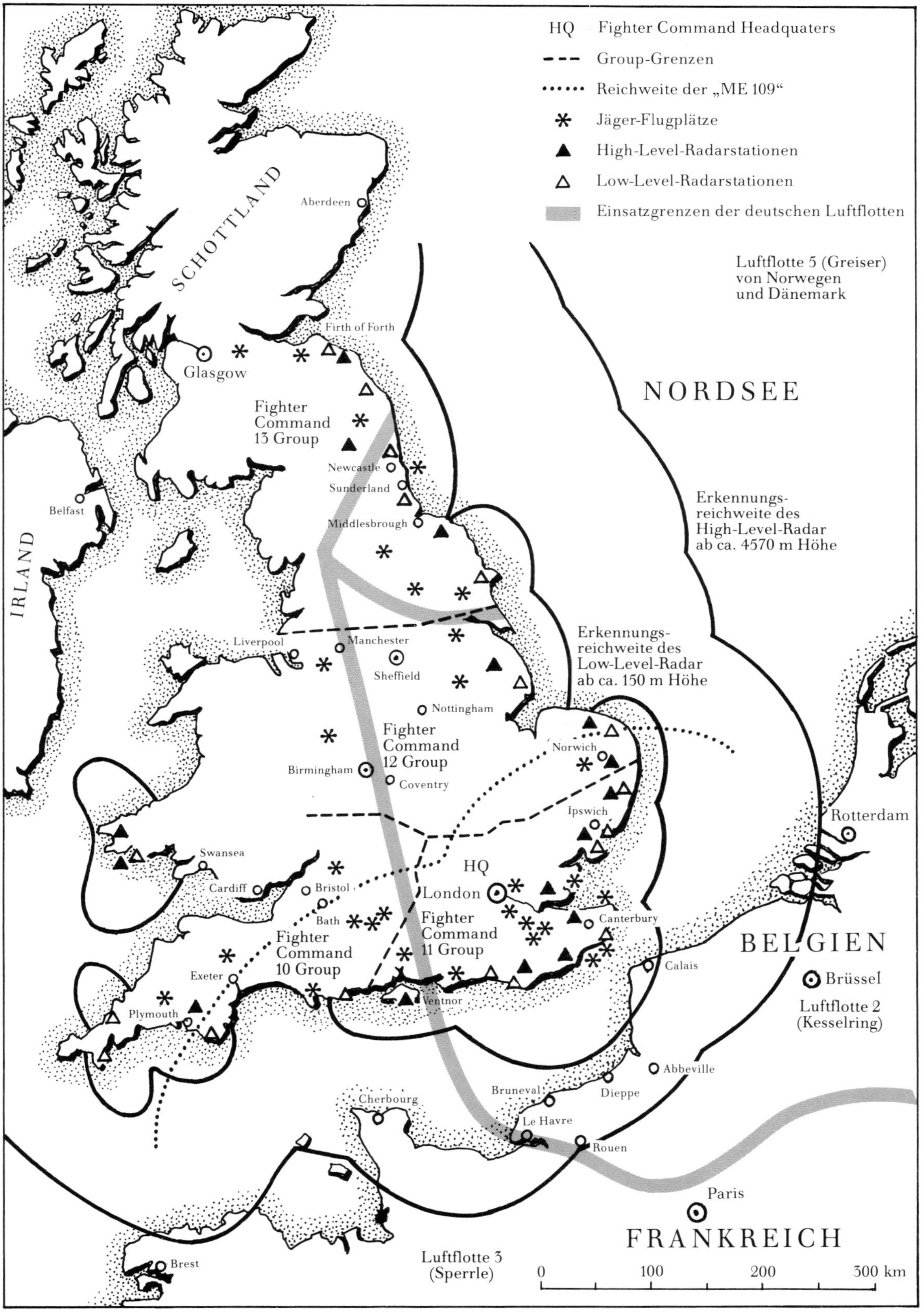
HQ Fighter Command Headquaters
Group-Grenzen
Reichweite der „ME 109“
Jäger-Flugplätze
High-Level-Radarstationen
Low-Level-Radarstationen
Einsatzgrenzen der deutschen Luftflotten
Luftflotte 5 (Greiser) von Norwegen und Dänemark
NORDSEE
SCHOTTLAND
IRLAND
Aberdeen
Firth of Forth
Glasgow
Fighter Command 13 Group
Newcastle
Sunderland
Belfast
Middlesbrough
Erkennungs-reichweite des High-Level-Radar ab ca. 4570 m Höhe
Erkennungs-reichweite des Low-Level-Radar ab ca. 150 m Höhe
Liverpool
Manchester
Sheffield
Nottingham
Fighter Command 12 Group
Norwich
Birmingham
Coventry
Ipswich
Rotterdam
Swansea
HQ
Cardiff
Bristol
London
Bath
Fighter Command 11 Group
Canterbury
Fighter Command 10 Group
BELGIEN
Calais
Exeter
Brüssel
Plymouth
Ventnor
Luftflotte 2 (Kesselring)
Abbeville
Bruneval
Dieppe
Cherbourg
Le Havre
Rouen
Paris
FRANKREICH
Brest
Luftflotte 3 (Sperrle)
0
100
200
300 km

Der Dreimächtepakt

Zum ersten Mal war Hitler auf unüberwindlichen Widerstand gestoßen. Dabei hatten sich Krisen an den Flanken und im Rücken des deutschen Herrschaftsbereiches entwickelt. In den ersten Seegefechten gegen die britische *Mediterranean Fleet* (Cunningham) war Italiens Traum vom *mare nostro* zerstoben. Mussolini suchte daher eine »kleine Lösung«. Jenseits der Adria hoffte er einen »Parallelkrieg« führen zu können.

Rumänien stand am Rande des Abgrundes. Der Verlust wertvoller Gebiete erschütterte den Thron Carols II. Der König vollzog deshalb eine rasche Wendung. Er bezeichnete das westalliierte Garantieversprechen von 1939 als hinfällig, bat um Entsendung einer deutschen Militärmission und ermöglichte Berlin die Übernahme französischer Erdölaktien.

Deutschland bezog aus Rumänien monatlich zwischen 53000 t und 146000 t Rohöl. Die Transporte liefen durch Ungarn, das gleichfalls zu einem Faktor der Großraumwirtschaft geworden war. Da der Streit zwischen Budapest und Bukarest immer heftiger wurde und Ribbentrops Beschwichtigungsversuche nicht fruchteten, mußte Hitler eingreifen.

Nach Gesprächen in Berchtesgaden einigte man sich auf Grundsätze, denen König Carol und der ungarische Reichsverweser, Admiral Miklós Horthy, zustimmten. Darauf verkündeten Ribbentrop und Ciano am 30. August 1940 einen (zweiten) Wiener Schiedspruch. Ungarn erhielt das nördliche Siebenbürgen, Rumänien eine Garantie seiner »Integrität und Unverletztlichkeit« durch die Achsenmächte.

Als Rumänien durch Abtretung der Süddobrudscha auch Bulgarien zufriedenstellte, entspannte sich die Lage. Doch Carol konnte sich nicht länger behaupten. Vergebens berief er General Ion Antonescu an die Spitze der Regierung. Der Monarch mußte den Thron seinem achtzehnjährigen Sohn Michael hinterlassen und ins Ausland fliehen.

Derweil hatte Mussolini einer Armee unter Marschall Rodolfo Graziani den Vormarsch nach Ägypten befohlen, wo nur schwache Commonwealth-Verbände des Generals Sir Archibald Wavell standen. Die Offensive wurde ohne ersichtlichen Grund eingestellt. Auf die Hilfe durch einen deutschen Panzerverband, den Hitler anbot, verzichtete Badoglio. Er war an die »Parallelkriegs«-Konzeption der Führung gebunden.

Größere Aufmerksamkeit erforderte die weltpolitische Entwicklung. Ein in Ogdensburg (New York) geschlossenes Agreement zwischen den USA und Kanada, die Übergabe der 50 US-Zerstörer an Großbritannien gegen Verpachtung von Stützpunkten auf Neufundland, Bermuda und den Bahamas, Jamaica, Santa Lucia, Trinidad und in Guayana gab ebenso zu denken wie der Empfang des neuen englischen Botschafters durch Stalin.

Hitler begriff die Koinzidenz der Ereignisse. Hatte er gespottet, als sich Japan nach dem französischen Zusammenbruch wieder Deutschland näherte, so erschienen die Avancen des kaiserlichen Missionschefs in Berlin, Botschafter Saburu Kurusu, jetzt verständlich. Außer dem fernöstlichen Reich gab es keine Macht, mit der zusammen man Roosevelts interventionistischer Politik begegnen konnte.

Zur Konkretisierung begonnener Gespräche entsandte das Auswärtige Amt einen Ostasienexperten nach Tokio. Er suchte anstelle der von Japan

gewünschten Scheinallianz ein »präventives Defensivbündnis« auszuhandeln. Der Vertrag sollte weitere Schritte der USA verhindern, die Beziehungen zur Sowjetunion und anderen Staaten aber nicht berühren.
Kurz vor der Unterzeichnung des Dreimächtepaktes durch Ribbentrop, Ciano und Kurusu in Berlin am 27. September 1940 hatte Roosevelt bereits reagiert. Die USA verhängten ein Schrott-Eisen-Stahl-Embargo, von dem nur Verbündete Englands ausgenommen waren. Den Schaden trug vor allem die importabhängige japanische Wirtschaft. Ein zweiter Schlag traf Tokio, als Amerika dem China des Generals Tschiang Kai-schek eine neue Dollaranleihe gewährte.

80 Die Unterzeichnung des zwischen Deutschland, Italien und Japan geschlossenen Dreimächtepaktes am 27. September 1940 in Berlin. Sitzend (v. l. n. r.) Saburu Kurusu, Graf Galeazzo Ciano und Adolf Hitler. Am Mikrophon Joachim von Ribbentrop.

81 Nach Schaffung des gegen die USA gerichteten Verteidigungsbündnisses suchte Hitler andere Mächte für den Beitritt zu gewinnen. Sein Treffen mit dem spanischen Staatschef, General Francisco Franco in Hendaye am 23. Oktober 1940 verlief ergebnislos.

82 Auch Pétain (zu seiner Rechten Admiral François Darlan) wich einer Verständigung mit dem deutschen Diktator aus. Haupthindernis waren die Gegensätze zwischen Frankreich, Italien und Spanien.

83 Benito Mussolini und General Giovanni Messe. Als dem Waffenstillstand vom Juni kein Friedensvertrag folgte, suchte Italien einen von Deutschland unabhängigen »Parallelkrieg« im Mittelmeerraum zu führen.

84 Am 28. Oktober 1940 eröffnete das italienische Heer eine Offensive aus Albanien gegen Griechenland. Die bevorstehenden Rückschläge schufen eine neue Lage in Südosteuropa.

Molotow in Berlin

Der Dreimächtepakt sollte durch den Beitritt anderer Staaten erweitert werden. Hitler hoffte auf Frankreich und Spanien. Aber seine Unterredungen mit Marschall Pétain und Ministerpräsident Laval in Montoire am 22. und 25. Oktober 1940 verfehlten ihren Zweck ebenso wie ein Treffen, zu dem sich Franco auf dem Grenzbahnhof von Hendaye einfand. Der »Kontinentalblock« blieb ein Wunschbild.
Folgenschwer war der italienische Angriff auf Griechenland am 28. Oktober 1940. Die Offensive führte zu einer neuen Balkankrise. Das britische Mittelostkommando (Wavell) warf Bomber nach Kreta, die das wichtige Erdölgebiet von Ploesti bedrohten. Und Moskau verlangte nun auch die Südbukowina, nachdem Truppen der Roten Armee rechtswidrig bereits drei Donauinseln bei Ismail besetzt hatten.
Diese erweiterte sowjetische Expansion zeigte, daß der Kreml die von den Achsenmächten im (zweiten) Wiener Schiedsspruch für Rumänien abgegebene Garantieerklärung ohne besonderes Risiko negieren konnte. Damit nicht genug, protestierte die UdSSR gegen das Eintreffen der von Rumänien erbetenen Wehrmachtsmission und deutschen Lehrtruppen.
In Finnland, das Moskau mit neuen Forderungen, Truppenaufmärschen und blutigen Zwischenfällen bedrängt hatte, war das Gleichgewicht zwischen deutscher und sowjetischer Einflußnahme nur notdürftig hergestellt, als die Regierung Ryti der Wehrmacht eine Transitroute nach Nordnorwegen freigab und dem Reich für Erzabbaukonzessionen bei Petsamo das Vorkaufsrecht einräumte.
Die Sowjets befanden sich in einer günstigen Position, als Molotow sich anschickte, Ribbentrops zweimalige Reise nach Moskau zu erwidern. Denn die erneute Wahl des amerikanischen Präsidenten am 5. November 1940 lief auf eine Schwächung des Dreimächtepaktes hinaus, zumal Roosevelt unverhohlen enge Beziehungen zwischen den Vereinigten Staaten, Großbritannien und der Sowjetunion forderte.
Ribbentrop empfing Molotow am 12. November 1940 mit neuem Programm. Vor der Erweiterung des Dreimächtepaktes müßte die Interessensphären »in einer ganz großen Konzeption« abgesteckt werden. Deutschland tendiere nach Zentralafrika, Italien zur Gegenküste des Mittelmeeres, Japan in den Pazifischen Raum. Die Sowjetunion möge ihren »Ausgang zum freien Meer« am Persischen Golf suchen.
Molotow erwiderte, daß die UdSSR »als Partner mitwirken und nicht das Objekt« weltpolitischer Veränderungen sein wolle. Der Ratsvorsitzende betonte erneut die Balkaninteressen seiner Regierung. Er verlangte die Abtretung der Südbukowina und das deutsche Plazet für eine sowjetische Bulgariengarantie, dazu Stützpunkte an den türkischen Meerengen und freie Hand in Finnland.
Als Ribbentrop dem Gast einen Beitragsentwurf zum Dreimächtepakt vorlegte, markierte Molotow zusammen mit Dekanosow die Fernziele des Kreml: das sowjetische Interesse an Ungarn, Jugoslawien und Griechenland, einer Umformung Schwedens zur Sicherheitszone an den Ostseeausgängen, die künftig durch eine Kommission unter Mitwirkung der UdSSR zu kontrollieren wären.

85 Das Bemühen, den Dreimächtepakt mit der UdSSR in eine Quadrupelallianz auszugestalten, scheiterte beim Besuch des sowjetischen Ratsvorsitzenden in Berlin am 12./13. November 1940. Empfang im Hotel Kaiserhof. (V.l.n.r.) Wjatscheslaw M. Molotow, Wilhelm Frick, Gustav Hilger, Joachim von Ribbentrop, Heinrich Himmler, Walther Hewel, Fritz Todt.

86 Die Gegensätze zwischen Deutschland und der UdSSR hatten sich zugespitzt. Doch der Handelsverkehr wurde nicht unterbrochen. Auch kam noch ein Abkommen über die Umsiedlung der Litauen-Deutschen zustande, von denen im Winter rund 50000 ins Reich aufbrachen.

Die Konferenz endete ohne greifbares Ereignis. Stalin hatte die Risikobereitschaft seines Gegenspielers unterschätzt, wie dieser das Gewinnstreben des sowjetischen Diktators. Roosevelts Wiederwahl stimmte Hitler nicht nachgiebig, sondern bestärkte ihn in dem Willen, die Entscheidung im Osten zu suchen, bevor Amerika nunmehr auch formell ein Bündnis mit Großbritannien schloß.
Am 25. November 1940 – kurz nach dem Beitritt der Slowakei, Ungarns und Rumäniens zum Dreimächtepakt – unterbreitete Stalin neue Vorschläge. Er war bereit, sich dem von Hitler geschaffenen Kontinentalblock anzuschließen, wenn das Reich die sowjetische Bulgariengarantie guthieß und Finnland seinem Schicksal überantwortete, bei der Meerengenfrage dem Kreml entgegenkam, Aspirationen der UdSSR in Persien billigte und Japan zur Abtretung von Bergbaukonzessionen auf Sachalin bewog.
Die meisten dieser Forderungen waren für Hitler unannehmbar. Eine Bulgariengarantie der Sowjets konnte zum Zangenangriff gegen das Erdölgebiet von Ploesti werden. Ein hilfloses Finnland mußte die Russen zum Bottnischen Meerbusen vorlassen, an den Sommerweg des für Deutschland kriegswichtigen Schwedenerzes. Von Japan die Abtretung seiner wertvollen Naphtagruben zu fordern, wäre mit dem Dreimächtepakt nicht zu vereinbaren gewesen.
Hitler hat die sowjetische Note trotz wiederholter Mahnungen nicht beantwortet. Noch vor Ablauf des Monats November erkundigte er sich nach dem Stand der Studien für eine »Ostlösung«. Sein Entschluß, sich mit der ungebrochenen Kraft des deutschen Heeres im kommenden Jahr gegen die UdSSR zu wenden, stand nunmehr fest.
Starker Ansporn hierzu kam erneut aus Amerika. Henry Morgenthau fand angesichts der schnell schrumpfenden Goldreserven und Devisenbestände des Vereinigten Königreiches einen neuen Weg zur Fortsetzung der »Englandhilfe«. Roosevelt beschrieb ihn in einer Pressekonferenz und verdeutlichte so die Konzeption des künftigen Leih-Pacht-Systems *(Lend-Lease)*.
Hitler fürchtete den Zweifrontenkrieg. Darum hatte er Polen zerschlagen, ehe Frankreich eingriff, und den westlichen Nachbarn niedergeworfen, bevor Großbritannien seine militärische Kraft entfalten konnte. Daß es der Wehrmacht nicht gelang, England zu bezwingen, drohte das Blitzkriegskonzept zu entwerten. Je länger das Inselreich durchhielt, desto fester wurde sein ungeschriebenes Bündnis mit Amerika, um so mehr wuchs Churchills Chance, an der UdSSR einen Allierten zu finden.
Die beiden Flügelmächte wahrten kaum noch Zurückhaltung. Langsam, aber deutlich bewegten sie sich als potentielle Gegner auf das von Hitler beherrschte Europa zu. Stalin erhob immer neue Ansprüche, deren Verwirklichung das Reich in Abhängigkeit zu bringen drohten. Roosevelt half Großbritannien mit Gütern und Leistungen jeder Art und zog alle Register politischer Kriegführung.
Hitler wollte nicht abwarten, bis diese Entwicklung zur Lawine wurde und ihn begrub. Da die USA außer Reichweite deutscher Kriegsmittel lagen, gab es in seiner Sicht nur eine Initiative: die Zerschlagung der UdSSR vor einer doppelseitigen Offensive aus Ost und West. Am 18. Dezember 1940 unterzeichnete der ObdW die Weisung Nr. 21 zur Vorbereitung des Angriffs auf die Sowjetunion (Unternehmen »Barbarossa«).

Südosteuropa 1941

Die deutsche »Ostplanung« wurde durch Mussolinis »Parallelkrieg« erheblich behindert. Eine Reihe schwerer Niederlagen des Achsenpartners führte an der Südflanke des deutschen Versammlungsraumes zur krisenhaften Kräfteverzettelung. Hitler hatte in Rom wiederholt seine Unterstützung angeboten, doch vergingen Monate, bis die faschistische Führung darauf einging.
Britische Torpedobomber hatten vor Tarent drei Schlachtschiffe Italiens außer Gefecht gesetzt. Zwischen Sizilien und Libyen waren 82 Transporter des Verbündeten den auf Malta gestützten Flugzeugen und U-Booten zum Opfer gefallen, während Verbände der Royal Navy unter den Admiralen Sir Andrew Cunningham und Sir James Somerville mit ihren von beiden Enden des Mittelmeeres zusammenlaufenden Operationen den Nachschub für Wavell sicherstellten.
Seine *Western Desert Force* zermalmte die Heeresgruppe Graziani, nahm 130000 Italiener gefangen und erbeutete 1240 Geschütze. Andere Kräfte des Empire öffneten durch Einnahme von Somaliland und Eritrea den Weg ins Rote Meer und begannen Abessinien zu erobern. Das griechische Heer warf die aus Albanien vorgedrungenen Italiener zurück.
Um den Achsenpartner zu entlasten, hatte Hitler mit seiner Weisung Nr. 20 schon im Dezember 1940 das Vorgehen einer starken Kräftegruppe über Rumänien und Bulgarien nach Griechenland angekündigt (Unternehmen »Marita«) und durch Weisung Nr. 22 einen »Sperrverband« für das bedrohte Libyen aufstellen lassen (Unternehmen »Sonnenblume«).

87 Die italienische Schlachtflotte hatte bei Tarent und Kap Matapan empfindliche Verluste erlitten. Sie hielt sich fortan zurück, wofür Treibstoffmangel die Hauptursache war.

88 Anfang Januar 1941 begann eine Offensive der British Western Desert Force auf das italienische Heer in Libyen.
Englische Grenadiere beim Gebet vor der Schlacht bei Bardia.

89 Die britische Stärke in Nordafrika ergab sich aus zusammenlaufenden Operationen der Royal Navy von beiden Enden des Mittelmeeres. Bei diesen Unternehmungen gelangten Konvois bis nach Ägypten. Italienische Bombenangriffe konnten sie nicht zur Umkehr veranlassen.

90 *Begleitet von britischen Panzerspähwagen ziehen bei Bardia 45 000 Italiener in die Gefangenschaft.*

91 *Die Einnahme der Wüstenfestung Tobruk durch Commonwealth-Truppen krönte den ersten britischen Landsieg des Krieges.*

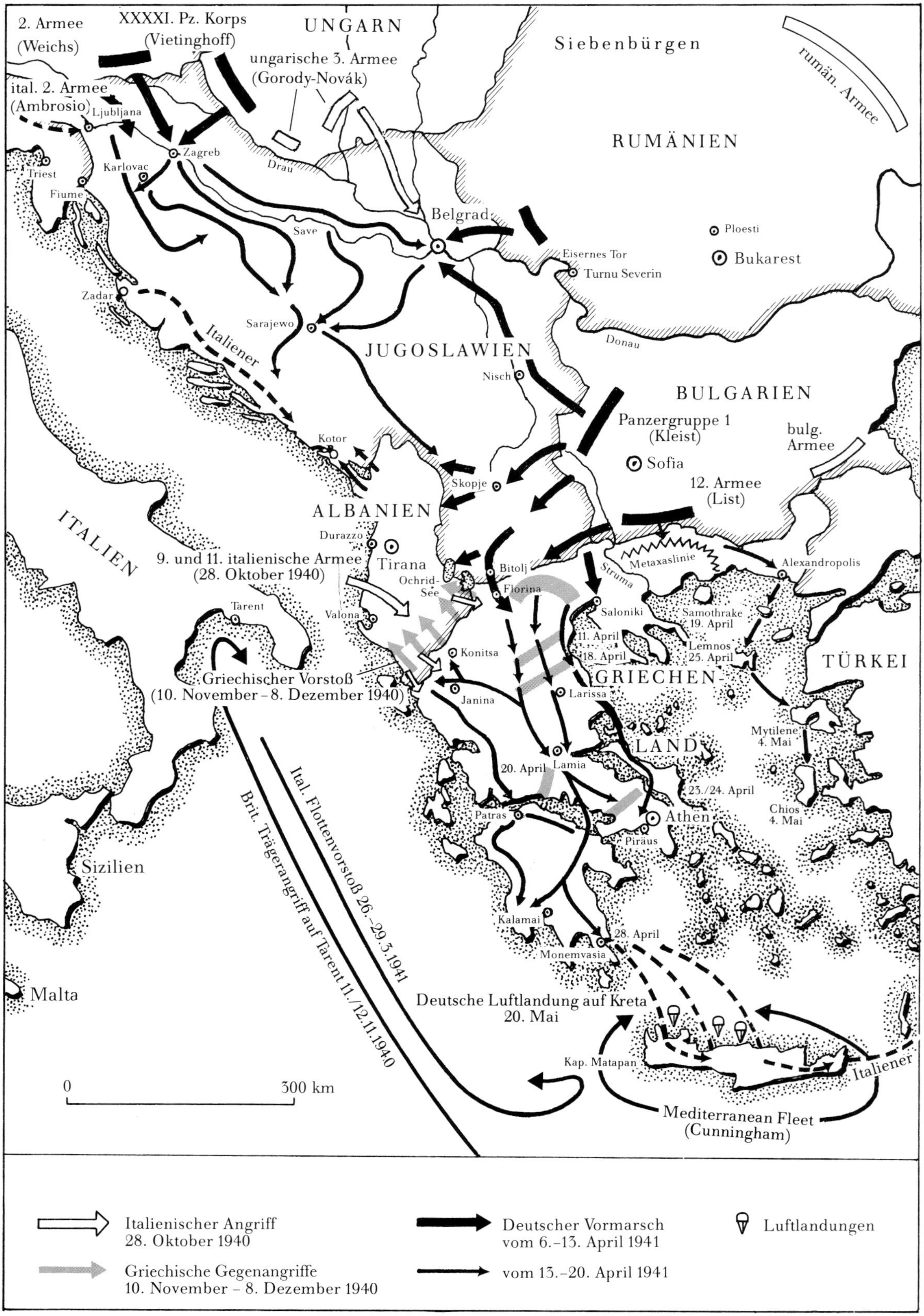
2. Armee
(Weichs)
XXXXI. Pz. Korps
(Vietinghoff)
UNGARN
ungarische 3. Armee
(Gorody-Novák)
Siebenbürgen
rumän. Armee
ital. 2. Armee
(Ambrosio)
Ljubljana
Zagreb
Triest
Karlovac
Fiume
Drau
RUMÄNIEN
Belgrad
Save
Ploesti
Bukarest
Eisernes Tor
Turnu Severin
Zadar
Sarajewo
Italiener
JUGOSLAWIEN
Donau
Nisch
BULGARIEN
Panzergruppe 1
(Kleist)
bulg.
Armee
Kotor
Sofia
Skopje
12. Armee
(List)
ALBANIEN
ITALIEN
Durazzo
Tirana
9. und 11. italienische Armee
(28. Oktober 1940)
Ochrid-
See
Bitolj
Metaxaslinie
Alexandropolis
Struma
Florina
Tarent
Valona
Saloniki
Samothrake
19. April
11. April
18. April
Lemnos
25. April
TÜRKEI
Konitsa
Griechischer Vorstoß
(10. November – 8. Dezember 1940)
GRIECHEN-
LAND
Janina
Larissa
Mytilene
4. Mai
Ital. Flottenvorstoß 26.–29.3.1941
Brit. Trägerangriff auf Tarent 11./12.11.1940
20. April
Lamia
23./24. April
Chios
4. Mai
Patras
Athen
Piräus
Sizilien
Kalamai
28. April
Monemvasia
Malta
Deutsche Luftlandung auf Kreta
20. Mai
Kap. Matapan
Italiener
0
300 km
Mediterranean Fleet
(Cunningham)
Italienischer Angriff
28. Oktober 1940
Griechische Gegenangriffe
10. November – 8. Dezember 1940
Deutscher Vormarsch
vom 6.–13. April 1941
vom 13.–20. April 1941
Luftlandungen

92 Infolge der Rückschläge in Albanien, Nordafrika (und Abessinien) drohte Italien die Niederlage. Mussolini mußte den »Parallelkrieg« aufgeben und Deutschland um Hilfe bitten. Hitler schickte das Deutsche Afrika-Korps unter General Erwin Rommel nach Libyen.

93 Rommel ergriff sofort die Initiative und entriß den Briten einen Teil des eroberten Gebietes mit Aghedabia, Benghasi und Bardia. Anfang April 1941 stand das Afrika-Korps vor Tobruk.

94 Staatsstreich in Belgrad – Sturz der jugoslawischen Regierung, die dem Dreimächtepakt beigetreten war, wie zuvor schon Ungarn, Rumänien, die Slowakei und Bulgarien.

96 Deutsche Gebirgsjäger zwischen Saloniki und Athen zu Füßen des Olymp.

97 Am Ende des Balkanfeldzuges wurden (wie vorher schon Norweger, Flamen und Niederländer) die gefangenen Griechen nach Hause entlassen.

95 Zur Entlastung Italiens und um die rechte Flanke für den beabsichtigten deutschen Angriff auf Rußland freizumachen, ließ Hitler am 6. April 1941 Jugoslawien und Griechenland angreifen. Eine deutsche Kolonne auf dem Vormarsch bei Niš in Serbien.

Mitte Januar 1941, nach dem Fall der Wüstenfestung Tobruk, gab Mussolini seine »Parallelkriegs«-Konzeption auf. Doch da legten sich den Achsenmächten neue politische Hindernisse in den Weg. Bulgarien stand unter starkem sowjetischen Druck. Jugoslawien zögerte mit dem Beitritt zum Dreimächtepakt. General Antonescu mußte in Bukarest einen Aufstand der rechtsradikalen »Eisernen Garde« niederschlagen.

Anfang Februar 1941 genehmigte Zar Boris III. von Bulgarien trotz Protestes aus Moskau den Einmarsch deutscher Truppen. Brauchitsch ernannte Generalfeldmarschall Wilhelm List zum Befehlshaber des Unternehmens »Marita« und beauftragte General Erwin Rommel mit dem Unternehmen »Sonnenblume«. Das nach Sizilien verlegte X. Fliegerkorps (Geisler) bombardierte die britische Mittelmeerflotte.

Am 1. März 1941 trat Bulgarien unter erneutem Protest der UdSSR dem Dreimächtepakt bei, worauf Wavell ein Expeditionskorps nach Griechenland verschiffte. Dies führte zur Zerreißprobe in Belgrad. Als dort bekannt wurde, daß 58 000 Commonwealth-Soldaten den Piräus erreicht und Cunningham die italienische Flotte unweit von Matapan geschlagen hatte, verschworen sich serbische Offiziere zum Sturz ihrer Regierung.

Die Putschisten besetzten am 27. März 1941 das Belgrader Stadtzentrum. Der aus Wien von der Unterzeichnung des Dreimächtepaktes zurückkehrende Regierungschef und sein Außenminister wurden außer Landes gewiesen. Der Patriarch proklamierte den 17jährigen Sohn des 1934 ermordeten Königs zum Herrscher. Das neue Kabinett bemühte sich um den Abschluß eines Freundschaftsvertrages mit der Sowjetunion.

Hitler war überrascht. Obwohl gerade der japanische Außenminister nach Berlin kam, konferierte der ObdW fast den ganzen Tag mit Keitel und Jodl, Göring und Brauchitsch, Halder und Jeschonnek. Gegen Abend lag die Weisung Nr. 25 vor. »Marita« wurde durch ein »Unternehmen Fünfundzwanzig« zur Niederwerfung des jugoslawischen Staates ergänzt.

Die durch Bulgarien vorrückende 12. Armee (List) sollte zur Ägäis ausgreifen und gleichzeitig mit der 9. Panzerdivision (Hubicki) einen Keil zwischen Jugoslawen und Griechen treiben. In Südkärnten versammelte sich die 2. Armee (Weichs) gegenüber von Slowenien und Kroatien. Boris III. und Horthy wollten mitwirken, ihren Truppen wurden aber nur Besatzungsaufgaben zugewiesen.

Jede der deutschen Armeen verfügte über einen starken Stoßverband. Zur 12. Armee (List) trat die Panzergruppe 1 (Kleist). Bei der 2. Armee (Weichs) versammelte sich das XXXXVI. Panzerkorps (Vietinghoff-Scheel). Die Kampfwagen sollten der Vardar- und Morava-Furche folgen und teilweise auf der Magistrale Agram-Belgrad nach beiden Seiten auseinanderzweigen.

Der Angriff begann am 6. April 1941. Die Luftflotte 4 (Löhr) zerstörte das Belgrader Regierungsviertel, das X. Fliegerkorps (Geisler) den Piräus. Jugoslawien versank im Chaos. Bis zu 60 Prozent der einberufenen Reservisten, vorwiegend Slowenen und Kroaten, blieben fern. Einige Verbände meuterten. Die Küstenstädte fielen an Italien.

Kleist wandte sich bei Nisch nach Norden und brachte mit dem XXXXI. Panzerkorps (Reinhardt) Belgrad zu Fall. Eine Division des XXXXVI. Panzerkorps (Vietinghoff-Scheel) rückte unter dem Jubel der Bevölkerung in Agram/Zagreb ein, wo Veteranen des alten k. u. k. Heeres den »Unab-

98 Großbritannien hatte mit einem Expeditionskorps aus Ägypten in Griechenland eingegriffen, diesen Verband aber über See zurückziehen müssen. Dabei erlitt die Mediterranean Fleet durch Angriffe deutscher Flieger empfindliche Verluste, zuletzt auch in der Suda-Bucht von Kreta.

99 Am 20. Mai 1941 landeten deutsche Truppen an Fallschirmen und mit Transportflugzeugen auf Kreta. Sie eroberten die Insel in zwölf Tagen unter schweren Verlusten.

hängigen Staat Kroatien« ausriefen, für den Mussolini schon Emigranten als Regierungsmannschaft bereithielt.
Der Vielvölkerstaat brach zusammen. Die jugoslawischen Putsch-Offiziere ließen sich von der Royal Air Force ausfliegen. Nach wenigen Tagen füllten 344000 Gefangene die Aufnahmelager. Kroaten und Slowenen, Skipetaren, Mazedonier und Montenegriner wurden entlassen, sobald eine formale Kapitulation in Belgrad erfolgt war.
Inzwischen hatten Teile der 12. Armee (List) die Metaxaslinie in Nordgriechenland durchbrochen. Panzer überrollten Stellungsriegel der Briten, zuletzt am Thermopylenpaß. Wavell bekam die Genehmigung zur Evakuierung seiner Truppen (Operation »Demon«). Die Royal Navy holte 50672 Mann aus Griechenland. Rund 21900 Briten mußten sich ergeben, ebenso 233000 Griechen.
Die britische Niederlage wog doppelt schwer, weil Wavell Truppen aus Libyen abgezogen hatte, und Rommel dort entgegen allen Annahmen sofort über Agheila, Agedabia, Benghasi und Bardia bis zur ägyptischen Grenze vorgestoßen war, wo das Deutsche Afrika-Korps zusammen mit Resten der Heeresgruppe Graziani den Halfaya-Paß erstürmte.
Der Nahe und Mittlere Osten war in tiefer Unruhe. Von Suez bis zum Persischen Golf begeisterte die islamischen Völker ein neuer Nationalismus. Auch Irak, der Iran und Afghanistan wurden berührt. Sogar im fernen Indien und Thailand rechneten Politiker mit Veränderungen. Hitler ließ die an ihn gerichteten Appelle jedoch dilatorisch behandeln.
Als die Iraker den Kampf um das Erdölgebiet von Mossul aufnahmen und Deutschland um Hilfe baten, konnten nach der Genehmigung von Zwischenlandungen durch das französische Mandatsregime in Syrien 24 Maschinen der Luftwaffe entsandt werden. Ihr Einsatz war eine verschwenderische Nebenaktion. Nur ein Flugzeug kehrte zurück.
Wavell hatte ein Korps nach Mesopotamien geschickt, das die Iraker schlagen und später Syrien den Franzosen entreißen sollte. Unterdessen wurde in Kairo durch »Ultra« bekannt, daß Hitler seine Luftlandetruppen nicht nach Mossul werfen, sondern auf Kreta absetzen werde, das entweder ihm oder den Engländern als Sprungbrett dienen konnte.
Jodl und Raeder urteilten ebenso. Doch der ObdW sah in Kreta kein Etappenziel für Mittelmeeroperationen, sondern die letzte Grenze des Balkanabenteuers, einen Riegel zur Sicherung des Südostraumes. Die »Besetzung der Insel« (Unternehmen »Merkur«) durfte nicht zur »Verzögerung des Aufmarsches Barbarossa« führen.
Mit der »Befehlsführung des Unternehmens Merkur« war Göring beauftragt. Er delegierte seine Kommandogewalt an Generaloberst Alexander Löhr, der einen Luftlandespezialisten, den General Kurt Student, zuzog. Die Operationsplanung beaufsichtigte Jeschonnek, obwohl nicht nur Fliegerverbände und Fallschirmjäger-Regimenter, sondern auch eine Gebirgsdivision eingesetzt werden sollten.
Die Luftflotte 4 (Löhr) besaß 10 Transportgruppen mit 492 »Ju 52« und 98 »DFS 230« Lastenseglern. Dieses Fluggerät hatte nicht genügend Ladekapazität, um 22000 Mann in drei Wellen nach Kreta zu bringen. Ein Teil der Heeressoldaten mußte daher unter dem Schutz von 327 Bombern und 180 Jagdfliegern mit einheimischen Kleinfahrzeugen den gefahrvollen Seeweg einschlagen.

Die Truppe ahnte nicht, daß sie ein fast doppelt so starker Gegner erwartete, der Tag und Stunde des Angriffes kannte. Über 150 »Ju 52« wurden abgeschossen oder gingen durch gegenseitige Berührung verloren. Die meisten Lastensegler machten Bruch. Der Versuch, sich am 20. Mai 1941 des Flugfeldes von Malemes zu ermächtigen, scheiterte.

Admiral Pound wollte der *Mediterranean Fleet* (Cunningham) aus Furcht vor deutschen Sturzkampfbombern den Einsatz versagen. Churchill setzte sich darüber hinweg. In der ersten See-Luft-Schlacht des Krieges zogen die Briten den kürzeren: 3 Kreuzer, 8 Zerstörer und 7 U-Boote der Royal Navy sanken, 1 Flugzeugträger, 3 Schlachtschiffe, 7 Kreuzer und 11 Zerstörer waren mehr oder weniger beschädigt.

Nach erbitterten Kämpfen hatten die deutschen Landeverbände endlich den Flugplatz von Malemes sowie auch Chania, Rethimni und Iraklea genommen, mehr als 11000 Neuseeländer in Gefangenschaft abgeführt und Truppenreste des Gegners über das kretische Kammgebirge zur Südküste abgedrängt. Aus ihren Buchten ließ Cunningham des Nachts 11400 Commonwealth-Soldaten nach Ägypten abholen.

Der Krieg im Südosten hatte die deutsche Wehrmacht 2559 Gefallene, 3269 Vermißte und 2820 Verwundete gekostet. Hinzu kamen 2071 Tote, 1888 Vermißte und 2594 Verletzte in Kreta. Das *Comando Supremo* bezifferte die italienischen Ausfälle an der Epirusfront (1940/41) auf 13755 Gefallene, 20087 Vermißte, 50874 Verwundete und 12368 Frostverletzte.

Blieb als letzte Aufgabe die Neuordnung der Verhältnisse. Hitler ernannte Generalfeldmarschall Wilhelm List zum »Wehrmachtbefehlshaber im Südosten«. Ihm nachgeordnet waren die regionalen Befehlshaber »Serbien«, »Saloniki«, »Ägäis« und »Südgriechenland«. Alle übrigen Gebiete kamen, soweit sie nicht annektiert oder selbständig wurden, unter Militärverwaltung der Ungarn, Bulgaren oder Italiener.

Hitler besprach diese Aufteilung nacheinander mit Boris III. und Horthy. Bulgarien gewann Griechisch-Thrazien und Serbisch-Mazedonien. Ungarn erhielt die Batschka, das Baranya-Dreieck und Muraköz. Die 1919 von Jugoslawien okkupierten Teile von Kärnten und Steiermark wurden zurückgegliedert. Italien besetzte Slowenien, Istrien, Dalmatien und Montenegro samt den vorgelagerten Inseln.

Die Schlacht im Atlantik 1941

Kaum weniger wichtig als die Klärung am rechten Flügel der künftigen deutschen Ostfront war das Ringen auf dem Weltmeer. Die Kriegsmarine mußte solange wie möglich die von den USA nach England laufenden Geleitzüge bekämpfen, um das Erstarken der angelsächsischen Mächte zu verzögern. Denn der amerikanische Kongreß hatte den *Lend-Lease-Act* verabschiedet und auf Antrag Morgenthaus 7 Milliarden Dollar zur Finanzierung des Programmes bewilligt.
Der US-Präsident konnte »jedem Land«, dessen Verteidigung er für notwendig erachtete, »durch Kauf, Übertragung, Tausch oder Pacht« die benötigten Hilfsgüter liefern, vor allem Waffen und Munition, Schiffe, Flugzeuge und Kraftwagen, auch Maschinen und Ersatzteile, Treibstoff, Nahrungsmittel und Medikamente, sogar Konstruktionszeichnungen, Informationen und geheime Dokumente.
Kraft seiner erweiterten Befugnis hatte Roosevelt sofort England in das Leih-Pacht-Programm einbezogen. Dabei erfuhr die Öffentlichkeit noch nicht, daß die USA bereits offiziell Verbündete waren. Ein *ABC-1-Staff-Agreement* vom März 1941 enthielt – als *Report* getarnt – strategische Leitlinien des künftigen Koalitionskrieges gegen die Dreierpaktmächte. Zuerst sollte Deutschland, dann Japan niedergeworfen werden.
Aufgrund des *ABC-1-Staff-Agreement* ließ Roosevelt die 1939 proklamierte »Sicherheitszone« unter Einbeziehung der Azoren und Grönlands bis 25 Grad westlicher Länge verlegen. Völkerrechtlich war dies irrelevant, doch umging der Präsident damit die Neutralitätsklausel des *Cash-and-Carry*-Gesetzes. Er befahl der US-Navy, amerikanische Transporte bis zur Mitte des Atlantik zu geleiten.
Eine wirksame Waffe gegen die alliierten Konvois waren U-Boote. Sie hatten nach Überwindung der Torpedokrise im letzten Sommer 287 Frachter, 5 Hilfskreuzer und 1 Zerstörer versenkt. Beim Abflauen der Winterstürme verzeichneten die Deutschen neue Erfolge. Im Februar fielen ihnen 41, im März 43, im April 46 und im Mai 63 Schiffe zum Opfer.
Als zweckmäßig erwies sich die von Admiral Karl Dönitz entwickelte »Rudeltaktik«. Jedoch erlitt die deutsche U-Boot-Waffe schwere Verluste. Allein in der ersten Phase, bis Juni 1940, gingen 23 Boote verloren, während die Alliierten 1,5 Millionen Bruttoregistertonnen Schiffsraum und mehrere Geleitfahrzeuge einbüßten.
Besonders schmerzte das Ende von »U 47« (Prien), »U 99« (Kretschmer) und »U 100« (Schepke), mit denen die bisher erfolgreichsten Kommandanten ausfielen. Folgenschwer war der Verlust von »U 110« (Lemp). Ein Brite barg von Bord des sinkenden Havaristen das Schlüsselgerät »Enigma« samt Walzen, Funkkladde, Kurzsignalheft, Satz- und Kenngruppenbüchern.
Indes waren auch deutsche Überwassereinheiten am Gegner. Sieben Hilfskreuzer brachten 30 Prisen ein und versenkten 79 Schiffe. Den schweren Kreuzern »Admiral Hipper« (Meisel) und »Admiral Scheer« (Krancke) fielen 17 Transporter zum Opfer, der Flotte, die unter Admiral Günter Lütjens, mit »Scharnhorst« (Hoffmann) und »Gneisenau« (Fein) auf den Halifax- und Freetown-Routen operierte, 22 Frachter.

100 Ein Höhepunkt der seit Kriegbeginn andauernden »Atlantikschlacht« war das Unternehmen »Rheinübung«.
Eine nächtliche Vollsalve des deutschen Schlachtschiffes »Bismarck«.

101 Nach der Versenkung des Schlachtschiffes retteten die Briten 115 deutsche Seeleute. Hunderte, die noch im Wasser trieben, blieben ihrem Schicksal überlassen, weil man von englischer Seite ein feindliches U-Boot geortet zu haben glaubte.

Raeder plante einen neuen Raid schwerer Einheiten. In Begleitung des Schweren Kreuzers »Prinz Eugen« (Brinkmann) sollte das Schlachtschiff »Bismarck« (Lindemann) durch die Nordpassagen zum Atlantik ausbrechen und sich dort mit »Scharnhorst« (Hoffmann) und »Gneisenau« (Fein) vereinigen. Der Chef dachte auch an die »Tirpitz« (Topp), doch sie meldete noch nicht ihre Einsatzbereitschaft.
Die beiden Raider wurden in einem norwegischen Fjord bei der Brennstoffübernahme von einem Luftbildaufklärer entdeckt. Als Lütjens die Minenfelder im Norden Islands umging, orteten ihn Kreuzer der ausgelaufenen *Home Fleet* (Tovey). Admiral Pound, der erste Seelord, entsandte die »Hood« (Kerr) und »Prince of Wales« (Leach) zur Aufnahme des Kampfes.
Die Gegner trafen am Ausgang der Dänemarkstraße aufeinander. Eine Vollsalve der »Bismarck« (Lindemann) vernichtete den großen britischen Schlachtkreuzer, mit dem 1419 Seeleute untergingen. Sein Begleiter, das Schlachtschiff, wurde hart angeschlagen und mußte sich unter Schwarzqualmen zurückziehen. Trotzdem konnte die von Raeder befohlene Operation (Unternehmen »Rheinübung«) nicht fortgesetzt werden.
Die »Bismarck« (Lindemann) hatte drei Treffer erhalten. Sie zog eine Ölspur hinter sich her. Lütjens entließ daher den Schweren Kreuzer zu Operationen auf Handelstonnage des Gegners. Der Flottenchef selbst nahm Kurs auf die bretonische Küste, wo er sein beschädigtes Flaggschiff in Brest reparieren lassen wollte.
Die Home Fleet (Tovey) hatte die »Bismarck« (Lindemann) verloren und wiedergefunden. Aus Gibraltar näherte sich die Force H (Somerville). Ein Flugzeugtorpedo traf die Ruderanlage des deutschen Schlachtschiffes so unglücklich, daß es nur noch im Kreis laufen konnte. Ein Entkommen war nicht mehr möglich.
Das Artilleriegefecht und Zerstörerangriffe gaben der »Bismarck« den Rest. Ein Angehöriger der Besatzung versenkte das Wrack am 27. Mai 1941 um 10.40 Uhr auf 48.10 Grad Nord, 16.12 Grad West. Zusammen mit 1977 Seeleuten war der gesamte Flottenstab gefallen; 110 Mann wurden aus dem Meer gefischt, 5 andere holte ein Wetterschiff von ihrem Rettungsfloß.
Mit der von »U 110« erbeuteten »Enigma« und ihrer noch gültigen Walzeneinstellung war Bletchley Park imstande, der *Royal Navy Special Intelligence* (Ultra) zu liefern. Auf dieser Grundlage konnte die Admiralität in London weltweite Operationen einleiten. Pound ließ aus Flugzeugträgern und Kreuzern starke Jagdgruppen bilden. Sie brachten einen Hilfskreuzer und neun deutsche Blockadebrecher zur Strecke.
Raeder wollte die schweren Überwasserschiffe erneut einsetzen. Hitler fand jedoch, daß der Aufwand in keinem rechten Verhältnis zum denkbaren Erfolg stand. Er dachte an das Unternehmen »Barbarossa« und rechnete in diesem Zusammenhang mit einem britischen Ablenkungsangriff auf Norwegen. Die Marine bekam hier einen Verteidigungsauftrag. Ihre großen Schiffe wurden zur »Küstenflotte«.

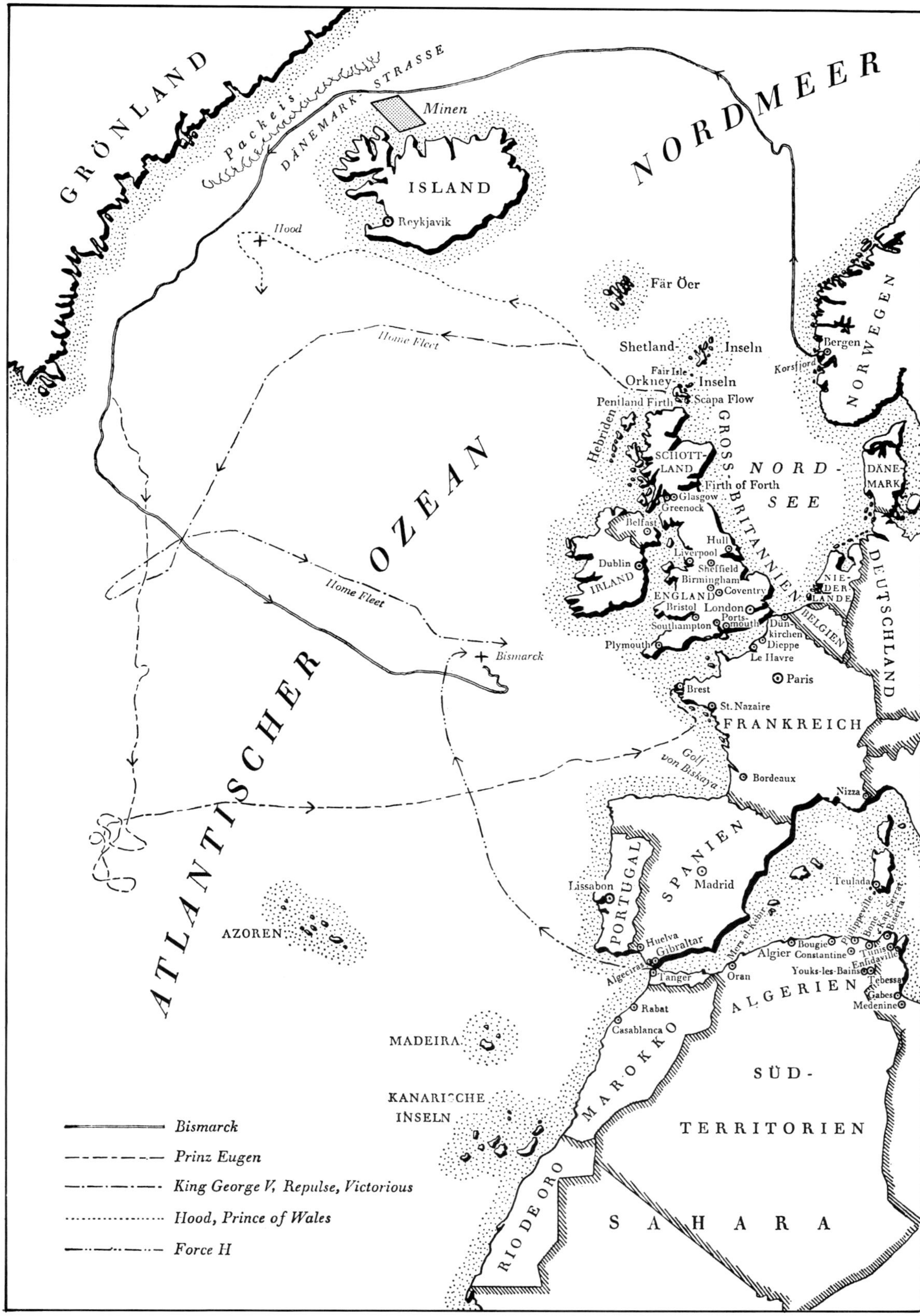
GRÖNLAND
Packeis
DÄNEMARK-STRASSE
Minen
ISLAND
Reykjavik
Hood
NORDMEER
Fär Öer
Shetland-Inseln
Fair Isle
Orkney-Inseln
Pentland Firth
Scapa Flow
Hebriden
SCHOTTLAND
Firth of Forth
Glasgow
Greenock
GROSS-BRITANNIEN
NORDSEE
Belfast
Dublin
IRLAND
Hull
Liverpool
Sheffield
Birmingham
Coventry
ENGLAND
Bristol
London
Portsmouth
Southampton
Plymouth
Bergen
Korsfjord
NORWEGEN
DÄNEMARK
NIEDERLANDE
BELGIEN
DEUTSCHLAND
Dünkirchen
Dieppe
Le Havre
Paris
Brest
St. Nazaire
FRANKREICH
Golf von Biskaya
Bordeaux
Nizza
Home Fleet
Home Fleet
Bismarck
ATLANTISCHER OZEAN
SPANIEN
Madrid
PORTUGAL
Lissabon
Huelva
Gibraltar
Algeciras
Tanger
Oran
Mers el Kebir
Teulada
Algier
Bougie
Constantine
Philippeville
Bone
Kap Serrat
Bizerta
Tunis
Enfidaville
Youks-les-Bains
Tebessa
Gabes
Medenine
ALGERIEN
Rabat
Casablanca
MAROKKO
AZOREN
MADEIRA
KANARISCHE INSELN
SÜD-TERRITORIEN
RIO DE ORO
SAHARA
Bismarck
Prinz Eugen
King George V, Repulse, Victorious
Hood, Prince of Wales
Force H

Unternehmen »Barbarossa«

Der Krieg gegen die UdSSR war für Hitler pragmatische Aufgabe, aber auch doktrinäres Gebot. In frühen Lagebesprechungen überwogen strategische Gedanken des Diktators. Halder notierte: »Englands Hoffnung ist Rußland und Amerika. Wenn (Englands) Hoffnung auf Rußland wegfällt, fällt Amerika weg, weil Wegfall Rußlands eine Aufwertung Japans folgt ... Entschluß ... Rußland (muß) erledigt werden.«

Hitler suchte sich das »Gesetz des Handelns« zu bewahren. Ein Blitzkrieg gegen Stalin mochte der 1942 erwarteten Intervention Roosevelts vorbeugen. Denn beim Zusammenbruch Rußlands mußte die USA das erstarkende Japan mehr beunruhigen als Deutschland. Zugleich würde der Gewinn an strategischer Raumtiefe der Hegemonie des Reiches festen Rückhalt geben und den gescheiterten »Kontinentalblock« ersetzen.

Daß dabei die oft propagierten Grundanschauungen des Diktators einflossen und der deutschen Kriegsführung im Osten einen Doppelsinn gaben, versteht sich von selbst. Für Hitlers Lebensraum- und Rassenideologie war der Bolschewismus das Erzeugnis des »Weltjudentums«. Beide sollten zusammen »ausgemerzt« werden. Der heraufbeschworene Antagonismus bekam den Charakter eines fanatischen »Kreuzzuges«.

Hitler stand mit seiner Auffassung nicht allein. Sie wurde, zumindest was den Bolschewismus anbetraf, in den meisten Ländern Europas von vielen Menschen geteilt. Mit dem Wissen um die Greuel der russischen Revolution und des stalinistischen Regimes verband sich die Angst einer etablierten bürgerlichen Gesellschaft, der Moskau oft genug Kampf und Vernichtung geschworen hatte.

Die Sowjetunion war kein »friedliebendes Land«. Sie hatte seit 1939 sechs Nachbarstaaten (Finnland, Estland, Lettland, Litauen, Polen und Rumänien) unter Einsatz militärischer Mittel bezwungen und entweder okkupiert oder teilweise besetzen lassen, wobei die mit Deutschland vereinbarten Grenzen der Expansion mehrfach überschritten wurden.

Nach Rumänien und Bulgarien stand gegenwärtig wieder Finnland unter sowjetischen Druck. Hitler hatte die Republik im Vertrag vom 23. August 1939 dem Kreml überlassen, wollte sie nun aber aus kriegswirtschaftlichen Gründen – wegen des Petsamo-Nickels und der Ostseetransporte schwedischen Erzes – vor einem erneuten Zugriff bewahren.

Die sowjetische Politik war nicht frei von Schwankungen. Stalin hoffte wohl, daß Hitler keinen Krieg gegen die UdSSR wagen werde, solange die Entscheidung im Westen ausblieb und das Reich von Rußland abhängig war. Jedenfalls wollte der Kreml den gefährlichen Partner beschwichtigen. Der Streit um Mariampol wurde durch Geheimprotokoll und Geldentschädigung beigelegt, Mikojan mit dem Abschluß eines zweiten Handelsvertrages beauftragt.

Während des Kriegs in Südosteuropa soll die Sowjetführung überlegt haben, ob sie mit Heeresmassen nach Rumänien einbrechen und den dann drohenden deutschen Gegenstoß westlich Minsk abfangen könne. Hitlers rascher Erfolg veranlaßte Stalin aber zur Vorsicht. Wegen der unfertigen Rüstung und Armeereform seines Staates setze er auf Zeitgewinn.

Moskau war vor Hitlers Absichten gewarnt. Nicht umsonst residierte

Dekanosow, der Chef des NKWD-Informationsdienstes, als Botschafter Unter den Linden. Agentenringe um Richard Sorge (Tokio), Alexander Radó (Lausanne), Leopold Trepper (Brüssel) und andere Konfidenten berichteten laufend der Zentrale. Weitere Hinweise erhielt der Kreml von hohen Regierungsbeamten aus London und Washington.

Derlei Nachrichten hinderten die UdSSR nicht daran, den Handelsvertrag pünktlich zu erfüllen, obwohl Deutschland seinen Lieferverpflichtungen nur zögernd nachkam. Als der japanische Außenminister mit Molotow in Moskau ein Neutralitätsabkommen unterzeichnete, demonstrierte Stalin bei der Verabschiedung des Gastes vor dem diplomatischen Korps ostentativ die deutsch-sowjetische Freundschaft.

Aufsehen erregte auch, daß der Diktator den Vorsitz im Rat der Volkskommissare übernahm. Dieser Schritt schien unverständlich, hatte Stalin doch immer schon alle Entscheidungen getroffen. Schulenburg fand, man habe Hitler den Wunsch nach persönlicher Verständigung signalisieren wollen. Die Weltpresse wertete den Vorgang als eine Straffung der Regierungsgewalt wegen drohender Kriegsgefahr.

Stalin schickte einen Botschafter nach Vichy und verweigerte den Exilregierungen in London die Anerkennung. Als Eden, der Halifax als Außenminister gefolgt war, den sowjetischen Botschafter auf Hitlers Vorbereitungen hinwies, nannte der Diplomat dies einen Teil des »Nervenkrieges«. Außer »Provokationen« witterte Moskau immer auch die Gefahr der Verständigung zwischen den »kapitalistischen Mächten«.

Das Mißtrauen der Sowjets wuchs, als Rudolf Heß am 10. Mai 1941 nach England flog, angeblich um auf eigene Faust über einen deutsch-britischen Ausgleich zu verhandeln. Erstaunlicherweise kommentierte die Londoner Presse den Versuch ohne viel Häme. Auch befremdete Moskau, daß *Ex-Appeasers* den Deutschen aufsuchten, der sich einer korrekten Behandlung als Zivilinternierter zu erfreuen schien.

Daß Stalin mit Krieg rechnete, hatte er am 5. Mai vor Absolventen der Militärakademie gesagt. Das Verteidigungsgerede müsse jetzt aufhören, weil damit kein Fußbreit Boden mehr zu gewinnen sei. Es komme die Ära der gewaltsamen Ausbreitung des Sozialismus. Man zögere den Kampf noch bis zum Herbst hinaus, weil es dann für die Deutschen zu spät sei; 1942 werde die Auseinandersetzung »fast unvermeidlich«.

Zu den Vorbereitungen der Sowjets gehörte auch ein Revirement. Semjon K. Timoschenko war als Verteidigungskommissar an die Stelle von Woroschilow getreten. Georgij K. Shukow übernahm den Posten des Generalstabschefs. Kommandeure wie Nikolaj F. Watutin und Wassilij Sokolowskij, Nikolaj Kusnezow und Alexander M. Wassilewskij widmeten sich der Planarbeit in Heer und Flotte.

Das Politbüro hatte das Einberufungsalter für Wehrpflichtige herabgesetzt und die Dienstzeit bis zu fünf Jahren verlängert. Die Rote Armee erreichte damit eine Präsenz von 4107000 Mann. Ende Mai zog Timoschenko weitere 893000 Reservisten ein, so daß die Kriegsstärke der sowjetischen Landstreitkräfte Mitte Juni 1941 fast fünf Millionen Soldaten betrug, gegliedert in 303 Divisionen und 29 mechanisierte Korps.

Der militär-industrielle Komplex hatte unter Wosnessjenskij 1941 einen Zuwachs von 39% zu verzeichnen und wuchs weiter, als Dmitrij F. Ustinow die Waffenproduktion übernahm. Von 23500 Kampfwagen waren

1861 schwere Fahrzeuge der Muster T34 und KW, die alle deutschen Panzer übertrafen. Die 92578 Geschütze und Granatwerfer gehörten zu den besten Konstruktionen ihrer Art. Bei den Frontfliegertruppen gab es 6672 Kampfflugzeuge, darunter 2739 moderne Maschinen.

Die Masse der sowjetischen Streitkräfte war an den Westgrenzen in 30–80 km tiefen Verteidigungsabschnitten versammelt. Aus dem Landesinneren kamen laufend Verstärkungen, zuletzt vier neue Armeen. Hinter dieser Truppenkonzentration entstand ein dichtes Netz von Flugplätzen. Dienstverpflichtete Frauen, Schüler und Studenten hoben Gräben aus, gossen Betonbunker und befestigten die Straßen.

Den deutschen Planern blieb dies verborgen. Die von General Erich Marcks und Oberstleutnant Bernhard von Loßberg bearbeiteten Studien stützten sich auf Schätzungen. Feste Größen der Rechnung waren – ohne die 900 km langen Finnland- und 450 km breiten Rumänienfronten – 750 km Luftlinie zwischen Karpaten und Ostsee sowie der Raum von 1500 km Tiefe und bei trichterförmiger Erweiterung bis zu 3000 km Breite.

Ihn teilten die 600 km langen und 200 km breiten Pripjetsümpfe in zwei Operationsgebiete. Den Südabschnitt bildete die ukrainische Getreidesteppe, durchzogen von den Strombarrieren des Pruth, Dnjestr, Dnjepr, Donez und Don. Im Nordabschnitt gab es bei Smolensk eine »Landbrücke« – Grund genug, den deutschen Hauptstoß hier nach Moskau zu führen und später gegen andere Ziele zu richten.

Loßberg wollte Teilkräfte nach Norden abdrehen. Marcks plante einen zweiten Stoß zur Inbesitznahme der Ukraine und des Donezbeckens. Operationsgrenze sollte die Linie Archangelsk-Gorkij-Rostow sein. Noch andere Expertisen lagen vor, als General Friedrich Paulus das Material im Planspiel prüfte und Brauchitsch die Aufmarschanweisung des deutschen Ostheeres ausfertigte.

Die Heeresgruppen sollten sich mit je zwei Armeen versammeln. Außerdem unterstanden der HGr. Süd (Rundstedt) die PzGr. 1 (Kleist), der HGr. Nord (Leeb) die PzGr. 4 (Hoepner). Zur HGr. Mitte (Bock) traten als »Sturmbock« die PzGr. 2 (Guderian) und PzGr. 3 (Hoth). Das Heer (75% der deutschen Landstreitkräfte) zählte 3050000 Mann: 152 Divisionen mit 7146 Geschützen und 3375 Panzern, etwa 300 000 Pferden und über 500000 Kraftfahrzeugen.

Nicht einbezogen waren die Verbände des Armeeoberkommandos Norwegen unter Generaloberst Nikolaus von Falkenhorst. Seine übergeordnete Behörde war seit dem Unternehmen »Weserübung« das Oberkommando der Wehrmacht. Er sollte die Nickelgruben bei Petsamo sichern und mit zwei Korps durch Lappland nach Murmansk und Kandalakscha vordringen, getrennt von den drei Heeresgruppen, die das OKH lenkte.

Die bisherigen Verluste der Wehrmacht (rund 100000 Mann) hatten ausgeglichen werden können. Für »Barbarossa« bildeten – die bereits eingezogenen Geburtenjahrgänge 1921 und 1922 mitgerechnet – 475000 Soldaten des Ersatzheeres und der Feldersatzbataillone den personellen Rückhalt. Die Entscheidung mußte daher im Sommer 1941 fallen. Später gab es keine vollwertigen Zugänge mehr.

Eile gebot auch die bevorstehende Mineralölkrise. Da wegen »Barbarossa« die sowjetischen Lieferungen (bei 6000 t Bedarf täglich mindestens 4000 t) wegfielen, konnte nur noch mit Treibstoff aus Rumänien und der synthe-

102 Hitler ließ den Angriff auf die UdSSR (Unternehmen »Barbarossa«) seit dem letzten Sommer vorbereiten. Die Operationspläne wurden zuletzt unter General Friedrich Paulus bearbeitet. Rechts Generalfeldmarschall Walther von Brauchitsch.

103 Berlin, 22. Juni 1941: Pressekonferenz im Auswärtigen Amt zur Bekanntgabe der Wendung nach dem Osten. Am Tisch stehend Joachim von Ribbentrop. Rechts und links von ihm Reichspressechef Otto Dietrich und der Gesandte Paul Schmidt.

tischen Produktion gerechnet werden. Der deutsche Benzinvorrat (Ende 1940 rund 1,5 Millionen t) reichte voraussichtlich drei Monate, der Dieselkraftstoff einen Monat.

Die Luftkriegsrüstung war unzulänglich. Göring, Milch und Jeschonnek hatten zwar frühzeitig von Hitlers Absichten erfahren. Doch Udet unternahm keine größeren Anstrengungen. Die Zahl der zugelieferten Flugzeuge stieg unwesentlich. Die Luftwaffe verfügte an der Ostfront über 3904 Maschinen, darunter 2713 Kampfflugzeuge, von denen aber nur 2080 einsatzbereit waren.

Der Luftwaffenaufmarsch paßte sich dem des Heeres an. Jeder HGr. war eine Luftflotte (LFl.) zugeordnet, jeder Armee ein Fliegerkorps (FlK). Die am rechten und linken Flügel eingewiesenen LFl. 4 (Löhr) und LFl. 1 (Keller) hatten keine Nahkampfverbände. Das VIII. FIK (Richthofen) gehörte zur LFl. 2 (Kesselring) in der Raummitte.

Zur Vorbereitung seines »Weltanschauungskrieges« erließ Hitler »Richtlinien auf Sondergebieten«. Sie wurden unter Jodl bearbeitet und von Keitel unterzeichnet. Heinrich Himmler bekam außerordentliche Vollmachten, »die sich aus dem endgültig auszutragenden Kampf zweier entgegengesetzter Systeme« ergäben. Der Reichsführer SS und Chef der deutschen Polizei sollte »selbständig und in eigener Verantwortung« handeln.

Hitler wollte »brutale Gewalt« anwenden und alle »beseitigen« lassen, die verdächtigt wurden, sich zu widersetzen: Repräsentanten der »jüdisch-bolschewistischen Intelligenz«, Juden überhaupt, Kommissare und Partisanen, Zigeuner und Saboteure, sogar Arbeitsscheue und Seuchenträger. Die »Eiterbeulen« sollten ausgestochen, potentielle Unruheherde wie Moskau und Leningrad dem Erdboden gleichgemacht werden.

Der Chef des Reichssicherheitshauptamtes, SS-Gruppenführer Reinhard Heydrich, erhielt Befehl zur Neuaufstellung von vier Einsatzgruppen: A (Stahlecker), B. (Nebe), C (Rasch) und D (Ohlendorf). Das Stammpersonal bildeten Leute der Gestapo und Kripo, des SD und der allgemeinen SS. Sie wurden zu Lehrgängen nach Pretzsch einberufen.

Der durchdrungene Ostraum sollte unter Abgrenzung eines »rückwärtigen Heeresgebieten« zivil verwaltet werden. Im April 1941 beauftragte Hitler den NS-Reichsleiter Alfred Rosenberg mit der »zentralen Bearbeitung« dieses Planes. Er konzipierte vorerst drei »Reichskommissariate« (Baltikum, Weißrußland, Ukraine) unter dem aus seiner Dienststelle hervorgehenden »Reichsministerium für die besetzten Ostgebiete«.

In einer Rede vor etwa zweihundert Generalen faßte Hitler seine Gedankengänge zusammen. Er betonte die Notwendigkeit, den Bolschewismus für immer auszurotten. Dies könne keine Frage der Kriegsgerichte sein. Überhaupt müsse das Heer in dem bevorstehenden Kampf den alten soldatischen Standpunkt aufgeben und sich so verteidigen, wie es angegriffen werde. »Der Kommunist«, rief Hitler, »ist vorher kein Kamerad und nachher kein Kamerad!«

Die Indoktrination des Offizierskorps war fortgeschritten. Dennoch stieß Hitler mit der Umsetzung seiner Programmatik auf Abneigung. Einen Gerichtsbarkeitserlaß, der den Verfolgungszwang bei Straftaten eigener Soldaten begrenzte, interpretierte Brauchitsch restriktiv. Noch deutlicher war die Korrektur, als der Diktator verlangte, jeden gefangenen Kommissar »sofort mit der Waffe zu erledigen«. Die Ausführungsbestimmungen

104 Die Auseinandersetzung zwischen Hitler und Stalin wurde vielfach als »Weltanschauungskrieg« angesehen und von der Liquidierung großer Menschenmassen begleitet. Auf den Höfen der Lemberger Gefängnisse ermordeten Kommandos des NKGB 3298 Ukrainer und Juden.

105 Die Massentötungen wurden »den Juden« zur Last gelegt. In Lemberg erschlug daher die Menge einige tausend von ihnen, in Kaunas (auf unserem Foto) etliche hundert, bevor Einsatzgruppen des deutschen Sicherheitsdienstes (SD) selbst die systematische Ausrottung der Juden einleiteten.

setzten voraus, »daß der Betreffende durch eine besonders erkennbare Handlung … sich gegen die Wehrmacht stellte«.
Am 5. Juni 1941 genehmigte Hitler den »Zeitplan Barbarossa«, der die Aufmarsch-, Bereitstellungs- und Angriffstermine festlegte. Neun Tage später versammelten sich gemeinsam mit Keitel und Jodl, Göring, Brauchitsch und Raeder die Befehlshaber der Heeresgruppen, Armeen und Luftflotten zu letzten Vorträgen in der Berliner Reichskanzlei.
In der Folge wurden gemeinsame Operationen mit Finnland und Rumänien vereinbart, die beide sowjetische Präventivschläge befürchteten. Hitler umging das Problem des Koalitionskrieges durch Verzicht auf Bündnisverträge. Generell wollte der ObdW die Dreierpaktstaaten nicht am »Barbarossa«-Feldzug beteiligen.
Viele zweifelten am Gelingen des Unternehmens. Goebbels sprach von »schrecklichen Plänen«. Ribbentrop bat Schulenburg, alle möglichen Argumente gegen »Barbarossa« zu sammeln. Raeder äußerte Bedenken. Halder schrieb, ihm sei der »Sinn nicht klar«. Canaris prophezeite: »Die deutschen Armeen werden auf den eisigen Ebenen Rußlands verbluten.« Doch der ObdW bestimmte den 22. Juni 1941 zum Tag des Angriffs.
Auch die Sowjets trafen letzte Vorkehrungen. Das vom NKWD ausgegliederte KGB verschleppte aus Litauen 21 114, aus Lettland 16 205 Menschen. Am 21./22. Juni 1941 kamen 11 157 Esten in Haft. Wieviele Polen, Juden, Russen und Ukrainer deportiert wurden, ist nicht bekannt; ihre Zahl war gewiß höher. An vielen Orten, von Lemberg, Praveniškes und Riga bis nach Petseri begannen sowjetische Sonderkommandos mit Massenerschießungen.
Am 21. Juni 1941 verriet ein deutscher Überläufer den Angriffstermin. Timoschenko und Shukow gaben Alarm. Während Proskrebyschew die Mitglieder des Politbüros zusammenrief, traf das Auswärtige Amt in Berlin seine protokollarischen Vorbereitungen. Schulenburg wurde funktelegraphisch angewiesen, Molotow ein Memorandum vorzutragen, das Ribbentrop auch Dekanosow verlesen lassen wollte.

Der Feldzug im Osten 1941

Am 22. Juni 1941 um 03.00 Uhr waren Verbände der deutschen Luftwaffe im Anflug auf Ziele in Rußland. Jeschonnek hatte dazu neue taktische Varianten und wirksame 2-Kilo-Splitterbomben eingeführt. In dieser Stunde und den folgenden vier Tagen wurde 123 Flugplätze angegriffen und bei 330 eigenen Verlusten 4614 sowjetische Maschinen zerstört.
Infanterie nahm die Flußübergänge von Bug, Memel und Dubysa. Während Hitler sein neues Führerhauptquartier, die »Wolfsschanze« bei Rastenburg bezog, wurden die Brückenköpfe erweitert, aus denen Panzerverbände vorstießen. Der rechte Heeresflügel traf auf starke Gegenwehr, obwohl ihn die in Bessarabien eindringende Armeegruppe Antonescu zu entlasten versuchte. Sonst schritt die Offensive zügig voran.
Die Deutschen wurden in den baltischen Republiken und der Westukraine vielfach als Befreier empfangen. Nahezu jede Familie hatte hier Opfer des KGB zu beklagen. In den Höfen des Lemberger Gefängnisses waren 3298 Männer, Frauen und Kinder erschossen worden. Weitere Massengräber wurden bei Tarnapol, Dobromil und Sambor, Dubno und Brest, Telšiai, Riga und Dorpat gefunden.
Trotz der blutigen Repressalien des KGB kam es zu Aufständen. In Kaunas erhoben sich nach langer Vorbereitung durch Oberst Kasys Škirpa zahlreiche Litauer. In Lemberg proklamierte Jaroslaw Stecko für die »Organisation Ukrainischer Nationalisten« eine Regierung. Hitler ließ aber nicht zu, daß die Insurgenten vollendete Tatsachen schufen, wo er selbst zu herrschen gedachte.
Ihm mißfielen auch die Meldungen von Freiwilligen in Spanien und Frankreich, Kroatien, Wallonien und Flandern, den Niederlanden, Dänemark und Norwegen. Daß Ungarn, die Slowakei und Italien sich im Kriegszustand mit der UdSSR erklärten und Truppen an die Ostfront schickten, empfand Hitler geradezu als Belastung. Denn diese Verbände waren ebenso wie die 31 Divisionen der Finnen und Rumänen nur bedingt einsatzfähig.
Ungarn, das keine territorialen Ansprüche gegenüber der Sowjetunion hatte, vollzog den Kriegseintritt nur, weil es mit Rumänien und der Slowakei gleichziehen wollte. Die Regierung des Reichsverwesers Miklós Horthy hoffte damit einer von den Nachbarstaaten angestrebten Revision der Wiener Schiedssprüche vorbeugen zu können.
Helsinki ignorierte die Idee des »Kreuzzuges«. Als Falkenhorst sein Gebirgskorps (Dietl) von Norwegen nach Petsamo verlegte (Unternehmen »Rentier«) und die Sowjets darauf finnische Städte bombardierten, proklamierte Präsident Ryti den Kriegszustand. Er sprach gemeinsam mit Feldmarschall Mannerheim von einer »Fortsetzung« des 1940 nur vorübergehend eingestellten Widerstandes.
Als einziger Signatarstaat des Dreimächtepakts erklärte Bulgarien der UdSSR aus innenpolitischen Gründen nicht den Krieg. Der Gesandte des Kreml blieb daher auf seinem Posten in Sofia und sammelte hier Informationen, während die bulgarische Mission bei den Sowjets ebenso arbeitete und Interessen Deutschlands vertrat.
Am 27. Juni 1941 eroberte die Armeegruppe Antonescu Kischinew. Die

106 Den Eröffnungsschlag des Unternehmens »Barbarossa« führten wieder Luftwaffenverbände. Ein Geschwader Horizontalbomber vom Typ Heinkel »He 111 H-6« im Anflug auf Ziele in der Sowjetunion.

*107 Am ersten Tag der Offensive wurden über 1200 sowjetische Flugzeuge am Boden zerstört, größtenteils schon veraltete »P I«.
Trümmer auf dem Flugplatz von Kaunas-Aleksotas.*

108 Nach einem Jahr sowjetischer Gewaltherrschaft wurden die vordringenden Truppen in den baltischen Republiken und der Westukraine vielfach als Befreier willkommen geheißen.

109 Am 27. Juni 1941 fiel Riga, die Hauptstadt von Lettland.

110 *In der Doppelschlacht von Bialystok und Minsk wurde die sowjetische Heeresmitte zweifach durchstoßen und umfaßt.*
Eine deutsche Panzergruppe in gefechtsmäßiger Bereitstellung vor Sluzk.

111 *Zur Behinderung des deutschen Vormarsches befahl Stalin verzweifelte Maßnahmen, wozu auch die Taktik der »verbrannten Erde« gehörte.*

112 *Schlechte Wege und starke Regenfälle verlangsamten die Bewegungen der motorisierten Truppen.*

113 *Ein deutscher Unteroffizier verbrennt neben seinem getroffenen Fahrzeug.*

G

HGr. Süd (Rundstedt) erreichte Tarnopol und gewann mit der PzGr. 1 (Kleist) in Richtung Berditschew und Schitormir an Boden. Die HGr. Nord (Leeb) hatte Litauen durchquert, Brückenköpfe jenseits der Düna errichtet, Riga und Dünaburg genommen.

Groß waren die Anfangserfolge der HGr. Mitte (Bock). Die PzGr. 2 (Guderian) und PzGr. 3 (Hoth) schlossen bei Minsk ihre Zange, die 4. Armee (Kluge) und 9. Armee (Strauß) nördlich Bialystok. Damit sahen sich starke Verbände der sowjetischen HGr. »Westfront« (Pawlow) grenznah gefaßt und eingeschlossen. Der Wehrmachtbericht vom 9. Juli 1941 meldete 232 898 Gefgangene und 3332 zerstörte Kampfwagen.

Bestürzt gewahrten die Sowjets das Versagen ihrer Kriegsdoktrin, die ein Vordringen in Feindesland bei rascher Dekomposition des kapitalistischen Systems durch aufständische Arbeitermassen vorsah. Stattdessen gingen Hunderttausende von Rotarmisten in Gefangenschaft, obwohl dies nach Artikel 58 des Strafgesetzbuches die Todesstrafe nach sich ziehen sollte. Die »grenzenlose Ergebenheit« des Sowjetbürgers gegenüber der KPdSU war offenbar eine Selbsttäuschung.

Stalin beschloß, ein Exempel zu statuieren. Er ließ zahlreiche Befehlshaber der Roten Armee, unter ihnen den General Dimitrij G. Pawlow, hinrichten, die gefangenen Rotarmisten als »Verräter« brandmarken und ihre Familien in Sippenhaft nehmen. Neben den Kommandeur der sowjetischen Streitkräfte trat wieder der Politische Kommissar.

Das Zentralkomitee der KPdSU griff mit einer Sprachregelung den seit 1812 geläufigen Begriff des »Großen Vaterländischen Krieges« auf. Berija ließ die historische Volkswehr (Opoltschennije) einberufen, aber auch NKWD-Einheiten bilden, die zurückgehende Soldaten erschossen. Wo die Bevölkerung floh, sollte sie dem Feind nichts als »verbrannte Erde« hinterlassen.

Wsewolod N. Merkulow, der Volkskommissar des KGB, betrieb dies auf besondere Art. Hatte er nicht mehr planmäßig jeden dritten Litauer fortschaffen können, so gelang ihm nun die Durchsetzung gleichgerichteter Maßnahmen. Zuerst wurden fast alle Krimtataren nach Kasachstan verschleppt, dann 460 000 Wolgadeutsche. Ein Ukas beendete die Existenz ihrer Autonomen Sozialistischen Sowjetrepublik.

Unterdessen war das »Staatliche Verteidigungskomitee« konstituiert und ein »Hauptquartier des Oberkommandos« (kurz: Stawka) geschaffen worden. Stalin, der »Höchste Führer«, hatte den Vorsitz in beiden, sekundiert von Molotow und Berija, Woroschilow und Wosnessjenskij, Mikojan und Malenkow. Auch der Generalstab (Schaposchnikow) und die Flottenleitung (Kusnezow) wurden zugezogen.

Stalin entsandte Bevollmächtigte zu den Streitkräften. Während Timoschenko die Reste der »Westfront« sammelte, eine »Zentralfront« (Kosnezow) heranzog und Rückhalt von der neuen »Reservefront« (Shukow) erhoffte, besuchte Nikolaj A. Bulganin alle wichtigen Stabsquartiere dieser Verbände. Kliment J. Woroschilow und Semjon M. Budjonnyj wurden Oberbefehlshaber im Norden und Süden, mußten als prominente Kommunisten jedoch gleichfalls mit wechselnden Aufpassern – Shdanow und Chruschtschow – zusammenarbeiten.

Brauchitsch hatte, um die Bewegungen der Schnellen Truppen im Angriffsschwerpunkt besser zu koordinieren, beide Panzergruppen dem Armee-

114 Den deutschen Angriff unterstützten außer Bulgarien alle Dreierpaktstaaten. Die größten Anstrengungen unternahm Rumänien, das Bessarabien zurückgewinnen wollte.
Der Staatschef Marschall Ion Antonescu bei Hitler. Zwischen ihnen der Chefdolmetscher des Auswärtigen Amtes Paul Otto Schmidt.

116 Ein Spähtrupp ungarischer Honvéd-Husaren. Ihre Regierung hatte der UdSSR den Krieg erklärt, um nicht durch das rivalisierende Rumänien in den Hintergrund gedrängt zu werden.

115 Finnland war kein Verbündeter des Deutschen Reiches, nutzte aber die Gelegenheit zur Rückeroberung der ihm von den Sowjets entrissenen Gebiete.
(V. r. n. l.) Feldmarschall Carl Gustav Mannerheim, Staatspräsident Risto Ryti und Regierungschef Johan W. Rangell.

117 Über Karelien, unweit von Leningrad: Finnische Flieger in Jagdmaschinen Brewster »Buffalo«, einer Lieferung aus den USA zur Zeit des »Winterkrieges« (1939/40).

118 Appell eines rumänischen Jäger-Regimentes vor dem Angriff auf Odessa.

119 »Mutter Heimat ruft«, ein sowjetisches Propagandaplakat.
Das Versagen des Marxismus-Leninismus als Stimulanz für die Massen ließ Stalin auf den althergebrachten Patriotismus zurückgreifen.

oberkommando 4 des Generalfeldmarschalls Günther von Kluge unterstellt, der seine Infanterie an die 2. Armee (Weichs) abtrat. Das nächste Ziel, eine Kesselschlacht zwischen Smolensk, Orscha und Witebsk konnte aber erst nach Abwehr sowjetischer Gegenstöße angestrebt werden.
Timoschenko erlitt eine schwere Niederlage. Ostwärts Mogilew und westlich Newel, bei Orscha und Smolensk gingen zwei bis drei seiner Armeen zugrunde. Die zuletzt gemeldeten Gefangenen- und Beutezahlen verdoppelten sich. Rund 800 km von der Ausgangsbasis entfernt, hatte Bock die »Landbrücke« genommen. Seine Heeresgruppe stand zum direkten Vorstoß auf die sowjetische Hauptstadt bereit.
Der Heeresgruppe Süd (Rundstedt) schienen keine großen Erfolge beschieden. Versuche der Panzergruppe 1 (Kleist), durch scharfe Rechtswendungen die Masse des Gegners abzuschneiden, scheiterten. Erst bei Uman konnten zwei Panzerdivisionen zusammen mit der 17. Armee (Stülpnagel) und dem ungarischen Korps (Szombathelyi) Sowjetverbände einkesseln und etwa 103 000 Rotarmisten gefangennehmen.
Auch die Heeresgruppe Nord (Leeb) rang mit Problemen. Die PzGr. 4 (Hoepner) erreichte zwar den Raum zwischen Peipus- und Ladogasee, doch war ihre verlängerte Ostflanke von der 16. Armee (Busch) nicht mehr durchgehend gedeckt. Die 18. Armee (Küchler) mußte noch Estland freikämpfen. In den Sumpfwäldern bei Luga blieben die auf Leningrad zielenden Angriffsspitzen bei hartnäckiger Gegenwehr stecken.
Die deutschen Infanteriedivisionen besaßen noch 80%, die Schnellen Truppen nur 50% ihrer Sollstärken. Das Material war ermüdet, Benzin knapp. Die Rumänen hatten vor Odessa, die Finnen bei Salla schwere Verluste erlitten. Gleichwohl hielten Hitler und Halder den Feldzug für entschieden. Das Heer sollte ungesäumt zur Verfolgung übergehen und die den Sowjets verbliebenen Kraftzentren einnehmen.
Darüber kam es zu Konflikten zwischen Wehrmachtführung und Heeresleitung. Hitler griff wiederholt in die Planungsabläufe ein. Er gab Weisung, die gerade erst von Kluge zusammengefaßten Panzergruppen weit nach Norden und Süden abzudrehen. Sie sollten Leeb und Rundstedt weiterhelfen, während Bock mit seiner Infanterie nach Moskau vorrückte.
Brauchitsch und Halder hatten die Hauptstadt stets als vorrangiges Ziel angesehen. Dagegen verlangte Hitler andere Schwerpunkte: die Einnahme Leningrads, der Halbinsel Krim und des Donezbeckens. Im Norden sollte die sowjetische U-Bootgefahr (»4 Wochen bedeuten 2 Millionen t Erz«) ausgeschaltet, im Süden für Rumänien jede weitere Gefährdung durch krimgestützte Bomber des Gegners beseitigt werden.
Mittlerweile hatte Großbritannien mit der Sowjetunion ein Beistandsabkommen geschlossen, die Beziehungen zu Rumänien, Ungarn und Finnland abgebrochen und Kräfte der *Home Fleet* (Tovey) zur norwegischen Küste detachiert. Doch die von Stalin geforderte »zweite Front« in Frankreich konnte Churchill nicht versprechen. Eine Ablenkungsoffensive Wavells war bei Sollum gescheitert.
Im August 1941 konferierten Churchill und Roosevelt auf Kriegsschiffen vor der Küste Neufundlands. Man verkündete eine vielversprechende »Atlantik-Charta«. Wichtiger war jedoch die Realisierung der Anti-Hitler-Koalition. Der Präsident hatte beschlossen, die Sowjetunion in das Leih-Pacht-System einzubeziehen. Er ließ den Geleitschutz der US-Navy bis

121 Ein Bild vom Abschluß der Kesselschlacht von Kiew. Die Zahl der im Verlauf des »Barbarossa«-Feldzuges gefangenen Rotarmisten lag bei knapp 3 Millionen. Ihre Versorgung war katastrophal, die Sterblichkeit hoch.

122 Deutsche Feldartillerie passiert einen abgeschossenen Sowjetpanzer.

815

123 Am 25. August 1941 überfielen Truppen der Roten Armee und des Commonwealth den neutralen Iran, um eine Landverbindung mit Rußland herzustellen. Bei Teheran trafen sich die Angriffsspitzen.

nach Island ausdehnen und auf diesem Wege umfängliche Hilfsgüter für die UdSSR heranführen.

Durch Druck auf Finnland erreichten die Anglo-Amerikaner, daß Mannerheim die Operationen von Falkenhorst nicht länger unterstützte. Die Offensive der Gebirgsjäger (Unternehmen »Platinfuchs«) kam in Lappland zum Stehen. Der Angriff eines zweiten deutschen Korps (Unternehmen »Polarfuchs«) in Richtung Kandalakscha mußte eingestellt werden. Das finnische III. Korps (Siilasvuo) ging zur Ruhe über. Murmansk und seine Verbindungen blieben der Anti-Hitler-Koalition erhalten.

Damit nicht genug, unternahmen Großbritannien und die Sowjetunion einen gemeinsamen Überfall auf den neutralen Iran. Sein Widerstand wurde militärisch gebrochen, der Schah nach Südafrika deportiert. Persische Zwangsarbeiter mußten zwischen Abadan und der Südküste des Kaspischen Meeres eine Trasse für den Kraftwagentransport von Leih-Pacht-Gütern bauen.

Ehe der Warenstrom aus Amerika über das Nördliche Eismeer und den Persischen Golf nach Rußland zu fließen begann und Mikojan trotz des Widerstandes politischer Kreise Washingtons in das Leih-Pachtgeschäft einsteigen konnte, vergingen voraussichtlich noch Monate. Bis dahin hoffte Hitler die durch Ergänzung seiner Weisung Nr. 33 gesteckten Ziele zu erreichen.

Die Panzergruppe 3 (Hoth) mußte ein Korps abgeben. Nach der Zuführung dieses Verbandes nahm die HGr. Nord (Leeb) ihre Offensive wieder auf. Die verstärkte PzGr. 4 (Hoepner) überwand die Luga und nahm Schlüsselburg. Aus Finnland näherte sich die Karelische Armee (Heinrichs). Damit war Leningrad von den Landverbindungen abgeschnitten.

Rings um die Newametropole hatten Andrej A. Shdanow und General Markian M. Popow unter Hinzuziehung der Zivilbevölkerung 360 km Panzergräben und 18000 km Feldstellungen ausgehoben und fast 5000 Bunker gebaut. Unter Bombenangriffen des LFl. 1 (Keller) wurde ein Teil der 3385000 Einwohner mit Schiffen über den südlichen Ladogasee ins »große Land« evakuiert.

Eine neue Lage entstand am rechten deutschen Heeresflügel, als die Panzergruppe 1 (Kleist) zusammen mit der 11. Armee (Schobert) und 17. Armee (Stülpnagel) den Dnjeprbogen erreichte und die 2. Armee (Weichs) Gomel nahm. Der Gegner konnte jenseits des Stromes doppelseitig umfaßt werden. Glückte der Zangenangriff, so gab es für die sowjetische Heeresgruppe »Südwest« (Budjonnyj) kein Entrinnen mehr.

Das Schlachtfeld glich einem gleichschenkligen Dreieck, dessen Spitze nach Westen wies. Jede seiner Begrenzungen hatte eine Länge von 500 km. Der Angriff wurde über die zwei Seitenlinien, den Dnjepr und die Desna, von der Panzergruppe 2 (Guderian) und 1 (Kleist) vorgetragen. Am 14./15. September 1941 trafen die Spitzen bei Lochwiza zusammen. Die 6. Armee (Reichenau) nahm Kiew. Der Kessel war geschlossen.

124 Zu den ersten Hilfssendungen aus Amerika gehörten Bomber vom Typ Douglas »A 20«. Bis 1945 lieferten die USA der UdSSR für 10,67 Milliarden Dollar Kriegsmaterial.

Rund 50 sowjetische Divisonen gingen zugrunde. Man schätzte 665000 Gefangene. Zum erstenmal gerieten im Moskauer Verteidigungsministerium die Pläne zur Aufstellung neuer Truppen durcheinander. Eine Konsolidierung war dringend notwendig. Die Stawka befahl daher, wertlose Außenposten der Front zu räumen.

Im Süden holte die Schwarzmeerflotte (Oktjabrskij) rund 100000 Mann

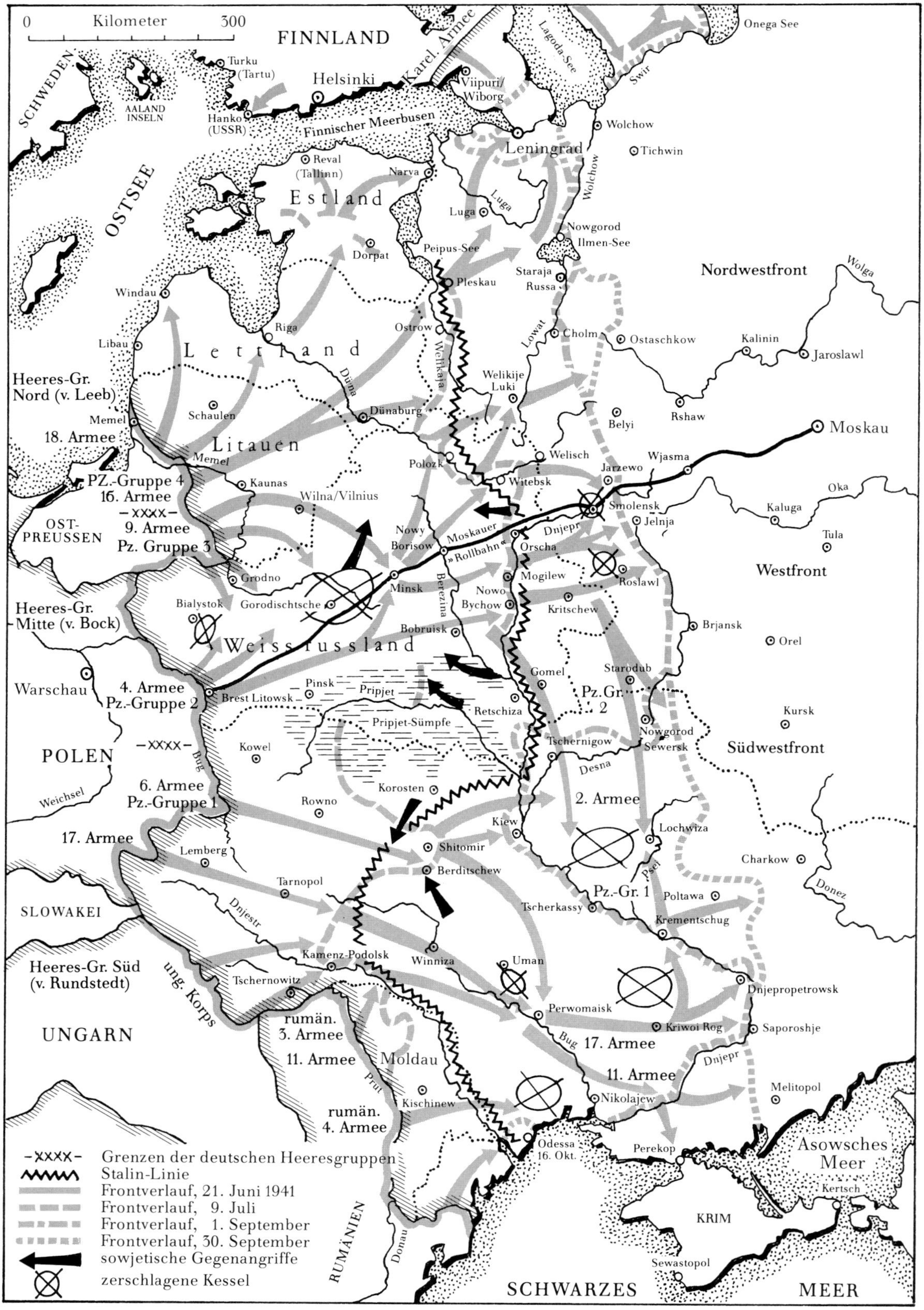
0 Kilometer 300
FINNLAND
SCHWEDEN
Turku
(Tartu)
Helsinki
Karel. Armee
Onega See
Lagoda-See
Swir
AALAND INSELN
Hanko (USSR)
Viipuri/ Wiborg
Finnischer Meerbusen
Wolchow
Leningrad
Tichwin
Reval (Tallinn)
Narva
OSTSEE
Estland
Luga
Luga
Wolchow
Nowgorod
Ilmen-See
Peipus-See
Dorpat
Nordwestfront
Wolga
Windau
Pleskau
Staraja Russa
Riga
Ostrow
Lowat
Cholm
Ostaschkow
Kalinin
Jaroslawl
Libau
Lettland
Welikaja
Düna
Heeres-Gr. Nord (v. Leeb)
Welikije Luki
Schaulen
Dünaburg
Belyi
Rshaw
Memel
Moskau
18. Armee
Litauen
Memel
Welisch
Wjasma
Polozk
PZ.-Gruppe 4
16. Armee
Kaunas
Witebsk
Jarzewo
Wilna/Vilnius
Smolensk
Oka
OST-PREUSSEN
–XXXX–
9. Armee
Pz. Gruppe 3
Nowy Borisow
Moskauer »Rollbahn«
Dnjepr
Jelnja
Kaluga
Tula
Orscha
Grodno
Minsk
Mogilew
Roslawl
Westfront
Heeres-Gr. Mitte (v. Bock)
Bialystok
Gorodischtsche
Nowo Bychow
Berezina
Kritschew
Brjansk
Orel
Bobruisk
Weissrussland
Warschau
4. Armee
Pz.-Gruppe 2
Brest Litowsk
Pinsk
Pripjet
Gomel
Starodub
Pz.Gr. 2
Retschiza
Kursk
Pripjet-Sümpfe
Nowgorod Sewersk
–XXXX–
Kowel
Tschernigow
Südwestfront
POLEN
Bug
Desna
Weichsel
6. Armee
Pz.-Gruppe 1
Rowno
Korosten
2. Armee
Kiew
17. Armee
Lochwiza
Lemberg
Shitomir
Berditschew
Charkow
Psel
Tarnopol
Donez
SLOWAKEI
Dnjestr
Pz.-Gr. 1
Poltawa
Tscherkassy
Krementschug
Heeres-Gr. Süd (v. Rundstedt)
Kamenz-Podolsk
Winniza
Uman
ung. Korps
Tschernowitz
Dnjepropetrowsk
UNGARN
rumän. 3. Armee
Perwomaisk
Kriwoi Rog
Saporoshje
11. Armee
Moldau
Bug
17. Armee
Dnjepr
Prut
11. Armee
Melitopol
Kischinew
Nikolajew
rumän. 4. Armee
Odessa 16. Okt.
Perekop
Asowsches Meer
–XXXX– Grenzen der deutschen Heeresgruppen
Stalin-Linie
Frontverlauf, 21. Juni 1941
Frontverlauf, 9. Juli
Frontverlauf, 1. September
Frontverlauf, 30. September
sowjetische Gegenangriffe
zerschlagene Kessel
Kertsch
RUMÄNIEN
Donau
KRIM
Sewastopol
SCHWARZES MEER

125 Herbst 1941. Deutsche Soldaten auf einem Knüppeldamm in der überschwemmten Taiga. Nach einer Farbskizze des PK-Berichters Hans Lischka, von dem auch die untere Abbildung ist.

126 Feuernde Do-Geräte (»Nebelwerfer« genannt). Sechs 15-cm-Rohre für rasante Schußfolgen bis zu 6000 m Reichweite. Das kostengünstige Gerät hatten Hermann Oberth, Walter Dornberger und Wernher von Braun entwickelt.

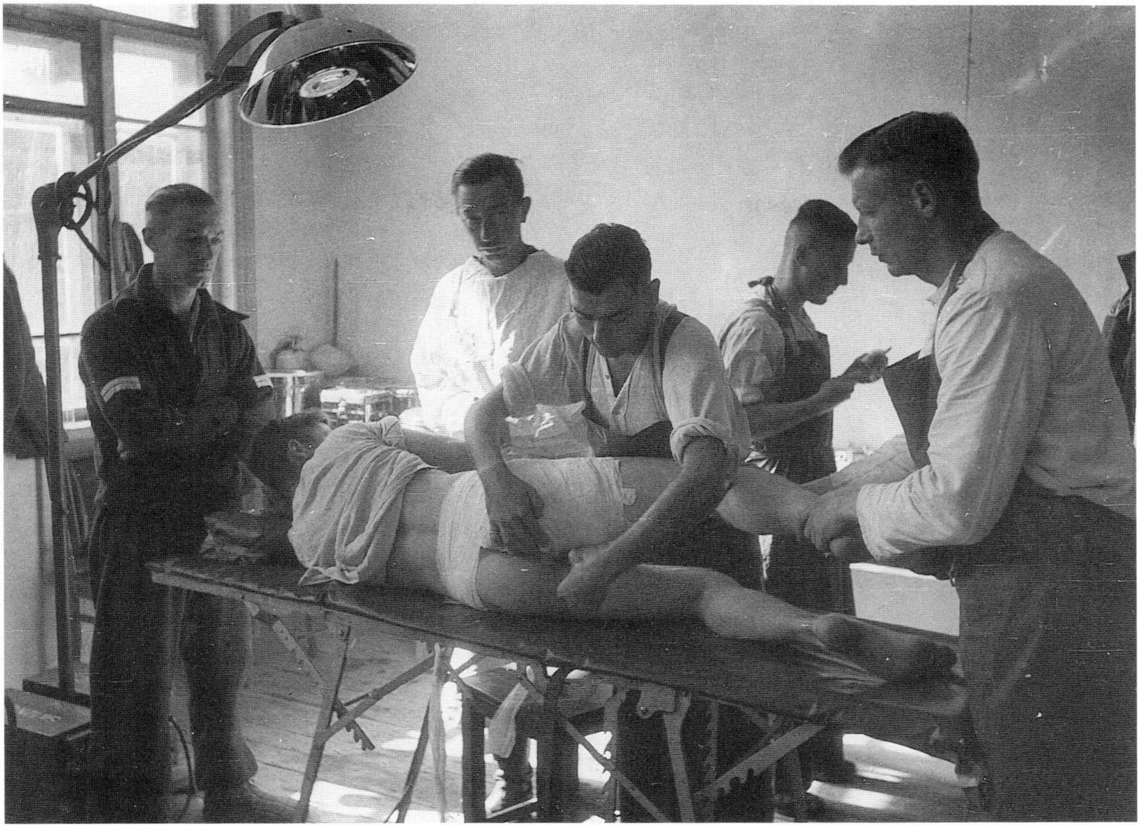

129 Improvisierter Operationssaal in einem russischen Schulhaus.
Vom 22. Juni bis 30. November 1941 hatte die Wehrmacht an den Ostfronten 571 767 Verwundete.

◁ *127 Durch zerschossene Ortschaften drang die deutsche Infanterie weiter vor. Ende Sptember 1941 hatte sie nur noch 80% ihrer vorgeschriebenen Stärke.*

◁ *128 In der Doppelschlacht von Wjasma und Brjansk vernichteten deutsche Verbände abermals 5–6 Armeen des Gegners. Die Zahl der Gefangenen wurde auf 650 000 Rotarmisten geschätzt.*

130 Abschied im Massengrab. Der Offizier bringt seinen gefallenen Gebirgsjägern einen Blumenstrauß. Vom 22. Juni bis 30. November 1941 verzeichnete die Wehrmacht 162 314 Tote.

aus dem belagerten Odessa nach Sewastopol. Im Norden evakuierte die Baltische Rotbannerflotte (Tribuz) das von der 18. Armee (Küchler) bedrängte Tallinn (Reval), die Moon-Insel und Hanko (Hangö). Von 195 Schiffen der Sowjets fielen 56 deutsch-finnischen Minensperren, Schnellbooten und Kampffliegern zum Opfer.

Die sonst überall befolgten Durchhaltebefehle sollten nicht nur den deutschen Angriff auf Moskau verzögern, sondern auch Industrieanlagen sichern, bis die von Wosnessjenskij und Ustinow verlagerten Betriebe wieder produzieren konnten und amerikanische Versorgungsgüter eintrafen. Das von Stalin befohlene und mit weiteren Repr0essalien verbundene »Standhalten« gehörte jetzt zu den Grundsätzen sowjetischer Strategie.

131 Lagebesprechung sowjetischer Kommandeure beim Wiederaufbau ihrer zersprengten Heeresmitte.

Teil II

Die Wende vor Moskau 1941

Ausweitung zum globalen Krieg

Strategische Konzeptionen 1942

Die Verfolgung der Juden

NS-Herrschaft 1942

Midway 1942

Der Feldzug im Osten 1942

Nordafrika 1942

Das Ende in Stalingrad 1943

Politische Folgen

Die Salomonen 1943

Das Ende in Tunesien

Entscheidung im Atlantik

Die kombinierte Bomberoffensive

Die Wende vor Moskau 1941

132 Bei Annäherung des deutschen Angreifers wurden zahllose Sowjetbürger dienstverpflichtet, um vor Moskau langgezogene Panzergräben auszuheben.

Trotz der fortgeschrittenen Jahreszeit glaubten Brauchitsch und Halder das Risiko einer letzten Anstrengung eingehen zu müssen. Hitler folgte ihnen nicht ohne Zögern. Mit der Weisung Nr. 35 befand er, daß die HGr. Mitte (Bock) »möglichst bald angreifen« werde; sie solle den »Feind ostwärts Smolensk in doppelter Umfassung« schlagen und zur »Verfolgung Richtung Moskau« antreten (Unternehmen »Taifun«).

Dazu mußten die Gruppen im Norden und Süden ihrerseits Kräfte abgeben. Mit Ausnahme eines Korps wurde die PzGr. 4 (Hoepner) nach Smolensk verlegt. Auch verfügte Bock wieder über die bei Kiew freiwerdende PzGr. 2 (Guderian). Schließlich hatte der Feldmarschall für das Unternehmen »Taifun« 78 Großverbände mit 1,9 Millionen Soldaten unter seinem Befehl.

Am 2. Oktober 1941 wurde die sowjetische Front an fünf Stellen aufgerissen. Guderian umfaßte unter Mitwirkung der PzGr. 4 (Hoepner) südostwärts Brjansk die Feindverbände. Einen zweiten Kessel bildete die PzGr. 3 (Hoth) mit der 4. Armee (Kluge) und 9. Armee (Strauß) bei Wjasma. Der Widerstand brach zusammen. Die Heeresgruppe meldete 673098 Gefangene, 1242 zerschossene Panzer und 5412 erbeutete Geschütze.

Auch die Ergebnisse einer Schlacht am Asowschen Meer fielen ins Gewicht. Die Sowjets hatten der rumänischen 3. Armee (Dumitrescu) eine Niederlage bereitet, waren dann aber von der PzGr. 1 (Kleist) bei Berdjansk abgeschnitten worden. Wieder wurden zahlreiche Gefangene eingebracht; Rundstedt schätzte über 100000.

Er sollte nun das Donezbecken, Rostow und die Krim erobern, Bock das nahe Moskau einschließen, Leeb über Tichwin zum Swir ausgreifen, wohin finnische Divisionen unter Talvela vorgingen, während andere Kräfte jenseits von Petrosawodsk die Murmanbahn überschritten. Mannerheim hatte sich entschlossen, nun doch bei der weiträumigen Abschnürung Leningrads mitzuwirken.

Die Lage in der Stadt war verzweifelt. Das Eis auf dem Ladogasee brachte die Schiffahrt zum Erliegen, trug aber noch keine Lkw-Kolonnen. Die Lebensmittelzuteilungen sanken daher pro Kopf unter 46 Kalorien täglich. Im November 1941 starben 11085 Menschen an den Folgen der Unterernährung, in den nächsten Wochen weitere 52985, schließlich Hunderttausende.

Die deutsche Offensive gegen Moskau kam staffelweise in Gang, da sich immer nur Teilkräfte aus den Kesselfronten bei Wjasma und Brjansk lösen und weiter vorschieben konnten. Vor ihnen hatten 250000 russische Arbeitskräfte eine 300 km lange Schutzstellung gebaut. Am 6./7. Oktober 1941 schneite es zum erstenmal. Seither verwandelten wochenlange Regenfälle die Straßen in Morast.

Obwohl verschiedene Umstände gegen den Angriff sprachen, wollte Halder die Hauptstadt umfassen. Deutsche Panzer nahmen Kalinin und eroberten Kaluga. Damit war die Moskauer Schutzstellung aus den Angeln gehoben. Mit letzten Reserven, Truppenresten und Volkswehr versuchte Armeegeneral Georgij K. Shukow die Zufahrtsstraßen zu sperren.

Die Sowjetregierung und das diplomatische Korps waren nach Kuibyschew

133 Nach der Einnahme von Schlüsselburg waren die Landverbindungen zwischen Leningrad und dem Landesinnern abgeschnitten. Am Alexander-Newski-Prospekt schlugen die ersten deutschen Granaten ein.

136 Tausende von Flüchtlingen lagerten in den schon verschneiten Wäldern um Kalinin.

134 Die deutsche Infanterie war nicht für den russischen Winter gekleidet. Sie litt daher unsäglich unter dem Frosteinbruch.

135 Tauwetter brachte durch Schlammfluten den Kolonnenverkehr bei Moskau fast zum Erliegen.

137 Am 15. November 1941 begann die Schlacht von Moskau. Bei Bombenangriffen benutzten Einwohner der Hauptstadt die U-Bahnschächte als Luftschutzkeller.

138 Die Gewißheit, daß sich Japan nicht gegen die UdSSR wenden werde, erlaubte den Sowjets, starke Verbände aus dem Fernen Osten abzuziehen. Am 5./6. Dezember 1941 begannen ihre Gegenangriffe zwischen Kalinin und Kaluga.

139 Die deutsche Heeresmitte zersplitterte. Ganze Einheiten gingen in der Katastrophe zugrunde, andere igelten sich ein.

140 Gefallene wurden, wo dazu genügend Zeit war, für die Bestattung im Frühjahr aufgestapelt.

141 Trotz der schweren deutschen Niederlage erreichte die Rote Armee nicht die von Schaposchnikow gewiesenen Operationsziele. Weder gelang die Einschließung größerer Verbände, noch wurde der Landweg nach Leningrad geöffnet.

evakuiert. Dagegen hatte Stalin seinen Befehlsstand in einer Moskauer Metrostation bezogen. Zwei Nachrichten ermutigten den Diktator: Mikojan meldete die Einbeziehung der UdSSR in das Leih-Pacht-Programm, und der Agent Richard Sorge berichtete aus Tokio, daß es bald zum Krieg zwischen Japan und den USA kommen werde.

Die Stawka konnte daher starke Kräfte aus dem Trans-Baikal-Gebiet – eine strategische Reserve von 30–40 Divisionen – heranziehen. Bis zu ihrem Eintreffen vergingen Wochen, denn Waggons waren knapp, und die Eisenbahnstrecken im Osten Moskaus wurden vielfach durch deutsche Bombenangriffe unterbrochen.

Indessen wurden für die HGr. Mitte (Bock) geordnete Marschbewegungen immer schwieriger. Fahrzeuge versanken bis zu den Radnaben im Schlamm; Artillerie und Panzer lagen fest. Allein die Infanterie wühlte sich apathisch durch den Morast, gefolgt von landesüblichen Panjewagen. Die Soldaten lebten aus Kartoffelmieten. Aber die Pferde verendeten zu Tausenden.

Auch sonst verlangsamte sich der Vormarsch. Zwar eroberte die 11. Armee (Manstein), zusammen mit rumänischen Verbänden die ganze Krim außer Sewastopol, doch kam die PzGr. 1 (Kleist) zum Stillstand. Im Norden blieb die 16. Armee (Busch) an den Waldaihöhen hängen. Nur Teile eines Korps gelangten bis nach Tichwin. Zur Vereinigung mit den Finnen am Swir reichten die deutschen Kräfte nicht mehr.

Am 2. November 1941 besserte sich das Wetter. Bei leichtem Frost wurde die Truppe wieder mobil. Nach zwei Wochen ließ das OKH die zweite Phase des Unternehmens »Taifun« einleiten. Zur Linken näherte sich eine Panzerdivision des Generalobersten Erich Hoepner bis auf 30 km dem Kreml. Auf dem rechten Angriffsflügel der Heeresgruppe umging Generaloberst Heinz Guderian das zäh verteidigte Tula.

Doch plötzlich sanken die Temperaturen auf minus 20 Grad. Diesem Kälteeinbruch war der Angreifer nicht gewachsen. Von 31 Transportzügen, die Bocks Heeresgruppe zu ihrer täglichen Versorgung benötigte, trafen nur 8–10 ein. Es fehlte an Winterkleidung und Nahrungsmitteln. Ohne Eisstollen blieben die Panzer stehen. Maschinen und Funkgeräte fielen aus. Die Zahl der Frostverletzten stieg auf 228 000.

Ein schwerwiegender Fehler des ObdW war die voreilige Verlegung der Stäbe und eines Korps der Luftflotte 2 (Kesselring) mit 300 Flugzeugen nach Italien, das dringend um Hilfe ersucht hatte. Die Zusammenfassung der verbleibenden Lufttransportverbände unter Oberst Fritz Morzik wurde für den Nachschub wichtig, ersetzte aber nicht die Kampfkraft der abgezogenen Bombergeschwader.

Hitler und Jodl waren sich schon seit Oktober einig, daß die letzten deutschen Operationsziele erst 1942 zu erreichen seien. Im Unterschied zu Halder, der weiter vorwärtsdrängte, bestand Hitler nicht auf einer doppelseitigen Umfassung Moskaus. Er akzeptierte sogar den Gedanken einer »Winterlinie«, nur sollte die Truppe nicht vor deren Ausbau und Bevorratung zurückgehen.

In Moskau plante der Generalstab unter Marschall Boris M. Schaposchnikow einen Gegenschlag. Er sollte auf 800 km Breite durch Armeen der Heeresgruppen »Kalininfront« (Konjew) und »Westfront« (Shukow) sowie Kräften vom rechten Flügel der »Südwestfront« (Timoschenko) ausge-

142 Sowjetische Partisanen in ihren Waldlager hinter der deutschen Front. Ihre Abteilungen waren auf Befehl Stalins gebildet worden. Sie bestanden größtenteils aus Parteikadern, Komsomolzen und entwichenen Kriegsgefangenen.

143 Zu den Aufgaben der Partisanen gehörte die Unterbrechung rückwärtiger Verbindungen des Feindes. Der deutsche Sanitätszug wurde bei Orscha zerstört.

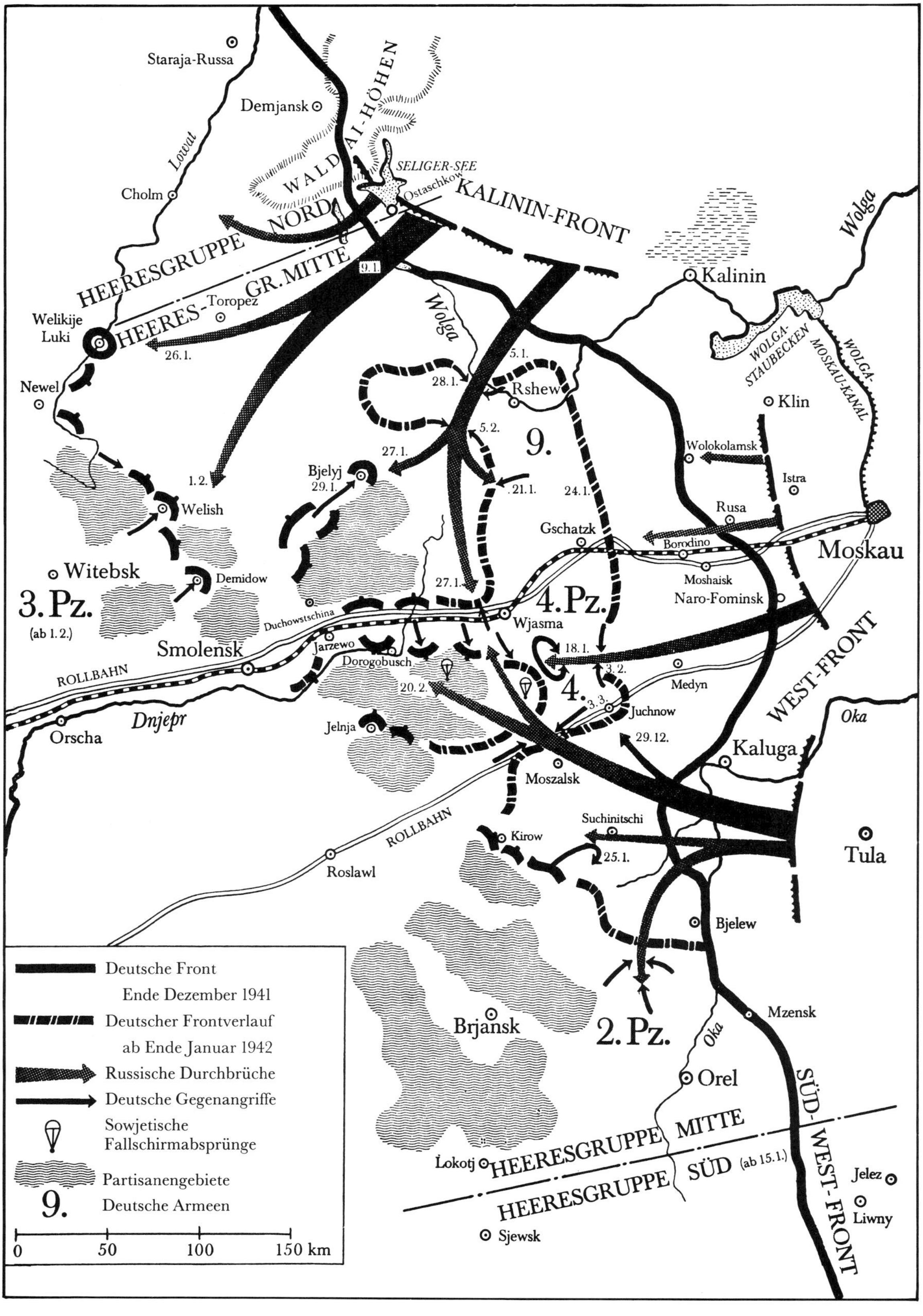
Staraja-Russa
Demjansk
Lowat
WALDAI-HÖHEN
SELIGER-SEE
Ostaschkow
Cholm
KALININ-FRONT
HEERESGRUPPE NORD
HEERES-GR. MITTE
9.1.
Toropez
Welikije Luki
26.1.
Kalinin
Wolga
WOLGA-STAUBECKEN
MOSKAU-KANAL
WOLGA-
Newel
28.1.
5.1.
Rshew
Klin
5.2.
9.
27.1.
Wolokolamsk
1.2.
Bjelyj
29.1.
21.1.
24.1.
Istra
Welish
Rusa
Gschatzk
Borodino
Moskau
Witebsk
Demidow
Moshaisk
3. Pz.
(ab 1.2.)
27.1.
4. Pz.
Naro-Fominsk
Duchowstschina
Wjasma
Smolensk
Jarzewo
18.1.
Dorogobusch
3.2.
ROLLBAHN
20.2.
4.
Medyn
3.3.
Juchnow
WEST-FRONT
Orscha
Dnjepr
Jelnja
29.12.
Oka
Kaluga
Moszalsk
ROLLBAHN
Suchinitschi
Kirow
Tula
25.1.
Roslawl
Bjelew
Deutsche Front
Ende Dezember 1941
Deutscher Frontverlauf
ab Ende Januar 1942
Russische Durchbrüche
Deutsche Gegenangriffe
Sowjetische Fallschirmabsprünge
Partisanengebiete
9.
Deutsche Armeen
0
50
100
150 km
Brjansk
2. Pz.
Mzensk
Oka
Orel
HEERESGRUPPE MITTE
SÜD-WEST-FRONT
Lokotj
HEERESGRUPPE SÜD (ab 15.1.)
Jelez
Liwny
Sjewsk

144 *Die Bekämpfung der Partisanen erfolgte zunächst durch den SD und einheimische Schutzmannschaften. In Minsk wurden häufig »Partisanenverdächtige« durch die russische Hilfspolizei abgeführt.*

145 *Da Partisanen keine Kombattanten im Sinne der Haager Landkriegsordnung waren, wurden gefangene Freischärler nach kurzem Prozeß erschossen oder gehängt.*

löst werden. Außer frischen Divisionen standen ihnen Raketenwerfer und Schlachtflieger-Geschwader zur Verfügung.

Die sowjetische Gegenoffensive begann am 5. Dezember 1941. Sie führte zu Einbrüchen auf beiden Flügeln. Der Hauptstoß richtete sich gegen Gschatsk. Der deutsche Verteidiger reagierte unterschiedlich. Einige Truppenteile gerieten in Panik, andere gaben Gelände preis und behaupteten nur noch Ortschaften. Alle Generale baten um die Erlaubnis zu Absetzbewegungen.

146 Im belagerten Leningrad starben Tausende an Hungerkrankheiten und Typhus. Ihre Leichen wurden oft von Familienangehörigen zum Newa-Ufer gebracht, damit sie bei Tauwetter versanken.

Da ein Rückzug ohne fertige Auffangstellung gleichbedeutend mit dem Verlust des schweren Materials war, mußte hinhaltend Zeit gewonnen werden. Hitler ließ aus Westeuropa 15 frische Divisionen anfordern, die Marschbataillone im Lufttransport. Bis zu ihrem Eintreffen mußten sich Gewehrträger der Instandsetzungseinheiten und Trosse in die Bresche werfen.

Um die deutschen Reservekräfte zu binden, befahl die Stawka zahlreiche Teilangriffe auf der ganzen Front zwischen Asowschen Meer und Ladogasee. Sie begannen überraschend mit wechselnden Schwerpunkten. Tichwin und Rostow gingen verloren. Die Halbinsel Kertsch, ein Teil der Krim, wurde von den Sowjets zurückerobert.

Freilich waren auch ihre Kräfte begrenzt. Im Zentrum, bei Juchnow, stieß Shukow auf entschlossenen Widerstand der 4. Armee (Kluge). Die von Schaposchnikow beabsichtigte Einschließung der Heeresgruppe Mitte (Bock) endete mit einem Mißerfolg und konnte im weiteren Verlauf des Winters nicht noch einmal versucht werden.

Die Wende, das Scheitern des »Barbarossa«-Feldzuges, war gleichwohl unverkennbar. Die deutschen Gesamtverluste hatten sich seit Beginn auf 775087 Tote, Verwundete und Vermißte (24,22% des Feldheeres) erhöht. Generaloberst Friedrich Fromm, der Befehlshaber des Ersatzheeres, konnte sie nicht mehr ausgleichen.

Schwer trugen die Waffengefährten an dem Fiasko. Horthy zog das ungarische Korps zurück. Antonescu, der zwei Armeen im Felde ließ, geriet darüber in Konflikt mit seinem König. Mannerheim war tief besorgt; das kleine Finnland konnte nicht jahrelang eine halbe Million Soldaten unterhalten und erwog wegen der angespannten wirtschaftlichen Lage eine Teildemobilisierung.

Offenkundig war die deutsche Führungskrise. Daß Brauchitsch ging, konnte mit Herzkrankheit begründet werden, resultierte aber aus dem gestörten Vertrauensverhältnis zwischen den oberen Instanzen. Bock wurde nahegelegt, einen Erholungsurlaub anzutreten. Leeb und Rundstedt enthob der ObdW ihrer Posten. Hoepner sah sich schimpflich entlassen. Guderian gab das Kommando ab. Mehr als 30 Generale quittierten den Dienst.

Hitler übernahm selbst die Führung des Heeres. Er unterstellte sich Halder und überließ Keitel die Kontrolle der anderen Dienststellen. Eine politische Lösung des Konfliktes, die Hjalmar Schacht und der Rüstungsminister Fritz Todt nahelegten, lehnte der Diktator ab. Die Wehrmacht sollte 1942 im Osten wieder angreifen.

147 Zu den Grausamkeiten des Ostkrieges gehörte, daß Einheiten der Roten Armee trotz entgegengesetzter Befehle deutsche Kriegsgefangene ermordeten und damit Vergeltungsmaßnahmen auslösten.

Der deutsche Überfall auf die UdSSR hatte den Anstoß zu einem früher nicht realisierbaren de-facto-Bündnis zwischen Großbritannien, den Vereinigten Staaten und der Sowjetunion gegeben. Das Deutsche Reich stand an der Schwelle des aussichtslosen Mehrfrontenkrieges, als Japan zum Schlag gegen die angelsächsischen Mächte ausholte und Hitler seiner Befürchtungen noch einmal enthob.

Ausweitung zum globalen Krieg

Der deutsch-sowjetische Konflikt hatte Japans wirtschaftliche Misere vertieft. Die kriegsbedingte Blockierung des Transitverkehrs zwischen Europa und Asien führte zu Engpässen der Produktion. Nachdem die japanische Stahlerzeugung infolge alliierter Embargomaßnahmen bereits um 10% gesunken war, ging dieser für die Rüstung wichtige Ausstoß noch weiter zurück.

Das Kaiserreich litt auch unter anderen Handelssperren der Alliierten, denen sich die niederländische Exilregierung samt ihren rohstoffreichen Kolonien angeschlossen hatte. Cordell Hull und Henry Morgenthau, zwei Minister der Regierung Roosevelt, erzielten mit den Pazifik-Anrainern einen Konsens über weitere Repressionen, insbesondere das Einfrieren japanischer Guthaben.

Dabei zog sich Japans Krieg gegen China aussichtslos in die Länge. Die Burmastraße war als Nachschubroute für General Tschiang Kai-schek wieder geöffnet. Auch andere Gegenspieler des Kaiserreiches erhielten amerikanische Hilfe. In Tokio befürchtete man, daß de Gaulle, der Syrien gewonnen hatte, mit Hilfe Englands ebenso die Hand nach dem teilweise japanisch besetzten Indochina ausstrecken könnte.

Premierminister Fumimaro Konoe hatte mit Persönlichkeiten des Zivilkabinetts und der Streitkräfte eine Verbindungskonferenz geschaffen, die einen Ausweg wies. Japan sollte sich ohne Gesichtsverlust aus China zurückziehen und dafür eine »ostasiatische Sphäre gemeinsamen Wohlstandes« auf der Basis von Erdöl, Kautschuk, Zinn, Zink und Bauxit unter Beteiligung der USA gründen.

In Washington kannte man den Kode der kaiserlichen Marine und des Außendienstes. Mit Hilfe von »Magic«, einer Transskription der komplizierten Schriftzeichen, erfuhren Roosevelt und seine Mitarbeiter im voraus von jedem Schritt, den der von Konoe zu Verhandlungen entsandte Admiral Kichisaburo Nomura tun sollte. Die Amerikaner beschlossen, seine Annäherungsversuche zu ignorieren.

Washington wollte der japanischen Expansion nicht freien Lauf lassen. Als Verhandlungen zwischen Tokio und Vichy zur Abtretung französischer Stützpunkte in Südvietnam führten, ergriff die von Hull beeinflußte Regierung erneut Strafmaßnahmen. Der Panamakanal und andere Territorialgewässer wurden gesperrt, Handelsverträge mit den USA, Neuseeland, Australien und Niederländisch-Indien storniert.

Für die Wirtschaft des Kaiserreiches war der »Countdown« angelaufen. Die japanische Ölreserve (8,4 Millionen t) nahm jeden Tag um 12000 t ab. Zur Errichtung von Hydrierwerken fehlten Stahl und Kohle. Die Aluminiumherstellung und der Flugzeugbau mußten bald auslaufen. Die Streitkräfte des Landes wurden voraussichtlich 1942 bewegungsunfähig.

Japan konnte den Würgegriff kaum durch Verhandlungen lösen. Admiral Osami Nagano (Marine) und Feldmarschall Hajime Sugiyama (Heer) ermittelten daher den letzten günstigen Zeitpunkt für einen befreienden Schlag. Allein Kaiser Hirohito glaubte noch einen Ausweg zu sehen. Gefechtsberührung zwischen deutschen U-Booten und US-Zerstörern vermittelten den Eindruck, daß ein Krieg im Atlantik bevorstand.

148 Japanisches Propagandaplakat, das Franklin D. Roosevelt als raffgierigen Staatsmann darstellt. Der Präsident versuchte die Expansion des Kaiserreiches seit dem »China-Zwischenfall« mit allen erdenklichen Maßnahmen einzudämmen.

漫画
眼で見る時局雜誌
ルーズベル
二月號
30セン
大政翼賛會
宣傳部推薦

Doch Roosevelt ließ die Forderungen an Japan verschärfen. Das Kaiserreich sollte seine Mitgliedschaft im Dreimächtepakt aufkündigen, China und Mandschukuo räumen, die befreundete Nanking-Regierung fallenlassen und Reparationen zahlen. Dabei mußten die Staatsmänner in Tokio ihr Gesicht verlieren und lange Zeit vertragsunfähig werden.

Als Konoe die Bitte um eine persönliche Aussprache mit Roosevelt abgeschlagen wurde, mußte er zurücktreten. General Hideki Tojo, der neue Regierungschef, war ein Mann des Heeres. Aber auch ihm und Außenminister Shigenori Togo ließ der Kaiser den friedlichen Ausgleich nahelegen. Darauf wurde Saburu Kurusu, der ehemalige Botschafter in Berlin, mit neuen Instruktionen nach Washington geschickt.

Doch die USA gingen über ihre bisherigen Forderungen hinaus. Nachdem Nomura vierzig Unterredungen mit Hull gehabt und neunmal bei Roosevelt vorgesprochen hatte, schließlich auch Kurusu zu fünf Audienzen im State Department und Weißen Haus gewesen war, ohne daß sich ein Kompromiß abzeichnete, vielmehr Japan eine Entschuldigung abverlangt wurde, scheiterten die Verhandlungen.

Da der amerikanische Kongreß einem Antrag auf Kriegserklärung nicht Folge leisten würde, wollte Roosevelt die Japaner nötigen, den »ersten Schuß« abzufeuern. Eine so eindeutige Aggression mußte die Isolationisten mattsetzen und das Volk unter Führung seines Präsidenten einigen. Zur Vertiefung dieser Politik diente eine Botschaft an Hirohito, sobald sicher war, daß sie ihn zu spät erreichte.

In Tokio fiel die letzte Entscheidung am 30. November und 1. Dezember 1941. Eine Kampfgruppe der japanischen Flotte war seit vier Tagen in See, um Pearl Harbor, den Hauptliegeplatz der *US Pacific Fleet* (Kimmel) anzugreifen. Den auslösenden Befehl sollte der Flottenchef, Admiral Isoroku Yamamoto, mit Zustimmung aller Gremien und des Kaisers am 2. Dezember 1941 erteilen.

Der Kriegsplan war ein Kompromiß zwischen Tojo, Sugiyama und Nagano. Es galt, sich dreier Zonen zu versichern: des »inneren Ringes« (Japan, Korea, Mandschukuo, Hongkong, China, Formosa), einer »Versorgungsregion« (Philippinen, Indochina, Malaya, Indonesien) und eines »Verteidigungsgürtels« (Burma, Neuguinea, Bismarck-Archipel, Marianen-, Karolinen- und Marshall-Inseln, Guam und Wake).

Wo nicht schon das Sonnenbanner wehte, sollten amphibische Operationen zum Erfolg führen. Das in China gebundene Heer stellte nur 11 Divisonen, die Marine jedoch ihre gesamten Kräfte: 10 Träger und 10 Schlachtschiffe, 19 Schwere und 13 Leichte Kreuzer, 120 Zerstörer und 111 U-Boote. Von den 2740 Flugzeugen beider Wehrmachtsteile wurden etwa 2000 Maschinen bereitgestellt.

Die US-Navy besaß 15 Schlachtschiffe und 6 Träger, 18 Schwere und 19 Leichte Kreuzer, rund 200 Zerstörer und 100 U-Boote sowie etwa 1000 Flugzeuge. Die Schiffe verteilten sich auf die *Atlantic Fleet* (King) und *Pacific Fleet* (Kimmel) mit deutlichem Schwergewicht gegenüber Japan. Hinzu kamen das niederländisch-indische Geschwader sowie 2 Schlachtschiffe und 2 Zerstörer der Royal Navy.

Der Marsch des von Admiral Chuichi Nagumo geführten Angriffsverbandes verlief nicht unbemerkt. Die Amerikaner empfingen Kurzsignale. Der niederländische Oberbefehlshaber ließ Washington ein aufschlußreiches

149 Kaiser Hirohito, der Tenno, an Bord des Schlachtschiffes »Musashi«. Im Unterschied zu ihrem Kriegsherrn tragen die Admirale Osima Nagano, Isoroku Yamamoto und Kichisaburo Nomura dunkle Uniformen. Feldmarschall Hajime Sugiyama hält in den Händen ein Samuraischwert.

150 Kichisaburo Nomura (l.) und Saburo Kurusu (r.) suchten vergeblich mit Verhandlungen in Washington den Würgegriff des amerikanischen Handelsembargos zu lockern. Ihr Zeitplan wurde schließlich durch die Verringerung der japanischen Treibstoffvorräte bestimmt.

151 Nachdem alle Verhandlungen gescheitert waren, unternahmen japanische Flottenverbände unter Admiral Chuicho Nagumo am 7. Dezember 1941 einen Überraschungsangriff auf die U. S. Pacific Fleet in Pearl Harbor.

152 Überraschende Schläge der Japaner richteten sich auch gegen die von amerikanischen Kräften besetzten Philippinen, Hongkong und Singapur. Am Ende wurden sämtliche Territorien der europäischen Kolonialmächte in Südostasien besetzt.

Telegramm zuleiten. Roosevelt erhielt den Text der letzten Note, die Nomura und Kurusu überreichen sollten, und äußerte dazu: »Das bedeutet Krieg«.

Am 7. Dezember 1941 um 06.00 Uhr schoß Nagumo den »Pfeil von der Sehne«; zwei Wellen mit 89 und 171 Trägerflugzeugen, Torpedo- und Horizontalbombern. Fünf Schlachtschiffe der *Pacific Fleet* (Kimmel) wurden versenkt, drei andere sowie einige Leichte Kreuzer und Zerstörer beschädigt. Auf den Rollfeldern von Honolulu brannten 188 Maschinen; 2345 Amerikaner fanden den Tod, 1178 wurden verwundet.

Roosevelt sprach von »Schande« und »Infamie«. Er blieb jedoch zuversichtlich. Denn der Überfall auf Pearl Harbor war kein auf die Dauer lähmender Schlag. Nagumo hatte die wertvollen Flugzeugträger der Pazifikflotte nicht angetroffen und nur ältere Schlachtschiffe ausschalten können. Die meisten wurden gehoben und wieder repariert.

Während Nagumo aus seiner Gefechtsposition nördlich Hawaii ablief, stand die sogenannte Süd-Expeditionsflotte, ein starker Verband unter Admiral Jizaburo Ozawa, mitten zwischen den Angriffsobjekten der Landungstruppen. Die beiden Schlachtschiffe der Royal Navy wurden vor Malakka vernichtet, ebenso fast alle Einheiten des niederländisch-indischen Geschwaders in der Javasee.

Ein gemeinsames Oberkommando, das Wavell schuf, kam nur auf dem Papier zustande. Sowenig wie den Flottenverbänden der Alliierten konnte man ihren Land- und Luftstreitkräften eine tragfähige Infrastruktur geben. Die großen Entfernungen zwischen Honolulu, Singapur und Djakarta erlaubten keine schnelle Koordination.

Japanische Truppen bahnten sich einen Weg durch den malaysischen Dschungel und zwangen Singapur mit 80000 Verteidigern zur Kapitulation. Eine zweite Armee durchquerte Thailand, drang in Burma ein und nahm Rangun. Ein dritter Verband landete auf den Philippinen, eroberte Manila und machte 130000 Gefangene. Als die Japaner nach Java vorstießen, brach auch dort der Widerstand zusammen.

Guam, Wake und die Gilbert-Inseln, Ankerplätze im Bismarck-Archipel und vor Neuguinea waren schnell besetzt. Admiral Isoroku Yamamoto vereinigte die Flotten von Nagumo und Ozawa zum Vorstoß in den Indischen Ozean, wo ein britisches Geschwader unter Somerville bei Ceylon schwere Verluste erlitt. Darauf konnte eine japanische Kampfgruppe von Rangun aufbrechen und die Burmastraße abschneiden.

Japan hatte Thailand zum Bündnis gezwungen, Tschiang Kai-schek isoliert und ein großes Rohstoffgebiet mit unerschöpflichen Ressourcen wie Erdöl und Kautschuk, Zink und Nickel, Antimon und Molybdän, Chromerz und Bauxit erobert. Dabei verzeichneten die Streitkräfte des Kaiserreiches in zwei bis drei Monaten etwa 14000 Tote und Verwundete sowie den Ausfall von 5 Zerstörern und 402 Flugzeugen.

Der japanische Triumph kam für Hitler und Mussolini wie gerufen. Obwohl der Wortlaut des Dreimächtepaktes formal nicht den Bündnisfall zu erkennen gab, nahmen sie die Gelegenheit wahr, das gefürchtete amerikanische Potential weltweit aufzusplittern. Berlin und Rom gingen mit Tokio engere Bindungen ein und ließen Washington am 11. Dezember 1941 ihre Kriegserklärung zustellen.

154 Großbritannien erlitt seine schwerste Niederlage seit dem Fall von Dünkirchen bei Kuanan, wo japanische Torpedoflieger am 10. Dezember 1941 die Schlachtschiffe »Repulse« und »Prince of Wales« versenkten.

153 Der Angriff auf die an Rohstoffen reichen Besitzungen der fremden Mächte war nach japanischer Auffassung nur eine Nebenaktion in dem 1937 begonnenen Krieg gegen Tschiang Kai-schek. Appell einer chinesischen Kavallerie-Division.

155 Kräfte des kaiserlichen Heeres nahmen Kuala Lumpur, die Hauptstadt von Malaya, durchdrangen den Dschungel bis nach Singapur und eroberten die Festung am 15. Februar 1942, wobei die chinesische Bevölkerung schwere Verluste erlitt.

U. d. S. S. R.
MONGOLEI
TUWA
MANDSCHUREI (MANDSCHUKUO)
JEHOL
SACHALIN
KURILEN
CHINA
HIMALAJA
NEPAL
INDIEN
Tschungking
Kalkutta
BURMA
Burma-Straße
JÜNNAN
Kunming
Mandalay
Lashio
Rangoon
Pegu
THAILAND (SIAM)
INDOCHINA
Saigon
Hongkong
Kanton
Shanghai
Port Arthur
Dairen
Wladiwostok
KOREA
Tsuschima
Hiroshima
Tokio
Yokosuka
Nagasaki
KYUSHU
SHIKOKU
JAPAN
RYUKYU-In.
Okinawa
BONIN-INSELN
Iwo Jima
Formosa
Kap Engaño
LUZON
PHILIPPINEN
Manila
Mindoro
Palawan
SULU-SEE
Mindanao
SÜDCHINESISCHES MEER
GOLF V. SIAM
PHILIPPINEN-SEE
MARIANEN
Saipan
Tinian
Guam
Ulithi-Inseln
Jap
Palau-Inseln
Truk-Inseln
KAROLINEN
Eniwetok-Inseln
GOLF VON BENGALEN
MALAYA
Singapore
SUMATRA
Palembang
BORNEO
CELEBES
Morotai
Noemfor
Biak
Wakde
JAVA-SEE
Batavia
JAVA
BALI
TIMOR
NIEDERL. INDIEN
INDISCHER OZEAN
Hollandia
NEU GUINEA
Admiralitäts-Inseln
Bismarck-Arch.
Rabaul
Neu-Britannien
Bougainville
SALOMONE
Guadalcanal
Pt. Moresby
KAP YORK
KORALLEN-MEER
Espiritu Sa
AUSTRALIEN
Sydney
NEU KALE
Größte Ausdehnung der japanischen Macht

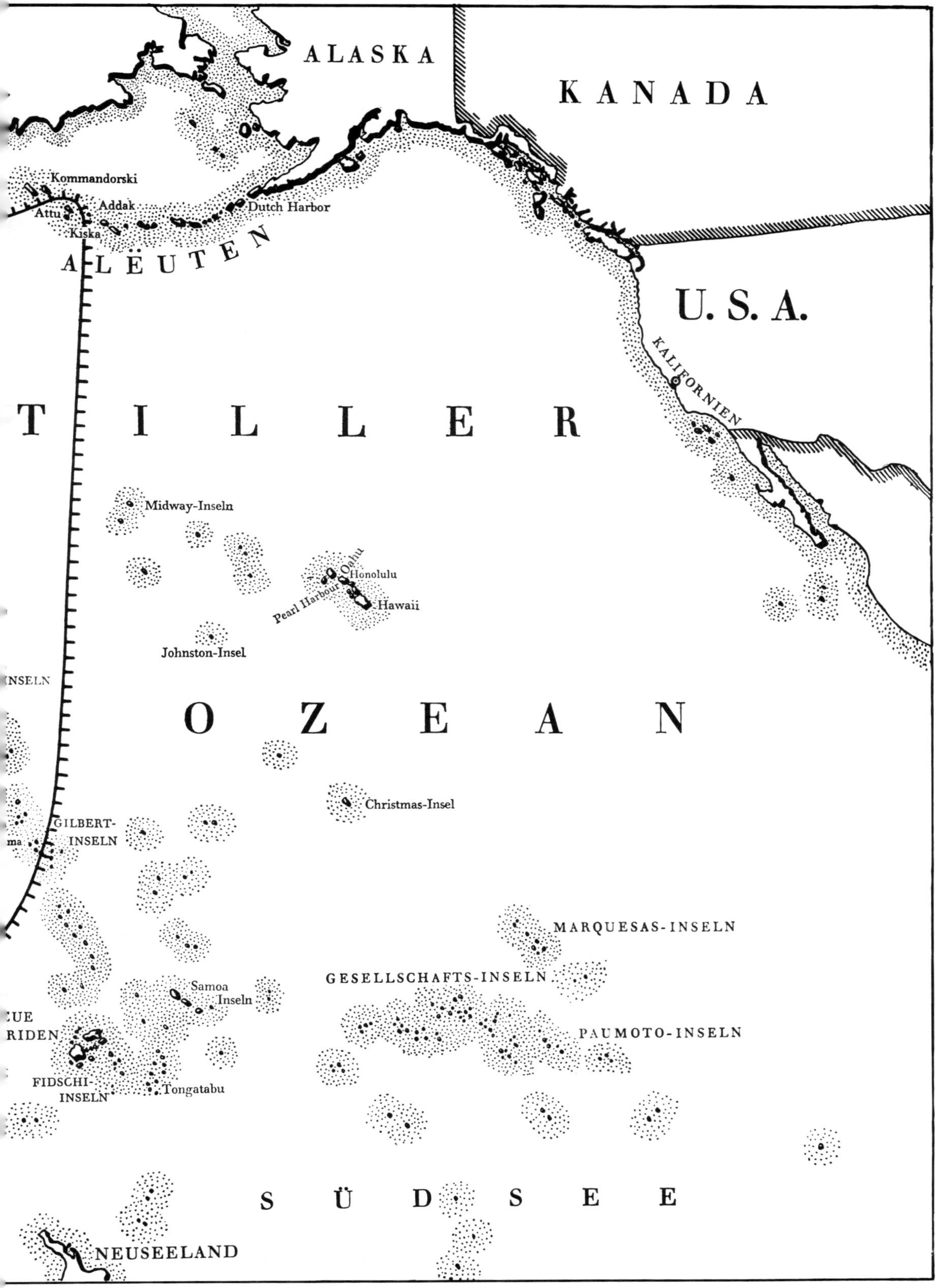

Der Kriegsschauplatz im Pazifik

Strategische Konzeptionen 1942

Gleich darauf eilte Churchill nach Washington, um sich zu vergewissern, daß die Vereinigten Staaten ungeachtet des japanischen Überfalles auf Pearl Harbor an den im *ABC-1-Staff-Agreement* vorgezeichneten Grundzügen der gemeinsamen Strategie festhielten und die »Englandhilfe« wie bisher zu leisten bereit waren.

156 Am 19. Dezember 1941 drangen italienische Torpedoreiter durch Netzsperren in den Hafen von Alexandria ein und setzten durch Sprengladungen die Schlachtschiffe »Valiant« und »Queen Elizabeth« sowie einen Tanker auf Grund.

Mit dem Premier reisten Beaverbrook, Pound und Portal, während Eden nach Moskau flog, Clement Attlee die laufenden Regierungsgeschäfte wahrnahm und Sir Alan Brooke, der neue *Chief of the Imperial General* Staff, den Oberbefehl ausübte. Das Treffen war ein ungewöhnliches Ereignis. Die britische Delegation blieb London fünf Wochen fern.

Churchill wohnte im Weißen Haus und hatte so Gelegenheit, täglich mit Franklin D. Roosevelt und Harry L. Hopkins, einem Freund und Berater des Präsidenten, zu sprechen, des öfteren auch Henry L. Stimson und Frank Knox, die für Heer und Flotte zuständigen Ressortchefs. Gemeinsam hörte man den Vortrag des Generals George C. Marshall.

Die Amerikaner bekannten sich rückhaltslos zum *ABC-1-Staff-Agreement* (»Germany first«). Strittig blieb freilich, wo die Offensive gegen den von Hitler beherrschten Raum ansetzen müsse. Die Briten wollten Nordafrika oder Südosteuropa den Vorzug geben. Den Amerikanern schien ein Angriff über den Kanal hinweg nach Frankreich erfolgversprechend.

Zur Bearbeitung dieser Fragen wurde ein gemeinsames Gremium, das *Combined Chiefs of Staff Committee* gebildet. Roosevelt bestimmte drei Stabschefs, General George C. Marshall (Army), Admiral Harold Stark (Navy) und General Henry H. Arnold (Air Force) zu Mitgliedern, Churchill delegierte Brooke, Pound und Portal.

Ihre Beratungen konnten die Forderungen der UdSSR nicht außer acht lassen. Stalin forderte von Eden eine »zweite Front«, dazu die Anerkennung der sowjetischen Grenzen vom 22. Juni 1941 (den Besitz der von Hitler dem Kreml überlassenen Gebiete samt der Nordbukowina), ferner Tilsit und Memel, Petsamo und Stützpunkte in Rumänien.

Unterdessen hatte Hull eine Erklärung entworfen, mit deren Annahme die auf zwei Dutzend Staaten angewachsene Anti-Hitler-Koalition (»United Nations«) separaten Friedensverhandlungen abschwören und die Grundsätze der »Atlantic Charta« anerkennen sollten. Dem Kreml wurde das Selbstbestimmungsrecht der Völker und Religionsfreiheit abverlangt. Großbritannien sollte den Dominien und Indien politische Entscheidungsfreiheit gewähren.

Blieben einzelne Puntke dieses Dokumentes immer strittig, so auch ein zwischen dem Deutschen Reich, Italien und Japan geschlossener »Nichtfriedensvertrag«. Die Dreierpaktmächte wollten auf Gedeih und Verderb zusammenhalten, ihr »Ständiger Rat« war jedoch nicht imstande, eine gemeinsame global-strategische Konzeption zu entwickeln.

157 Die bei Alexandria eingetretene Schwächung der Mediterranean Fleet ermöglichte vorübergehend einen optimalen Nachschub für die deutsch-italienische Armee in Nordafrika, so daß sie ihren Vormarsch wieder aufnehmen konnte.

Admiral Raeder skizzierte zwei Leitlinien des Handelns. Die eine führte über den Kaukasus zum Iran, die andere durch das Mittelmeer in den Nahen Osten. Jenseits dieser Räume, in Afghanistan oder Indien, würden die Achsenpartner dann mit den Japanern zusammentreffen und einen fast erdumspannenden Rohstoffgürtel beherrschen.

158 Admiral Erich Raeder (l.) dachte an eine Fortführung der Offensive aus dem Mittelmeerraum über den Nahen Osten bis zur Herstellung einer zusammenhängenden Rohstoffzone mit Japan. Admiral Karl Dönitz (r.) wollte durch Kriegserklärung an Amerika wiedergewonnene Operationsfreiheit im Atlantik für entscheidende U-Boot-Unternehmungen ausnützen.

159 U-Boot-Bunker an der französischen Atlantikküste. Britischen Bombenangriffen zum Trotz bildeten diese Betonbauten eine feste Basis für Operationen, die nunmehr bis in amerikanische Küstengewässer führten.

Für diese Vision sprach die veränderte Lage im Mittelmeer. Somerville kreuzte zur Zeit zwischen Madagaskar und Ceylon. Cunningham hatte alle Flugzeugträger und Schlachtschiffe seiner Flotte durch Angriffe der deutschen U-Boote »U 81« (Guggenberger) und »U 331« (Tiesenhausen) sowie auch italienische Zwei-Mann-Torpedos verloren, die unter dem Fürsten Valerio Borghese nach Alexandria eingedrungen waren.

Rommel stand vor Ain el Gazala. Kesselring hatte mit dem von Rußland nach Sizilien verlegten Fliegerkorps die Seewege nach Nordafrika sichern helfen und Malta bombardiert. Als Mussolini mit dem neuen Chef des italienischen Wehrmachtstabes, General Ugo Cavallero, in Kleßheim eintraf, forderten Hitler und Jodl einen raschen Stoß zum Suezkanal, der Duce jedoch zuvor die Eroberung von La Valletta.

Die Achsenpartner schlossen einen Kompromiß: zuerst sollte die deutsch-italienische Panzerarmee bis nach Ägypten vorstoßen (Unternehmen »Theseus«), dann der Angriff auf Malta folgen (Unternehmen »Herkules«). Rommel eröffnete seinen Angriff am 21. Februar 1942. Die Gazala-Stellung wurde aus den Angeln gehoben. Tobruk kapitulierte mit 32211 Commonwealth-Soldaten. In Sollum, Bardia und Marsa Matruch ergaben sich weitere 6000.

Doch inzwischen begann sich die Mittelmeerlage wieder zu verändern. Canaris meldete das Eintreffen amerikanischen Kriegsmaterials in Suez. Das deutsche Fliegerkorps war nach Rußland zurückgekehrt, obwohl seine Bomber Malta nicht endgültig niedergerungen hatten. Das Unternehmen »Herkules« mußte abgesagt werden. Das Gebot der Stunde schien die Vollendung der von Rommel eingeleiteten Offensive.

Operationen in Nordafrika

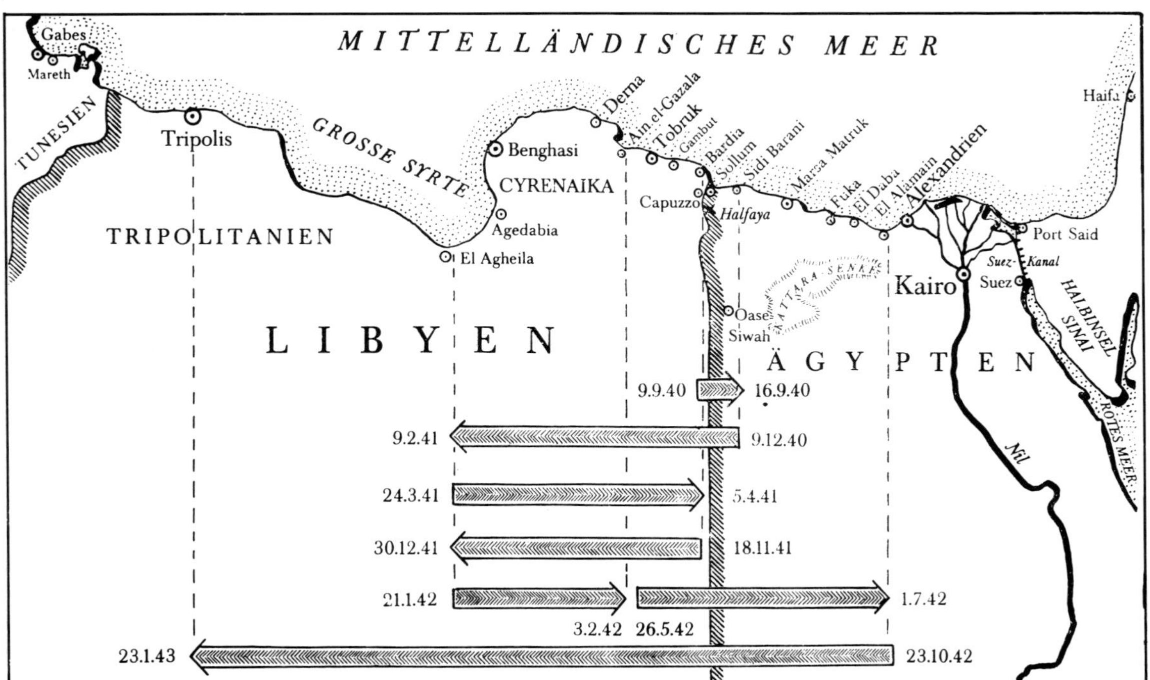

160 Die nach der unglücklichen »Bismarck«-Unternehmung in Brest versammelten und dort Bombenangriffen ausgesetzten Überwasser-Einheiten der Kriegsmarine wurden am 12. Februar 1942 im Geleit von Zerstörern und Torpedobooten durch den Englischen Kanal nach Norwegen verlegt. Sie sollten fortan die alliierten Eismeergeleite bekämpfen.

161 Bei den Fliegerverbänden, die die deutschen Schlachtschiffe abschirmten, gab es einen neuen Standardjäger, die Focke Wulf »FW 190«. Sie war auch über der englischen Küste einer »Spitfire« überlegen.

162 Ein deutsches Unterseeboot in Angriffsposition. Der Kommandant – ein Kapitänleutnant – am Periskop, das ihm als Zielgerät dient.

163 Torpedovolltreffer auf einem Transportschiff im britischen Geleit.

Gläser
Farb-
-10°
Drücken
A Z

Doch nach zwei Tagen lag die deutsch-italienische Panzerarmee bei El Alamein fest. Rommel hatte nur noch 55 Kampfwagen. 77 Geschütze, 63 Pak und 2000 Mann Infanterie. Vor ihm aber standen nicht nur die Reste der geschlagenen 8. Armee (Auchinleck), sondern auch frische Commonwealth-Truppen, gut versorgt über die von Alexandria nach Westen führende Asphaltstraße.

164 Vernichtet: Ein mexikanischer Tanker wurde in der Karibik von einem Unterseeboot torpediert.

Nicht allein in diesem Zusammenhang, sondern weltweit hatten der schwerpunktmäßige Kräfteaufbau und die damit einhergehenden Zufuhren ausschlaggebende Bedeutung. Die amerikanische Produktion war sprunghaft angestiegen. Ihre Erzeugnisse wurden nach Suez, Abadan, Murmansk und anderen Häfen verschifft. Der Tonnagekrieg näherte sich daher neuen Höhepunkten.

Dönitz hatte die größeren deutschen U-Boote zur Küste Amerikas geschickt, wo sie dem Gegner, der gerade mit 52,8 Milliarden Dollar die umfangreichste Mobilmachung seiner Geschichte in Gang setzte, empfindlichen Schaden zufügten (Unternehmen »Paukenschlag«). »U 552« (Topp), »U 124« (Mohr) und »U 123« (Hardegen) meldeten die größten Erfolge.

Überwassereinheiten nahmen an der Atlantikschlacht nicht mehr teil. Nach über 300 Angriffen des *Bomber Command* (Peirse) verlegte das »Brest-Geschwader« (Ciliax) vom 11. bis 29. Februar 1942 durch den Englischen Kanal zurück in die Nordsee (Unternehmen »Cerberus«). Dort erhielten »Scharnhorst« (Hoffmann) und »Gneisenau« (Fein) Grundminentreffer und wurde »Prinz Eugen« (Brinkmann) von einem britischen U-Boot torpediert.

Den mächtigen U-Bootbunkern von Brest, Lorient, St. Nazaire und La Pallice konnte das *Bomber Command* (Peirse) freilich wenig anhaben. Dönitz setzte seine Operationen mit 98 Einheiten zielbewußt fort. Ein verbessertes »Enigma«-Gerät, dessen zwölf Walzen neue Schlüsselbereiche schufen, bereitete den britischen Kryptikern in Bletchley Park ein überraschendes »black out«.

Im Laufe des März 1942 versenkten deutsche U-Boote 79 Schiffe mit 429 267 BRT, zwei Monate später 123 Schiffe mit 569 276 BRT. Doch da die Anglo-Amerikaner 7 Millionen BRT neuen Frachtraum – größtenteils *Liberty-Ships* – auf Kiel legten, mußte Dönitz bei Indienststellung von 19–20 Einheiten monatlich 600 000 BRT ausschalten, sollte der Zuwachs an feindlicher Tonnage gestoppt werden. Dies gelang nur einmal unter besonders günstigen Voraussetzungen.

165 Nach einer Geleitzugsschlacht. Die wenigen Überlebenden werden von einem der aufgetauchten U-Boote geborgen.

166 Henry John Kaiser demonstriert in Richmond/ Kalifornien, wie ein von ihm entworfenes Liberty Ship mit 10600 BRT nach der Kiellegung binnen 3–4 Tagen gebaut werden kann. Ab 1942 wurden 2770 dieser Frachter von den alliierten Handelsflotten übernommen.

167 Ein deutsches VIIc-Boot (761 t, 14 Torpedos, 6500 sm Reichweite) kehrt zu seiner Ausgangsbasis in der Biskaya zurück. Die Zeit naht, in der die Anglo-Amerikaner mehr Transportschiffe bauen, als deutsche Unterseeboote versenken können.

168 Bei verbesserter Versorgungslage durchbrach Rommel mit der deutsch-italienischen Armee den Sperriegel des Gegners in Libyen und nahm Tobruk.
Deutsche Panzerwracks bei El Ghazala.

169 Bei El Alamein kam der deutsch-italienische Vormarsch zum Stehen. Erneute Angriffe scheiterten unter schweren Verlusten.

Die Verfolgung der Juden

170 Erschießung von Juden bei Libau in Lettland am 15. Dezember 1941 durch ein Sonderkommando der Einsatzgruppe A.

Mit Hitlers Entscheidung für den Ostkrieg wurden die Judenmorde zu einem Unterfangen von strategischem Ausmaß. Die Ausrottungskampagne erwies sich durch Zielsetzung, Feindbild und Aufwand als ein Kriegsgeschehen per se. Einzugsgebiet der Opfer waren die deutschbesetzten Länder des Kontinents. Die meisten Tatorte lagen in Polen, den baltischen Republiken, der Ukraine und Rußland.
Mit der Verfolgung seiner rassistischen Ideen verwischte Hitler die Grenzen zwischen Innen- und Außenpolitik, deklarierte er den ideologisch motivierten Massenmord zum Agens der Kriegführung. Voraussetzungen gab es zur Genüge. Der im 19. Jahrhundert erneuerte Konsens einer völkerverbindenden Moral war erschüttert und die rechtsstaatliche Ordnung vielfach zerstört. Seit der bolschewistischen Revolution wurde das Liquidieren von Menschen als Realität hingenommen.
Schon vor dem Krieg hatte Hitler als Herr über Leben und Tod gewaltet; 1939 war von dem Diktator erstmals das Einschläfern eines anomalen Kindes befohlen worden. Seither überwachten NS-Reichsleiter Philipp Bouhler und SS-Sturmbannführer Karl Brandt ein »Euthanasieprogramm«. Bis 1940/41 waren dieser Aktion auf den Schlössern Grafeneck und Hartheim, in Brandenburg (Havel), Hadamar, Sonnenstein und Bernburg etwa 70300 Menschen zum Opfer gefallen, überwiegend Geisteskranke, auch Zigeuner und politische Gefangene.
Gab es dabei noch einen Anschein des Bedauerns, so war den Juden jahrelang nur haßerfüllte Drangsal beschieden. Als junger Mann hatte sich Hitler nach eigenem Bekunden »vom schwächlichen Weltbürger« zum fanatischen Antisemiten gewandelt. Anfänglich stützte sich sein Feindbild auf gängige Argumente. Bald aber empfand er gegenüber »dem Juden« nur noch blinde Wut, ausgespien mit Worten wie »Drohne«, »Ratte«, »Schmarotzer«, »Made«, »Spinne«, »Parasit« und »Völkervampyr«.
Obwohl von den 503000 deutschen Juden etwa 100000 am Ersten Weltkrieg teilgenommen hatten und 12000 gefallen waren, gaben ihnen radikale Antisemiten wie Joseph Goebbels und Julius Streicher die Schuld an Zersetzung und Niederlage, Zusammenbruch und Revolution (1918). »Hätte man«, schrieb Hitler, »... zwölf- oder fünfzehntausend dieser hebräischen Volksverderber ... unter Giftgas gehalten ..., dann wäre das Millionenopfer der Front nicht vergebens gewesen.« Schon damals tauchte die Vergasung als Mordidee auf.
Auch das internationale Börsenkapital und die bolschewistische Revolution, Fehlleistungen des Völkerbundes und der Wirtschaft lastete Hitler den Juden an. Die Nationen schienen ihm einer »Weltverschwörung«, »Weltdiktatur« und »Weltpest« des Judentums ausgesetzt. Sein Antisemitismus bekam einen universalmissionarischen Zug: »Indem ich mich des Juden erwehre, kämpfe ich für das Werk des Herrn.«
Hitler forderte, daß den Juden die staatsbürgerlichen Rechte aberkannt und öffentliche Ämter verschlossen würden. Seine Regierungspolitik ging noch weiter. Sie führte vom Boykott jüdischer Geschäfte (1933), den Nürnberger Rassegesetzen (1935) und dem Pogrom der »Reichskristallnacht« (1938) zu Berufsverboten. Da trotz unablässiger Hetze nicht mit

171 Die im Babij Jar bei Kiew zusammengedrängten Juden – Männer, Frauen und Kinder – unmittelbar vor ihrer Ermordung durch den deutschen SD.

einer spontanen Austreibung durch »zornige Volksmassen« zu rechnen war, wurde Heydrich erstmals am 24. Juni 1939 beauftragt, eine »Endlösung« herbeizuführen.
Bis zum Kriegsbeginn hatten 270000 deutsche Juden das Reich verlassen. Viele andere folgten ihnen auf Wegen über Rußland, China und Japan, Italien und die Türkei, Frankreich, Spanien und Portugal. Heydrich ließ den Exodus anfangs durch das Referat IV D4 des Reichssicherheitshauptamtes unter dem SS-Hauptsturmführer Adolf Eichmann fördern.
Bald wurde die »Endlösung« begrifflich weiter gefaßt. Hitler hatte schon am 31. Januar 1939 den Juden die totale »Abrechnung« angedroht, wenn es ihnen gelänge, wieder »einen Weltkrieg zu entfesseln«. Der Diktator war überzeugt, daß seine Gegenspieler, die Staatsmänner in London und Washington vom »Weltjudentum« gekauft seien. Demnach schien es ihm zweckmäßig, alle greifbaren jüdischen Elemente wie Geiseln zu behandeln.
Um den vollen Ernst dieser Politik zu demonstrieren, ließ Hitler Ende September/Anfang Oktober 1939 zahlreiche polnische Juden erschießen und die Masse in den von Krüger ausgebauten Ghettos einpferchen, insgesamt etwa 1,3 Millionen. Das Exilkabinett des Generals Sikorski war durch Angehörige der Résistance unterrichtet, fand aber mit Appellen an die Alliierten und den Vatikan kaum Gehör.
Unterdessen drängten Heydrich und Eichmann die deutschen Juden weiter zur Auswanderung. Ohne den Gedanken an ihre Geiselfunktion aufzugeben, wollte man die Minderheit nach Madagaskar deportieren. Ribbentrop hatte von seinem französischen Amtskollegen gehört, daß auch Vichy die »Israeliten« dorthin abzuschieben gedenke. Rosenberg machte sich den Gedanken zueigen. Hitler erwog ihn zuweilen.
Da England den Krieg fortsetzte, blieb es bei der Geiselhaltung. Inzwischen hatte man die Juden in nationalsozialistisch beherrschten Ländern den Kriminellen gleichgestellt, zur Zwangsarbeit verpflichtet, ihnen Ausgangsverbote, Lebensmittelkürzungen und Abgaben auferlegt, die Rundfunkempfänger genommen und das Reisen verboten. Befreundete und abhängige Regierungen wurden ersucht, ebenso zu verfahren.
Für Hitlers Absicht, den Kontinent – die Ausgangsbasis der »hebräischen Weltverschwörung« – »judenfrei« zu machen, fand sich im Krieg gegen die UdSSR eine günstige Gelegenheit. Die Juden wurden als Urheber des Bolschewismus abgestempelt, was bei leiderfahrenen Völkern Mittelosteuropas Wirkung tat. Ihr Antisemitismus entflammte angesichts sowjetischer Massenmorde, die man jüdischen Kommissaren zuschrieb. Mit und ohne Lenkung des deutschen SD kam es zu Pogromen.
Die von Heydrich gebildeten Einsatzgruppen hatten mit ihrer Vernichtungskampagne begonnen. Landeseigene Hilfspolizei half den Exekutoren. Zu den Höhepunkten der Massaker gehörte die Erschießung von 33771 Juden in der Senke von Babij Jar bei Kiew am 29./30. September 1941. Bis zum Frühjahr 1942 ermordeten die SD-Kommandos in der UdSSR schätzungsweise 353000 Menschen.
Wann Hitler seine »historische Mission«, die »letzte Abrechnung« mit den Juden zu vollenden beschloß, ist umstritten. Der Wille dazu war latent vorhanden. Ein mündlicher Befehl, auf den sich Vollstrecker später beriefen, erging vermutlich im Juli 1941, nachdem Roosevelt seinen »unerklärten

172 Sammeltransport deutscher Juden ins Generalgouvernement (Polen).

173 Auf der »Rampe« des Konzentrationslagers Auschwitz-Birkenau. Männer und Frauen werden von SS-Leuten zum Zwecke der »Selektion« getrennt.

Krieg« gegen Deutschland verschärft hatte und die Geiselhaft der mittel- und westeuropäischen Juden offenbar ohne Wirkung war.

Am 31. Juli 1941 wurde Heydrich von Göring beauftragt, die »erforderlichen Vorbereitungen« zu treffen. Sie galten als »geheime Reichssache«, denn die mißlungene Geheimhaltung des Euthanasie-Programmes, das Mitte August abgebrochen werden mußte, mahnte zur Vorsicht. Einige Spitzenfunktionäre schwankten. Rosenberg, Frank und Kube dachten weiter an ein Abschieben der Juden über den Ural; Hitler selbst kam nochmals auf den Madagaskarplan zu sprechen. Aber die »territoriale Endlösung« war nicht mehr zu verwirklichen, der Weg zu fernen Deportationsgebieten durch Großbritannien blockiert.

Die vorgesehenen Maßnahmen schritten konsequent voran. Am 1. September 1941 wurde durch Polizeiverordnung der Judenstern als Stoffabzeichen eingeführt. Der Gestapochef, SS-Gruppenführer Heinrich Müller, erinnerte in einem Runderlaß an Himmlers Anordnung, den weiteren Exodus der Juden zu verhindern. Am 14. und 24. Oktober unterzeichnete SS-Gruppenführer Kurt Daluege die ersten Deportationsbefehle.

Für den Abtransport sorgten die Stapoleitstellen unter Mitwirkung einer »Reichsvereinigung der Juden in Deutschland« und ihrer Ordner. Bei Ausgabe der Verschickungsbescheide wurde erklärt, daß die betroffenen Personen zum Arbeitseinsatz nach Polen oder Rußland kämen. Sie wehrten sich nicht, aber viele begingen Selbstmord (in Berlin 208 von 717). Im November verließen Sonderzüge die Reichshauptstadt, Hannover und Bremen, Dortmund, Düsseldorf und Köln, Aachen und Luxemburg, Frankfurt, Mannheim und Stuttgart, München und Wien, Prag, Brünn und Theresienstadt.

Die meisten Deportierten wurden Betrieben in Warschau und Lódź als Arbeitskräfte zugewiesen. Viele, vorwiegend Juden aus kleineren deutschen Gemeinden, gerieten jedoch Ende des Monats in Todesfallen des Baltikums und wurden dort unter Aufsicht der Einsatzgruppe A (Stahlekker) am »Rigaer Blutsonntag« von SS-Leuten und landeseigener Miliz erschossen. Andere starben im Kehlgraben des Kauener Forts IX.

Die Verwirrung bei den Parteidienststellen und Behörden, denen keine eindeutigen Erlässe vorlagen, erforderte klärende Worte. Heydrich hatte daher am 9. Dezember 1941 eine Besprechung anberaumt. Sie fand aber erst am 20. Januar 1942 im Haus der Interpol am Berliner Großen Wannsee statt. Anwesend waren außer dem Chef des Reichssicherheitshauptamtes auch Müller und Eichmann, die Repräsentanten der Kanzleien und verschiedener Ministerien.

Heydrich erinnerte an seine Beauftragung durch Göring. Bisher, sagte er, sei die Judenpolitik in zwei Phasen verlaufen, als »Zurückdrängung« und »Auswanderung«. Nun ergebe sich eine »weitere Lösungsmöglichkeit«, die »Evakuierung ... nach dem Osten«. Die Juden sollten »in geeigneter Weise ... unter Trennung der Geschlechter ... straßenbauend« zum Arbeitseinsatz kommen. Dabei werde »zweifellos ein Großteil durch natürliche Verminderung« ausfallen. Den »Restbestand« müsse man »entsprechend behandeln«.

Heydrichs »tarnende Sprache« ließ keinen Zweifel an den mörderischen Absichten des Unternehmens. Kurze Fragen zeigten, daß die Konferenzteilnehmer ihn verstanden hatten. Jede Widerrede schien sinnlos, da der

174 SS-Obergruppenführer Reinhard Heydrich (l.) war von Göring mit der »Endlösung« des »jüdischen Problems« beauftragt. Auch entsandte man ihn als Stellvertretenden Reichsprotektor nach Prag. In Begleitung von SS-Gruppenführer Karl Hermann Frank besuchte er auf dem Hradschin eine Feierstunde, kurz bevor ihn aus Großbritannien eingeflogene Tschechen ermordeten.

175 Nach Estland deportierte Jüdinnen müssen sich entkleiden, werden von Hilfspolizisten zum ausgehobenen Massengrab geführt und erschossen.

Chef des Reichssicherheitshauptamtes sich auf höhere Anordnung berief. Die Anwesenden erfuhren, daß Hitler selbst den Anstoß zu der Aktion gegeben hatte, nahm er doch 1942 dreimal zur Judenfrage öffentlich Stellung: in seiner Neujahrsbotschaft, mit einem Grußwort an die NSDAP und aus Anlaß der Wiedereröffnung des Winterhilfswerks.
Man fragte sich, wie Millionen Menschen schnell und unauffällig beseitigt werden könnten. Die Einsatzgruppen hatten mit ihrem Vorgehen große Teile der Bevölkerung erschreckt und Soldaten jeder Couleur tief empört, so daß einige Befehlshaber von der Truppe Verständnis für die »harte, aber gerechte Sühne« an Juden forderten und Soldaten zu Erschießungen abordneten. Eine Massenexekution, die Nebe bei Minsk arrangierte, bewog den anwesenden Himmler, neue Wege zu suchen. Doch Sprengstoffexperimente scheiterten, und die Verwendung umgebauter LKW, deren Motorabgase in das Wageninnere geleitet wurden, erwies sich als unzweckmäßig.
Der Gedanke, Tiere und Verbrecher zu vergasen, war nicht neu. Ärzte und Strafvollzugsorgane vieler Länder, sogar Theologen diskutierten ihn. In Deutschland hatte man entsprechende Verfahren zur »Euthanasie« angewendet. Kriminaloberkommissar Christian Wirth, einer der Vollstrecker des Programmes, übermittelte seine Erfahrungen dem Höheren SS- und Polizeiführer des Judenreservats. Himmler und das Reichssicherheitshauptamt nahmen sie zur Kenntnis.
Man entschloß sich zur Anwendung des »Zyklon B«, eines Blausäurepräparates. SS-Obersturmbannführer Rudolf Höß, dem Himmler im Sommer 1941 befohlen hatte, einen Platz für die Massenvernichtung der Juden vorzubereiten, erprobte diesen todbringenden Kristall an Gefangenen in Auschwitz. Das von der SS gemeinsam mit Firmen wie dem IG-Farben-Konzern errichtete Arbeitslager, dessen Werkanlagen zur Herstellung synthetischen Gummis dienen sollten, wurde eine Tötungsanstalt.
Zuvor hatte das Wirtschafts- und Verwaltungshauptamt der SS (Pohl) bereits in Chelmno, Belzec, Sobibor, Treblinka und Lublin (Majdanek) ortsfeste Kammern einbauen und als Desinfizierungsräume tarnen lassen. Wirth tötete dort Juden mit Kohlenmonoxyd. Auf Empfehlung des SS-Hauptsturmführers Karl Fritzsch wurde dieses Gift nun allgemein durch »Zyklon B« ersetzt. Die Industrialisierung der Mordkampagne (»Einsatz Reinhard«) bewirkte SS-Brigadeführer Odilo Globocnik, den sich Himmler direkt unterstellt hatte.
Trotz umfangreicher Ermittlungen und Belege liegen Einzelheiten noch im Halbdunkel. Die aus allen Gebieten des nationalsozialistischen Machtbereichs antransportierten Juden wurden auf den Rampen des Todeslagers von SS-Ärzten »selektiert«. Wer arbeiten konnte, erhielt eine Gnadenfrist. Alte und schwache Menschen führte man vorgeblich zur Desinfizierung in die Kammern. Exekutoren warfen den amethystblauen Kristall durch Öffnungen ein, worauf das freiwerdende Gas verströmte. Abgeriegelte Stahltüren verhinderten die Flucht.
Die Aktion war »geheime Reichssache«. Indiskretionen wurden streng geahndet. Gleichwohl umlaufende Gerüchte stießen auf Unglauben. Tatsächlich ist die Beseitigung der Opfer bis heute nicht einwandfrei geklärt. Goebbels verzeichnete in seinem Tagebuch »ein ziemlich barbarisches und nicht näher zu bezeichnendes Verfahren ..., das nicht allzu auffällig wirkte«. Man dürfe »in diesen Dingen keine Sentimentalität obwalten

lassen ...« »Auch hier wieder«, fügte er hinzu, sei Hitler »der unentwegte Vorkämpfer und Wortführer« der »radikalen Lösung«.

An Versuchen, das Massenmorden zu beenden, hat es nicht gefehlt. Sogar SS-Leute bemühten sich darum. Doch das Ausland reagierte kaum. Der Papst schwieg. Die Hilfsbereitschaft der Schweiz und Schwedens hielt sich in Grenzen. Eine im April 1943 auf den Bermudas tagende Geheimkonferenz der Alliierten verlief ergebnislos.

Wie viele Juden umgebracht wurden, konnte nicht genau ermittelt werden. Schätzungen bewegen sich zumeist zwischen 4 und 6 Millionen. Die genaue Zahl wäre auch dann, wenn man ihr näherkommen sollte, nur eine abstrakte Ziffer, geeignet, die bei modernen Menschen ohnehin geschwächte Fähigkeit des Mitempfindens für Angst und Verzweiflung, Not und Schmerz herabzustimmen. Nicht die Statistik, sondern der Vorgang als solcher hat Gewicht, mögen Trauer, Scham und echtes Betroffensein noch so gefährlich nahe neben neue Ressentiments, kalkulierte Bußforderungen und Haßparolen geraten.

176 Eine von Heydrich bevorzugte Methode des Judenmordes war die »natürliche Verminderung«. Verhungernde Jugendliche im Warschauer Ghetto.

NS-Herrschaft 1942

177 Appell im Konzentrationslager Sachsenhausen bei Oranienburg nördlich von Berlin.

In Deutschland gab es keine rechtskräftige Verfassung mehr. Das Verordnungswesen war entgegen den Bemühungen des Reichsinnenministers Wilhelm Frick heillos zerrüttet, die herkömmliche Verwaltung von revolutionären Gremien überlagert. Unter personalpolitischer Aufsicht Bormanns beherrschte die Partei den gesamten Staatsapparat. An der Spitze von Reichsverteidigungsausschüssen dirigierten NS-Gauleiter nahezu alle Zweige des öffentlichen Lebens.

Hitler hatte immer zur »Korrektur der Justiz« gedrängt. Der Krieg ermöglichte ihm die Verschärfung des materiellen politischen Strafrechts. Rundfunk, Wirtschafts- und Volksschädlingsverordnungen definierten neue Straftatbestände. Schnellverfahren wurden entwickelt, die Verteidigung eingeschränkt, das Strafmaß verschärft. Konnte ursprünglich nur bei 3 Delikten auf Todesstrafe erkannt werden (1933), so gab es nun 46 todeswürdige Verbrechen (1942). Die Zahl der Hinrichtungen stieg von 926 (1940) auf 3002 (1942).

Mittlerweile gab es 109 Konzentrationslager. Ihre Belegstärke war zeitweise rückläufig; sie lag 1942 durchschnittlich bei 88000 Häftlingen. Trotz hoher Sterblichkeitsraten sollte sich diese Zahl jedoch verdreifachen, besonders durch Ausländer. Denn der illegale Freiheitsentzug diente nicht mehr der politischen Umerziehung, sondern dem Arbeitseinsatz in SS-eigenen Betrieben und freien Gewerbeunternehmen.

Am 2. Februar 1942 war Fritz Todt durch Flugzeugabsturz ums Leben gekommen. Sein Nachfolger Albert Speer bekam Vollmachten zur Steigerung der Rüstungsproduktion. Sie entsprach auch den Forderungen von Erhard Milch, der neue Fertigungsprogramme für Flugzeuge durchsetzte, nachdem Ernst Udet aus Irrtümern und Fehlentscheidungen die Konsequenzen gezogen und Selbstmord verübt hatte.

Neben dem »Altreich« war das Protektorat Böhmen und Mähren eine wichtige Rüstungsbasis. Anfang 1942 wurden hier 22%–33% aller deutschen Transporter und Panzerkampfwagen sowie 40% der Maschinenwaffen produziert. Obwohl die Sowjets zahlreiche Agenten einschleusten, nahmen die Sabotageakte kaum zu. Ein Bummelstreik veranlaßte Hitler jedoch, den SS-Obergruppenführer Reinhard Heydrich als stellvertretenden Reichsprotektor nach Prag zu schicken.

Er ließ den ehemaligen tschechoslowakischen Ministerpräsidenten Alois Eliáš zum Tode verurteilen, etwa 4000 Personen festnehmen und 404, darunter auch deutsche Parteigenossen und Schwarzhändler, hinrichten, andererseits jedoch die Arbeiterschaft durch erhöhte Lebensmittel- und Spinnstoffzuteilungen, Prämien und verlängerten Urlaub zu größeren Anstrengungen bewegen. Diese Politik hatte Erfolg. Die Rüstungsproduktion wurde erheblich gesteigert.

Unterdessen beschloß die 1939 nach London ausgewichene und nunmehr als Exilregierung anerkannte Gruppe um den ehemaligen Staatspräsidenten Edvard Beneš, Heydrich zu beseitigen. Ihre Motive waren vieldeutig. Man wollte Sympathien für ihn ersticken, das eigene Ansehen aufbessern, vielleicht auch die Fahndungen nach Paul Thümmel, einem nützlichen Konfidenten des geheimen Nachrichtendienstes, erschweren.

178 Im Laufe des Jahres 1942 wurden KZ-Häftlinge – an gestreiften Anzügen kenntlich – zur Fabrikarbeit herangezogen. Vierter von rechts der neue Rüstungsminister Albert Speer.

aftigkeit
Opfersinn
und

Von einem tschechischen Kommandotrupp, der an Fallschirmen über Böhmen absprang, konnten sich zwei Feldwebel nach Prag durchschlagen und das Attentat verüben. Am 4. Juni 1942 erlag Heydrich seinen Verletzungen. Beratungen der schnell zusammentretenden SS-Gruppenführer Frank, Müller, Nebe, Daluege und Schellenberg hatten kein Ergebnis. Darauf befahl Hitler Massenhinrichtungen. Man erschoß einige hundert Personen, darunter 188 Männer aus dem Dorf Lidice.

Die Entwicklung im besetzten Polen verlief anders. Im Unterschied zu Beneš war Sikorski von vornherein der legale Regierungschef einer mit England verbündeten Macht, die Hilfe beanspruchen konnte. Sein Land war durch Unterzeichnung der »Atlantic-Charter« zum Mitglied der »Vereinten Nationen« geworden. Man hatte die Exilpolen in das amerikanische Leih-Pacht-Programm einbezogen und ihnen erlaubt, Beobachter in Sitzungen der *Combined Chiefs of Staff* zu entsenden.

Auch der Unterhalt eigener Truppen und Fliegerstaffeln ermöglichte Sikorski, entscheidenden Einfluß auf den in Polen entstandenen Kampfbund, die »*Armia Krajowa* – Landesarmee« unter General Stefan Rowiecki zu nehmen. Diese Organisation bestand aus »Zügen« zu 25–30 Kämpfern und zählte 1942 etwa 55000 Männer und Frauen, sollte aber erst losschlagen, wenn die Alliierten nach Mittelosteuropa vorstießen.

Das Verhältnis zwischen Polen und Sowjets war problematisch. Sikorski hatte mit der UdSSR diplomatische Beziehungen angeknüpft und erreicht, daß ein in Rußland aufgestellter Verband unter General Wladyslaw Anders die Grenze zum Iran überschreiten und sich den Briten anschließen durfte. Das Verlangen der Exilregierung, alle Ostpolen ausreisen zu lassen, wies Stalin schroff zurück.

Die von ihm einst liquidierte und nun wiederbegründete Kommunistische Partei Polens repräsentierte sich als eigentliche Widerstandsorganisation. Sie fand aber wenig Anklang, so schwer es der Bevölkerung auch fiel, das ihr von Hitler, Himmler und Frank aufgezwungene Joch zu tragen, denn zunehmend wurde das Generalgouvernement von seinen Ausbeutern als Agrarproduzent und Arbeitskräftereservoir angesehen.

Frank forderte Korrekturen. Ein Katalog, den er ins Führerhauptquartier leitete, führte Klage über Unterernährung der Menschen, Beschlagnahme großer Teile des Grundbesitzes, Enteignung vieler Unternehmen, Polizeiwillkür, Zwangsarbeit, Lähmung des kulturellen Lebens, Schließung höherer Lehranstalten, Abdrosselung der landeseigenen Administration und Beschneidung des kirchlichen Einflusses. Hitler beauftragte Himmler und Lammers mit der Prüfung, aber nichts geschah.

Ähnlich wie Frank erging es Rosenberg an der Spitze des Reichsministeriums für die besetzten Ostgebiete. Mit Ausnahme von Territorien, die Finnland, Rumänien und dem Generalgouvernement überlassen oder als »Rückwärtiges Heeresgebiet« abgeteilt wurden, gliederte sich der Länderkomplex in zwei Reichskommissariate: »Ukraine« (Koch) und »Ostland« (Lohse). Letzteres umfaßte die Generalkommissariate »Estland« (Litzmann), »Lettland« (Drechsler), »Litauen« (Renteln) und »Weißrußland« (Kube).

Der NS-Gauleiter Erich Koch entließ aus einer Dienststelle rechtlich denkende Nationalsozialisten und behandelte die Ukrainer als »Negervolk«. Dagegen schonte Hinrich Lohse die in den baltischen Republiken

179 General Wladyslaw Sikorski, Premier der polnischen Exilregierung und Oberbefehlshaber ihrer Streitkräfte, stürzte auf dem Höhepunkt der Katynkrise am 5. Juli 1943 bei Gibraltar mit einer Boeing B-24 D »Liberator« ins Meer. Alle Insassen des Flugzeugs außer dem tschechischen Piloten fanden den Tod.

180 Anführer der kommunistischen Partisanen in Jugoslawien: (v.r.n.l.) Josip Broz-Tito, Aleksander Ranković und Edvard Kardelj.

eingesetzten »Generalräte«, Auftragsverwaltungen unter Hjalmar Mäe (Estland), Oskars Dankers (Lettland) und Petras Kubiliunas (Litauen). Am 19. März 1942 verkündete Rosenberg eine begrenzte Autonomie ihrer Territorien.

Der Ostminister des Reiches war ideologisch befangen wie Frank und Koch. Er duldete jedoch, daß Pragmatiker unter seinen Mitarbeitern zu vernunftgemäßen Schritten drängten. Angesichts der Partisanengefahr, auch wegen einer zunehmenden Desillusionierung breiter Bevölkerungsschichten, die in den Deutschen zuerst Befreier gesehen hatten und nun enttäuscht waren, mußte sich das Besatzungsregime mäßigen.

Allein schon das Nebeneinander selbständiger Instanzen stand dem entgegen. Außer Rosenberg, den Reichs-, General- und Gebietskommissaren verfolgten noch andere Machthaber ihre eigene Ostpolitik. Bormann und Lammers übermittelten Hitlers Willensbekundungen. Göring meldete sich als Bevollmächtigter des Vierjahresplanes. Himmler förderte die Schrekkensherrschaft seiner Höheren SS und Polizeiführer. Sauckel verschleppte Millionen von Zwangsarbeitern nach Deutschland.

Himmler genehmigte das Konzept für eine gänzlich abwegige »Volkstumspolitik«. Die Handhabe dazu sollte der am 12. Juni 1942 ausgefertigte »Generalplan Ost« werden. Demzufolge wären Tschechen, Polen, Ukrainer, Weiß- und Großrussen in transuralische Gebiete deportiert worden. Der gedachte Abschiebungsraum blieb jedoch außer Reichweite, auch standen »germanische Neusiedler«, um die man aufwendig warb, kaum zur Verfügung.

Mittlerweile hatte sich ohne offizielle Genehmigung eine Zusammenarbeit zwischen dem deutschen Militär und Teilen der Zivilbevölkerung angebahnt. Bei vielen Truppenteilen dienten Hilfswillige (»Hiwis«) als Fahrer, Troßknechte und Handwerker, sprach- und wegekundiges Personal. Schutzmannschaft (»Schuma«) aus der Ukraine, Weißrußland und den baltischen Republiken kämpfte gegen Partisanen.

Die Freischärler hielten sich in schwer zugänglichen Gebieten verborgen. Viele der in den großen Kesselschlachten gefangenen Rotarmisten hatten auf ihren Elendsmärschen den Hunger- und Seuchentod vor Augen gesehen und darum bei ersten Gelegenheit die Flucht ergriffen. Zusammen mit Menschen, die nicht Zwangsarbeiter werden wollten oder als Juden den Mordkommandos entkommen waren, bildeten sie häufig die Mehrzahl der Partisanen.

Die verstreuten Scharen wurden unter Aufsicht eines Moskauer Zentralstabes unter Pantelejmon K. Ponomarenko gesammelt und bewaffnet. Anfang 1942 entstanden hinter der deutschen Front auch die ersten Partisanenflugplätze. Solange nur wenige Nachschubgüter eingeflogen werden konnten, erpreßten die Freischärler ihre Verpflegung von der bäuerlichen Bevölkerung.

Die UdSSR suchte den Partisanenkrieg auf alle Länder des Kontinentes auszudehnen. Als Leitorgan diente das Exekutivbüro der Komintern. Ihre Außenstellen hatten die Schonzeit des deutsch-sowjetischen Einvernehmens gut überstanden und traten daher schnell in Aktion. Dabei wurden von den Agenten patriotische Absichten hervorgekehrt und das Endziel, die kommunistische Machtergreifung, verschwiegen.

Ein Sonderfall war Südosteuropa, wo seit alters nichtkommunistische

181 Von Deutschen, Italienern, Kroaten und jugoslawischen Četniks angegriffen, ziehen sich Titos Partisanen mit ihren Verwundeten, Ruhr- und Typhuskranken über die Berge in entlegene Gebiete zurück.

182 Griechische Partisanen in ihrem Versteck auf Kreta. Links ein Verbindungsoffizier des britischen Special Air Service.

Banden von Heiduken, Komitatschi, Četniks und Klephten zu den Waffen griffen. Zunächst bekamen dies Besatzungstruppen aus Italien und Kroatien, Ungarn und Bulgarien zu verspüren. In der Šumadija, auf Kreta und dem Peloponnes hatten auch deutsche Soldaten darunter zu leiden.

Der Kampf wurde mit balkanischer Grausamkeit geführt. Aufgrund eines von Keitel 1941 unterzeichneten Befehls reagierte die Truppe durch Geiselerschießungen im Verhältnis 1:50 oder 1:100. Bei Kragujevać und Kraljevo exekutierten Erschießungskommandos des Heeres 2300, später weitere 1700 Serben. Zur Sühne für 79 ermordete deutsche Gefangene verloren 689 Griechen aus Kalawrati ihr Leben. Eine ungarische Truppe füsilierte am Donau-Ufer von Novisad 3309 Komitatschi.

Durch das Eingreifen der Kommunisten, aber auch einer englischen *Special Operations Executive* bekamen die Kämpfe zum Teil bürgerkriegsartigen Charakter. In Griechenland fielen Republikaner, Royalisten und Moskowiter übereinander her. In Jugoslawien wandten sich Partisanen des Kominternagenten Josip Broz-Tito gegen Četniks der königlichen Exilregierung, die Montenegriner des Majors Dobroslav Javdejević sowie Ustaši und Domobranen aus dem Kroatien von Ante Pavelić.

In Westeuropa fehlten die geographischen und sozialen Voraussetzungen des Partisanenkrieges, auch übte Deutschland hier fast allein das Besatzungsrecht aus. De Gaulle kam nur bedingt zum Zuge, solange England die Vichy-Regierung schonte und Amerika mit ihr diplomatische Beziehungen unterhielt. Die Widerstandsbewegungen waren mehr »Mouvement« als durchorganisierte »Résistance«.

Die kommunistische Partei Frankreichs bediente sich dialektischer Methoden. Das Zentralkomitee wollte die Besatzungsmacht durch Bluttaten zur Überreaktion reizen und diese dann der indolenten Bevölkerung als Ungeheuerlichkeit vor Augen führen. Nach ersten Morden an deutschen Soldaten wurden in Bordeaux, Nantes und Châteaubriant 96 Männer erschossen, anschließend drei Wehrmachtangehörige, die sich geweigert hatten, daran teilzunehmen.

Hitler traute den Franzosen nicht. Er hatte den bisherigen Militärbefehlshaber wegen »Laurigkeit« durch General Karl-Heinrich von Stülpnagel ablösen lassen und Himmler zur Straffung der Besatzungspolitik herangezogen. Nach der Ernennung des SS-Brigadeführers Carl Albrecht Oberg zum Höheren SS und Polizeiführer schien sich die Lage zu entspannen. Die Zahl der Geiselerschießungen ging zurück. Die Résistance wuchs jedoch unaufhörlich.

Midway 1942

Während Churchill und Roosevelt über ihre gemeinsame Strategie sprachen und erneut bekräftigten, daß dem Ringen um Europa, vor allem Deutschland, der größte Kraftaufwand gelten müsse, rechnete Japan mit einer gegenteiligen Entscheidung. Ein Bombenangriff auf Tokio am 18. April 1942, den die beiden intakt gebliebenen Flugzeugträger der amerikanischen Pazifikflotte ermöglichten, führte das Inselreich zu dieser Fehleinschätzung.

Im Kaiserlichen Hauptquartier wurde um neue Prioritäten gerungen. Der Heeresstab (Sugiyama) forderte die Wiederaufnahme des Angriffs in China bei defensivem Verhalten auf See. Der Admiralstab (Nagano) wollte Australien, die vermeintliche Basis einer künftigen Gegenoffensive des Gegners, erobern. Dem Flottenstab (Yamamoto) war bewußt, daß Amerika in Pearl Harbor keine vernichtende Niederlage erlitten hatte und daher diese Entscheidung noch zu suchen sei.

Bei den Beratungen setzte sich die Marine mit ihren Ansichten durch. Um weitere Bombenangriffe auf das Inselreich zu verhindern, sollte die Sicherheitszone im Pazifik ausgedehnt werden. Nagano und Yamamoto schlossen einen Kompromiß. Zur Unterstützung laufender Operationen im Vorfeld des Australkontinentes wurden drei Flugzeugträger entsandt. Sie sollten der Vereinigten Flotte wieder zur Verfügung stehen, sobald diese den Hauptstoß führte.

Yamamoto wollte von Pearl Harbor als Operationsziel absehen, weil dort nicht noch einmal mit dem Überraschungseffekt zu rechnen war. Er suchte und fand ein anderes Objekt: Midway. Ein Verlust dieser Inselgruppe mußte die amerikanische Pazifikflotte zur Schlacht herausfordern, weil sonst nicht nur Hawaii, sondern auch der Seeweg zwischen Kalifornien und Australien durch die Japaner bedroht war.

Nagano und Yamamoto bekamen es mit einer neuen amerikanischen Führung zu tun. Noch ehe der erste von acht Ausschüssen den Überfall auf Pearl Harbor untersucht hatte, war Admiral Husband E. Kimmel abgelöst worden. *Chief of Naval Operations* war jetzt Admiral Ernest J. King, *C-in-C Pacific Fleet* der Admiral Chester W. Nimitz. Admiral William F. Halsay, der den »Tokio-Raid« befehligt hatte, wurde krankheitshalber von Admiral Raymond A. Spruance vertreten.

Vom 4. bis 8. Mai 1942 kam es zu verschiedenen Treffen im Norden von Neuguinea, die man als See-Luft-Schlacht im Korallenmeer bezeichnet. Nimitz hatte eine Kampfgruppe unter Admiral Frank J. Fletcher dorthin entsandt, Nagano den Verband des Admirals Shigeyoshi Inouye. Die Gegner wurden einander nicht ansichtig. Sie warfen ihre Trägerflugzeuge über den Horizont und erzielten damit Wirkung.

Dieses Verfahren lieferte das Muster künftiger Seeschlachten, in denen nicht mehr Schiffsartillerie, sondern Sturzkampf- und Torpedobomber die Entscheidung herbeiführten. Voraussetzung waren Informationen über Stärkeziffern, Absichten und Bewegungen des Gegners, die aus dem Äther geholt und vermittels elektronischer Rechengeräte entziffert wurden, sofern man den feindlichen Kode gebrochen hatte.

Von 180 abgehörten Funksprüchen, die täglich der Vereinigten Flotte

183 Aufmarsch der japanischen Hochseeflotte. An der Spitze die mächtige »Yamato«, das Flaggschiff des Admirals Isoroku Yamamoto.

vorlagen, konnte keiner rechtzeitig dechiffriert werden. Dagegen empfing Nimitz durch Anwendung der »Magic«-Methode beizeiten aufschlußreiches Nachrichtenmaterial. Er kannte die Inouye gestellten Aufgaben und nach einem Funkspiel des *Combat Intelligence Service* in Honolulu auch Yamamotos Zielobjekt.

Drei Tage vor dem Auslaufen der Vereinigten Flotte sollte eine Kampfgruppe amerikanische Stützpunkte auf den Alëuten beschießen und zwei dieser Inseln zur Ablenkung besetzen. Gleichzeitig hatten japanische U-Boote Vorpostenstreifen bei Hawaii einzunehmen. Das Gros marschierte in vier Verbänden nach Osten. Ihre Bewegungen waren sorgfälitg abgestimmt, bei der unsicheren Wetterlage und dem Zwang zur absoluten Funkstille aber nicht pünktlich auszuführen.

Yamamoto befehligte 6 Träger und 7 Schlachtschiffe, 14 Kreuzer, 42 Zerstörer und 15 U-Boote, fast 600 Bordflugzeuge und 5000 Mann Marineinfanterie, die auf Midway landen sollten. Nimitz verfügte über zwei Kampfgruppen, die *Task Force 16* (Spruance) mit 2 Trägern, 6 Kreuzern, 11 Zerstörern und die *Task Force 17* (Fletcher), bestehend aus 1 Träger, 2 Kreuzern, 6 Zerstörern. Außerdem konnten die Amerikaner 364 träger- und landgestützte Maschinen einsetzen.

Das Kräfteverhältnis sprach zugunsten der Japaner. Aber ihr Gegner war besser informiert. Nimitz ließ Spruance und Fletcher genügend Handlungsfreiheit. Sie konnten sich daher schnell den wechselnden Gefechtslagen anpassen und ihre Flugzeuge aufgrund präziser Berechnungen starten. Der entscheidende Schlag traf die japanischen Träger, als sie sich durch zwangsläufige Umrüstung der von Midway zurückkehrenden Maschinen eine gefährliche Blöße gaben.

Nach der Vernichtung dieser von Nagano geführten Gruppe traten die beiderseitigen Streitkräfte den Rückzug an. Die kaiserliche Marine hatte 4 Träger und 1 Kreuzer mit 3500 Mann und 253 Flugzeugen verloren, die amerikanische Pazifikflotte 1 Träger und 1 Zerstörer mit 307 Seeleuten und 150 Maschinen. Diese Gegenüberstellung zeigte eine unabänderliche Entscheidung: die Wende des Kriegs im Pazifik.

184 Die See-Luft-Schlacht von Midway. Der amerikanische Flugzeugträger »Enterprise« während eines Luftangriffes, erkennbar an den Explosionen der Flakgeschosse. Ähnlich entwickelte sich der Kampf um vier japanischen Träger, die von amerikanischen Sturzkampfbombern vernichtet wurden.

Der Feldzug im Osten 1942

185 Generalfeldmarschall Erich von Manstein in einem Laufgraben nach der Eroberung von Sewastopol am 6. Juli 1942.

Die schweren Verluste des deutschen Ostheeres waren bis März 1942 auf 1073066 Mann (33,52% von 3,2 Millionen) gestiegen. Unter diesen Umständen war an eine Wiederaufnahme der abgebrochenen Offensive bei 4820 km Frontbreite nicht zu denken. Hitler wollte den Angriff daher nur aus dem Südabschnitt vortragen, mit der Heeresmitte verhalten, andererseits jedoch Leningrad bezwingen.

Der Geburtenjahrgang 1923 konnte die Fehlstellen kaum besetzen. Die Reserve der rund 100000 uk-Gestellten war nicht auszuschöpfen, der erwartete Zugang von 30000 Genesenen monatlich illusorisch. Keitels Freiwilligenwerbung brachte der Wehrmacht 150000 neue Rekruten, doch nur 85000 dieser jungen Leute traten in das Heer oder die Waffen-SS ein. Notgedrungen genehmigte Hitler daher die Aufstellung fremdländischer »Osttruppen«. Der mörderische Kommissarserlaß wurde am 6. Mai 1942 aufgehoben.

186 Georgij K. Shukow, späterer Marschall der Sowjetunion, hier in der bis 1941/42 vorgeschriebenen Uniform eines Armeegenerals.

Zuwider war Hitler auch die Bitte um größere Beiträge der Waffengefährten. Er schrieb ihren Staatsführern, empfing Mussolini und Antonescu, ließ Schmundt mit den Militärattachés verhandeln und schickte Göring, Ribbentrop und Keitel in die Hauptstädte der Dreierpaktmächte. Auch Finnland wurde umworben, das 110500 seiner Soldaten zur Aufrechterhaltung des Wirtschaftslebens beurlaubt hatte.

Dabei konnte das Reich nur wenig für seine Quasi-Verbündeten tun. Die deutsche Panzerfertigung lag bei 600 Stück monatlich, weit hinter dem Plansoll. Die Entwicklung eines Schnellfeuergewehrs stagnierte, das MG 42, eine gelungene Prägekonstruktion mit Schußfolge von 1500 p. M., kam gerade erst zur Truppe. Die Zahl der einsatzbereiten Flugzeuge sank um 40–50%.

Trotz ihrer armseligen Bewaffnung reaktivierte Rumänien die 3. Armee (Dumitrescu) und 4. Armee (Constantinescu), formierte Italien eine 8. Armee (Gariboldi) zur Verwendung in der Ukraine. Ungarn zögerte, entsandte aber nach einer Kabinettsumbildung die 2. Honvéd-Armee (Jány). Diese Verbände wurden der HGr. Süd (Bock) unterstellt.

Während der Schneeschmelze trat nirgends Ruhe ein. Die HGr. Nord (Küchler) mußte sechs bei Demjansk und Cholm eingeschlossene, von Morzik aus der Luft versorgte Divisionen befreien und einen am Wolchow gegen den Rücken des Leningrader Einschließungsringes gerichteten Brückenkopf beseitigen. Die HGr. Mitte (Kluge) stellte ihren Zusammenhang notdürftig wieder her.

Auf der Krim behauptete die Rote Armee seit dem Vorjahr noch Sewastopol und Kertsch. Als deutsch-rumänische Verbände diese Positionen angriffen, eröffnete Marschall Timoschenko südlich von Charkow eine Entlastungsoffensive. Sie führte zu tiefen Einbrüchen und brachte alle Operationen der Verbündeten zum Stehen.

Die Bereinigung der Lage erforderte verschiedene Abläufe: bei Kertsch (Unternehmen »Trappenjagd«), Charkow (Unternehmen »Friedericus«) und Sewastopol (Unternehmen »Störfang«). Diese Staffelung war erforderlich, damit die Luftflotte 4 (Löhr) ihren Schwerpunkt mit dem VIII. Fliegerkorps (Richthofen) abwechselnd zwischen der Krim und Ukraine verlagern konnte. Vom 8. bis 18. Mai 1942 vernichteten Deutsche und Rumänen bei Kertsch

187 Nach dem Sturm auf Sewastopol: Deutsche Grenadiere besichtigen eine Kuppel des zerstörten Panzerwerkes »Maxim Gorkij«.

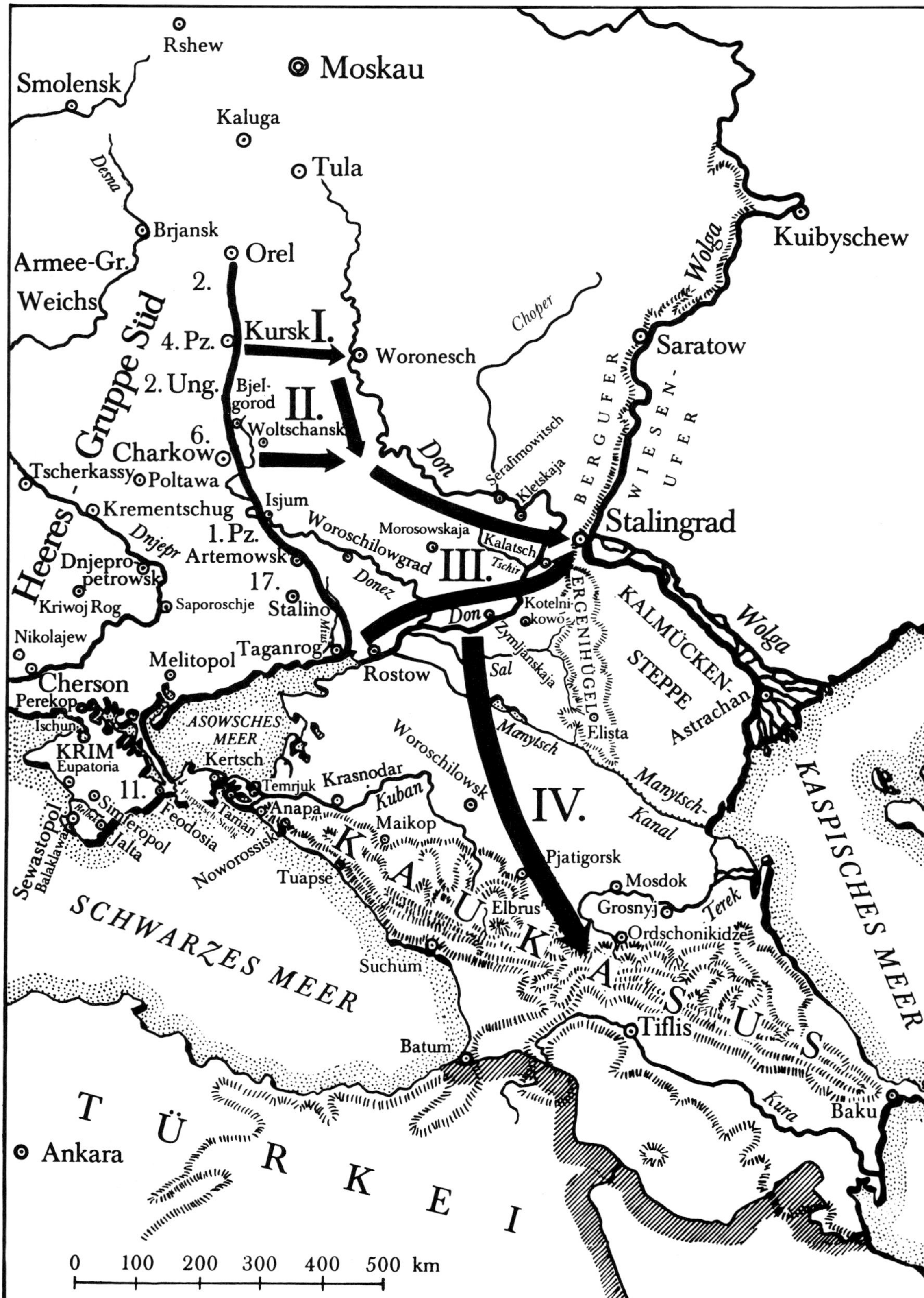

Rshew
Moskau
Smolensk
Kaluga
Tula
Desna
Brjansk
Orel
Armee-Gr.
Weichs
2.
Heeres-Gruppe Süd
4. Pz.
Kursk
I.
Woronesch
2. Ung.
Bjel-gorod
II.
Woltschansk
6.
Charkow
Choper
Don
Serafimowitsch
Kletskaja
Tscherkassy
Poltawa
Krementschug
Isjum
Dnjepr
1. Pz.
Woroschilowgrad
Morosowskaja
Kalatsch
Tschir
Stalingrad
III.
Artemowsk
Dnjepro-petrowsk
17.
Donez
Kriwoj Rog
Saporoschje
Stalino
Kotelnikowo
Nikolajew
Mius
Taganrog
Zymljanskaja
Melitopol
Rostow
Sal
Cherson
Perekop
Ischun
KRIM
Eupatoria
ASOWSCHES MEER
Kertsch
Manytsch
Elista
11.
Simferopol
Sewastopol
Balaklawa
Jalta
Feodosia
Temrjuk
Taman
Krasnodar
Anapa
Kuban
Noworossisk
Woroschilowsk
Maikop
IV.
Manytsch-Kanal
Tuapse
Pjatigorsk
Mosdok
Elbrus
Grosnyj
Terek
Ordschonikidze
Suchum
SCHWARZES MEER
KAUKASUS
Tiflis
Batum
Kura
Baku
Kuibyschew
Wolga
Saratow
BERGUFER
WIESEN-UFER
ERGENIHÜGEL
KALMÜCKEN-STEPPE
Astrachan
KASPISCHES MEER
TÜRKEI
Ankara
0 100 200 300 400 500 km

drei sowjetische Armeen, die 169198 Gefangene, 284 Panzer und 1397 Geschütze in der Hand des Siegers ließen. Weitere drei Armeen zerschlug Bock vom 17. bis 22. Mai 1942 im Raume Charkow-Isjum, wo 239306 Gefangene, 1249 vernichtete Kampfwagen und 2026 Beutegeschütze gezählt wurden.

Am 7. Juni 1942 konnte Manstein nach starker Artillerievorbereitung die Offensive gegen Sewastopol eröffnen. Der Kampf um die Festungswerke dauerte drei Wochen. Beim letzten Sturmangriff deutsch-rumänischer Infanterie wurden rund 97000 Gefangene eingebracht. Etwa 100000 Rotarmisten hatte die Schwarzmeerflotte (Oktjabrskij) evakuiert.

Hilfssendungen der Westmächte stockten. Die Navigation auf den nördlichen Seewegen war schwierig. Nach dem Winter wich die Eisgrenze zwar zurück, doch erleichterten helle Nächte den Deutschen die Suche. Ein englischer Kreuzer nahm das zur Verrechnung bestimmte Kremlgold mit sich auf den Grund des Meeres. Vom Konvoi »PQ 16« wurden 16 Frachter torpediert, die 147 Panzer, 77 Flugzeuge und 770 Kraftwagen geladen hatten.

Noch schlimmer erging es dem »PQ 17«. Eine Kampfgruppe der *Home Fleet* (Tovey) kehrte um, als die »Tirpitz« (Topp) auslief. Flieger der Luftflotte 5 (Stumpff) und U-Boote versenkten 24 von 33 Transportern mit 430 Panzern, 3350 Lastkraftwagen, 210 Flugzeugen und 99316 t sonstigem Material. Darauf beschloß das britische Kabinett, vorerst keinen Konvoi mehr nach Rußland zu schicken.

Die deutsche Sommeroffensive (Unternehmen »Blau«) begann am 28. Juni 1942. Halder hatte vier Phasen vorgesehen. Zuerst sollte der linke Flügel nach Woronesch vordringen und eine Abwehrflanke bilden, zwei Tage später gefolgt von der 6. Armee (Paulus). Danach hatten Schnelle Truppen den Donbogen zu nehmen. Schließlich wollte man einen starken Panzerkeil in den Kaukasusraum vortreiben. Gesprächsweise ließ Hitler durchblicken, daß er sogar an ein Ausgreifen »via Iran und Irak« dachte.

Den linken Angriffsflügel bildete die »Armeegruppe v. Weichs« mit 27 Divisionen. Die 6. Armee (Paulus) hatte 19 Divisionen. Im Verlaufe des Feldzuges erhöhte sich die Zahl dieser Verbände auf 69 (71). Anstelle von Löhr, der List in Südosteuropa abgelöst hatte, brachte der zum Befehlshaber der Luftflotte 4 ernannte Generaloberst Wolfram von Richthofen 1155 Flugzeuge an den Start.

Zur Enttäuschung der deutschen Führung konnte Timoschenko in die Tiefe des Donbogens ausweichen. Woronesch und Rostow, die Eckpfeiler der sowjetischen Südwestfront, wurden von den Armeegeneralen Nikolaj F. Watutin und Rodion J. Malinowskij zäh verteidigt. Ein Zangengriff der 1. Panzerarmee (Kleist) und 4. Panzerarmee (Hoth) scheiterte infolge Treibstoffmangels.

Hitler legte das Mißgeschick dem Feldmarschall von Bock zur Last und enthob ihn seines Kommandos. Bevor Rostow fiel, das Infanterie der 17. Armee (Ruoff) und eine slowakische Division erstürmten, hatte der ObdW die Angriffsfront in zwei Gruppen geteilt: HGr. A (List) und HGr. B (Weichs). Eine Weisung Nr. 45 regelte die jetzt unter dem Decknamen »Braunschweig« weiterlaufende Operation.

Feldmarschall Wilhelm List sollte den abziehenden Gegner südlich des Don vernichten, von der Krim übersetzende deutsch-rumänische Verbände aufnehmen und mit ihnen die Pässe und Ölquellen des Kaukasusrau-

mes erobern. Weichs fiel die Aufgabe zu, neben dem Aufbau der Flankensicherung »im Vorstoß nach Stalingrad ... die Landbrücke zwischen Don und Wolga sowie den Strom zu sperren.«
Die urprünglich gestaffelte Offensive wurde zum zeitlich gleichgeschalteten Angriff auf alle großen Ziele. Die Weisung Nr. 45 führte zum exzentrischen Auseinanderzweigen der beiden Heeresgruppen (A, B). Hatte Hitler zuerst vier Armeen für den Kaukasus vorgesehen und nur eine nach Stalingrad schicken wollen, so marschierten jetzt drei und zwei in diese verschiedenen Richtungen.
Die HGr. A (List) zog mit der 1. Panzerarmee (Kleist), 17. Armee (Ruoff) und rumänischen 4. Armee (Constantinescu) nach Süden. Bei der HGr. B (Weichs) rang die 2. Armee (Salmuth) um Woronesch. Die länger werdende Nordflanke der in Richtung Stalingrad vorgehenden 6. Armee (Paulus) wurde von der 2. Honvéd-Armee (Jány) und italienischen 8. Armee (Gariboldi), später auch den Rumänen gesichert.
List überschritt den Kuban und durchdrang den dichtbewaldeten Westkaukasus bis nach Noworossisk. Angriffe in Richtung Suchum und Tuapse scheiterten auf den Paßhöhen. Die 1. Panzerarmee (Kleist) besetzte die Erdölfelder von Maikop, gewann einen Terekbrückenkopf und blieb dann wegen Treibstoffmangels liegen. Batum, Tiflis und Baku, die wichtigsten Operationsziele, befanden sich außer Reichweite.
Hoth, der am Terek hatte eingreifen wollen, wurde wieder Weichs unterstellt und rückte mit reduzierten Kräften durch die Kalmückensteppe auf Stalingrad zu. Paulus schlug vom 7. bis 11. August 1942 bei Kalatsch zwei sowjetische Armeen und meldete rund 35000 Gefangene. Am 23. August erreichte das XIV. Panzerkorps (Wietersheim) die Wolga.
Armeegeneral Alexander M. Wassilewskij, der an die Stelle des kranken Generalstabschefs Schaposchnikow getreten war, empfahl Gegenmaßnahmen, die Stalin und dessen Chefberater Shukow guthießen. Budjonnyj übernahm das Kommando über alle sowjetischen Verbände im Kaukasus. Timoschenko wurde abberufen. Armeegeneral Andrej I. Jeremenko erhielt den Auftrag, Stalingrad zu verteidigen.
Die Stadt war keine Festung. An das alte Zaryzin reihte sich eine 25 km lange, bis zu 8 km breite Ansammlung wirrer Wohnbauten, Fabriken, Montagehallen und Verschiebebahnhöfe. Zwischen ihnen standen wie Bollwerke einzelne Wassertürme und Getreidesilos. Balkas – Trockenschluchten – boten zuweilen willkommene Deckung.
Die Moral der Rotarmisten schien gesunken. Viele desertierten. Abgeschnittene Gruppen ergaben sich widerstandslos. Die Lücken schlossen 75000 Mann Volkswehr, 20000 Kadetten und 7000 Jungkommunisten. Neben General Wassilij I. Tschuikow, dessen Armee die Hauptlast des Häuserkampfes trug, trat Nikita Chruschtschow als erster Politoffizier, selbst beaufsichtigt von Georgij M. Malenkow.
Stalin forderte von den Westmächten dringender denn je die Errichtung einer »zweiten Front«. Da die Beziehungen zwischen Whitehall und dem Kreml wegen der Einstellung des britischen Geleitverkehrs getrübt waren, beschloß das Londoner Kabinett ein Kommandounternehmen bei Dieppe in Frankreich (Operation »Green Beach«). Der Angriff brach verlustreich zusammen, doch bot er genügend Propagandastoff, um den Verteidigern Stalingrads Entlastung zu verheißen.

188 Ein deutscher Schützenpanzer auf der Fahrt durch die Trümmer von Sewastopol.

189 Um dem Verlangen der Sowjets nach Errichtung einer »zweiten Front« in Westeuropa entgegenzukommen, landeten am 19. August 1942 zwei kanadische Brigaden und einige Kommandotrupps bei Dieppe. Ihr Verband wurde größtenteils vernichtet.

175

Über der Stadt lag drückende Hitze; es hatte seit Monaten nicht geregnet. Die Kräfte der 6. Armee (Paulus) und des VIII. Fliegerkorps (Fiebig) waren nahezu erschöpft. Außer fünf Pionierbataillonen trafen keine Verstärkungen mehr ein. Immerhin war der erklärte Zweck des Vordringens erfüllt und die breite Wolga zwischen Rynok und Latoschinka durch deutsches Artilleriefeuer gesperrt.
Doch als ein Diktator, dessen Legitimation der Erfolg war, stellte Hitler sein Prestige über alles. Er wollte Stalingrad erobern und gleichzeitig das kaukasische Erdöl gewinnen. Darüber kam es erneut zur Vertrauenskrise. Der ObdW entließ List und bereitete die Trennung von Halder vor, an dessen Stelle General Kurt Zeitzler treten sollte. Auch mit Keitel und Jodl drohte der Bruch.
Die deutsche Offensive endete wieder in überdehnten Fronten bei fortwährendem Raubbau an den eigenen Kräften und nicht mehr zu bewältigenden Nachschubproblemen. Dennoch sollte die erreichte Linie gehalten werden. Mit einem Operationsbefehl Nr. 1 vom 14. Oktober 1942 verlangte Hitler kategorisch, daß der Truppe bei »feindlichen Angriffen« keine »Rückwärtsbewegungen« erlaubt würden.

191 Um die dringend um Hilfe ersuchende Sowjetunion im Ring der Gegner Hitlers festzuhalten, entsandten die Westalliierten stark gesicherte Versorgungskonvois durch das Nordmeer nach Murmansk.

192 Deutsche U-Boote und Torpedoflugzeuge, die den Geleitverkehr von Nordnorwegen aus bekämpften, waren der Vereisungsgefahr ausgesetzt.

193 Kampf um den Konvoi PQ 18. Trotz starker Sicherung durch die Home Fleet hatten deutsche Angreifer in den hellen Nächten große Erfolge. Die alliierten Verluste wogen so schwer, daß monatelang kein Geleitzug mehr auf den Weg gebracht wurde.

190 Mitte August im Donbogen: Eine Halbketten-Zugmaschine (8-Tonner-Sonderkraftfahrzeug »Sdkfz 7«) mit 14,9-cm-Feldhaubitze (»M 18«) auf dem Vormarsch.

195 Kosaken der Roten Armee. Obwohl sich ihre Landsleute vom Kuban und Terek größtenteils auf die deutsche Seite stellten, unterhielten die Sowjets weiter solche Reiterregimenter.

196 Ein deutscher Reitertrupp mit Handpferden zum Auswechseln wunder Tiere.

194 Die deutsche Offensive im Hochsommer 1942 führte zu raschem Raumgewinn. Von leichter Zwillings-Flak auf Zugkraftwagen gesichert, rollt motorisierte Infanterie einer Panzerdivision durch die Steppe. Das Emblem am Beiwagenkrad erinnert an die Herkunft des Verbandes (aus der 1. Kavallerie-Division).

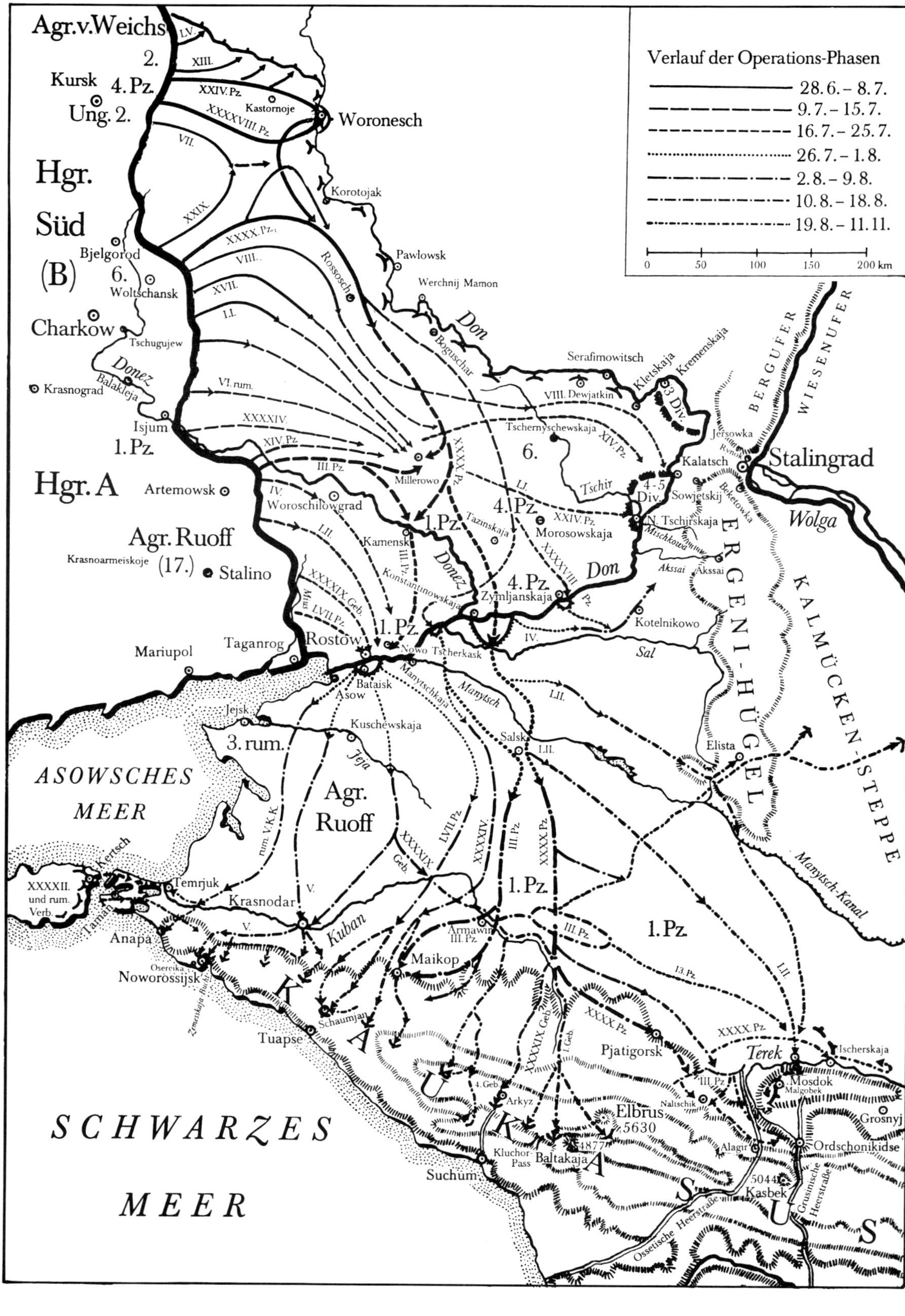

Verlauf der Operations-Phasen
28.6.–8.7.
9.7.–15.7.
16.7.–25.7.
26.7.–1.8.
2.8.–9.8.
10.8.–18.8.
19.8.–11.11.
0 50 100 150 200 km
Agr.v.Weichs
2.
Kursk
4. Pz.
Ung. 2.
Hgr. Süd (B)
Kastornoje
Woronesch
Korotojak
Pawlowsk
Werchnij Mamon
Bjelgorod
6.
Woltschansk
Charkow
Tschugujew
Donez
Balakleja
Krasnograd
Isjum
1. Pz.
Hgr. A
Artemowsk
Agr. Ruoff
Krasnoarmeiskoje
(17.)
Stalino
Mariupol
Taganrog
Rostow
Woroschilowgrad
Kamensk
Millerowo
Rossosch
Boguschar
Don
Serafimowitsch
Kletskaja
Kremenskaja
Tschernyschewskaja
Tschir
Kalatsch
Stalingrad
Wolga
Sowjetskij
Beketowka
N. Tschirskaja
Mischkowa
Morosowskaja
Tazinskaja
Zymljanskaja
Konstantinowskaja
Nowo Tscherkask
Kotelnikowo
Aksai
Sal
ERGENI-HÜGEL
KALMÜCKEN-STEPPE
BERGUFER
WIESENUFER
Bataisk
Asow
Manytschkaja
Manytsch
Jejsk
Kuschewskaja
Jeja
Salsk
Elista
3. rum.
ASOWSCHES MEER
Agr. Ruoff
Manytsch-Kanal
Kertsch
Temrjuk
Taman
Anapa
Krasnodar
Kuban
Armawir
Maikop
Noworossijsk
Osereika
Schaumjan
Tuapse
KAUKASUS
Pjatigorsk
Terek
Ischerskaja
Mosdok
Malgobek
Naltschik
Elbrus 5630
4877
Arkyz
Kluchor-Pass
Baltakaja
Alagir
Ordschonikidse
Grosnyj
5044
Kasbek
Grusinische Heerstraße
Ossetische Heerstraße
Suchum
SCHWARZES MEER

197 Teile der 1. Panzerarmee haben bei Maikop den Kaukasus erreicht. Doch die hier und weiter östlich befindliche Treibstoffindustrie war demoliert. Verärgert sagte Hitler: »Wenn ich das Öl in Maikop und Grosnyj nicht habe, muß ich den Krieg beenden.«

198 Tragtierkolonne einer Gebirgsdivision am Fuße des 5630 m hohen Elbrus.

199 Ein Versuch der Roten Armee, den Donübergang bei Kalatsch zu verwehren, scheiterte.

200 Die 6. Armee hat Stalingrad erreicht. Ein »MG 42« (Rückstoßlader mit Rollenverriegelung) hat Stellung bezogen.

Nordafrika 1942

Die Amerikaner hatten ihren Gedanken an eine Landung in Frankreich (»Roundup«, später »Sledgehammer«) vorläufig zurückgestellt und nach Gesprächen zwischen Churchill und Roosevelt, Brooke, Pound und Marshall dem Plan des *Combined Chiefs of Staff Commitee* für eine großangelegte Operation im Mittelmeerraum (»Gymnast«, endgültig »Torch«) zugestimmt.
Churchill war der Ansicht, daß ein Stoß in den weichen Unterleib *(soft underbelly)* des europäischen Kontinents aussichtsreich sei. Der Premier meinte so den Bruch der Achse Berlin-Rom herbeiführen, womöglich auch den Balkanraum öffnen zu können, bevor sich die Sowjets den türkischen Meerengen näherten.
Die *Chiefs* planten eine doppelseitige Offensive in Nordafrika. Zuerst sollte die britische Armee bei El Alamein losschlagen (Operation »Lightfoot«), dann eine anglo-amerikanische Kräftegruppe den durch Waffenstillstand neutralisierten Maghreb besetzen (Operation »Torch«). Schließlich würden sich die Alliierten durch zusammenlaufende Bewegungen auf einem zentral gelegenen Sprungbrett vereinigen.
Roosevelt hatte General Dwight D. Eisenhower zum Oberbefehlshaber des Unternehmens »Torch« bestimmt. Die ihm zugeordneten See- und Luftstreitkräfte sollten Admiral Sir Andrew B. Cunningham und Air Marshal Sir Arthur Tedder führen. Im Mittleren Osten wurde General Sir Claude Auchinleck durch Sir Harold Alexander abgelöst. Die bei El Alamein stehende Armee übernahm Sir Bernard Montgomery.
Während die Briten den Franzosen das ferne Madagaskar entrissen, traf Washington politische Vorbereitungen. Wegen der Beziehungen mit Vichy konnten US-Konsulatsbeamte unauffällig an ranghohe französische Militärs, Staatsbeamte und kleine Verschwörerzirkel herantreten. De Gaulle und den aus deutscher Gefangenschaft entkommenen General Henri Giraud ließ man dabei aus dem Spiel.
Hingegen wurde Franco umworben. Er hatte zwar eine Freiwilligendivision zum Kampf gegen die UdSSR entsandt, sonst aber stillgehalten. Dafür durfte er Getreide aus Übersee beziehen. Dies wiederum ermöglichte den Westmächten, ohne Rücksicht auf spanische Hoheitsrechte in Marokko mit der Operation »Torch« zu beginnen.
Wichtig war auch die Wiederherstellung der Kampfkraft von Malta. Neue Flugzeuge konnten eingeflogen werden, nicht aber die nötigen Kerosinmengen. Pound ließ daher einen stark gesicherten Konvoi von Gibraltar auslaufen (Operation »Pedestal«). Deutsch-italienische Luftstreitkräfte versenkten einen Träger, zwei Kreuzer und mehrere Frachter. Aber fünf Transporter erreichten die Inselfestung. *The turn of the tide* nannte Churchill diesen Erfolg. Die Royal Air Force konnte ihren Flugbetrieb wieder aufnehmen; britische U-Boote kehrten nach La Valletta zurück. Der italienische Geleitverkehr bekam dies zu spüren. Obwohl Bomber der Achsenmächte täglich bis zu 270 Einsätze flogen, erreichten im Oktober von 253 000 t Versorgungsgütern nur 18 300 t die libyschen Häfen. »Malta und Naphta« ließen dem *Comando Supremo* (Cavallero) keine Ruhe mehr.
Damit war die Schlacht bei El Alamein eigentlich schon entschieden. Die

201 Statt in Frankreich zu landen, haben die Westalliierten eine doppelseitige Offensive in Nordafrika vorbereitet. Dazu mußte die Kampfkraft von Malta wiederhergestellt werden. Die britischen Flugzeugträger »Victorious« und »Indomitable« gehörten zu den Deckungsverbänden des verlustreichen Konvois »Pedestal«.

zwischen dem Mittelmeer und der Kattarasenke eingegrabene deutsch-italienische Panzerarmee hatte für 90000 Mann nur 500 g Tagesbrotration und disponierte bei 575 Kampfwagen und 372 Flugzeugen lediglich über 5,5 Versorgungssätze Betriebstoff.

Dagegen hatte das Mittelostkommando (Alexander) die 8. Armee (Montgomery) mit amerikanischer Hilfe neu ausgestattet. Die 150000 Mann (zur Hälfte Engländer und Schotten, im übrigen Australier, Neuseeländer, Inder und Südafrikaner, Griechen und Gaullisten) konnten sich auf voll einsatzfähiges Kampfgerät (1114 Panzer, 1582 Geschütze und 920 Flugzeuge) verlassen.

Die Schlacht begann am 23. Oktober 1942. Britische Artillerie beschoß tagelang die von Rommel geschaffene Hinderniszone, in der Deutsche und Italiener 500000 T- und S-Minen samt Fliegerbomben und Wrackfallen verlegt hatten. Erst nach zwei Wochen konnte Montgomery seine Pioniere zu Räumarbeiten vorschicken. Am 2. November 1942 überwanden britische Panzer die »Teufelsgärten«.

Der Stellvertreter des deutschen Oberbefehlshabers war gefallen. Rommel, der aus dem Krankenurlaub eingeflogen wurde, wollte die Schlacht abbrechen, zögerte aber, als Hitler »siegen oder sterben« verlangte. Am Ende gaben Cavallero und Kesselring den Ausschlag. Die Panzerarmee ging auf vorbereitete Linien am Furka-Paß zurück.

Am 7./8. November 1942 landeten die Anglo-Amerikaner in Marokko und Algerien. Die Überraschung war groß. Canaris hatte zwar von starken Schiffsbewegungen erfahren, aber nichts über deren Ziel. Rund 40 U-Boote der Achsenmächte bildeten Vorpostenstreifen; italienische Kreuzer warfen Minen bei Kap Bon. Doch keine dieser Vorkehrungen behinderte ernstlich den alliierten Anmarsch.

Eisenhower hatte seinen Gefechtsstand auf dem Felsen von Gibraltar bezogen und General Mark W. Clark nach Algier entsandt, wo er die »Verschwörung der Fünf«, eine mit Vichy sympathisierende Gruppe, antraf. Ihre Abneigung gegen de Gaulle kam den Amerikanern zupaß, denn sie hofften eines Tages Pétains Frankreich zu sich ins alliierte Lager herüberziehen zu können.

Eisenhowers Verbände stießen auf Widerstand. Die Franzosen versenkten 1 Geleitträger, 1 Flakschiff, 3 Zerstörer und mehrere Korvetten der Angreifer. Deutsch-italienische U-Boote torpedierten 18 Transporter. Flieger der Achsenmächte trafen zahlreiche Landungsfahrzeuge. Bei Casablanca und Oran wurde noch gekämpft, als ein Putsch im eigenen Lager die französische Abwehr lähmte.

Die Verschwörer bemächtigten sich der Person des Oberbefehlshabers, General Alphonse Juin, und verhafteten vorübergehend Admiral François Darlan, der zufällig am Krankenbett seines Sohnes in Algier weilte. Pétain gab ihm freie Hand und protestierte gegen die von den Angelsachsen begangene Verletzung des Völkerrechtes.

Hitler ließ bei der Vichy-Regierung anfragen, ob sie bereit sei, an die Seite Deutschlands zu treten. Keitel forderte von den Franzosen ultimativ ihr Einverständnis mit einer Intervention der Achsenmächte in Tunesien. Noch ehe Pétain zustimmte, warf Kesselring deutsche Fallschirmjäger über das Mittelmeer. Sie nahmen den Flugplatz von Aouina und ermöglichten damit die Einrichtung einer Luftbrücke.

202 Am 2. November 1942 wurde Rommel bei El Alamein von den Briten geschlagen. Hinter einer vorrückenden Feuerwand beseitigen englische Sappeure mit bloßen Händen die in »Teufelsgärten« verlegten Minen.

203 In der auf 60 km Breite tobenden Schlacht von El Alamein war die deutsche 8,8-cm-Flak das Rückgrat der Verteidigung.

Als US-Panzer in Algier eindrangen, befahl Darlan, den Widerstand einzustellen. Hitler nahm dies übel auf, lag ihm doch auch der abgehörte Text eines Kabeltelegramms vor, das auf ein Doppelspiel des Marschalls Pétain hindeutete. Laval eilte vergebens nach München. Hitler, Jodl, Ribbentrop und Ciano beschlossen, Frankreich die Aussicht auf einen Seitenwechsel zu nehmen.

Der Oberbefehlshaber West (Rundstedt) ließ die 1. Armee (Blaskowitz) und das II. SS-Panzerkorps (Hausser) in den bisher besatzungsfreien Teil des Landes einrücken (Unternehmen »Anton«). Die Italiener erweiterten ihr Kontrollgebiet zwischen Nizza und Mentone. Auch schickten sie Truppen nach Korsika und Tunesien.

Eisenhowers Kräfte hatten ihre Angriffsfront bis nach Bône ausgedehnt und die tunesische Westgrenze erreicht. Von Ägypten aus nahm Montgomery zuerst Tobruk, dann Benghasi. Doch mit einem baldigen Zusammentreffen der Alliierten war nicht zu rechnen. Das Winterwetter behinderte ihren Nachschub und die Fliegertätigkeit.

Bei der Besetzung Südostfrankreichs war Toulon ausgespart worden, um den dort liegenden Kriegsschiffen der Vichy-Regierung keinen Anlaß für einen Seitenwechsel zu geben. Doch als bekannt wurde, daß Darlan und Cunningham über die Rearmierung des französischen Geschwaders in Alexandria verhandelten, ließ Hitler das II. SS-Panzerkorps (Hausser) erneut vorrücken.

Der Kommandierende Admiral war aus Vichy angewiesen, keinen Widerstand zu leisten. Beim Eintreffen der deutschen Panzer versenkten sich die vor Toulon auf Reede liegenden Einheiten. Durch Öffnen der Bodenventile und Zünden angesammelter Torpedogefechtsköpfe wurden fast 80 Schiffe von ihren Besatzungen in Wracks verwandelt.

Unterdessen haderten in Algier miteinander die »Verschwörung der Fünf« und Pétain-Anhänger, Gaullisten und Royalisten, Kolonialbeamte und Moslems. Viele hielten Darlan noch immer für den »Dauphin« des Marschalls. Andere verübelten ihm, daß er die in Konzentrationslagern festgehaltenen Kommunisten nicht freiließ und Ausschreitungen gegen Juden mißbilligte. Am 24. Dezember 1942 wurde der Admiral von einem Fanatiker ermordet.

204 Am 7. November 1942 trafen westlich der Straße von Gibraltar zwei Großgeleite aus den Vereinigten Staaten und Großbritannien zusammen. Die von ihnen transportierten Truppen brachen die durch Waffenstillstand geschaffene Neutralität des Maghreb in Marokko und Algerien.

205 Als der in Algier weilende Admiral François Darlan den Widerstand beenden ließ und Anzeichen auf einen möglichen Seitenwechsel Frankreichs hinwiesen, besetzten deutsche Truppen das ganze Land, auch Toulon, wo sich 61 Schiffe (darunter 3 Schlachtschiffe, 7 Kreuzer und 25 Zerstörer) selbst versenkten.

Das Ende in Stalingrad 1943

Die 6. Armee (Paulus) hatte acht Zehntel ihres Zielobjektes erobert. Sie stand im Zentrum von Stalingrad. Man kämpfte noch erbittert um stark befestigte Gebäudegruppen wie die Geschützfabrik »Rote Barrikade«, das Hüttenwerk »Roter Oktober«, den Warenhauskomplex »Univermag« und Montagehallen des Traktorenkollektivs »Dsershinskij«. Die Schlacht brannte auf der Stelle.

Der deutsche Infanterieangriff hatte jede Schwungkraft verloren. Die Truppe stand seit Monaten im Einsatz, schlecht ernährt, ohne Reserven und ausreichende Munition, bei abnehmender Artillerie- und Fliegerunterstützung. Die Kompaniestärken lagen bei 50 bis 60 Mann. Es gab keinen Erholungsurlaub. Nur Verwundete wurden ausgeflogen.

Das Hauptproblem der Heeresgruppe (Weichs) waren ihre Flanken. Zur Rechten lag, etwas zurückgestaffelt, die 4. Panzerarmee (Hoth) mit zwei rumänischen Korps. Zwischen ihnen und den nördlichen Ausläufern des Kaukasus klaffte eine 200 km breite Lücke. Die 6. Armee (Paulus) mußte 60% ihrer Kräfte zur Sicherung der Landbrücke verwenden. Anschließend hielten die weit nach Nordwesten zurückgebogene Donfront schlecht ausgerüstete Rumänen, Italiener und Ungarn.

Die rumänische 3. Armee (Dumitrescu) hatte kaum panzerbrechende Waffen; der italienischen 8. Armee (Gariboldi) und 2. Honvéd-Armee (Jány) fehlten Pak und Flak. Ohne eine moderne Ausstattung konnte keiner von diesen Waffengefährten die Donbrückenköpfe des Gegners – Ausgangsstellungen seiner drohenden Gegenoffensive – rechtzeitig zerschlagen.

Die Stawka verfügte über eine Manövriermasse von ungewöhnlicher Stärke: 10 Reservearmeen, 2 Panzerarmeen, 3 selbständige Panzerkorps, 2 Gardeschützenkorps, 17 unabhängige Brigaden und 10 Artillerieregimenter – insgesamt 800 000 Mann. Sie standen am Choper, solange ihr Oberkommando mit einem deutschen Vorstoß aus der Donschleife auf Moskau, tief hinter die sowjetische Zentralfront rechnete.

Wassilewskij empfahl Stalin zwei aufeinanderfolgende Operationen. Zuerst sollte ein Zangenangriff die 6. Armee (Paulus) isolieren (Operation »Uranus«), sodann ein Stoß durch die italienisch-ungarische Front bis an das Asowsche Meer führen (Operation »Saturnus«). Gelang dies, wurden fast alle Verbände der HGr. A (Kleist) und HGr. B (Weichs) von ihren Verbindungslinien abgeschnitten.

206 Vom 14. bis 25. Januar 1943 trafen sich Roosevelt und Churchill im eroberten Casablanca. Sie versuchten zwischen den rivalisierenden Generalen Henri Giraud (l.) und Charles de Gaulle (2. v. r.) zu vermitteln, legten Prioritäten für weitere Operationen fest und verkündeten die in ihren Auswirkungen kriegsverlängernde Formel der »Bedingungslosen Kapitulation« (Unconditional Surrender).

Für »Uranus« standen drei Großverbände bereit, die sowjetischen Heeresgruppen »Südwestfront« (Watutin), »Donfront« (Rokossowskij) und »Stalingrader Front« (Jeremenko), insgesamt eine Million Rotarmisten mit 13 541 Geschützen, 892 Panzern und 1115 Flugzeugen. Ihre Einsatzräume lagen vorwärts der Linie Pawlowsk-Kletskaja, im Abschnitt zwischen Don und Wolga sowie auch stromabwärts.

Den ersten Schlag führten Watutin und Jeremenko am 19./20. November 1942 gegen die rumänischen Armeen beiderseits von Stalingrad. Sie kämpften hartnäckig (vier von fünf Generalen fanden den Tod; nahezu alle Kompanieführer fielen). Aber die Schockwirkung des sowjetischen Angriffes war groß. Vor den im Nebel anrollenden Panzern flohen die Verteidiger zu Zehntausenden.

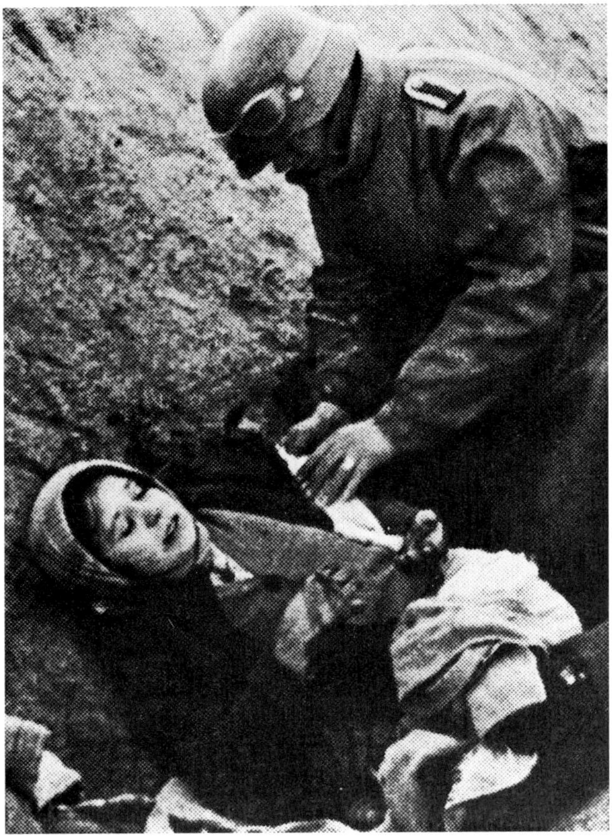

207 Deutscher Kradmelder hilft einer verwundeten Russin auf der Landbrücke zwischen Don und Wolga.

209 Stalingrad unter deutschem Artilleriefeuer und Stuka-Angriffen.

210 Sowjetische Infanterie im Straßenkampf.

208 Russische Krankenschwestern beim Verladen von Verwundeten der Roten Armee auf Wolgaschiffen in Stalingrad.

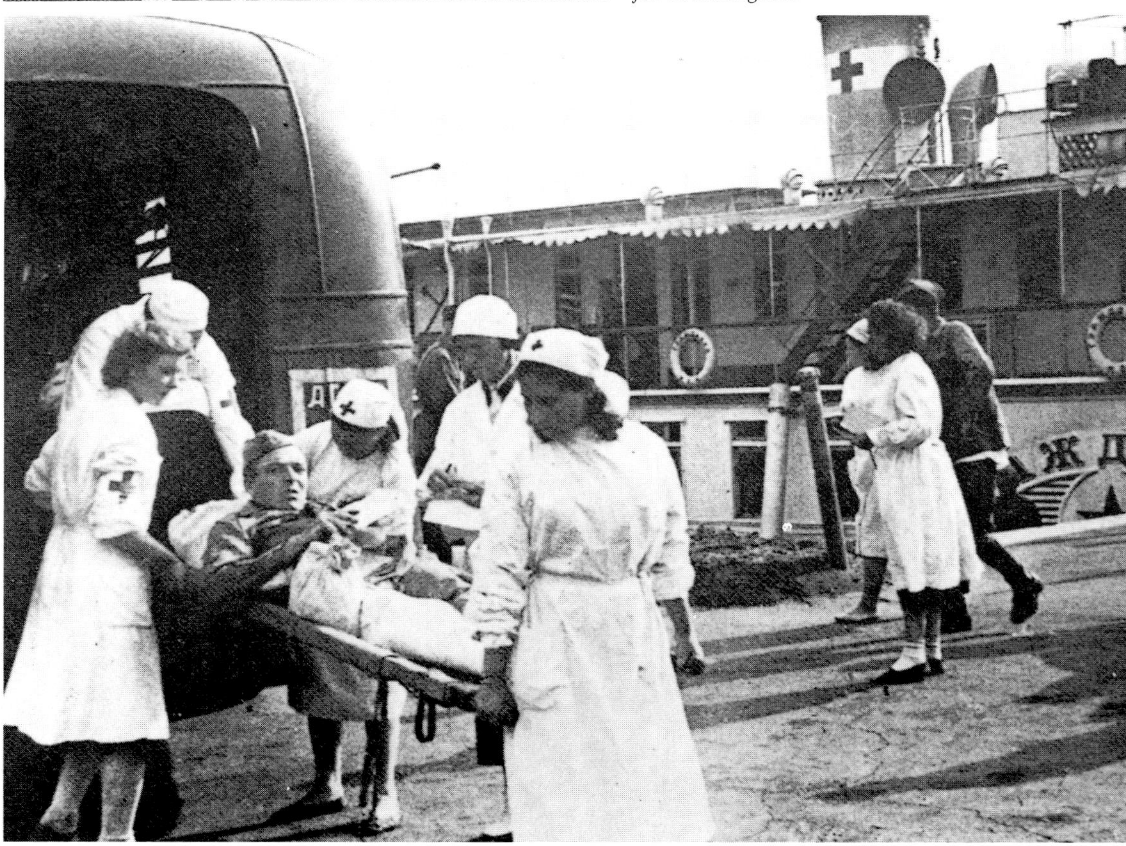

213 In tief verschneiten Deckungslöchern der Stalingrader Kesselfront warten deutsche Infanteristen auf Entsatz.

211 Nach Einbruch des Winters versammelte die Rote Armee bei Zaza und im Donbrückenkopf von Dewatkin Panzerkräfte. Ihr Zangenangriff führte bei Kalatsch zur Einschließung der 6. Armee.

212 Der Kessel von Stalingrad mußte auf dem Luftweg versorgt werden – eine Aufgabe, die von deutschen Transportfliegern kaum noch zu bewältigen war.

214 Teile eines Panzerkorps und rumänische Infanterie scheiterten bei dem Versuch, für die 6. Armee einen Ausweg freizukämpfen.

Am 22. November 1942 erreichten die sowjetischen Spitzen ihr erstes Operationsziel. Die Zange schloß sich bei Kalatsch im Rücken der 6. Armee (Paulus). Damit waren zwischen Wolga und Don etwa 250000 Verbündete (20 deutsche und 2 rumänische Divisionen sowie ein kroatisches Freiwilligen-Regiment) mit 1800 Geschützen und 100 Panzerkampfwagen eingeschlossen.

215 Sowjetische Verbände durchstießen die Front der Verbündeten am Don. Reste der italienischen Armee auf dem Rückzug.

Paulus bat das OKH um Handlungsfreiheit. Weichs unterstützte ihn. Aber Hitler, dem Zeitzler telefonisch nach Berchtesgaden berichtete, lehnte ab. Nach Unterredungen mit Jodl und Jeschonnek entschied der ObdW, daß sich die Armee »einigeln« solle; man werde sie auf dem Luftwege versorgen, bis eine neue Angriffsgruppe die Verbindung mit den eingeschlossenen Kräften wieder herstelle.

Hermann Göring versicherte Hitler, daß die deutsche Luftwaffe trotz ihrer starken Inanspruchnahme im Mittelmeerraum eine Zeitlang ausreichenden Frachtraum zur Versorgung des Kessels von Stalingrad einsetzen könne. Was den Transportverbänden vor einem Jahr bei Demjansk und Cholm gelungen war, schien dem ObdL auch jetzt möglich.

Freilich bestanden die damals gegebenen Voraussetzungen nicht mehr. Die Absprungbasis lag ungünstig, die Entfernung war größer, das Wetter schlechter, der Feind stärker; man konnte keine Lastensegler verwenden. Oberst Fritz Morzik verfügte nur über 750 Transportflugzeuge des Baumusters Junkers »Ju 52«, von denen etwa die Hälfte zwischen der Apenninenhalbinsel und Tunesien verkehrte.

Auf dem Wege nach Stalingrad ging unter den deutschen Einflugschneisen sowjetische Flak mit 395 Rohren in Stellung. Armeegeneral Alexander A. Nowikow ließ bei günstigem Wetter bis zu 500 Jäger starten. Die deutsche Luftwaffe konnte ihre Verluste nicht mehr ausgleichen. Auch ging den Transportmaschinen wertvolle Zeit durch das Enteisen und Vorwärmen der Motoren verloren.

Dennoch meinte Morzik vorläufig etwa 350 t Bedarfsgüter einfliegen zu können. Paulus benötigte aber, nachdem schon die meisten Pferde geschlachtet waren, mindestens 700 t täglich. Bald stellte sich die Frage, ob der eingeschlossenen Armee noch genügend Kraft und Zeit bis zum Entsatz durch einen starken deutschen Gegenangriff verblieb, immer dringender.

Hitler ließ mit Reserven von anderen Frontabschnitten und frischen Divisionen aus Frankreich eine neue Heeresgruppe (»Don«) bilden und Generalfeldmarschall Erich von Manstein unterstellen. Dieser Verband konnte erst in drei Wochen einsatzbereit sein. Bis dahin hatten Jeremenko und Rokossowskij einen doppelten Ring um die 6. Armee (Paulus) gelegt.

Der deutsche Gegenangriff (Unternehmen »Wintergewitter«) begann am 12. Dezember 1942. Manstein konnte ihn nur mit abgesplitterten Teilen der 4. Panzerarmee (Hoth) – dem LVII. Panzerkorps (Kirchner) und rumänischen Resten – führen. Die Kampfgruppe näherte sich der sowjetischen Einschließungsfront bis auf 45 km, dann mußte dieser Entsatzversuch wegen starken Widerstandes abgebrochen werden.

Eine Ursache des Scheiterns war auch die am 16. Dezember 1942 begonnene Offensive der Heeresgruppe »Woronesch-Front« (Golikow). Da sie Teile der italienischen 8. Armee (Gariboldi) zermalmte, sah sich Manstein gezwungen, eine von Hoths Divisionen in das Gebiet westlich des Don zu

216 Versprengte Ungarn schleppen sich über hundert Kilometer weit zu den Sammelpunkten.

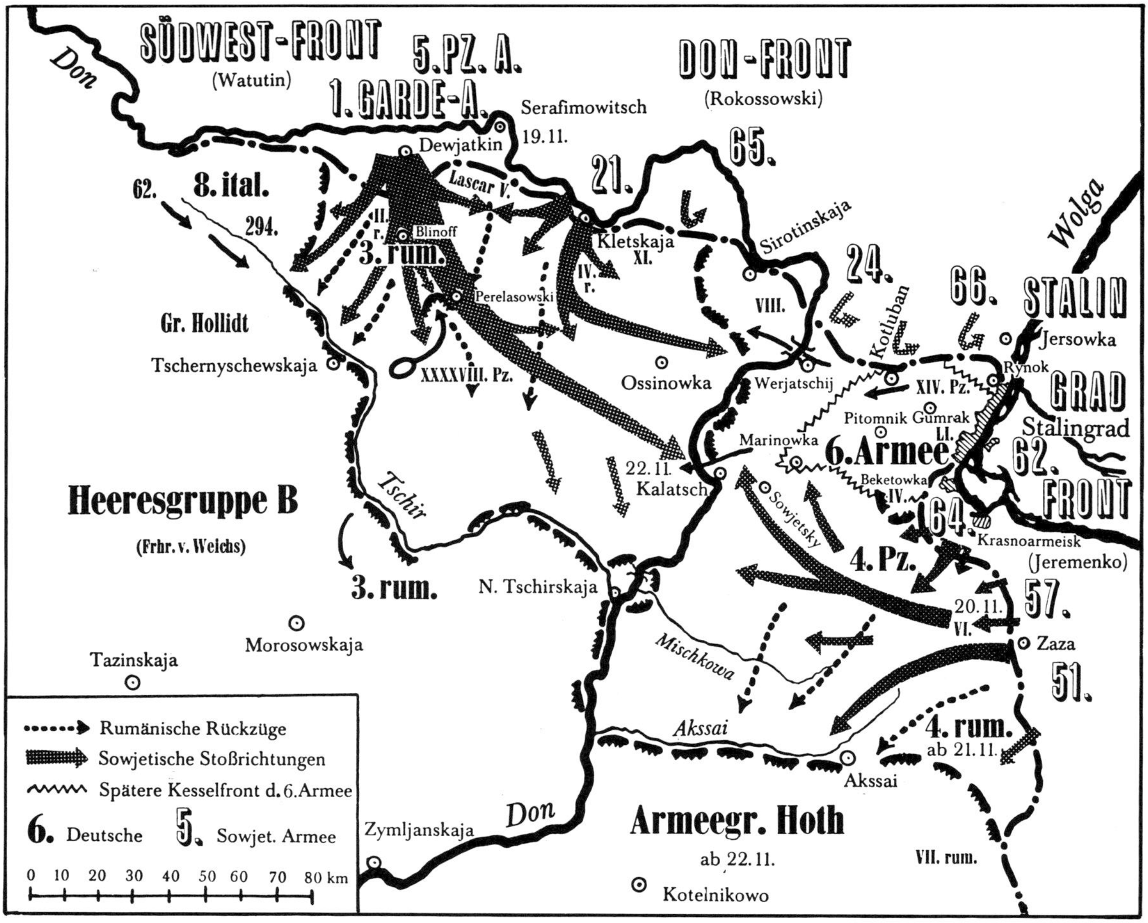
SÜDWEST-FRONT
(Watutin)
5. PZ. A.
1. GARDE-A.
DON-FRONT
(Rokossowski)
Don
Serafimowitsch
19.11.
Dewjatkin
65.
21.
62.
8. ital.
294.
Lascar V.
II. r.
Blinoff
3. rum.
Kletskaja
XI.
IV. r.
Sirotinskaja
Wolga
24.
66.
STALINGRAD FRONT
Jersowka
Gr. Hollidt
Perelasowski
VIII.
Kotluban
Tschernyschewskaja
XXXXVIII. Pz.
Ossinowka
Werjatschij
XIV. Pz.
Rynok
Pitomnik
Gumrak
Stalingrad
LI.
Marinowka
6. Armee
62.
Beketowka
22.11.
Kalatsch
IV.
Heeresgruppe B
(Frhr. v. Weichs)
Tschir
Sowjetsky
64.
Krasnoarmeisk
4. Pz.
(Jeremenko)
3. rum.
N. Tschirskaja
57.
20.11.
VI.
Zaza
Morosowskaja
Tazinskaja
Mischkowa
51.
Akssai
4. rum.
ab 21.11.
Akssai
Rumänische Rückzüge
Sowjetische Stoßrichtungen
Spätere Kesselfront d. 6. Armee
6. Deutsche
5. Sowjet. Armee
0 10 20 30 40 50 60 70 80 km
Zymljanskaja
Don
Armeegr. Hoth
ab 22.11.
VII. rum.
Kotelnikowo

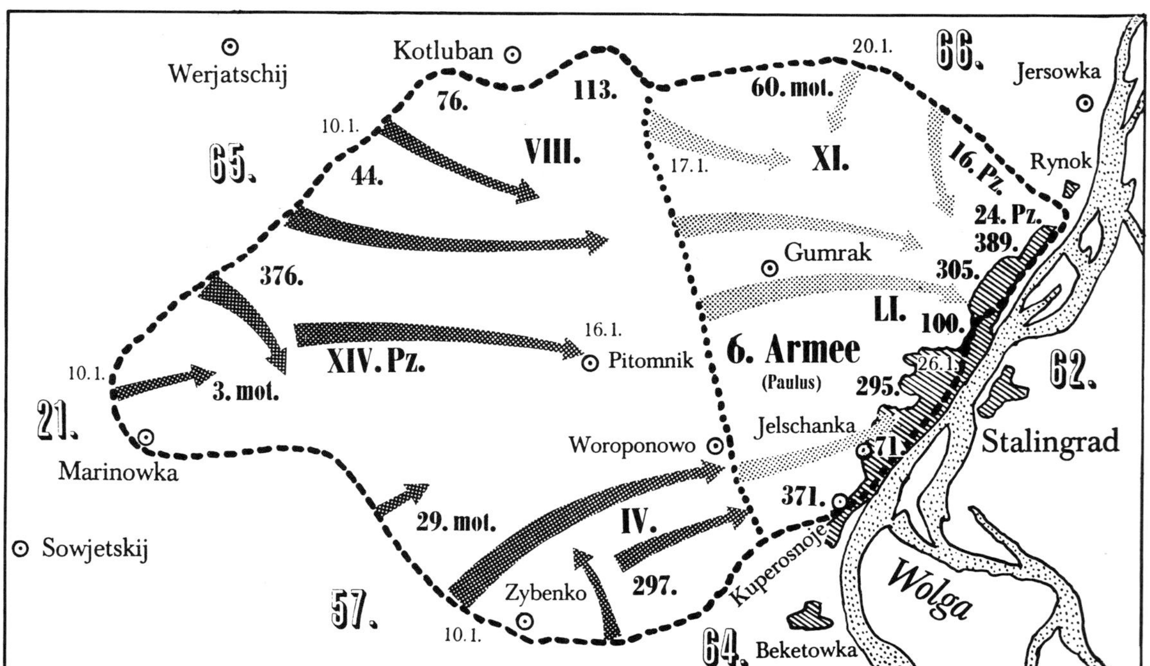
Werjatschij
Kotluban
20.1.
66.
Jersowka
76.
113.
60. mot.
10.1.
VIII.
65.
44.
17.1.
XI.
16. Pz.
Rynok
24. Pz.
389.
Gumrak
376.
305.
LI.
100.
16.1.
10.1.
XIV. Pz.
Pitomnik
6. Armee
(Paulus)
26.1.
62.
3. mot.
295.
21.
Jelschanka
Marinowka
Woroponowo
71.
Stalingrad
371.
29. mot.
IV.
Sowjetskij
Kuperosnoje
297.
Zybenko
Wolga
57.
10.1.
64.
Beketowka

werfen. Dabei ging der Flugplatz Tazinskaja, die wichtigste Versorgungsbasis der eingeschlossenen Armee, verloren.
Rostow, das Ziel der Operation »Saturnus«, konnte Generaloberst Fjodor I. Golikow nicht erreichen. Solange Hoth noch Teile einer sowjetischen Panzerarmee beschäftigte, fehlten für den Stoß zum Asowschen Meer ausreichende Kräfte. Manstein verlegte den Weg dorthin mit schnell zusammengerafften Marschbataillonen, Trossen, Luftwaffenpersonal und Leichtverwundeten, Rumänen, Italienern und Kroaten.
Doch die Flugroute nach Stalingrad war nun länger, der Abstand zwischen Hoth und Paulus größer. Gleichzeitig stellte sich die Frage nach dem Schicksal der deutschen Kaukasusverbände. Hitler befahl der HGr. A (Kleist) »schrittweise . . . in eine verkürzte Stellung« zurückzugehen. Manstein sollte den Abmarsch sichern, die 17. Armee (Ruoff) am unteren Kuban einen Brückenkopf zum Schutze der Krim behaupten.
Um deutsche Reserven zu fesseln, ließ Stalin einen seit langem geplanten Stoß zur Wiedergewinnung des Landweges nach Leningrad führen. Auch dieser Angriff brachte Erfolg. Der »Flaschenhals« brach. Die 18. Armee (Lindemann) mußte Schlüsselburg räumen. Sowjetische Verbände kämpften südlich des Ladogasees einen 10 bis 20 km breiten Korridor frei und beendeten damit die Blockade der Newastadt.
Der Sieg bei Leningrad ermöglichte Golikow eine neue Offensive. Durch seitliche Verlagerung des Schwergewichtes seiner Heeresgruppe erdrückte er die 2. Honvéd-Armee (Jány). Der Hauptstoß zielte auf die Eisenbahnlinie Kursk-Rostow. Jenseits des Schienenstranges hoffte die Stawka erreichen zu können, was auf halbem Wege zum Asowschen Meer mißlungen war: eine weitausholende Umfassung.

217 Nach dem Eintreffen sowjetischer Soldaten (l.) vor dem Gefechtsstand des Oberbefehlshabers der 6. Armee begaben sich Generalfeldmarschall Friedrich Paulus und sein Stab in Gefangenschaft.

218 Die 6. Armee existierte nicht mehr. Zehntausende von Toten wurden zusammengetragen und verbrannt.

Die gesamte Herresgruppe B (Weichs) geriet in den Strudel des Zusammenbruches. Sieben deutsche Divisionen wurden vernichtet. Das italienische Alpenkorps mußte sich mit versprengten Deutschen und Ungarn 350 km weit über schneebedeckte Felder den Rückweg nach Bolsche Trotzkoje erkämpfen. Golikow meldete 71000 Gefangene.

Um der 6. Armee (Paulus) solange wie möglich den Kampf zu ermöglichen, ließ Göring die Versorgungsflüge durch Milch neu ordnen. Doch der Generalfeldmarschall konnte die sowjetischen Jäger nicht vertreiben und dem Mangel an Flugbenzin sowenig abhelfen wie das Problem der Vereisung überwinden. Die tägliche Transportleistung der Luftwaffe sank schließlich unter 90 t.

Armeegeneral Konstantin K. Rokossowskij hatte den Stalingrader Kessel aufgespalten. Der Kampf ging in getrennten Räumen weiter. Bei Gumrak verloren die Eingeschlossenen den letzten Flugplatz. Schließlich waren sie so geschwächt, daß sowjetische Regimenter aus ihren Deckungen stiegen und mit entrollten Fahnen ungehindert eine Stellung nach der anderen überrannten.

Am 2. Februar 1943 erlosch der Widerstand. Von den Soldaten der 6. Armee (Paulus) war mehr als die Hälfte gefallen, erfroren oder verhungert. Stalin erwähnte 146300 Tote, die man aufgelesen und verbrannt habe. Rund 91000 Überlebende gingen in Gefangenschaft. Viele, hauptsächlich Schwerverwundete, wurden von Rotarmisten erschossen. Andere starben am Fleckfieber. Nur 6000 sahen die Heimat wieder.

219 Über 90000 Deutsche und Rumänen verließen den Einschließungsraum als Gefangene. Nur 6000 überlebten.

220 Ein weiterer Erfolg der sowjetischen Operationen im Winter 1942/43 war die Öffnung eines Landweges nach Leningrad.
Truppen des Entsatzheeres erreichen Außenbezirke der Stadt.

222 Durch Frontbegradigungen in der Heeresmitte wurden Eingreifreserven gewonnen. Panzergrenadiere beim Stellungswechsel mit finnischen »Akjas«.

221 Sammelstelle hinter dem zerschlagenen Südabschnitt der Ostfront: Reste einer ungarischen Einheit vor ihrem Abtransport.

223 Deutsche 10,5-cm-Feldhaubitzen »FH 18/40« in offener Feuerstellung bei Bjelgorod.

Politische Folgen

Die militärische Katastrophe führte zu »Rissen im Bündnis«. Den Waffengefährten fiel es schwer, ihre hohen Verluste vor besorgten Staatsoberhäuptern und Regierungen zu verantworten. Italien hatte 11, Ungarn 10, Rumänien 19 Divisionen auf den Schlachtfeldern am Don verloren. Berichte von Heimkehrern über das oft rücksichtslose Verhalten der Deutschen erzeugten Verbitterung.

Mussolini forderte eine neue gemeinsame Strategie. Er war deshalb an Göring herangetreten und hatte schließlich Ciano und Cavallero ins Führerhauptquartier nach Ostpreußen geschickt. Die Italiener nannten als Voraussetzung für den Aufbau der Tunesienfront einen von Japan vermittelten Sonderfrieden mit der Sowjetunion.

Antonescu, der gleichfalls eintraf, vernahm von Hitler, daß es für Deutschland nur »Sieg oder ... Vernichtung« gebe. Das rumänische Heer, die Stütze des Marschalls, schien nun erst recht dem Untergang geweiht. Der Wunsch vieler Rumänen, als Verbündete des Reiches nicht nur die Bukowina und Bessarabien zu sichern, sondern auch Siebenbürgen zurückzugewinnen, erwies sich als Illusion.

Auch Finnland war enttäuscht. Mit Hinweisen auf das Ende der Leningrader Blockade und die Katastrophe von Stalingrad drängten die USA in Helsinki zu Friedensverhandlungen. Großbritannien und die UdSSR signalisierten dazu ihre Bereitschaft. Darauf vereinbarten Ryti und Mannerheim, sich bei nächster Gelegenheit aus dem Kriege zurückzuziehen.

Das Verhalten der Finnen wurde in Südosteuropa genau beobachtet, wo Miklós Horthy ebenso wie Antonescu nach einem Weg aus dem Dilemma suchte. Die Absichtserklärung des Reichsverwesers – »Krieg gegen Rußland, nicht gegen die Westmächte« – schien jedoch nirgends zu interessieren. Man wartete auf neue militärische Entscheidungen.

Golikow und Watutin griffen wieder an. Unter ihrem Druck räumte das II. SS-Panzerkorps (Hausser) Charkow. Die sowjetischen Kräfte stießen durch eine 120 km breite Lücke und näherten sich Dnjepropetrowsk als Manstein mit kühnen Rochaden reagierte. Zusammen mit der 4. Panzerarmee (Hoth), 1. Panzerarmee (Mackensen) und Armeeabteilung Kempf zerschlug er die vorgedrungenen Verbände des Gegners.

Anfang März 1943 kam die deutsche Gegenoffensive auf der vor zwei Jahren erreichten Linie zum Stehen. Durch Räumung der Frontbögen von Demjansk, Rshew und Wjasma gewann das OKH wieder Reserven. Auch evakuierten Lufttransporter und Marinefähren aus dem Kubanbrückenkopf 101 084 Soldaten und 10 200 Zivilflüchtlinge.

In dieser Situation konnte Hitler versuchen, die Waffengefährten wieder fest an sich zu binden. Sie wurden einzeln nach Schloß Kleßheim bei Salzburg geladen, zuerst Zar Boris III. von Bulgarien, dann Mussolini, Antonescu und Horthy, der slowakische Staatspräsident Tiso, Kroatiens Poglavnik Pavelić und Ministerpräsident Pierre Laval.

Andererseits streckte Stalin die Fühler aus. Als Mittler sollte Edgar Klaus, ein deutsch-jüdischer V-Mann, dienen, den Canaris in Stockholm stationiert hatte. Einem dort zugereisten Deutschland-Experten des Kreml wurden die Worte zugeschrieben: »Ich garantiere Ihnen, wenn das Reich

224 Um die Verbündeten fest an sich zu binden, empfing Hitler nacheinander die Repräsentanten des Dreimächtepakts in Schloß Kleßheim bei Salzburg. Der ungarische Reichsverweser, Admiral Miklós Horthy, wollte keine Armee mehr an die Ostfront entsenden.

225 Mussolini wünschte den Krieg im Osten zu beenden und empfahl seinem Achsenpartner den Abschluß eines Sonderfriedens, den Japan vermitteln würde.

DELLO STATO

auf die Ostgrenzen von 1939 eingeht, können Sie in acht Tagen Frieden haben.«
Der Zweck dieser Avancen war rätselhaft. Schulenburg vermutete, daß Moskau die Westmächte erpressen wollte. Tiefer saß vermutlich Stalins Argwohn gegenüber den Alliierten. Die Sowjets vermuteten in Rudolf Heß eine von den Briten bereitgehaltene Marionette für das Regime nach Hitler. Vor allem nährte das russische Mißtrauen die Verschiebung des Entschlusses zum Aufbau der »zweiten Front«.
Stalin beunruhigten die anglo-amerikanischen Erfolge in Nordafrika, warfen sie doch einen Schatten auf genuin sowjetische Balkan- und Mittelmeerinteressen, zumal England seine Kontakte mit der Türkei, Bulgarien und Rumänien intensivierte und Tito unterstützen wollte. Die Gefahr, daß Rußland mit seinem hohen Blutzoll zum Verlierer wurde, die USA hingegen allein über den Frieden bestimmten – eine *pax americana* – war für das Politbüro im Kreml naheliegend.
Stalin schien seinem Widerpart eine Chance zu bieten. Hitler sollte seinen aussichtslosen Krieg gegen die UdSSR beenden, jedoch das Teilungsgebiet von 1939 behalten. Das Reich würde dann wieder Getreide, Erdöl und Erz sowie Transitgüter aus der Sowjetunion und durch sie beziehen können und damit stark genug sein, eine anglo-amerikanische Invasion in Westeuropa zurückzuweisen.
Ribbentrop prüfte diese Auspizien. Der Rußlandausschuß des Auswärtigen Amtes wurde befragt. Als Goebbels meinte, daß man sich wohl mit der einen oder anderen Seite verständigen müsse, antwortete Hitler, für ihn wäre ein deutsch-sowjetischer Interessenausgleich die näherliegende Lösung, jedoch nach Lage der Dinge zum Scheitern verurteilt.
Stalin erneuerte sein Angebot. In Stockholm stand kein Geringerer als Wladimir G. Dekanosow, der letzte Berliner Sowjetbotschafter, zu Gesprächen bereit. Allerdings lag der Preis für einen Kompromißfrieden jetzt höher. Dem deutschen V-Mann wurden die Grenzen von 1914 offeriert, auch sollten Ribbentrop und Rosenberg zurücktreten. Inzwischen hatte sich Hitler entschieden. Er setzte auf den Erfolg seiner nächsten Offensive.

Die Salomonen 1943

Als Anwalt der gegen Japan gerichteten Kräfte mußte Admiral Ernest J. King nicht lange darlegen, daß man ohne Aktivität im Pazifik die Initiative verlor. Nach der See-Luft-Schlacht von Midway ließ das Kaiserreich keine Schwächezeichen erkennen. Verbände seiner Streitkräfte stießen weiter in Richtung auf den australischen Kontinent vor.

Admiral Nagano hatte mit der neugebildeten 8. Flotte (Mikawa) Truppen und Arbeiter auf Guadalcanal gelandet, die dort eine Flugbasis bauten. Der Platz war gut gewählt, denn die Insel bildete den Eckpfeiler der sich im Norden Neuguineas etwas 500 km weit nach Südosten erstreckenden Salomonen-Gruppe, eines doppelten Riegels quer zum direkten Seeweg von Hawaii nach Australien.

Der Sund zwischen den Hauptketten, »the slot – der Schlauch« genannt, diente der japanischen Flotte als Verkehrsstraße. Die Amerikaner mußten den Nachschub ihres Gegners hier unterbinden, das 147 km lange und 45 km breite Guadalcanal erobern und den halbfertigen japanischen Flugplatz in Besitz nehmen.

Die amerikanische Planung ging weit darüber hinaus. Man wollte nach den Salomonen auch Neuguinea erobern und sich später des Bismarck-Archipels bemächtigen. Die dazu notwendigen Teiloperationen amphibischer Streitkräfte sollten abwechselnd Admiral Chester W. Nimitz und General Douglas MacArthur führen.

Nimitz schickte gesicherte Transporte mit 19000 Mann Marineinfanterie unter Admiral Fletcher nach Guadalcanal. Die Amerikaner nahmen den Flugplatz, konnten aber in monatelangen Nahkämpfen nicht den Dschungel durchdringen. Solange sich Japaner auf der Insel hielten, waren die gewonnene Basis und ihr Nachschub ständig in Gefahr.

Die Entscheidung mußte auf See fallen. Anrückende Trägerverbände maßen ihre Kräfte auf achtungsvolle Distanz mit Sturzkampfbombern und Torpedoflugzeugen. Beide Flotten erlitten empfindliche Verluste. Für die Schiffsbrüchigen gab es oft keine Rettung. Nicht wenige wurden im Wasser treibend von Haien gerissen.

Nachtschlachten alten Stils entwickelten sich in dem langgezogenen Sund, als Admiral Yamamoto die auf Guadalcanal kämpfenden Japaner durch schnellaufende Kriegsschiffe – den sogenannten Tokyo Express – versorgen ließ und ihnen alliierte Kreuzer entgegenstießen. Die Namen unbekannter Eilande wie Savo, Kap Esperanca, Tobago, Santa Cruz und Tassafaronga wurden Schlagzeilen der Seekriegsgeschichte.

Yamamoto hatte die Räumung von Guadalcanal beantragt. Meinungsverschiedenheiten zwischen Nagano und Sugiyama verzögerten diese Maßnahme. Doch Anfang Februar 1943 holte ein nächtlicher Tokyo-Express 12000 Überlebende von der Insel. Alle waren krank. Fast jeder trug einen weißen Behälter mit der Asche gefallener Kameraden.

Nimitz und MacArthur operierten jetzt parallel in getrennten Räumen. Dem Admiral unterstanden außer der Pazifikflotte auch Marineinfanterie und Bautruppen. Der General verfügte über 11 Divisionen aus den USA und Australien sowie eine 7. Flotte (Kinkaid). Der starke Trägerverband wurde nach Bedarf in das eine oder andere Gebiet dirigiert.

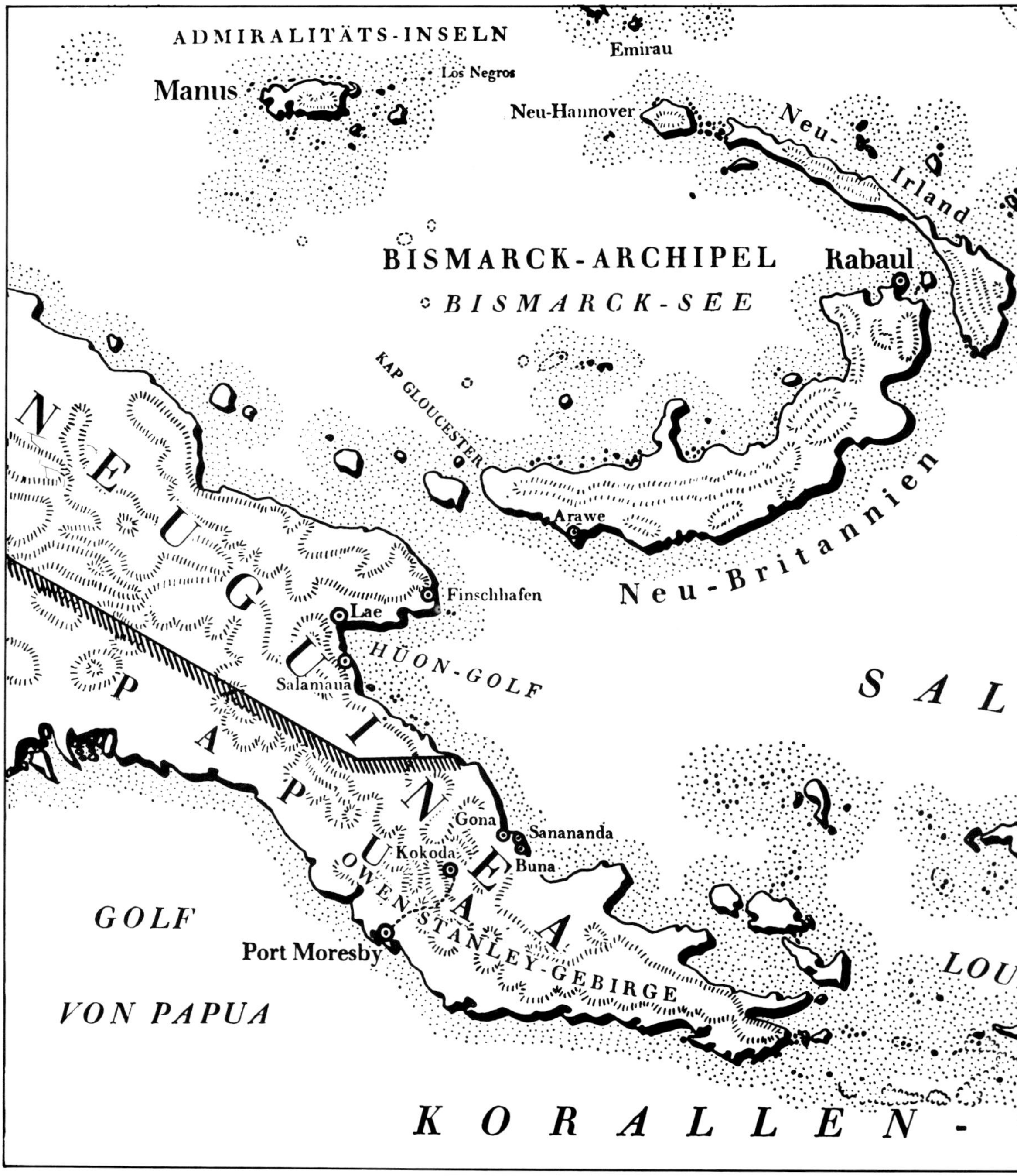
ADMIRALITÄTS-INSELN
Emirau
Los Negros
Manus
Neu-Hannover
Neu-Irland
BISMARCK-ARCHIPEL
Rabaul
BISMARCK-SEE
KAP GLOUCESTER
NEUGUINEA
Arawe
Neu-Britannien
Finschhafen
Lae
HUON-GOLF
Salamaua
SAL
PAPUA
Gona
Sananandа
Kokoda
Buna
OWEN-STANLEY-GEBIRGE
GOLF VON PAPUA
Port Moresby
LOU
KORALLEN-

STILLER OZEAN
SALOMONEN
GREEN ISLANDS
Bougainville
ERIN-
STA-BUCHT
Vella Lavella
KULA-GOLF
Neu-Georgien
Kolombangara
Munda
Rendova
Kap Esperance
Florida
Tulagi
Savo
Tassafaronga
Henderson-Field
Guadalkanal
MONEN-SEE
DEN
MEER

226 Nach der Wende von Midway begannen amerikanische Streitkräfte die Salomonen-Inseln zu erobern. Fünf Seeschlachten begleiteten die Landungsoperationen.
Der Flugzeugträger »Wasp« im Einsatz; am Himmel japanische Flugzeuge und explodierende Flakgeschosse.

227 Amerikanische Marines kämpften sechs Monate lang im wegelosen Dschungel um den Besitz von Guadalcanal.

Presseberichte kennzeichneten das weitere Vorgehen mit einem anschaulichen Bild. Der Angreifer stieß wie ein Boxer abwechselnd mit der Linken oder Rechten zu. In Wirklichkeit war das Geschehen komplizierter. Denn jeder Oberbefehlshaber suchte in Washington um Abänderung der Pläne. Termine wurden entweder vorgezogen oder verschoben, Nebenaktionen zwischengeschaltet.
Von langer Hand vorbereitet war die Jagd auf den japanischen Flottenchef. Abgefangene Funksprüche erleichterten die Suche. Roosevelt genehmigte das Unternehmen nach Rücksprache mit Stimson und Knox (Operation »Vengeance«). Maschinen vom Typ »P 38 Lightning« wurden zu dem erklärten Zweck umgerüstet. Am 18. April 1943 schossen sie Yamamoto in seinem Flugzeug über Bougainville ab.
Der neue japanische Flottenchef war außerstande, die Offensive des Gegners durch einen Gegenstoß zu stoppen. Die Bohrfelder von Sumatra, Java und Nordborneo hatten ihre volle Leistungsfähigkeit noch nicht wieder erlangt. Nagano ließ daher die großen Verbände im Sulu-Atoll, einer für die Brennstoffübernahme günstigen Position, abwarten.
Die Kaiserliche Konferenz hatte beschlossen, Außenposten nur noch hinhaltend zu verteidigen. Nagano und Sugiyama einigten sich auf eine verkürzte Linie rings um den »absoluten Sicherheitsraum« (von Burma über Malaya bis Neuguinea und von dort über die Karolinen, Marianen und Kurilen). Innerhalb dieses Ringes hoffte Premierminister Hideki Tojo die Kriegswirtschaft entwickeln und klare politische Verhältnisse schaffen zu können.

228 Japanische Infanterie im regennassen Dschungel der Salomonen-Insel Bougainville.

Das Ende in Tunesien

229 *Nach dem deutsch-italienischen Eingreifen in Tunesien: Panzergrenadiere haben Tebourba eingenommen.*

Nach Abschluß der Operation »Torch« trafen sich Roosevelt und Churchill vom 14. bis 23. Januar 1943 in Casablanca. Am Rande der Konferenz verkündeten sie eine dem Kreml genehme Kriegsdoktrin, die Forderung nach »bedingungsloser Kapitulation« *(unconditional surrender)* der Dreierpaktmächte. Die Anglo-Amerikaner suchten damit ihre Härte dem zürnenden Stalin zu signalisieren, dessen Stockholmer Fühler in London und Washington bekannt waren.

Das *Combined Chiefs of Staff Committee* beriet über künftige Operationen. Marshall plädierte weiter für die Invasion in Frankreich. Brooke, Pound und Portal verlangten vorerst eine gründliche Vorbereitung dieses Unternehmens. Darauf wurde der Trans-Kanal-Angriff (Operation »Sledgehammer«) nochmals verschoben und für die Zwischenzeit eine anglo-amerikanische Landung mit Hilfe starker See- und Luftstreitkräfte auf Sizilien anberaumt (Operation »Husky«).

Die Verbände der Achsenmächte wurden in einer Heeresgruppe »Afrika« (Arnim) zusammengefaßt. Diese Konzentration und der Sieg über ein amerikanisches Korps jenseits des Kasserinepasses enthoben den Oberbefehlshaber jedoch nicht der Notwendigkeit, seine Frontlinie zu verkürzen. Während Keitel und Cavallero noch Verstärkungen nach Tunesien schickten, hatte die Auszehrung der deutsch-italienischen Kräfte schon begonnen. Mitte März erhielt jede Division nur noch 0,5 und 1,5 Versorgungssätze an Munition und Treibstoff.

Nach Überwindung der Marethlinie konnten die Anglo-Amerikaner ihre Feldflugplätze vorverlegen und Bomber mit Jagdschutz bis zur Nordküste entsenden. Auch »Spitfires« und »Beaufighters« von Malta stürzten sich auf den Nachschubverkehr der Achsenmächte. Italien besaß noch 78000 BRT Schiffsraum, die deutsche Handelsmarine 60000 BRT, dazu 102 Dampfer aus französischem Besitz. Doch bald stiegen die Verluste durch Flieger- und U-Bootangriffe von 22% auf 41,5%.

Die Luftbrücke verlor an Bedeutung. Von fünf Transportgruppen, die Kesselring nach Rußland abgegeben hatte, kehrte keine vollzählig zurück; 488 deutsche Maschinen mit etwa 1000 Mann fliegendem Personal – das Äquivalent eines ganzen Korps – waren bei Stalingrad vernichtet worden. Die Luftflotte 2 (Richthofen) besaß 180 »Ju 52«. Hinzu kamen einige der neuen Messerschmitt »Me 323«, so daß zusammen mit italienischen Flugzeugen zeitweise nur 240 Transporter flogen.

Alliierte Jäger schossen 76 »Ju 52« und »Me 323« ab, zwangen 35 Maschinen zur Notlandung und beschädigten 65 Flugzeuge auf ihren sizilianischen Abstellplätzen. Italien verlor 77 dreimotorige Savoia »SM 82«. Waren im Februar 14948 Mann, 50 Panzer und 214 Geschütze über das Meer geflogen worden, so gelangten bis Ende März nur noch 2407 Mann, 29 Panzer und 21 Geschütze nach Afrika.

Eisenhower vereinigte die aus zwei Richtungen aufgelaufenen Kräfte der Alliierten in einer *18th Army Group* unter General Sir Harold Alexander. Seine Schlußoffensive, die am 4./5. Mai 1943 begann, hatte durchschlagenden Erfolg. Besaß doch die Heeresgruppe »Afrika« (Arnim) nur noch 76 Panzerkampfwagen ohne ausreichenden Betriebsstoff. Nach einer Woche

230 *In der Marethlinie konnte Rommel die nachdrängenden Briten abweisen, ebenso die Amerikaner am Kasserine-Paß. Der ausbleibende Nachschub lähmte jedoch bald die Kampfkraft der deutsch-italienischen Heeresgruppe.*

kapitulierten zuerst die deutschen Verbände, dann auch ihre italienischen Waffengefährten.
Erste Schätzungen beliefen sich auf eine Gesamtzahl von 275 000 Gefangenen, darunter 180 000 Italiener. Die deutsche Wehrmacht hinterließ in Tunesien 8503, das italienische Heer 13 476 Tote. Giraud verzeichnete etwa 3000 gefallene Nordafrikaner, Eisenhower 10 890 tote, 38 688 verwundete und 21 363 vermißte Briten und Amerikaner.

231 Ein sechsmotoriger Messerschmitt-Großtransporter »Me 323 Gigant« über dem Mittelmeer kurz vor dem Abschuß durch südafrikanische Jäger.

Entscheidung im Atlantik

Das *Combined Chiefs of Staff Committee* diskutierte in Casablanca auch über die schweren alliierten Schiffsverluste des Vorjahres und ihre Konsequenzen. Großbritannien und die Vereinigten Staaten hatten 1160 Transporter mit insgesamt 6266215 BRT verloren, bis auf 45 Dampfer, die Italienern zum Opfer gefallen waren, alle durch deutsche Angriffe.
Die Schlacht im Atlantik war nahezu ausschließlich zum Kampf der Unterseeboote gegen alliierte Geleitzüge geworden. Zwar übte die von Frankreich nach Norwegen verlegte Hochseeflotte (Schniewind) als *Fleet in being* noch strategischen Druck aus. Hitlers Befehl, mit den schweren Kriegsmarineeinheiten kein »größeres Risiko« mehr einzugehen, zwang die Skl aber zur Vorsicht.
Ein unbedeutendes Seegefecht bei der Bäreninsel, das vorzeitig abgebrochen worden war, hatte den seit langem angestauten Groll des ObdW entfesselt. Er befahl, die »nutzlosen Einheiten« außer Dienst zu stellen. Das hierüber zwischen Hitler und Raeder geführte Streitgespräch endete mit dem Rücktritt des Oberbefehlshabers der deutschen Kriegsmarine am 30. Januar 1943.
Nachfolger war Admiral Karl Dönitz, der die Behörden des ObdM und BdU vorläufig vereinigte. Sein britischer Gegner, der zum *Commander in Chief* of the Western Approaches ernannte Admiral Sir Max Horton, hatte nicht weniger Erfahrung als U-Bootkommandant und Verbandsführer. Nach dem erneuten Einbruch in die deutschen Schlüsselbereiche zog er aus »Ultra« (eigentlich: Special Intelligence) große Vorteile.
Die Anglo-Amerikaner hatten ihre Kampftechnik weiterentwickelt. Radargeräte in Flugzeugen (H2S) tasteten mit elektronischen Wellen die See ab. »Leigh-Light«-Scheinwerfer unter den Flügeln der Maschinen schalteten sich automatisch ein, sobald das angeflogene Objekt erfaßt war. Der neue Sichtfunkpeiler – »Huff-Duff« genannt – befähigte Geleitfahrzeuge zum Überraschungsangriff auf U-Boote.
Die »Hedgehog«-Salvenwerfer dieser U-Bootjäger schleuderten Wabos ins Meer, ohne daß der Unterwasserkontakt verloren ging. Ein mit 1000 Kilo Sprengstoff gefülltes Geschoß wurde durch Torpedorohre ausgestoßen. Besonders gefährlich waren für die U-Boote bei Überwasserfahrt oder im Augenblick des Schnelltauchens detonierende Fliegerbomben wegen ihrer Druckwellen und Splitterwirkung.
Der BdU versuchte mit der Entwicklung schrittzuhalten. Seine Boote hatten seit kurzem FuMB-Empfänger an Bord, die Meßimpulse von feindlichem »H2S« so früh anzeigten, daß genügend Zeit zum Wegtauchen blieb. Durch Abstoßen eines »Bold« genannten Gefäßes mit blasenerzeugender Substanz wurden Unterwasserortungsgeräte des Gegners irritiert. Ein flächenabsuchender Torpedo erhöhte die Trefferchancen.
Horton suchte nicht den Kampf. Er vermied die Geleitzugschlachten nach Möglichkeit durch Umsteuerung der Verbände aufgrund seiner *Special Intelligence Information*. Die vom Stab des BdU errechnete »Quote« je Boot, Seetag und Versenkungstonnage sackte im Januar 1943 auf 51 t. Dönitz stand vor einem Rätsel. Gründliche Untersuchungen konnten das Geheimnis des Gegners nicht lüften.

232 *Bei ihren Beratungen in Casablanca hatten Roosevelt und Churchill dem Sieg über die deutschen U-Boote vorrangige Bedeutung zuerkannt. Eine britische Korvette bekämpft den getauchten Gegner mit neuartigen Wasserbomben.*

233 *Das britische Bomber Command wirft bis zu 10 t schwere Blockbuster auf die deutschen U-Boot-Bunker in Frankreich.*

234 Eine »Mustang FB VI« des britischen Coastal Command schießt mit Raketengeschossen auf den auftauchenden Gegner.

235 Der Überlebende eines vernichteten deutschen Unterseebootes wird von Engländern aus dem Meer geborgen.

Zu einer der härtesten Geleitzugschlachten kam es am Konvoi SC 118, gegen den Dönitz ein Rudel von 13 Booten angesetzt hatte. Sie stießen auf starke Gegenwehr nicht nur der Eskorte, sondern auch viermotoriger Bomber. Nur wenigen U-Booten gelang der Einbruch in den Verband, darunter U 402 (Forstner), das 7 Schiffe versenkte. Insgesamt verloren die Briten 11 Frachter, die Deutschen 3 Boote.

Hortons Wegeführung versagte, als die deutsche Marine für ihre »Enigma« eine weitere Walze einführte und Bletchley Park deshalb erneut »black out« widerfuhr. Die deutschen U-Boote erlebten nochmals eine »glückliche Zeit«. Als am 16. März 1943 zwei alliierte Konvois zu einer Masse von fast 100 Schiffen aufliefen, entbrannte die größte Geleitzugschlacht des Krieges. Bei nur einem Totalausfall versenkten die Angreifer 21 Transporter.

Eine von King in Washington eröffnete *Atlantic Convoy Conference,* an der wissenschaftliche Berater wie Bush (USA) und Lindemann (England) teilnahmen, führte zu Verbesserungen der Abwehr. Man änderte das Kontrollsystem, betrieb den Ausbau des Funkpeilnetzes, ließ stärkere *Support Groups* (»Hunter-Killer«) bilden und schloß die Luftüberwachungslücke durch den Einsatz von Geleitträgern beider Flotten und *Very-Long-Range*-Flugzeugen des Typs »Liberator«.

Die Wende kam schneller als erwartet. »Ultra« kehrte zurück. Alle Agenzien der alliierten Seekriegsführung stimmten wieder zusammen. Horton erhielt neue Waffen, vor allem Raketen und Flugzeugtorpedos, die auf Schraubengeräusch ansprachen. Die Verluste der Angreifer stiegen rapide. Von den 28728 im Kriege gefallenen U-Bootfahrern der deutschen Marine (mehr als 80%) hatten nun schon die meisten den Tod gefunden.

Im Laufe des Mai 1943 sanken 41 deutsche Unterseeboote nach alliierter Kampfeinwirkung. Dönitz mußte sich eingestehen, daß diese katastrophalen Verluste nicht ausgeglichen werden konnten. Er beschloß daher, die Geleitzugschlachten im Nordatlantik solange abzubrechen, bis wieder wirkungsvolle Waffen und Geräte zur Verfügung standen. Der Rückzug galt als vorläufige Maßnahme. Doch er war endgültig. Deutschland hatte den Tonnagekrieg verloren.

236 Im Abendrot der Biskaya. Die große Zeit der U-Boote ging zu Ende. Von 1169 waren 863 gegen den Feind gefahren und hatten 2882 Transporter (6,3 Millionen BRT) und 147 Kriegsschiffe versenkt.

237 Mitte März 1943 kam es im Nordatlantik zur letzten großen Geleitzugschlacht. Zum letzten Mal bewährte sich die von Dönitz eingeführte »Rudeltaktik«.

Die kombinierte Bomberoffensive

238 In Casablanca war auch eine »kombinierte Bomberoffensive« beschlossen worden. Amerikaner und Engländer sollten arbeitsteilig bei Tag und Nacht angreifen. Die Einsatzzentrale des britischen Bomber Command in High Wycombe bei London.

Hatte Großbritannien die Atlantikschlacht im wesentlichen defensiv austragen müssen, so suchte das englische Kabinett seit Beginn des Krieges eine offensive *bomber policy* zu entwickeln. Ihr erster Auftakt am 15. Mai 1940 war durch andere, unerwartete Aufgaben überholt worden, die der Royal Air Force zuwuchsen. Auch den zweiten Anlauf vom 25. August 1940 ließ die britische Führung abbrechen.

Das *Bomber Command* (Peirse) hatte damals noch nicht das ideale Fluggerät. Die Leistungen der Avro »Short Stirling Mk I« und Handley Page »Halifax B Mk II« genügten nicht den Anforderungen des strategischen Luftkrieges. Bei Tagesangriffen gingen durchschnittlich 11,5% der gestarteten Maschinen verloren. Nächtliche Raids kosteten nur 2,8%, doch betrugen die Abweichungen im Bombenwurf bis 1942 etwa 6,5 km.

Air Marshal Sir Arthur T. Harris, der neue Chef des Bomberkommandos, plante den totalen Vernichtungskrieg. Er wollte nicht nur Komplexe der deutschen Rüstungsindustrie zerstören, sondern durch Angriffe auf die Bevölkerung deren Widerstandsgeist brechen. Churchill und Lindemann, Sinclair und Portal billigten diese mit der Luftkriegstheorie von Douhet übereinstimmenden Absichten.

Ein 4000-Bomber-Programm, das Harris forderte, legte Sinclair bald zu den Akten. Immerhin war 1942 die leistungsstarke Avro »Lancaster B« mit 4 Triebwerken, 5790 m Dienstgipfelhöhe und 3073 km Reichweite einsatzbereit. Auch erhielt die Royal Air Force neue elektronische Navigationshilfen. Drei Sender ermöglichten den mit »Gee«-Empfängern ausgerüsteten Maschinen bis zu 560 km die eigene Standortbestimmung. »Oboe« erleichterte 300 km weit die Orientierung.

Ganze Verbände konnten seither an einem Funkstrahl entlangfliegen. Sie blieben räumlich dicht beieinander. In dieser Formation und mit einer gemischten Abwurfmunition, bestehend aus Leuchtzeichen, Phosphor-Kautschuk-Kanistern, Minen, Splitter- und Thermitbomben, vollzog Harris den Übergang zum Luftbrandkrieg. Als erste deutsche Städte hatten ihn 1942 Lübeck, Rostock und Köln zu verspüren bekommen.

Zur Vergeltung befahl Göring der Luftflotte 3 (Sperrle) sogenannte Baedeker-Angriffe auf historische Zentren in England wie Exeter, Bath und Cowes, Grimsby und Hull, Norwich und Canterbury. Durchschnittlich kamen jedoch nur 50–100 deutsche Bomber zum Einsatz. Die britische Führung ließ sich dadurch nicht von ihren Vorsätzen abbringen.

Von deutscher Seite suche man den Angreifer durch die »helle Nachtjagd« abzuwehren. Quer zu den Haupteinflugschneisen wurden Scheinwerferriegel aufgebaut, die den Feind anleuchteten und damit eigenen Jägern den Weg wiesen. Für die »dunkle Nachtjagd« schuf General Josef Kammhuber sogenannte Himmelbetten, ein System sich überlappender Kreise von je 60 km Durchmesser. In ihnen konnten Piloten an den Gegner geführt werden und ihn dann vermittels eines Antennendipols erfassen.

Außer dem XII. Fliegerkorps (Kammhuber) hatte die Reichsluftverteidigung unter Generaloberst Hubert Weise drei Luftnachrichtenregimenter mit neuen Frühwarngeräten der Typen »Mammut« und »Wassermann«, zwei Scheinwerferdivisionen und ein Flakkorps. Die Funkmeßinformatio-

239 Weibliches Personal einer deutschen Luftlage-Meldestelle mit Lichtpunktwerfern zur Markierung eingehender Nachrichten auf den Wandkarten.

nen wurden in den Leitzentralen auf gläsernen »Seeburg«-Tischen verzeichnet. Dabei lernte man die verschiedenen Abwehrverfahren kombinieren.

In Casablanca war es zwischen den Anglo-Amerikanern auch wegen der Luftkriegführung zu Meinungsverschiedenheiten gekommen. Arnold wollte mit den vermeintlich unangreifbaren Langstreckenbombern vom Typ Boeing (B 17 »Fortress«) der United States Army Air Force (USAAF) bei Tageslicht kräftige Schläge gegen Objekte der deutschen Schlüsselindustrie austeilen. Portal beanspruchte dagegen für die Royal Air Force das Vorrecht, weiter nächtliche Städteangriffe zu unternehmen.

240 Zur Verwirklichung ihrer Pläne benötigten die Alliierten neue Flug- und Navigationsgeräte. Die Handley Page »Halifax«, ein älterer viermotoriger Bomber, wurde durch die leistungsstarke Avro »Lancaster« ersetzt.

Die Amerikaner flogen in »Bomberpulks« oder »Combat Boxes«. Ihre Maschinen sollten sich durch Ausschaltung toter Winkel gegenseitig Schutz gewähren und mit geschlossenem Bombenabwurf auf begrenzte Gebiete *(target area bombing)* große Wirkung erzielen. Wie sich heraustellte, bedurfte die Bomberflotte jedoch des Jagdschutzes. Einsitzer vom Typ Republic »P 47 Thunderbolt« hatten 1000 km und North American »Mustang« maximal 3300 km Reichweite.

Harris kam ohne Jäger aus. Gegen seinen Willen teilte ihm Portal jedoch eine *Pathfinder Force* unter Group Captain Donald C. T. Bennett mit schnellen, sehr steigfähigen Mehrzweckflugzeugen vom Typ De Havilland »Mosquito B Mk IV« zu. Dieser Verband diente dem Gros als Vorhut, Zielmarkierer und Beleuchter. Auch trug er den »Meisterbomber« ans Ziel, der vor Ort das Kommando übernahm.

Vom 30. Mai bis zum 28. Juni 1943 schlug Harris die *»Battle of the Ruhr«*. Der erste Schlag galt dem verhaßten Essen. Ihm folgten 42 weitere Angriffe, bei denen die Stadt ausglühte und 145,7 ha im Bereich der Krupp-Werke zerstört wurden. Auf der Prioritätenliste folgten Duisburg und Düsseldorf. Besonders litt Wuppertal-Barmen, wo 2450 Einwohner getötet wurden.

Als Höhepunkt waren Angriffe auf die Möhne-, Eder-, Ennepe-, Lister- und Sorpetalsperren gedacht (Operation »Chastise«). Das schon im Frieden geplante Unternehmen sollte zum Energieausfall der Ruhrindustrie führen. Dies geschah aber nicht, weil die Spezialbomben nur zwei Dämme trafen. Dafür wurden von der vorschießenden Flutwelle 1217 Menschen in den Tod gerissen, überwiegend Fremdarbeiter.

Hamburg, das nächste Operationsziel, lag außer Reichweite der »Oboe«, zeigte aber auf dem »H2S«-Bildschirm markante Züge. Auch gab es weitere Innovationen: »Monica«, ein rückblickendes Bordradar, das vor Jägern warnte, »Boozer« und andere Methoden zur Störung des Funkverkehrs auf deutschen Wellen, nicht zuletzt »Windows«, den Abwurf von Stanniolstreifen zum Blenden der Ortungsgeräte.

241 Um die Energieversorgung des Ruhrgebietes lahmzulegen, bombardierte ein Spezialverband der Royal Air Force am 16./17. Mai 1943 alle Staudämme im nahen Bergland mit eigens dazu entwickelter Wurfmunition. Andere Schwerpunktziele waren Hydrierwerke und U-Boot-Werften.

Am 24. Juli 1943, kurz vor Mitternacht, eröffnete eine Gruppe des Bomberkommandos den Angriff (Operation »Gomorrha«). Innerhalb von 150 Minuten fielen 2396 t Brand- und Sprengsätze auf die Stadt. Den zweiten Schlag führten »Fliegende Festungen« der Amerikaner. Dann war wieder die Royal Air Force an der Reihe, und so ging es fort, in sieben Wellen bis zum 30. Juli, ein *»Round-the-Clock-Bombing«*.

Über der auf 1000° erhitzten Glut stieg eine Rauchsäule bis 7000 m. Der Orkan des Feuersturmes riß Bäume und Passanten zu Boden. Die meisten Menschen starben an Kohlenmonoxydvergiftung oder Hyperthermie. Die

Polizei registrierte 31467 Tote. Rund 900000 Personen wurden obdachlos. Denn 277330 Wohngebäude waren ausgebrannt, 558 Fabriken und 2632 andere Gewerbebetriebe, 24 Krankenhäuser, 277 Schulen und 58 Kirchen zerstört.

242 Alliierte Bombenangriffe forderten große Opfer auch in den eigenen Reihen. Von 70253 Mann des Bomber Comand fielen 47293.

Die Luftschlachten über dem Reich führten zu heftigen Diskussionen in der deutschen Führung. Anforderungen des »Generals der Jagdflieger« Adolph Galland hatten monatelang keinen Erfolg, obwohl auch Göring, Milch, Weise und Kammhuber überzeugt waren, daß man die Masse der Jäger zur Abwehr heranziehen müsse. Hitler, Jodl und Jeschonnek blieben bei der bisher maßgebenden Grundsatzentscheidung: »Die Luftwaffe greift an, sie verteidigt nicht«.

Der ObdW setzte »Angriffsführer« in West und Ost ein, verlangte die Umrüstung des einsatzbereiten Düsenjägers »Me 262« als Schnellbomber und förderte den Bau von Langstreckenflugzeugen. Große Hoffnung setzte Hitler auf die unter General Walter Dornberger konstruierten »Fi 103« und »A 4«-Flugbomben, deren letzte Version als »V« (Vergeltungs)-Waffe bezeichnet wurde.

Ihrem Erprobungsgelände bei Peenemünde galt der nächste Schlag. In der Nacht zum 18. August 1943 bombardierten 433 Viermotorige das Lager (Operation »Hydra«). Die deutsche Jagdabwehr war durch amerikanische Angriffe auf Industrieziele in Regensburg und Schweinfurt abgelenkt. Dieses Ereignis gab Jeschonnek den Rest. Er griff zur Pistole und setzte seinem Leben ein Ende.

Der Nachfolger, General Günter Korten, sammelte neue Abwehrkräfte durch Übergang vom Objekt- zum Raumschutz. Im Oktober 1943 entstand das I. Jagdkorps (Schmid), das 1646 Jäger und 392 Zerstörer der Typen »Me 109 E«, »Me 110 G-4« und »FW 190 A-8« besaß, alle ausgerüstet mit FuGa zur Freund-Feind-Erkennung. Die Zahl der Flugabwehrgeschütze stieg auf 26020 Rohre verschiedener Kaliber. Für die zur Front abkommandierten Flaksoldaten wurden 430000 Männer und Frauen als Behelfspersonal eingestellt, größtenteils Ausländer.

Harris hatte Churchill die Zerstörung der Reichshauptstadt in Aussicht gestellt und dazu die Genehmigung erhalten. Bei 16 Angriffen warf das Bomberkommando 8656 t auf Berlin. Dabei wurden 492 britische Maschinen abgeschossen und 952 schwer beschädigt. Die Zahl von 2700 Toten war für den Angreifer enttäuschend niedrig. Goebbels konnte die rund 250000 Ausgebombten provisorisch unterbringen oder evakuieren.

Das Hauptziel des Bomberkommandos, den Widerstandsgeist der Bevölkerung zu brechen, war verfehlt. Das deutsche Volk wandte sich nicht gegen die Urheber des Krieges, sondern begann, sein Schicksal mit dem des NS-Regimes zu identifizieren. Auch die von Lindemann prophezeite Lähmung der Industrie ließ auf sich warten. Speer hatte schon Ende des Vorjahres begonnen, wichtige Rüstungsbetriebe nach Ostdeutschland oder in Bergwerke und Höhlen auszulagern.

243 Nach dem Angriff auf Hamburg vom 24. bis 30. Juli 1943. 25000 von mehr als 30000 Menschen, die dem planmäßig entfesselten Feuersturm zum Opfer fielen. Bis Kriegsende wurden im Reichsgebiet (ohne Böhmen und Mähren) 635000 Zivilpersonen bei alliierten Bomberraids getötet.

Die deutsche Kriegsindustrie steigerte ihre Leistungen trotz der Bomberoffensive; 1943 wurden 5947 Panzer (1942: 4224) und 109483 Lkw (1942: 81276), 29331 leichte Feldhaubitzen (1942: 18460), 7546 Geschütze größeren Kalibers (1942: 5078) und 4180 Pak (1942: 1296) sowie 25668 Militärflugzeuge (1942: 15456) gebaut. Weitere Produktionssteigerungen kündigten sich an.

244 Eine erfolgreiche Abwehrwaffe im Bombenkrieg war die deutsche Flak 37. Ende 1944 befanden sich 10900 dieser Geschütze im Einsatz. Bis dahin hatten sie über 9000 Flugzeuge des Gegners abgeschossen.

245 Nachtjäger vom Typ Dornier D 217 N-2 mit 8 Maschinengewehren und einer Antenne für FuG 202 und FuG 212 »Lichtenstein C«-Gerät.

Teil III

Das Unternehmen »Zitadelle« 1943

Der Zusammenbruch Italiens 1943

Die Anti-Hitler-Koalition 1943

Inselspringen im Pazifik

Deutsche Rückzüge 1943/44

Der Kampf um Rom

Die Invasion 1944

Weißrußland 1944

Der 20. Juli 1944

Entscheidung im Westen

Aufstände und Seitenwechsel

Die neue Westfront

Die neue Ostfront

Leyte-Golf 1944

Die Ardennenoffensive 1944/45

Die Konferenz von Jalta 1945

Der Zusammenbruch des Deutschen Reiches 1945

Die Konferenz von Potsdam 1945

Der Zusammenbruch Japans 1945

Ergebnisse und Folgen

Das Unternehmen »Zitadelle« 1943

246 Gegen Ende des Winters konnte Manstein mit entschlossenen Rochaden die Lücke im Südabschnitt der Ostfront schließen.

Nach den Winterkämpfen in Rußland glich die deutsch-sowjetische Front einer achtlos hingeworfenen Schnur. Viele Ein- und Ausbuchtungen ermöglichten den Kriegführenden flankierende oder doppelseitige Angriffe. Hitler schien eine neue Offensive erfolgversprechend, zumal er noch immer an seiner These von der »Erschöpfung« des Gegners festhielt.

Zeitzler hegte keine solche Illusionen, befürwortete jedoch ein rasches *retour offensif,* weil er koordinierten Operationen der Anti-Hitler-Koalition zuvorkommen wollte. Ähnlich äußerte sich Jodl, der die westlichen Kriegsschauplätze beobachtete. Man konnte absehen, daß die Anglo-Amerikaner von Nordafrika nach Sizilien übersetzen oder auf der Balkanhalbinsel landen würden. Auch mit einer Invasion an der Atlantikküste rechnete die Wehrmachtführung.

Hitler, Zeitzler und Jodl stimmten darin überein, daß Deutschland sein bisheriges Ziel, die Inbesitznahme weiter Räume, aufgeben mußte. Das deutsche Ostheer sollte zur Defensive übergehen, zuvor aber die Rote Armee noch einmal schlagen. Im Operationsbefehl Nr. 5 vom 13. März 1943 hatte der ObdW eine »Weisung für die Kriegführung der nächsten Monate« erteilt und die Absicht bekundet, den Sowjets »wenigstens an einem Frontabschnitt das Gesetz des Handelns« vorzuschreiben.

Der Diktator wollte eine kräftesparende Linie erreichen und die dann freiwerdenden Panzertruppen zur anderweitigen Verwendung abziehen. Mit dieser Absicht verbanden sich politische Zielsetzungen. Hitler hoffte das Vertrauen der Waffengefährten in die deutsche Kriegführung zurückzugewinnen. Auch sollten Kriegsgefangene und verschleppte Bevölkerungsteile den Arbeitskräftemangel des Reiches verringern.

Eine realistische Feindlagebeurteilung lief diesen Absichten zuwider. Die 199-Millionen-Bevölkerung der UdSSR zählte etwa 40 Millionen Wehrpflichtige aus den Jahrgängen 1893–1923, von denen 6,4 Millionen Untaugliche sowie 11,0 Millionen Gefallene, Invaliden und Vermißte abzuziehen waren. Trotz eines erhöhten Arbeitskräftebedarfs und des auch für die Rote Armee verlustreichen Winterfeldzuges 1942/43 konnte die Stawka etwa 6,1 Millionen Kämpfer an die Front schicken.

Demgegenüber war der Personalbestand des deutschen Ostheeres in den letzten Monaten unter 3,9 Millionen abgesunken. Keitel plante zwar 800000 Neueinstellungen. Doch infolge der Führererlässe zur Mobilisierung von Arbeitskräften wurden nicht so viele Wehrpflichtige abkömmlich. Gewerbliche Wirtschaft und Bergbau stellten nur 200000, Reichsbahn und Post lediglich 44000 Mann. Hinzu traten rund 100000 Rekruten der Geburtenjahrgänge 1906–1922.

Wegen des Fehls von 616000 Soldaten mußte Hitler seine rassistischen Vorurteile abschwächen und die Einstellung zahlreicher Ausländer erlauben. Die Luftwaffe rekrutierte sogleich 100000 fremde Helfer. Das Ersatzheer tauschte sein Wirtschaftspersonal gegen Kriegsgefangene aus. Man zählte 320000 Hilfswillige (»Hiwis«). Die sogenannten Osttruppen meldeten 150000 Legionäre. Zum Kampf gegen die Rote Armee waren diese Kräfte allerdings kaum geeignet. Aus politischen Gründen wurden sie nicht in einem Großverband unter General Andrej A. Wlassow zusammengefaßt.

247 Ein Panzerkorps der Waffen-SS hatte im März 1943 Charkow zurückerobert.

248 Mitte April 1943 wurden im Walde von Katyn sieben von neun Massengräbern geöffnet und 4243 polnische Offiziere identifiziert, die Sonderkommandos des NKWD erschossen hatten.

250 Werbeplakat für die Waffen-SS.

249 Bei Winniza fand man eine weit größere Anzahl ermordeter Ukrainer. Dennoch konzentrierte sich die Goebbels-Propaganda auf Katyn, um einen Keil ins feindliche Lager zu treiben und bei den Ostvölkern prodeutsche Sympathie zu wecken.

Himmler hob die Exklusivität der Waffen-SS auf und verlangte von den baltischen Landesräten einen Wehrbeitrag. General Povilas Plechavičius, der Inspekteur litauischer Bataillone, machte seine Mitwirkung von unerfüllbaren politischen Voraussetzungen abhängig. Dagegen rief General Oskar Dankers 50000 Männer »für ein freies Lettland« zu den Waffen, mobilisierte Hjalmar Mäe 11800 Esten. In der Westukraine meldeten sich etwa 100000 Freiwillige.

251 Kosaken, die sich der deutschen Wehrmacht anschlossen.

Himmler ließ auch in Westeuropa werben. Ein Gesetz der Vichy-Regierung kam dieser Aktion entgegen. Die aus Franzosen, Belgiern und Niederländern, Dänen und Norwegern bestehenden »Legionen« wurden zu Regimentern und Brigaden. Nach weiteren Zugängen aus dem Balkanraum wuchs die Stärke der Waffen-SS von 230000 (1942) auf 433000 Mann (1943). Fast jeder dritte ihrer Soldaten war jetzt Ausländer.

Während das Personal des deutschen Ostheeres wieder auf 4,48 Millionen stieg, schritt die Ausrüstung mit Waffen und Gerät nur langsam voran. Die Verbände erhielten 20000 neue Lastkraftwagen, überwiegend Opel »Blitz«, 2,5- und 2,0-Tonner. Indessen stockte die Panzerproduktion trotz energischer Maßnahmen des Reichsministers Albert Speer. Die Bomberoffensive der Westmächte begann sich auszuwirken und technische Mängel bei der Erprobung der Kampfwagen P V (»Panther«), P VI (»Tiger«) und »Ferdinand« verzögerten die Serienfertigung.

Der alte Standardpanzer P IV (25 t Gefechtsgewicht, 45 km/h, 7,5-cm-Kanone, 2 Maschinengewehre) konnte nach Aufschweißen von Stahlplatten (»Schürzen«) den 7,62-cm-Geschossen des russischen T 34/76 oder KW IB die Stirn bieten, ebenso der neue P V (46 t Gewicht, 55 km/h, 7,5-cm-Kanone, 3 MG) und der P VI (57 t, 42 km/h, 8,8-cm-Kanone, 3 MG). Gänzlich frontreif war jedoch keine dieser Konstruktionen.

Guderian, dem die Aufgaben eines »Generalinspekteurs der Panzertruppen« übertragen wurden, verbesserte Organisation und Taktik der Stoßverbände, konnte aber bis Ende Juni 1943 erst 561 »Panther« und »Tiger« abnehmen. Von dem nach seinem Konstrukteur (Porsche) benannten Jagdpanzer »Ferdinand« verließen nur 90 Stück die Werkhallen. Die zwölf deutschen Panzerdivisionen waren daher zum großen Teil noch mit den veralteten P III und P IV ausgerüstet.

Die Luftwaffenführung suchte einen Ausgleich zwischen den beiderseitigen Kampfwagenverbänden zu erreichen. Deutsche Kampfflieger bombardierten Panzerwerke und Treibstofflager des Gegners. Andere Verbände übten für einen wirkungsvollen »Einbruchswirbel« vor den eigenen gepanzerten Angriffsspitzen. Neben Jägern vom Typ Focke Wulf »FW 190 A« sollten dazu die teilweise als »Kanonenvögel« umgerüsteten Junkers »Ju 87 G« und »Ju 88 P« sowie der »fliegende Büchsenöffner« Henschel »HS 129 B 2« dienen.

Ein starkes Hemmnis für den Einsatz deutscher Panzer und Flugzeuge war ihre ungenügende Großkampfbevorratung. Wurf- und Bordmunition reichten nur zwei Wochen. Das knappe Flugbenzin zwang die Luftwaffe zur »Betriebsstofftaktik«, einer kritischen Prüfung bei jedem Start im Blick auf die volle Kampfbereitschaft über den Brennpunkten des Geschehens. Die Stoßverbände des Heeres benötigten mindestens 20000 Kubikmeter Betriebsstoff, erhielten aber nur 14162 Kubikmeter.

252 Die Werbekampagne für Wehrmacht und Waffen-SS wurde durch den Warschauer Ghetto-Aufstand im April 1943 gestört. Vier Monate lang kämpfte eine jüdische Untergrundorganisation gegen die Vollstrecker der nach Auschwitz führenden NS-Politik.

Der Raum, durch den die Versorgungslinien führten, war schlecht ge-

sichert. Ein von SS-Brigadeführer Jürgen Stroop am 19. Mai 1943 niedergeworfener Gettoaufstand in Warschau störte die deutschen Transporte nicht, doch blieb der *Armija Krajowa* das Debakel erspart, weil sie den monatelang verzweifelt kämpfenden Juden jede Hilfe verweigerte und im Stillen Kräfte sammelte und Eisenbahnsabotage betrieb.

Inzwischen hatten Besatzungsorgane der Wehrmacht bei Katyn 4243 der 1939 verschleppten polnischen Offiziere exhumiert und vor internationalen Sachverständigen nachgewiesen, daß diese Toten 1940 auf Befehl des KGB erschossen wurden. Obwohl auch andere Funde – insbesondere ein Gräberfeld mit 9432 Leichen unweit Winniza – hätten vorgezeigt werden können, nahm Goebbels die exhumierten Polen zum Anlaß für eine intensive Propagandakampagne.

Die Ostvölker wurden dadurch nicht aufgerüttelt. Polen, Weißrussen und Ukrainer wirkten nachdenklich oder verstört. Viele fühlten sich an deutsche Untaten erinnert, verspürten wohl auch die bedrohliche Nähe sowjetischer KGB-Funktionäre, die im Besatzungsgebiet als Partisanenchefs tätig waren und jedem Kollaborateur nach dem Leben trachteten.

In einem Grundlegenden Befehl Nr. 14 gab Hitler neue Richtlinien für die »Bandenbekämpfung« heraus. Waren zuletzt nur 80000 Mann – sechs ungarische Divisionen, ein französisches Bataillon und sechzehn landeseigene Verbände – gegen Partisanen eingesetzt, so wurden nun auch Fronttruppen der 2. Armee (Weiß), 4. Armee (Heinrici) und 2. Panzerarmee (Schmidt) herangezogen (Aktionen »Nachbarhilfe«, »Freischütz« und »Zigeunerbaron«).

Für die eigentliche Offensive (Unternehmen »Zitadelle«) hatte Hitler den Operationsbefehl Nr. 6 ausgegeben. Der ObdW gedachte durch raschen Vorstoß je einer Kräftegruppe aus den Räumen von Bjelgorod und Orel die um Kursk stehenden Verbände der Roten Armee einzukesseln. Der Angriff sollte ab 3. Mai 1943 möglich sein, wurde jedoch wegen der Kapitulation in Tunesien und zunehmender Produktionsengpässe mehrmals verschoben, insgesamt um zwei Monate.

Die deutschen Pläne konnten nicht geheim bleiben. Stalin hatte schon Anfang April von ihnen erfahren und Gegenmaßnahmen ergriffen. Als »Höchster Führer« der UdSSR beherrschte er weiterhin alle wichtigen Gremien, auch das Oberkommando, die Stawka. Seine militärische Machtvollkommenheit wurde erneut sichtbar, als ihm der Oberste Sowjet auf Verlangen den Rang eines Marschalls zuerkannte.

Nach Anhören von Shukow und Wassilewskij entschied Stalin, daß zwei Heeresgruppen den Kursker Bogen zu verteidigen hätten, während hinter ihnen eine dritte Heeresgruppe die Peripetie der Schlacht abwarten und dann aus der Nachhand schlagen würde. Zwei weitere Heeresgruppen sollten die deutschen Stellungen bei Orel aufbrechen und damit den nördlichen Greifer der Angriffszange lahmlegen.

Seit April ließ Stalin durch Berija 300000 Männer und Frauen aus dem russischen Hinterland heranziehen. Zusammen mit Pioniertruppen der Roten Armee schufen diese Zwangsarbeiter in zwei Monaten eine Verteidigungszone von 200 km Breite und 150 km Tiefe mit sechs befestigten Linien, vielen Riegelstellungen und Stützpunkten, Drahtverhauen, Panzerfallen und Minenfeldern.

Bald konnten die Heeresgruppen »Woroneschfront« (Watutin) und »Zen-

253 Auch 1943 wurden zur Behebung des Personalmangels wieder zahlreiche »Ostarbeiter« nach Deutschland verschickt. Tanz ukrainischer Frauen auf dem Bahnhof von Kiew.

254 Fast alle Truppen des Ostheeres hatten Russen und Ukrainer als Hilfswillige (»Hiwis«). Neueingestellte wurden wie Soldaten gekleidet, bewaffnet und von Popen auf das Kreuz verpflichtet.

RANCE
SNCF

255 Lagebesprechung in Saporoschje/Ukraine im Februar 1943. Am Kartentisch (v.l.n.r.) Generalfeldmarschall Erich von Manstein, General Richard Ruoff, der ObdW, General Kurt Zeitzler, Generalfeldmarschall Ewald von Kleist, General Werner Kempf.

256 Zur Vorbereitung der Operation »Zitadelle« werden neue Panzer vom Typ »P V Tiger« auf Tiefladern der Reichsbahn an die Ostfront gebracht.

257 Beginn der Schlacht von Kursk. Zur Wahrung der Funkstille überbringt ein Meldereiter den Angriffsbefehl. Der Panzerjäger (»Nashorn«) ist eine Selbstfahrlafette auf »P III/IV«-Chassis mit 8,8-cm-Kanone.

258 Die Spitze einer deutschen Panzerdivision im Vorgehen aus dem Raum von Bjelgorod. An den Flanken der Kampfpanzer sind die aufgeschweißten »Schürzen« zu erkennen.

tralfront« (Rokossowskij) nebeneinander Stellung beziehen. Auch die als operative Reserve vorgesehene »Steppenfront« (Konjew) fand festen Halt. Die gegenüber Orel versammelten Heeresgruppen »Brjansker Front« (Popow) und »Westfront« (Sokolowskij) waren bereits eingeschanzt. Fünf Luftarmeen ergänzten die sowjetische Kräftekonzentration.

Schließlich standen den 900000 deutschen Soldaten und ihren 10000 Geschützen, 1026 Panzern und 1830 Flugzeugen 1,3 Millionen Rotarmisten mit 20300 Geschützen und Werfern sowie 3600 Kampfwagen und 2600 Flugzeugen gegenüber. Die alte Grundregel, derzufolge ein Angreifer dem Verteidiger um das Zwei- bis Dreifache überlegen sein muß, war nicht erfüllt.

Um die Bewegungsabläufe der sowjetischen Heeresgruppen zu koordinieren, flog Shukow nach Kursk, bezog Wassilewskij ein Stabsquartier östlich von Orel. Stalin blieb an seinem Arbeitsplatz in Moskau, wo ihn die Delegierten der Stawka jederzeit erreichten. Alle ausschlaggebenden Entscheidungen wurden vom »Höchsten Führer« getroffen.

Auf deutscher Seite war der anfängliche Optimismus zunehmender Skepsis gewichen. Nach den letzten Hiobsbotschaften traf die Meldung vom Abbruch der Geleitzugsoperationen deutscher U-Boote im Nordatlantik ein. Jodl rechnete mit der alliierten Landung auf Sizilien schon Mitte Juli. Kluge erinnerte an die Gefahr für den Orelbogen. Zeitzler und Guderian warnten vor einem Fehlschlag des Unternehmens.

Am 1. Juli 1943 befahl Hitler die Oberbefehlshaber der Heeresgruppen und Armeen samt deren Kommandierenden Generalen erneut zu sich ins Führerhauptquartier. Er entwarf ein Lagebild, gefolgt von persönlichen Ansichten und Überlegungen. Die Operation »Zitadelle« sei gewiß »ein Wagnis«; das Gefühl sage aber, daß der große Schlag gelingen werde. »Die Würfel sind gefallen, der Angriff ist befohlen!«

Der kurz vor Beginn des deutschen Angriffs eröffnete Feuerüberfall aus allen Geschützrohren frontnaher Sowjetverbände war nicht so wirkungsvoll wie gedacht. Ein Raid der russischen Luftwaffe scheiterte, denn die anfliegenden Geschwader wurden von »Freya«-Funkmeßgeräten erfaßt. Jäger des VIII. Fliegerkorps (Seidemann) und der 1. Fliegerdivision (Deichmann) vernichteten 129 Maschinen des Gegners.

Die deutsche Offensive begann am 5. Juli 1943 in gestaffelter Zeitfolge zwischen 3.30 und 6.35 Uhr. Auf dem rechten Flügel, bei der Heeresgruppe Süd (Manstein), suchte die Armeeabteilung des Generals Werner Kempf das Vorgehen jenseits des Donez abzuschirmen. Den Rammbock bildeten zwei Korps der 4. Panzerarmee (Hoth). Unterstützt von Sturzkampfbombern stießen sie nordwestlich von Bjelgorod 18 km tief durch die vordere sowjetische Verteidigungslinie.

Die deutsche Luftwaffe hatte mit ihrer Taktik des »Einbruchswirbels« den eigenen Bodentruppen das Antreten erleichtert. Sie flog in den ersten fünf Tagen der Offensive 15057 Einsätze. Aber die Zahl der Flugzeuge reichte nicht aus, um vor jedem Angriffskorps die Artillerie des Gegners niederzuhalten. Nur wo sowjetische Jäger ausblieben, konnten Verbände wie die vier fliegenden Panzerkampfstaffeln vorrückende Reserven der Roten Armee zerschlagen.

Am linken Flügel, im Rahmen der Heeresgruppe Mitte (Kluge), traf die 9. Armee (Model) auf schwachen Widerstand. Ferngelenkte Ladungsträ-

259 Eine vernichtete Batterie der Roten Armee bei Obojan.

260 Soldaten der Waffen-SS bergen einen schwerverwundeten sowjetischen Offizier.

261 Nach Einstellung der deutschen Offensive beiderseits von Kursk ging die Rote Armee zum Angriff über, an einigen Stellen auch mit Kavallerie.

ger des Baumusters »Goliath« bahnten Gassen durch die Minenfelder. Das XXXXVII. Panzerkorps (Mattenklott) entwickelte sich zum Stoßkeil. Doch der Einbruch in die Hauptkampflinie des Gegners forderte schwere Opfer. Auch versagte vielfach die neue Technik. Gegen Abend waren von 200 »Panthern« 162 ausgefallen.

Am zweiten und dritten Tag erschwerten Regenfälle und Flankenangriffe das Fortkommen der 4. Panzerarmee (Hoth). Watutin ließ gegen alle Regeln mit rund zweihundert verschanzten Kampfwagen eine Barriere errichten, die Shukow mißbilligte, Stalin aber guthieß, weil sie den deutschen Angreifer zum Ausbiegen zwang. Vorgeworfene Kräfte aus Konjews Reserven bereiteten sich auf den Gegenstoß vor.

Hoth versuchte das II. SS-Panzerkorps (Hausser) und XXXXVIII. Panzerkorps (Knobelsdorff) an Obojan vorbeizuführen. Er meldete nochmals 10 km Bodengewinn. Aber die beiden Greifer der Zange konnten nicht zusammentreffen, denn Model war gezwungen, am 9. Juli eine Kampfpause einzulegen. Als er den Vormarsch wieder aufnahm, wurden seine Angriffskräfte bei Teploje zurückgeworfen.

Die Ostfront 1943

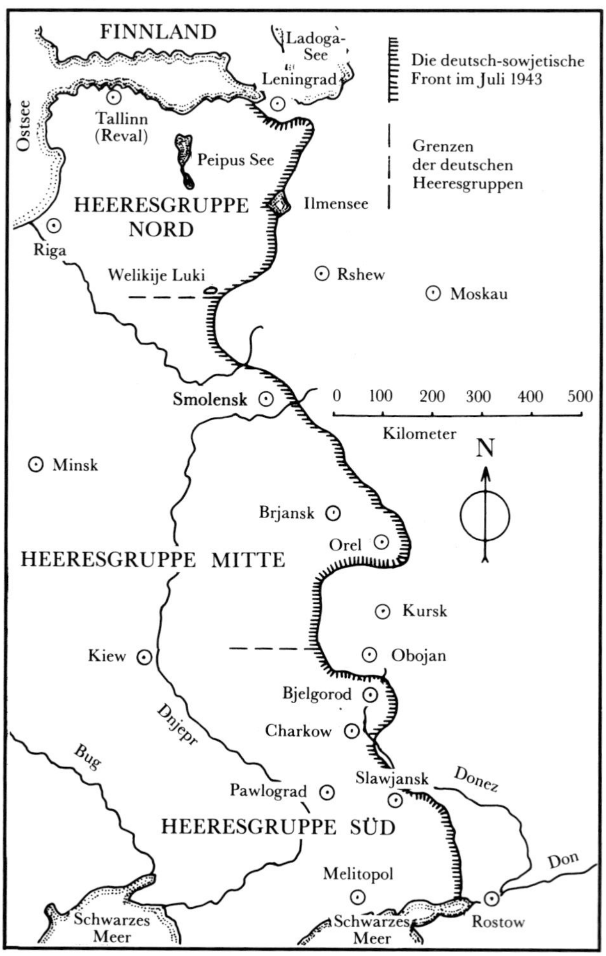

Unternehmen »Zitadelle«

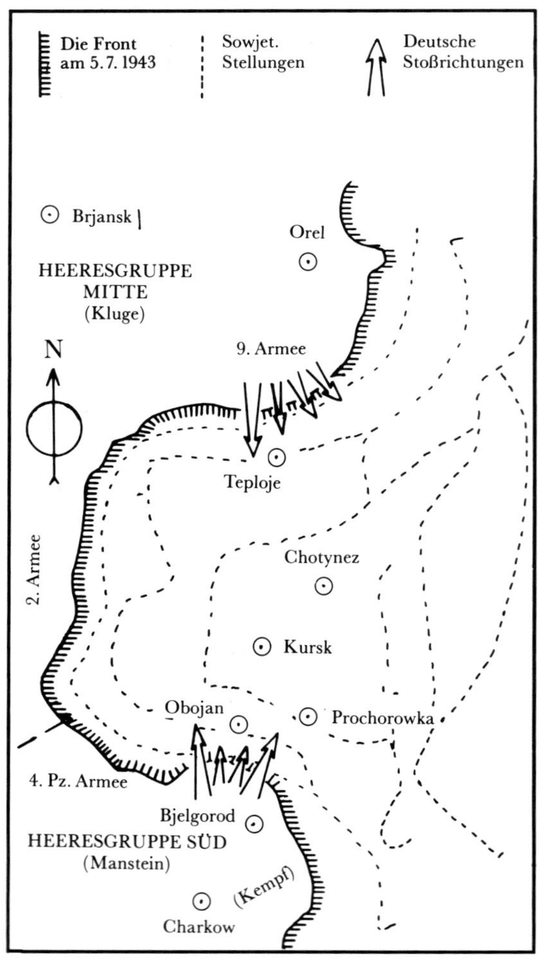

An diesem 10. Juli 1943 geschah auch, was Jodl seit langem befürchtet hatte: die Westalliierten landeten auf Sizilien (Operation »Husky«). Gleichzeitig entfesselte Wassilewskij den Sturm zur Zertrümmerung des Orelbogens (Operation »Kutusow«). Die 9. Armee (Model) mußte drei Divisionen herumwerfen. Infolgedessen verlor die ohnehin fast zum Stillstand gekommene Nordgruppe ihre letzte Stoßkraft.

Im Zentrum der Schlacht suchte Shukow die veränderte Kriegslage auszunutzen. Südlich von Kursk, bei Prochorowka rollten zwei Panzerlawinen aufeinander zu. Gegen Abend bedeckten Hunderte von brennenden Kampfwagen beider Armeen das Feld. Aber noch war unentschieden, wer hier die Initiative wieder an sich reißen würde.

In der am 13. Juli 1943 folgenden Unterredung mit Hitler, Jodl und Zeitzler vertraten Kluge und Manstein entgegengesetzte Standpunkte. Der eine wollte den Kampf abbrechen, der andere »die Schlacht durchschlagen«. Keiner von beiden war gesonnen, Kräfte nach Italien abzugeben, die dort wegen der krisenhaften Zuspitzung des Geschehens auf Sizilien dringend benötigt wurden.

Das Argument, mit dem Manstein seinen Willen zur Weiterführung des Unternehmens begründete, waren die schweren Verluste der Roten Armee. Schätzungen lagen bei etwa 70000 Mann, darunter 17000 Toten. Gezählt wurden 34000 Gefangene und 6547 Überläufer. Die deutschen Angriffsverbände hatten 3300 Gefallene und 7420 Verwundete gemeldet – Zahlen, die sich auf 20720 erhöhen sollten.

Hitler schloß einen Kompromiß, indem er Kluge das Ausweichen und Manstein die Fortsetzung des Angriffes erlaubte. Doch schon am 17. Juli 1943 wurden das II. SS-Panzerkorps (Hausser) und XXIV. Panzerkorps (Nehring) samt Fliegerverbänden zur Verwendung in Süd- und Westeuropa herausgelöst. Die von Wassilewskij zusammengefaßten Kräfte überrannten den Orelbogen und nahmen Brjansk. Shukow schob links von Watutin die »Steppenfront« (Konjew) ein, die Bjelgorod und Charkow – das ganze Donezrevier – eroberte (Operation »Rumjanzew«).

Während die sowjetischen Gegenstöße zu einer breitgefächerten Sommeroffensive ausgeweitet wurden, genehmigte Hitler auf Drängen Zeitzlers den Bau eines »Ostwalles«, der sich vom Schwarzen Meer bis zur Ostsee hinziehen und den bei Kursk ausgebliebenen Stillstand aller größeren Operationen in Rußland ermöglichen sollte. Doch kaum waren die Arbeiten eingeleitet, wurde dieses Projekt auch schon hinfällig. Das nationalsozialistische Deutschland hatte die Kraft zur Ergreifung der strategischen Offensive endgültig verloren.

Der Zusammenbruch Italiens 1943

262 *Die Kursker Offensive wurde wegen der alliierten Landung auf Sizilien abgebrochen. Deutsche und Italiener verteidigten die Insel fünf Wochen lang und zogen sich dann über die Straße von Messina zurück.*

Mussolinis Herrschaft ging zu Ende. Italien litt schwer unter Bombenangriffen der Anglo-Amerikaner; ganze Wohnviertel von Mailand, Turin und Genua, Bologna, Neapel und Palermo lagen in Trümmern. Vorausgegangen war der Verlust aller Außenbesitzungen. Die Inselfestungen Pantelleria und Lampedusa hatten kampflos kapituliert. Nun stand der Gegner auf Sizilien, das nur vier italienische Divisionen verteidigten.
Die *15th Army Group* (Alexander) war am 10. Juli 1943 im Schutze überlegener See- und Luftstreitkräfte gelandet (Operation »Husky«). Zur Rechten arbeitete sich die 8. Armee (Montgomery) voran, zur Linken die 7. US-Armee (Patton). Sie fanden außer den Italienern zwei deutsche Divisionen aus dem Tunesienrückstau vor. Diese beiden Verbände zogen sich in das Ätnamassiv zurück und leisteten dort einen Monat lang zähen Widerstand.
Mussolini war krank, das Land kriegsmüde. Die Bevölkerung litt unter einer Versorgungskrise. Den Bauern des Mezzo Giorno drohte die Hungersnot. Im Norden streikten 50000 Industriearbeiter, bis man einige festnahm und erschoß. Der König, erfahrene Politiker, auch faschistische Funktionäre wünschten Italien aus dem Bündnis mit Deutschland zu lösen, womöglich im gegenseitigen Einvernehmen.
Mit dieser Absicht verabredete Giovanni Bastianini, der Ciano als Außenminister abgelöst hatte, ein Treffen des Duce mit Hitler in Feltre. Doch Mussolini war bewußt, daß er von dem Achsenpartner nicht Militär- und Wirtschaftshilfe beanspruchen und gleichzeitig die Trennung verlangen konnte. Er vermied daher starke Worte.
Darauf entstanden in Rom zwei Verschwörerzirkel. König Viktor Emanuel ließ durch Pietro d'Aquarone die Verbindung zu Marschall Badoglio, dem künftigen Regierungschef, herstellen. Weggefährten Mussolinis, unter ihnen Galeazzo Ciano, Dino Grandi und Emilio de Bono, betrieben die Einberufung des Großen Faschistischen Rates zum Sturze des Duce.
Die Sitzung begann am 24. Juli 1943 und endete erst folgenden Tags. Von neunzehn anwesenden Faschisten billigten elf den gestellten Antrag. Die Krone und der Rat, Regierung und Parlament sollten ihre früheren Rechte wieder wahrnehmen können, König Viktor Emanuel das *Comando Supremo* wieder persönlich ausüben.
Die Verschwörer irrten, wenn sie annahmen, dadurch das Regime von dem Diktator zu trennen. Auf Mussolinis Frage, wer dem Monarchen berichten werde, hatte Grandi geantwortet: »Du selbst!« Infolgedessen konnte der König nach eigenem Ermessen handeln. Der Duce wurde von Viktor Emanuel freundlich empfangen und verabschiedet, vor der Tür jedoch durch königstreue Carabinieri verhaftet.
Während man Mussolini von einer Kaserne in die andere brachte, ernannte Viktor Emanuel den Marschall Pietro Badoglio zum neuen Regierungschef. Gemeinsam suchten sie den Achsenpartner zu täuschen. Beide erklärten dem deutschen Botschafter wie auch der Öffentlichkeit, daß Italien weiterkämpfe (»la guerra continua«).
Am 25./26. Juli 1943 hatten sich Göring, Bormann und Lammers, Keitel, Jodl und Dönitz, Goebbels und Himmler, Ribbentrop, Speer und

263 *Der Sturz Mussolinis am 24./25. Juli 1943 führte zur sofortigen Besetzung Italiens durch deutsche Truppen. Rom wurde nach kurzem Straßenkampf genommen. Brennende italienische Spähwagen (Autoblinda »AB 41«).*

264 Abschluß des vorerst geheimen Waffenstillstandsvertrages zwischen Italien und den Alliierten bei Cassibile auf Sizilien. Sitzend der amerikanische General Walter Bedell Smith. Im dunklen Anzug, als Vertreter des Comando Supremo, General Giuseppe Castellano.

265 Die Auslieferung der italienischen Flotte wurde durch Luftangriffe gestört. Deutsche Kampfflugzeuge versenkten das Schlachtschiff »Roma« mit drei durch Funksignale gelenkten Gleitbomben »SD 1400-X«.

266 *Die Anglo-Amerikaner landeten am 13. September 1943 unter schweren Verlusten bei Salerno und konnten auf dem Festland Fuß fassen.*

267 *Roosevelt und Churchill wollten zeitweilig die Bevölkerung deutscher Großstädte mit Giftgas bekämpfen und ließen dazu Spezialbomben heranschaffen. Ein Angriff der Luftwaffe auf Bari führte jedoch zur Vernichtung von neunzehn Transportschiffen.*

Schmundt im Führerhauptquartier versammelt. Alle empfanden den Sturz Mussolinis als ein schwerwiegendes Ereignis. Niemand traute der Versicherung des Monarchen und seines Ministerpräsidenten, daß Italien am Bündnis mit Deutschland festhalte.
Obwohl nur vier führende Faschisten nach Deutschland flohen und der Duce in einem Brief an Badoglio die »getroffene Entscheidung« begrüßte, schien Hitler außerstande, die Vorgänge in Italien realistisch einzuschätzen. Überzeugt, daß hinter dem neuen Regime nur »Juden und Pöbel« stünden, wollte er Viktor Emanuel und Badoglio von Fallschirmjägern ausheben lassen.
Auf Drängen von Jodl und Kesselring wurde das Unternehmen »Schwarz« vertagt, obwohl der Verdacht, daß Badoglio bei den Alliierten um Waffenstillstand bitten und das Bündnis mit Deutschland brechen werde, sich bald erhärtete. Bis zum 29. Juli 1943 hatte Heydrichs Nachfolger, der SS-Obergruppenführer Ernst Kaltenbrunner, dafür Beweise.
Beide Führungen rangen um Zeitgewinn. Das OKW benötigte zwei Wochen zur Vorbereitung eines Handstreiches gegen die Schlüsselpositionen auf der Apenninenhalbinsel. Badoglio zog die italienischen Besatzungstruppen aus Griechenland, Jugoslawien und Südfrankreich zurück, um gegen einen solchen Schlag gewappnet zu sein.
Bei den folgenden Treffen der Beauftragten beider Seiten in Tarvisio und Bologna war nur noch Argwohn der Verhandlungsführer. Ribbentrop und Jodl forderten den Verbleib der Besatzungstruppen an Ort und Stelle, das neue italienische Oberkommando jedoch ihren Einsatz gegen eine alliierte Invasion. Inzwischen bat Badoglio die Angelsachsen um vertrauliche Bekanntgabe der Kapitulationsbedingungen.
Roosevelt und Churchill, die zu Besprechungen in Quebec weilten, entwarfen einen Waffenstillstandsvertrag. Italien sollte seine Streitkräfte demobilisieren, sämtliche Schiffe und Flugzeuge ausliefern, alle besetzten Gebiete räumen, die Gefangenen freigeben und eine Reihe noch unbekannter Maßnahmen gegen faschistische Einflüsse in Verwaltung, Justiz, Wirtschaft und Finanzen des Landes ergreifen.
Inzwischen hatte Kesselring als Oberbefehlshaber Süd durch Großraumtransporter »Me 323« und Marinefähren unter starkem Jagdschutz 39569 deutsche Soldaten und etwa 62000 Italiener samt 9605 Fahrzeugen, 47 Panzern, 94 Geschützen und 17000 t sonstigem Kriegsgut von Sizilien über die Straße von Messina nach Kalabrien evakuieren lassen (Unternehmen »Lehrgang«).
Eisenhower erkannte, daß der Sturz des faschistischen Regimes nicht ohne weiteres die Liquidation des Krieges im Mittelmeerraum nach sich zog. Eine neue Direktive erforderte daher Anstalten für die Landung auf der Apenninenhalbinsel, in Sardinien und Korsika. Auch neue politische Entscheidungen mußten getroffen werden.
Eisenhower scheute die Gefahr uferloser Operationen, zumal der eigentlichen Invasion in Westeuropa (Operation »Sledgehammer«) von Roosevelt und Churchill eben erst wieder Priorität eingeräumt worden war. Der alliierte Oberbefehlshaber ignorierte daher die Winkelzüge Badoglios und verlangte von ihm den sofortigen Abschluß des bereits vorliegenden Waffenstillstandsvertrages.
Am 8. September 1943 gaben die Alliierten das in Cassibile stillschweigend

268 Deutsche Fallschirmjäger unter Major Harald Mors und SD-Leute des SS-Sturmbannführers Otto Skorzeny befreiten Mussolini aus der Haft auf dem Gran Sasso. Der Duce beim Abflug in einem Fieseler »Storch«.

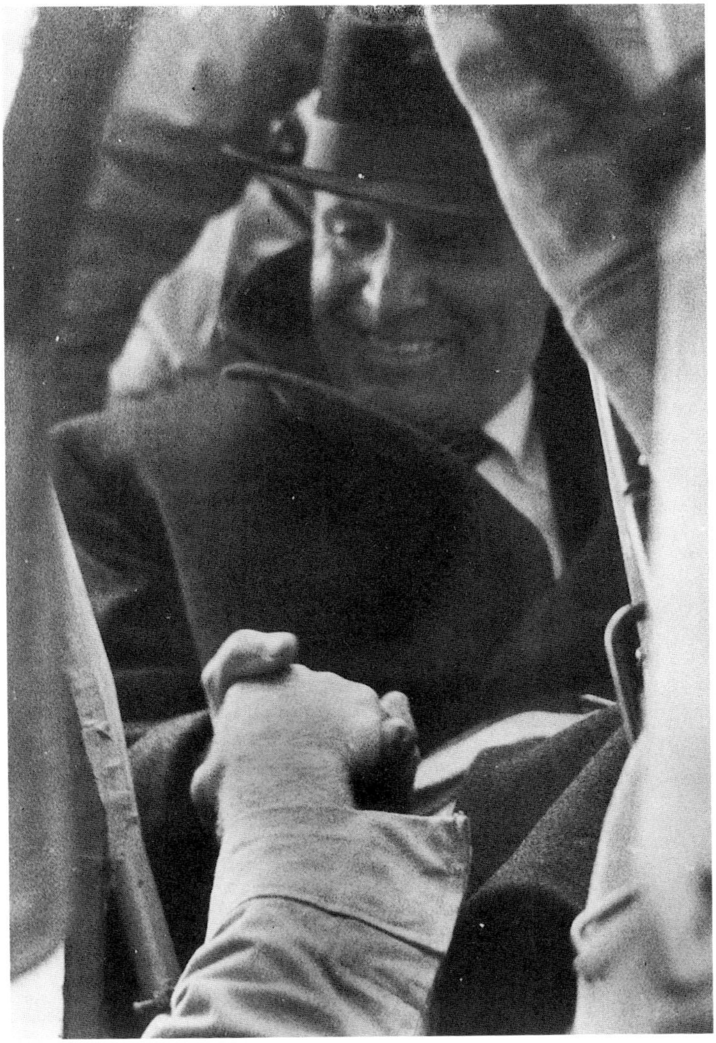

269 Ein Gericht der »Republik von Salò« verurteilte fünf Mitglieder des Großen Faschistischen Rates, der Mussolinis Sturz eingeleitet hatte, zum Tod. Sie wurden nach italienischem Brauch auf Stühle gebunden und hingerichtet. Rechts, mit dem Blick auf das Erschießungskommando, Graf Galeazzo Ciano.

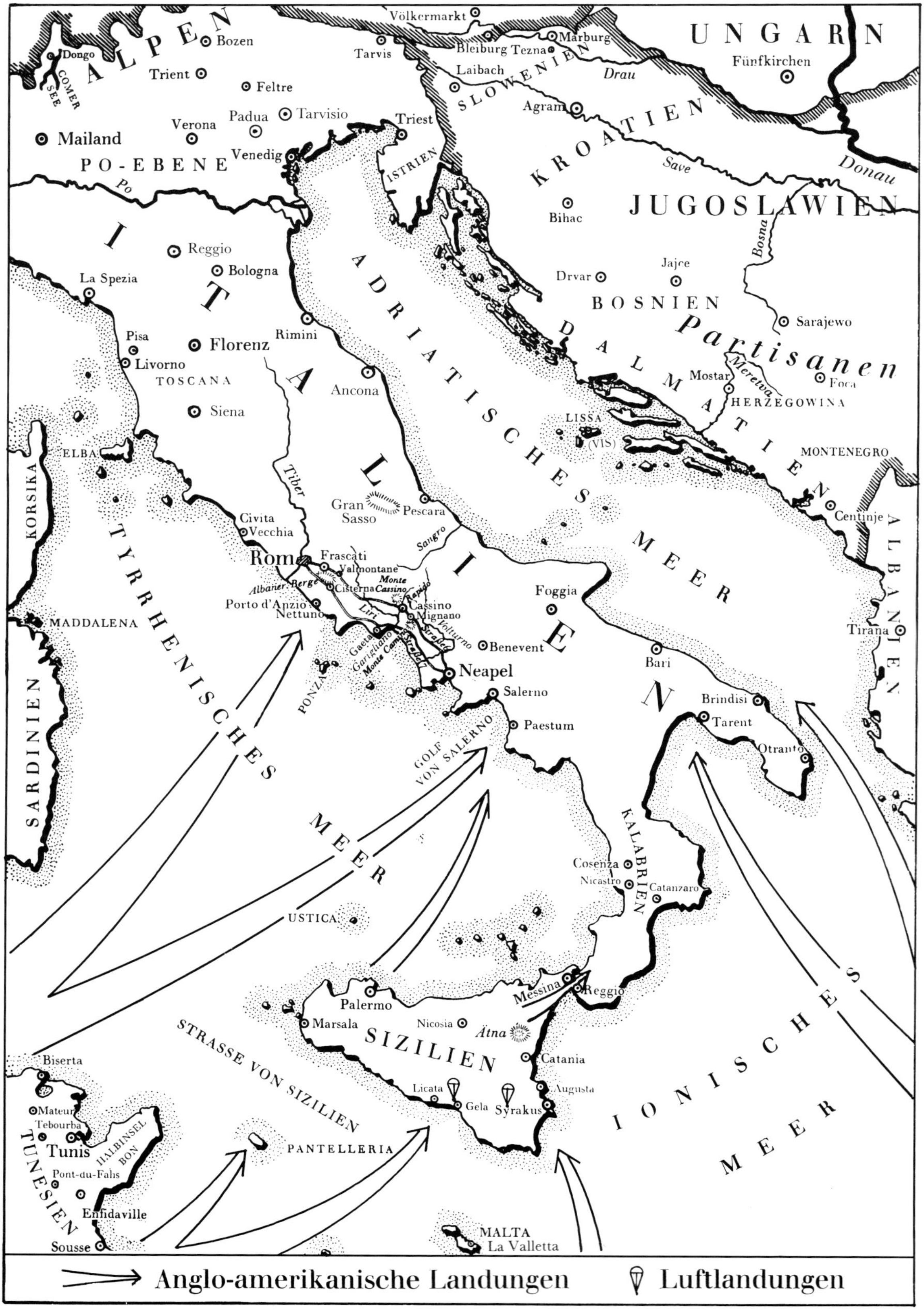
ALPEN
Bozen
Dongo
COMER SEE
Trient
Feltre
Völkermarkt
Tarvis
Bleiburg
Tezna
Marburg
Laibach
SLOWENIEN
Drau
UNGARN
Fünfkirchen
Agram
Mailand
Verona
Padua
Tarvisio
Triest
Venedig
PO-EBENE
Po
ISTRIEN
KROATIEN
Save
Donau
Bihac
JUGOSLAWIEN
Bosna
ITALIEN
Reggio
Bologna
La Spezia
ADRIATISCHES MEER
Jajce
Drvar
BOSNIEN
Sarajewo
Partisanen
Pisa
Florenz
Rimini
Livorno
TOSCANA
Ancona
DALMATIEN
Mostar
Neretva
HERZEGOWINA
Foca
Siena
LISSA
(VIS)
MONTENEGRO
ELBA
KORSIKA
Tiber
Gran Sasso
Pescara
Centinje
ALBANIEN
Civita Vecchia
Sangro
Rom
Frascati
Valmontane
Monte Cassino
Rapido
Albaner Berge
Cisterna
Foggia
Porto d'Anzio
Nettuno
Cassino
Mignano
Liri
Volturno
Gaeta
Garigliano
Monte Camino
Straße
MADDALENA
TYRRHENISCHES MEER
Benevent
Neapel
Tirana
Bari
PONZA
Salerno
Brindisi
Tarent
Paestum
SARDINIEN
GOLF VON SALERNO
Otranto
KALABRIEN
Cosenza
Nicastro
Catanzaro
USTICA
Palermo
Messina
Reggio
Marsala
Nicosia
Ätna
SIZILIEN
Catania
STRASSE VON SIZILIEN
Biserta
Licata
Gela
Syrakus
Augusta
IONISCHES MEER
Mateur
Tebourba
Tunis
HALBINSEL BON
TUNESIEN
PANTELLERIA
Pont-du-Fahs
Enfidaville
Sousse
MALTA
La Valletta
Anglo-amerikanische Landungen
Luftlandungen

unterzeichnete Abkommen über Radio Algier bekannt. Gleichzeitig landeten anglo-amerikanische Truppen bei Salerno (Operation »Avalanche«). Darauf erging von deutscher Seite das Stichwort für den »Fall Achse«. Kesselring erklärte ganz Italien zum Kriegsgebiet und warf dem Gegner zwei Divisionen entgegen, während Rommel die italienischen Verbände im Norden entwaffnete.
Rom wurde nach kurzem Straßenkampf von deutschen Fallschirmjägern besetzt. König Viktor Emanuel, der Kronprinz, Aquarone und Badoglio entkamen quer durch das Land zur Adriaküste und flohen auf dem Seeweg weiter nach Brindisi, das zwei Tage zuvor durch britische Luftlandetruppen genommen worden war.
Als die italienische Marine nach Malta ausgeliefert werden sollte, meuterten viele Matrosen. Der Flottenchef, Admiral Carlo Bergamini, verließ La Spezia und nahm mit dem Schlachtschiff »Roma« und zwei Zerstörern Kurs auf Spanien. Unterwegs bombardierten Kampfflieger der Luftflotte 3 (Sperrle) den Verband. Über 1250 italienische Seeleute fanden den Tod.
Zwei neue deutsche Kommandobehörden – HGr. F (Weichs) und HGr. E (Löhr) – sorgten für die Ausschaltung des abgefallenen Achsenpartners in Jugoslawien, Albanien und Griechenland. Die meisten Italiener gaben sich gefangen. Verschiedene Einheiten schlossen sich den Deutschen an. Einige gingen zu den Partisanen über oder lieferten ihnen die Waffen aus.
Kaltenbrunner erfuhr vom Gewahrsam des gefangenen Duce auf dem 2914 m hohen Gran Sasso. Hitler entschied sich für einen überraschenden Zugriff. Fallschirmjäger, die mit Lastenseglern neben dem Berghotel niedergingen, befreiten Mussolini aus der Haft (Unternehmen »Eiche«). Man flog ihn etappenweise nach Ostpreußen ins Führerhauptquartier.
Die dort anwesenden Faschistenführer drängten den zögernden Duce zur Bildung einer »republikanisch-sozialistischen« Regierung. Cavallero, dem der Aufbau eines neuen italienischen Heeres anvertraut werden sollte, hatte Selbstmord begangen. Darauf bildete Graziani zwei bis drei Divisionen. Mussolini durfte nicht nach Rom zurückkehren. Er residierte fortan in Saló am Gardasee unter den Augen eines »Reichsbevollmächtigten«.
Auch das königliche Italien leerte den Kelch der Demütigung. Wohl schloß Badoglio mit Eisenhower einen zweiten, etwas abgemilderten Waffenstillstandsvertrag, doch mußte der Regierungschef nunmehr Deutschland den Krieg erklären. Viele Italiener meinten, daß ihr Monarch dies nur billigte, weil er seine durch langjährige Zusammenarbeit mit den Faschisten kompromittierte Dynastie vor Schaden bewahren wollte. Roosevelt und Churchill dachten genauso.

Die Anti-Hitler-Koalition 1943

Das Verhältnis zwischen den Westmächten und der Sowjetunion wurde erneut belastet. Molotow protestierte gegen den Waffenstillstand mit Italien, der nur nach vorausgegangener Konsultation der UdSSR hätte geschlossen werden dürfen. Ostentativ trat Palmiro Togliatti, der im Moskauer Exil lebende Kommunistenchef, ans Mikrophon und forderte für seine Partei die Regierungsbeteiligung in Rom.

Gleichzeitig stieg die Spannung zwischen dem Kreml und der polnischen Exilregierung. General Sikorski, ihr Chef, hatte sich seit Jahren um Klärung der Grenzfragen seines Landes bemüht. Die Verhandlungen stockten. Stalin sah in dem Polen einen heimtückischen Feind, der die alliierte Landung auf der Balkanhalbinsel wünschte und damit destruktive Absichten für Mittelosteuropa verband.

Unterdessen ersuchte Sikorski das Internationale Rote Kreuz um eine Untersuchung der gefundenen Massengräber von Katyn. Darauf bezichtigte ihn Molotow, im Solde Hitlers zu handeln. Den Vereinigten Staaten und Großbritannien warf der Außenkommissar vor, daß sie angesichts des Streites nicht gleich eindeutig für den Kreml Stellung bezogen, vielmehr der deutschen Propaganda Vorschub leisteten und damit die Koalition gefährdeten.

Nach dem deutschen Rückzug aus dem Smolensker Gebiet veränderte das NKWD die Spuren des Massakers, konnte der Kreml zum propagandistischen Gegenangriff übergehen und westliche *fellow travelers* mobilisieren. Amerika war hiervon weniger betroffen als Großbritannien. Erschrocken suchte Whitehall anpassungsbereite exilpolnische Politiker. Doch als Sikorskis Flugzeug bei Gibraltar abstürzte und alle Passagiere außer dem Piloten ums Leben kamen, blieben die Gegensätze bestehen.

Molotow zürnte nun über die »verräterische Politik« des neuen exilpolnischen Ministerpräsidenten Stanislaw Mikolajczyk, der in Fragen des Grenzverlaufes und der Massenmorde genauso wie Sikorski dachte. Stalin forderte indessen ein der Sowjetunion »freundlich gesonnenes« Polen. Als Modell diente dem Diktator der kürzlich in Moskau gegründete »Verband polnischer Patrioten«.

Rußland war nicht mehr die *quantité négligeable,* mit der man bisher im Westen gerechnet hatte. Die Sowjetregierung gewann zunehmend an Handlungsspielraum für ihre Kriegsziele. Dabei kam dem Kreml zustatten, daß Amerika die vorgesehenen 215 US-Divisionen auf 89 reduzierte. Dies geschah, weil Roosevelt sein Land auf geradem Weg zum Besitz des Kernwaffenmonopols wußte. Für Stalin zählten gegenwärtig aber vor allem die Heeresverbände und deren Raumgewinn.

Er war daher nicht gewillt, den amerikanischen Entwurf einer »Vier-Mächte-Erklärung« über die Nachkriegsordnung zu akzeptieren. Auf einer Außenministerkonferenz, zu der die UdSSR vom 19. bis 30. Oktober 1943 nach Moskau einlud, stufte Molotow das vorliegende Dokument bis zur Bedeutungslosigkeit herab. Gestützt auf den militärischen Erfolg, beanspruchte die Sowjetunion für sich einen Sonderstatus unter Wahrung der ihr von Hitler zugebilligten Konzessionen.

Als Cordel Hull und Anthony Eden mit dem Hinweis auf die Atlantik-

Charta von der UdSSR die Genehmigung freier Wahlen in den drei baltischen Republiken und Polen forderten, nannte dies Molotow absurd. Der Restauration Österreichs wollte er nur dann zustimmen, wenn Wien garantiert nicht zum Mittelpunkt einer Föderation südosteuropäischer Staaten würde.

Einige Resultate konnten die angelsächsischen Außenminister als Erfolg verbuchen. Molotow hatte der Bildung einer »Beratenden Europäischen Kommission« zugestimmt und keine Einwände gegen das geplante Gipfeltreffen der »Großen Drei« (Stalin, Roosevelt, Churchill) erhoben. Beim Abschiedsbankett für Hull betonte er, daß Rußland nach dem Sieg über Hitler am Kampf gegen Japan teilnehmen werde.

Vor dem Beginn des Gipfeltreffens unternahm die Rote Armee weitere Anstrengungen. Rokossowskij überschritt den Pripjet. Konjew und Malinowskij durchbrachen die deutschen Stellungen zwischen Krementschug und Dnjepropetrowsk. Watutin befreite Kiew. Einige Tage später erreichten sowjetische Panzerverbände bei Schitomir und Korosten die ehemalige polnische Ostgrenze.

Stalin verfügte daher zu Beginn der Konferenz in Teheran am 28. November 1943 über starke Trümpfe. Sein größter Vorteil waren die Unstimmigkeiten zwischen den anglo-amerikanischen Staatsmännern. Churchill wollte der UdSSR keine Konzessionen einräumen, Roosevelt hingegen ihr Vertrauen gewinnen, damit sie künftig »für eine Welt der Demokratie und des Friedens« arbeitete.

Stalin widersprach der Forderung nach einem unabhängigen Finnland nicht, wies aber den erneuten Wunsch nach freien Wahlen in den baltischen Republiken zurück. Als polnische Ostgrenze verlangte der Diktator die 1939 mit Deutschland vereinbarte Demarkationslinie. Als dann doch Bialystok bei Polen bleiben sollte, forderte er das nördliche Ostpreußen samt Königsberg für die UdSSR.

Nach dieser Option und dem gemeinsam erörterten Gedanken, Polen für seine verlorenen Ostgebiete auf deutsche Kosten zu entschädigen, wurde ein weiteres Konferenzthema angeschnitten. Die »Großen Drei« wollten Deutschland zerstückeln, seine Wirtschaft entindustrialisieren und vier Millionen Menschen des Reiches auf unbestimmte Zeit zum Wiederaufbau in die Sowjetunion deportieren.

Dem *Chiefs of Staff Committee* und Hull hatte Roosevelt noch kürzlich erklärt, daß Deutschland dreifach geteilt werde; nun sprachen er und Hopkins von fünf autonomen deutschen Staaten. Stalin fand »diese Idee« ausgezeichnet. Churchill wollte das abgespaltene Bayern mit Österreich und Ungarn in einer Konföderation zusammenfassen, rief damit jedoch erneut den Unwillen der Sowjets hervor.

Roosevelt verließ Teheran am 1. Dezember 1943 in der Überzeugung, große Fortschritte erzielt zu haben. Stalin hatte den amerikanischen Vorschlag gutgeheißen, die Vereinten Nationen in eine Körperschaft umzugestalten und den USA, der UdSSR, Großbritannien, China durch Verleihung des Vetorechtes im künftigen »Weltsicherheits-rat« hegemoniale Funktionen einzuräumen.

Aber die Grundzüge der Nachkriegsordnung, denen Stalin zugestimmt hatte, waren so vage gehalten, daß sie ihn nicht wirklich banden. Die Sowjetunion konnte politisch ungehemmt mit ihrer Westexpansion fortfahren, das

270 Am 24./25. November 1943 verhandelte Roosevelt (r.) mit führenden Persönlichkeiten der Kuomintang. In Uniform General Tschiang Kai-schek, links sein Schwager und Finanzminister T. V. Soong.

Baltikum zurückerobern, Ostpreußen an sich reißen und Finnland zur Abtretung wertvoller Randgebiete zwingen.

Stalin mußte auch begrüßen, daß Polen nach Westen verschoben werden sollte und dort keine Föderation entstand. Der Sowjetunion wurden damit zwei Ärgernisse erspart: die Wiederherstellung des *cordon sanitaire* und das Fortbestehen einer ukrainischen Irredenta, deren Hort noch immer Galizien und das anschließende Karpatengebiet war.

Schon eilte Edvard Beneš nach Moskau, wo er seinen Vereinbarungen mit Sikorski abschwor und sich am 12. Dezember 1943 gegen Abtretung der vor dem Krieg tschechoslowakischen Karpatenukraine an die UdSSR das insgeheim auch von Roosevelt zugestandene Recht zur Austreibung der sudetendeutschen Volksgruppe einhandelte.

Schließlich kam Stalin zustatten, daß Roosevelt ohne Hull nach Teheran gekommen war und Vorschlägen aus dem State Department widerstanden hatte, die auf eine Anwendung des Leih-Pacht-Verfahrens als Druckmittel gegen die Sowjets hinausliefen. Im Jahre 1943 waren rund 5 Millionen t amerikanischer Kriegsgüter nach Rußland verschifft worden, zum Teil über Abadan, hauptsächlich durch das nördliche Eismeer.

Die Geleitzüge erlitten kaum noch Verluste. Deutschland besaß zum Kampf gegen die Transporte nicht mehr genügend Mittel. Einheiten des AdU (Friedeburg) und Staffeln der LFl.5 (Kammhuber) waren aus Norwegen abgezogen worden. Britische Klein-U-Boote hatten die »Tirpitz« (Meyer) für sechs Monate außer Kriegsbereitschaft gesetzt, Verbände der *Home Fleet* (Fraser) vor dem Nordkap am 26. Dezember 1943 das Schlachtschiff »Scharnhorst« (Hintze) mit 1932 Seeleuten versenkt.

271 Treffen der »Großen Drei« in Teheran vom 28. November bis 1. Dezember 1943. Stalin (in der Uniform eines Marschalls der Sowjetunion) auf dem Wege zum Konferenzraum, hinter ihm Wjatscheslaw M. Molotow.

Inselspringen im Pazifik

272 Die »Yorktown« unter Kampfeinwirkung des Gegners. Flugzeugträger bildeten weiter den Kern der amerikanischen Angriffsverbände im Pazifik.

Im Krieg gegen Japan standen die Westalliierten vor der Aufgabe, den »Sicherheitsraum« des Kaiserreiches zu durchstoßen. Die USA konnten dafür 819 Kriegsschiffe und 7800 Flugzeuge einsetzen. Hinzu kamen australische Verbände. Die Trennungslinie zwischen den Angriffsstreifen von Nimitz und MacArthur war geändert. Auch schlugen beide Oberbefehlshaber nicht mehr abwechselnd, sondern gleichzeitig zu.

Amerikanische U-Boote, die auf den Verbindungslinien der Japaner operierten, versenkten monatlich 115000 BRT. Als Nagano Ende 1943 das Geleitsystem einführte, ruhten schon 1,8 Millionen BRT des Transportraumes auf dem Grunde des Meeres. Diese Verluste führten zur Schwächung der im weiten Halbkreis besetzten Inselstützpunkte.

Die amerikanischen *Joint Chiefs of Staff* entwickelten neue Pläne. Nimitz und MacArthur sollten keinen Frontalangriff mehr führen und auch nicht geradlinig eine Basis nach der anderen erobern, sondern selektive Landungen einleiten. Diese Taktik des Überspringens ermöglichte, daß man zahlreiche Inseln umging und ihre Besatzungen durch die Einnahme von Zwischenpositionen isolierte.

Unterstützt von der 7. US-Flotte (Kinkaid) nahm MacArthur auf Neuguinea sowohl Kiriwina als auch Woodlark und Salamaua. Durch Luftlandeunternehmen überwältigte er Lae und Finshhafen und bei Kap Gloucester einen Brückenkopf. Die nächsten Ziele des Generals waren Hollandia, Wakde, Biak und die Halbinsel Vogelkop.

Nimitz hatte die 5. US-Flotte dem Sieger von Midway, Admiral Raymond A. Spruance, unterstellt sowie das Gros der 3. US-Flotte, dessen Verbände Admiral William F. Halsey befehligte. Insgesamt waren 15 Flugzeugträger, 7 Schlachtschiffe und 21 Kreuzer sowie 89500 Mann Landungstruppen bereit, Saipan, die Schlüsselposition der Marianen zu erobern.

Admiral Soemu Toyoda, der japanische Flottenchef, erkannte, daß die Amerikaner dort den Stützpunkt für eine Bomberoffensive gewinnen wollten. Damit war die Zeit für einen Vorstoß der Vereinigten Flotte unter Admiral Jisaburo Ozawa gekommen. Sie zählte nur 9 Träger, 5 Schlachtschiffe, 9 Kreuzer und 37 Zerstörer, konnte aber mit dem Eingreifen landgestützter Fliegerverbände rechnen.

Als Spruance auslief, hatten ihm King und Nimitz eingeschärft, daß nicht die japanische Flotte, sondern Saipan das Operationsziel sei. Der Admiral sah sich jedoch gezwungen, Ozawa mit den Trägern zu bekämpfen. Entgegen den Anweisungen kam es zur See-Luft-Schlacht (dem »Truthahnschießen bei den Marianen«). Bis zum Abend waren 366 japanische Flugzeuge vernichtet.

Als amerikanische Unterseeboote zwei Flugzeugträger der Japaner versenkten, befahlen Nagano und Toyoda, die das Geschehen von Tokio aus verfolgten, die Schlacht abzubrechen. Die Vereinigte Flotte lief auf Nordwestkurs durch die Philippinensee. Spruance schickte die letzten einsatzfähigen Maschinen hinterher. Ihren Angriffen fielen ein dritter japanischer Träger und zwei Tanker zum Opfer.

Bei aller Kritik an Spruance war sein Sieg in der Philippinensee von entscheidender Bedeutung. Denn Japan besaß nach dieser Schlacht nur

273 Zur dauernden Beherrschung des weiten Seeraumes gehörte der Besitz von Inselstützpunkten. Nach der Landung auf Tarawa. Am erhöhten Ufer aufgelaufene »Amtracks«, schwimmfähige Kettenfahrzeuge, die von Mutterschiffen ins Wasser gelassen wurden.

274 Rechts: Admiral Ernest J. King (Chef der amerikanischen Seekriegsleitung). Links: Admiral Chester W. Nimitz (Oberbefehlshaber der US Pacific Fleet). Beide forderten die Verlegung des strategischen Schwergewichtes gegen Japan. Roosevelt und Churchill blieben jedoch bei ihrem Entschluß: »Germany first.«

*275 Beim »Inselspringen« im Pazifik konnten die Amerikaner japanische Stützpunkte isolieren und aus der Luft niederkämpfen.
Ein Sturzbomber des Typs Chance Vought »F4U Corsair«.*

276 Enthauptung eines australischen Fliegerleutnants durch die Japaner auf Neuguinea 1943.

277 Während die Pazifik-Flotte über Kwajalein und Eniwetok nach Saipan vorstieß, eroberten Amerikaner und Australier gemeinsam Stützpunkte an der Nordküste Neuguineas.
Luftlandung bei Wewak.

noch sechs Flugzeugträger, aber nicht mehr genügend ausgebildetes Personal zur Bemannung ihrer Kampfmaschinen. Unter dem Feuerschutz der Schlachtschiffe eroberten die amerikanischen Landungstruppen zuerst Saipan, dann auch Tinian und Guam.

Der Marianenfeldzug führte zu politischen Veränderungen in Japan. Das Jushin, ein Gremium der ehemaligen Regierungschefs, zwang Tojo zum Rücktritt. Heer und Flotte konstituierten ihre Dualität durch Übertragung der Macht auf General Kuniaki Koiso und Admiral Mitsumasa Yonai. An die Stelle der »Verbindungskonferenz« trat ein »oberster Kriegsrat«. Er prüfte das Problem des Friedensschlusses.

278 Niederländische Soldaten mit selbstgefertigten Prothesen nach ihrer Befreiung aus der Gefangenschaft.

Deutsche Rückzüge 1943/44

Hitler hatte das Schwergewicht seiner Kriegführung von Ost- nach Westeuropa verlagert. Dort, schrieb er, bestehe die Gefahr einer »Landung«, Ihre Folgen wären unabsehbar. Doch die Wehrmacht werde den Angriff der Anglo-Amerikaner abwehren und sich dann wieder dem »bolschewistischen Feind« zuwenden, um ihn endgültig niederzuwerfen.
Das Ostheer war geschwächt. Es hatte seit August 1943 bei nur 427700 Zugängen 911000 Mann verloren. Rund 40 Verbände mußten aufgelöst oder als kleine »Divisions-« und »Korpsgruppen« weitergeführt werden. Daneben entstanden »Divisionen neuer Art« mit je 10700 Soldaten und 2000 »Hiwis«. Eine deutsche Panzerdivision zählte durchschnittlich noch 15 bis 55 Kampfwagen.
Hitler hatte die Wehrmacht beschworen, aus den rückwärtigen Diensten »mindestens eine Million Männer« an die Front zu schicken. Nach zwei Monaten mußte Schmundt feststellen, daß nur 560000 abkommandiert waren. Um dem Mangel abzuhelfen, wurden noch mehr Ausländer geworben. Die Zahl der Volksdeutschen stieg auf 122016 (3% des Heeres).
Zeitzler, der für die Ostfront zuständig war, behalf sich mit Umgruppierungen. Er begradigte die eine oder andere vorspringende Linie und erreichte von Hitler, daß der Kubanbrückenkopf endgültig geräumt werden durfte. Marinefähren holten 202774 Deutsche und Rumänen über die Straße von Kertsch, so daß nun eine ganze Armee zur Verteidigung der Halbinsel Krim bereitstand.
Aber die notwendige Modernisierung des deutschen Heeres war durch Rohstoffmangel behindert. Unter dem Druck der USA mußten die Türkei und Schweden, Spanien und Portugal ihre Lieferungen an das Reich reduzieren, teilweise sogar einstellen. Hitler wollte daher an den letzten Ressourcen der Ukraine festhalten. Der Manganabbau bei Nikopol, die Hüttenwerke von Kriwoj Rog und das petrochemische Kombinat in Cherson wurden zu Verteidigungsobjekten ersten Ranges.
Da Finnland, Rumänien und Ungarn weiter an separaten Friedensverträgen interessiert waren, ohne daß erneute Unterredungen auf Schloß Kleßheim dem einen Riegel vorschoben, wurde Jodl angewiesen, eine Reihe von Eventualfällen zu bearbeiten: die Räumung Lapplands (»Birke«), eine Besetzung des Åland-Archipels und der Insel Suursaari (»Tanne-West«, »Tanne-Ost«), das etwa notwendige Eingreifen in Ungarn und Rumänien (»Margarethe I«, »Margarethe II«).
Im kleinen Kreis bezichtigte Hitler die Generalität mangelnden Stehvermögens. Nachdem er deshalb schon Hoth und Küchler entlassen hatte, wurden nun auch Manstein und Kleist zur »Führerreserve« versetzt. An ihre Stelle traten zwei Befehlshaber, denen der Ruf rücksichtsloser Härte vorausging: Generalfeldmarschall Walter Model und Generaloberst Ferdinand Schörner.
Aber auch sie baten um die Genehmigung zum Rückzug. Kriwoj Rog, Nikopol und Cherson waren verloren, Sperrlinien bei Odessa überflügelt. Deutsch-rumänische Marineeinheiten holten 18845 Soldaten aus der Stadt und brachten 53000 t Räumungsgut nach Konstanza. Damit stand das Schicksal der Krimverteidiger auf dem Spiel.

279 Am 26. Dezember wurde das deutsche Schlachtschiff »Scharnhorst« beim Vorstoß gegen ein Nordmeergeleit auf Position 48° 41′ O 72° 16′ N mit 1803 Mann, von denen 36 überlebten, von der Home Fleet vernichtet. Alliierte Transporte gelangten fortan fast ungefährdet nach Murmansk.

280 Das Schlachtschiff »Tirpitz« war infolge eines Angriffs britischer Klein-U-Boote monatelang bewegungsunfähig, bis ihm Blockbusters des Bomber Command endgültig zum Verhängnis wurden.

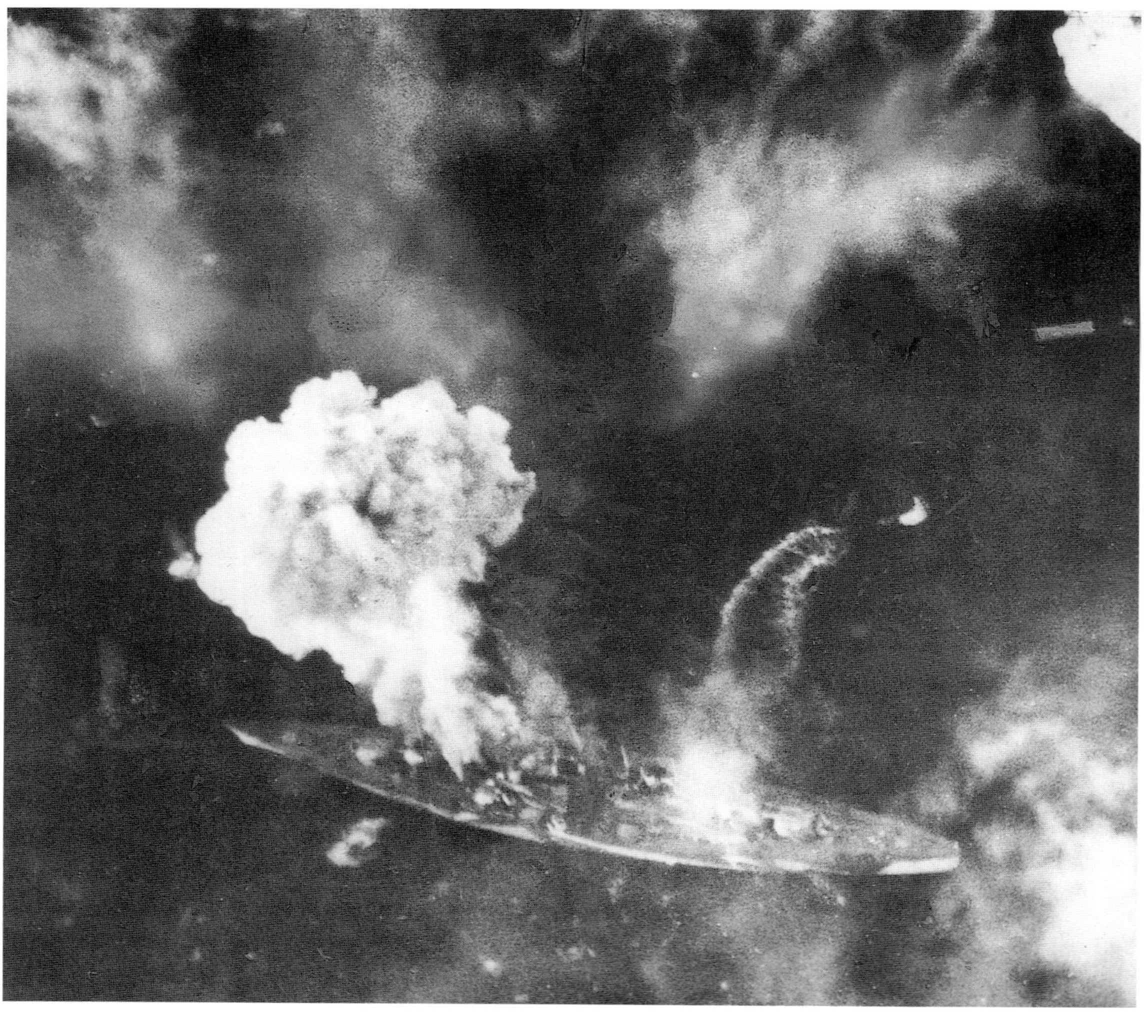

281 Der Versuch, die Sowjets am Dnjepr aufzuhalten, scheiterte. Verbände der Roten Armee befreiten Kiew, die deutsche Front wurde zwischen Dnepropretrowsk und Krementschug aufgerissen.

282 Im Nordabschnitt zerbrach der Belagerungsring von Leningrad. Die deutschen Truppen verloren Nowgorod und wurden auf den Luga-Abschnitt zurückgeworfen.

285 *Die Zerschlagung des zum Kessel gewordenen deutschen Frontbogens bei Tscherkassy im Januar/Februar 1944. Teile der eingeschlossenen Verbände konnten unter hohen Verlusten ausbrechen. Zwei Armeekorps wurden vernichtet.*

283 *Verwundetennest nach einem deutschen Panzerstoß bei Schitomir.*

284 *Zerschossene Stellung deutscher Infanterie auf verkürzten Linien zwischen Narwa und Peippussee.*

286 *Die nächste Frühjahrsoffensive der Roten Armee hatte eine Breite von 1100 km.*
Sowjetische Pioniere beim Minenräumen.

287 *Die Krim war seit Ende des Vorjahres weitgehend abgeschnitten. Beim Rückzug auf Sewastopol wurden Tausende von Pferden einer rumänischen Kavallerie-Division über die Klippen ins Meer geschossen.*

289 *Angriff amerikanischer Bomber vom Typ Boeing »B 24« auf die Erdölindustrie in Ploesti. Von 57 Flugzeugen wurden 41 abgeschossen.*

290 *Sowjetische Panzer (»JS 1«) haben im April 1944 die Karpaten erreicht und den wichtigsten Verkehrsweg zwischen Deutschland und Rumänien unterbrochen.*

288 *Noch vor dem Endkampf um Sewastopol mußten die Rumänen am Pruth nördlich von Jassy eine neue Front bilden.*

Hitler verbot den schon begonnenen Abzug der 17. Armee (Jaenecke), weil er einen Positionswechsel des türkischen Kabinetts befürchtete. Aber die »4. Ukrainische Front« (Tolbuchin) und Kräfte einer »Selbständigen Küstenarmee« (Jeremenko) drangen in den desarmierten Festungsbereich von Sewastopol ein. Der Hafen lag unter Artilleriefeuer.

Rund 45 000 Verbündete, 16 000 Ostlegionäre und 3800 Kriegsgefangene waren bereits abtransportiert. Unter schweren Verlusten durch Bombenangriffe des Gegners wurden weitere 100 000 Mann evakuiert. Fast 60 Schiffe sanken; 31 700 Deutsche und 25 800 Rumänen fanden den Tod.

Mitte Mai 1944 flauten die Kämpfe ab. Die HGr. Nord (Lindemann) fand beiderseits des Peipussees neuen Halt. Die HGr. Mitte (Busch) behauptete sich auf verkürzten Linien. Die in Ostgalizien abgeschnittenen Truppen zogen als »wandernde Kessel« nach Westen. Frische Divisionen aus anderen Ländern des Kontinentes und Kräfte der 1. Honvéd-Armee (Lakatos) schlossen die Lücke zwischen Pripjets und Karpaten.

291 Opotschka: Einweisung einer lettischen Batterie durch abgelöste Niederländer.

Der Kampf um Rom

Viktor Emanuel und Badoglio hatten ihrem Lande nicht zum Frieden verhelfen können. Über 1388000 Italiener waren in fremdem Gewahrsam; 106000 wurden vermißt, mehr als 65000 von den Franzosen zur Zwangsarbeit nach Nordafrika verschleppt. Alliierten Bombenangriffen fielen 67678 Menschen zum Opfer.

Italien war in sich gespalten. Badoglio sammelte die letzten Royalisten, Graziani ein Heer für Mussolinis Republik. Die Mafia feierte ihre Wiederkehr. Partisanen zogen plündernd und mordend durch die Dörfer, ebenso die *Brigate Nere* der Neofaschisten. In Verona wurden Ciano und vier andere Frondeure des »Großen Rates« zum Tode verurteilt und von faschistischer Miliz erschossen.

Die 5. US-Armee (Clark) hatte mit der aus Kalabrien anrückenden 8. Armee (Montgomery) Verbindung bekommen. Die Hoffnung auf einen raschen Rückzug der Deutschen trog jedoch. Kesselring behauptete sich weiter südlich als vorausgesehen. Teile seiner 10. Armee (Vietinghoff-Scheel) fesselten den Gegner am Volturno. Die 14. Armee (Mackensen) sicherte Mittel- und Norditalien.

Churchill war voller Zorn auf die »verdammten Russen« aus Teheran zurückgekehrt. Er drängte General Sir Harold Alexander, Rom zu nehmen. Die Alliierten sollten dann durch Norditalien und Slowenien weiterstoßen und mit Hilfe eines umschwenkenden Ungarn im Karpatenbogen vollendete Tatsachen schaffen, ehe Stalin seine Herrschaft der Mitte des Kontinentes aufzwang.

Roosevelt wußte, daß man in Italien nicht einfach aufhören konnte. Doch er hatte Stalin eine »zweite Front« am entgegengesetzten Ende Europas versprochen. Die Invasion sollte 1944 stattfinden und erforderte die Zuführung von Truppen und Landungsschiffen aus dem Mittelmeerraum Anfang Mai. Zuvor sollten die Alliierten durch Einnahme von Rom einen überzeugenden Sieg erringen.

Die Stadt schien zum Greifen nahe. Auf dem Wege nach Rom konnten die Alliierten bei Cassino in das Lirital einbrechen und durch eine flankierende Landung bei Anzio-Nettuno den geradlinigen Stoß erleichtern. Doch Alexander stand unter Zeitdruck, das Wetter war ungünstig. Clarks Divisionen brauchten für 11 km Raumgewinn sechs Wochen und verloren, ehe sie auf die deutsche Hauptmacht trafen, 15964 Mann. Generaloberst Heinrich-Gottfried von Vietinghoff-Scheel hatte genügend Zeit zum Ausbau der »Gustavlinie«, einer Kette von Stützpunkten am Fuß und Hang steiler Bergkulissen beiderseits des Liri, hinter Minenfeldern und angesumpften Talauen. Der Monte Cassino und seine berühmte Benediktinerabtei wurden in das Verteidigungssystem nicht einbezogen.

Die Amerikaner sollten über den Garigliano setzen, das Lirital und den schmalen Küstensaum öffnen (Operation »Raincoat«), während ein gemischtes angelsächsisches Korps mit Flottenunterstützung im Rücken der Deutschen bei Anzio-Nettuno landen und die Fernstraßen zwischen Rom und Neapel abschneiden würde (Operation »Shingle«).

Die Offensive war ein Fiasko. Der frontal operierende Verband wich unter schweren Verlusten zurück. Das Landungskorps gewann zwar einen 17 km

292 Der Oberbefehlshaber Süd, Generalfeldmarschall Albert Kesselring, im Gespräch mit Marschall Rodolfo Graziani, dem Oberkommandierenden der »Republik von Salò«. Zwischen ihnen als Dolmetscher SS-Standartenführer Eugen Dollmann.

294 Anflug amerikanischer Bomber (North American »B 25 Mitchell«) über dem Vesuv.

295 Die Benediktiner-Abtei auf dem Monte Cassino nach der Zerstörung durch alliierte Bomberverbände am 15. Februar 1944.

293 Die Bildung eines alliierten Brückenkopfes bei Anzio und Nettuno im Rücken der deutschen Italienfront.

tiefen Brückenkopf, blockierte aber nicht die Fernstraßen, sondern wurde von Truppen der 14. Armee (Mackensen) eingeschlossen. Nach dem Ausfall von 10700 Mann stellten die Alliierten Ende Januar 1944 ihren schlecht vorbereiteten Angriff ein.

Für den nächsten Schlag verstärkte Alexander die 5. US-Armee (Clark) durch das bisher der 8. Armee (Leese) unterstellte Neuseeländische Korps. Als seine Offiziere den Klosterberg sahen, forderten sie Fliegerunterstützung. Die Armeegruppe erteilte zögernd ihre Zustimmung. Am 15. Februar 1944 vernichteten 132 Boeing »B 17 Fortress« und 112 Mittelstreckenbomber die Abtei.

Das Zerstörungswerk verschaffte den Alliierten keine Vorteile. Nach drei Tagen endete auch die zweite Cassino-Schlacht mit einem Patt. Die anstürmenden Neuseeländer, Maoris, Gurkhas und Rajputs hatten nur vorübergehend Teile der Stadt genommen. Das Landungskorps war gar nicht erst angetreten, weil die 14. Armee (Mackensen) einen Keil in den Brückenkopf trieb.

Die dritte Schlacht wurde wieder mit einem Bombardement eröffnet, zu dem starke Luftstreitkräfte teils direkt von England und Nordafrika anflogen. Sie zerstörten Cassino, trafen aber auch kleinere Städte, sogar das britische Hauptquartier. Inzwischen hatte die 1. Fallschirmjäger-Division (Heidrich) den Monte Cassino besetzt. An ihrem zähen Widerstand scheiterten weitere Angriffe.

Die vierte und letzte Cassino-Schlacht stand nicht wieder unter Zeitdruck. Brooke hatte Churchill den Vorstoß nach Slowenien ausgeredet. Roosevelt wußte, daß die Invasion unter allen Umständen stattfinden werde. Verstärkungen für das Landungskorps und Neugruppierungen an der Gebirgsfront stellten das für eine erfolgversprechende Offensive notwendige Verhältnis 3:1 her.

Die 8. Armee (Leese) sollte Cassino erobern und mit ihrem Polnischen Korps (Anders) über einen benachbarten Berg zum Monte Cassino vordringen, während kanadische Panzer in das Lirital stießen und das französische Expeditionskorps (Juin) auf der anderen Seite die Auruncischen Höhenzüge durchdrang. Den Amerikanern war der Küstenstreifen jenseits des unteren Garigliano als Angriffsraum zugewiesen.

Alliierte Luftangriffe zerstörten zwischen Cassino und den Alpenpässen zahlreiche Dörfer, um die Ortsdurchfahrten zu verblocken. Jagdbomber stürzten sich in Schwärmen auf Lokomotiven und Fahrzeugansammlungen, Bahnhöfe, Brücken und Reparaturwerkstätten. Rom war ausgenommen. Vorstellungen des Vatikan hatten die Kriegführenden bewogen, die Ewige Stadt zu verschonen.

Die entscheidende Offensive (Operation »Diadem«) begann am 11. Mai 1944 um 23.00 Uhr. Juins Nordafrikaner erreichten schon bald das ihnen gesteckte Ziel. Engländer, Kanadier und Inder kamen kaum von der Stelle, die Polen erst nach verlustreichen Rückschlägen. Als sie den von der 1. Fallschirmjäger-Division (Heidrich) geräumten Monte Cassino besetzten und die Zange sich zu schließen drohte, hatte Vietinghoff-Scheel seinen rechten Flügel schon zurückgenommen.

Aber auch die zweite deutsche Stellung war unhaltbar, weil das alliierte Landungskorps den Halbring um Anzio-Nettuno sprengte und die 5. US-Armee (Clark) über Formia vorstieß. Kesselring befahl den allgemeinen

296 Außer Briten, Kanadiern und Neuseeländern, Maoris und Indern war auch ein exilpolnisches Korps bei Cassino eingesetzt.

297 Deutsche Fallschirmjäger behaupteten sich monatelang in ihren Stellungen bei Cassino und hinderten damit die Alliierten an der Einnahme von Rom.

Rückzug nach Nordwesten. Vietinghoff-Scheel setzte zwischen Tivoli und Orvieto über den Tiber. Dieses Ausweichmanöver ließ dem Gegner keine Zeit für den letzten, vernichtenden Schlag.
Anstatt die Deutschen zu verfolgen, hielt Clark am 4. Juni 1944 Einzug in das zur »offenen Stadt« erklärte Rom. Der darüber entbrennende Streit wurde bald gegenstandslos. Denn Alexander hatte sieben Divisionen abstellen müssen, die nach der Invasion zusammen mit Truppen aus Nordafrika, Sizilien und Korsika an der Côte d'Azur landen sollten. Italien war nur noch Nebenschauplatz.

298 Vor der anglo-amerikanischen Invasion.
Unter den bereitgestellten deutschen Verbänden befanden sich auch Ostlegionen. Das Ärmelabzeichen dieses Artillerieleutnants kennzeichnet die Herkunft seiner Truppe aus Georgien.

Die Invasion 1944

Über die Invasion (ursprünglich »Roundup« und »Sledgehammer«, zuletzt »Overlord«) war endgültig entschieden, zum »D-Day«, der 1. Mai 1944 bestimmt. Eine zweite Landung (bisher »Anvil«, nun »Dragoon«) sollte Mitte Juni in Südfrankreich erfolgen. Beide Operationen wurden um etwa einen Monat verschoben, der Hauptangriff wegen des Wetters, die Nebenaktion weil noch Spezialschiffe fehlten.

Nach einer kraftvollen Bomberoffensive, verschiedenen Täuschungsmanövern und planmäßig gesteuerten Sabotageakten der Résistance sollten die ersten Truppen – Amerikaner rechts, Briten links – in der Normandie landen (Operation »Jupiter«), die Halbinsel Cotentin erobern und mit einem Tiefenstoß bei Avranches den Alliierten die bretonischen Häfen öffnen.

In England standen dazu vier anglo-amerikanische Armeen (23 Infantierie-, 10 Panzer- und 4 Luftlandedivisionen) bereit, insgesamt 3 Millionen Mann mit 6,5 Millionen Tonnen Versorgungsgütern. Weitere 40 Divisionen wurden aus den Vereinigten Staaten erwartet. Die alliierten Luftstreitkräfte zählten rund 12000 Flugzeuge, die Flottenverbände 5400 Schiffe, darunter 4126 Landungsfahrzeuge.

Solange Cherbourg und Brest nicht für das Ausladen von Truppen und Material zur Verfügung standen, sollten die alliierten Streitkräfte vorgefertigte Piers (»Mulberry A/B«) aus großen Schwimmkörpern (»Bombardons«) benutzen. Die Treibstoffversorgung war durch eine Unterwasser-Pipeline (»Pluto«) zwischen Südengland und der Normandie sicherzustellen.

Der Oberbefehl war umstritten. Roosevelt favorisierte Marshall, Churchill wollte Brooke an die Spitze stellen. Schließlich einigte man sich auf Eisenhower. Dafür wurden die wichtigsten Posten seines *Supreme Headquarters, Allied Expeditionary Force* (SHAEF) mit Briten besetzt. Die Stellvertretung übernahm Air Chief Marshal Sir Arthur W. Tedder. Das Kommando über die Heerestruppen erhielt General Sir Bernard Montgomery. Air Marshal Sir Trafford Leigh Mallory befehligte die Flieger, Admiral Sir Bertram Ramsay die Seestreitkräfte.

Hitler rechnete mit dem Scheitern der Invasion. Nach ihrer Abwehr, meinte er, würden die Angelsachsen keinen zweiten Versuch wagen. Roosevelt hätte dann kaum Aussicht auf seine Wiederwahl, und Churchill wäre ein erfolgloser Politiker (wie 1915/16). Ähnlich spekulierten einige Amerikaner und Briten.

Hitler hatte schon 1940 den feldmäßigen Ausbau der europäischen Seefront befohlen. Die Schwerpunkte lagen im französisch-belgischen Küstengebiet. Die »Organisation Todt« hatte hier mit 260000 Arbeitern (darunter 26000 Deutschen) 28 Millionen Kubikmeter Erde bewegt und 10 Millionen Kubikmeter Eisenbeton verbaut. Anfang 1944 bestand der »Atlantikwall« aus 14747 Bunkern mit 2692 Geschützen.

Befehlsführung und Kräfteansatz waren in den Weisungen Nr. 40 und 51 geregelt. Dem Oberbefehlshaber West (Rundstedt) unterstanden zwei Heeresgruppen: die HGr. B (Rommel) mit der 15. Armee (Salmuth), die 7. Armee (Dollmann) und einem Korps in den Niederlanden, die HGr. G

EMAC

300 In den südenglischen Häfen wurden von den Alliierten für ihren Landeangriff große Mengen von Waffen und Gerät bereitgestellt.

299 Zur Abwehr der Invasion hatten deutsche Bautruppen und die Organisation Todt 1941–1944 an Europas Westküste den Atlantikwall errichtet, jedoch nicht überall vollendet.

301 Seit April 1944 gab es in Bushy Park bei London ein alliiertes Hauptquartier (SHAEF). Am Tisch (v.r.n.l.) Air Marshal Sir Trafford Leigh-Mallory (GB), General Sir Bernard L. Montgomery (GB), General Dwight D. Eisenhower (USA), Air Chief Marshal Sir Arthur Tedder (GB), Admiral Sir Bertram H. Ramsey (GB) und General Omar N. Bradley (USA).

(Blaskowitz) mit der 1. Armee (Chevallerie) und 19. Armee (Sodenstern). Sie umfaßten 58 Divisionen, von denen 10 die selbständige Panzergruppe West (Geyr von Schweppenburg) bildeten.

302 Der Oberbefehlshaber West, Generalfeldmarschall Gerd von Rundstedt, und der Chef seines Stabes, General Alfred Gause, am Kartentisch des Hauptquartiers in Paris.

Gestützt auf den Atlantikwall sollten diese Kräfte den Gegner an der Wasserlinie abweisen. Rommel forderte dazu die Bereitstellung der Panzer in Küstennähe, weil sich gezeigt hatte, daß nach Eröffnung des Kampfes wegen der feindlichen Luftherrschaft eigene Marschbewegungen fast unmöglich waren. Dagegen verlangten Rundstedt, Geyr und Guderian die Bildung einer kompakten Eingreifreserve.

Hitler traf eine halbherzige Entscheidung. Er ließ den beiden Heeresgruppen je drei Panzerdivisionen zuteilen und vier bei Paris zurückhalten. Über die Reserve sollte aber nicht Rundstedt verfügen – der ObdW gedachte sich allein den Einsatzbefehl vorzubehalten. Seine Zuständigkeiten waren damit vom Atlantik bis nach Ostpreußen verteilt.

Offenbar wollte Hitler dem Oberbefehlshaber West, der seinem Kriegsherrn reserviert gegenüberstand, so wenig wie dem Regimekritiker Geyr von Schweppenburg besondere Vollmachten erteilen. Vielleicht ahnte der ObdW auch schon den sich anbahnenden Wandel in Rommels politischer Haltung.

Dazu kam der Kompetenzwirrwarr auf anderen Ebenen. Rommel diente zwei Herren (dem OKW in seiner Funktion als Inspizient und dem OB West als Oberbefehlshaber der HGr. B). Rundstedt lenkte nur Heeresverbände. Die Luftflotte 3 (Sperrle), das II. Fallschirmjägerkorps (Meindl) und III. Flakkorps (Pickert) waren dem ObdL (Göring), alle schwimmenden Einheiten und Küstenbatterien der Marinegruppe West (Krancke) dem ObdM (Dönitz) unterstellt.

In Frankreich, Belgien und den Niederlanden standen 1,87 Millionen Mann der Wehrmacht (insbesondere 950000 Heeressoldaten und 75000 Ostlegionäre). Geyr meldete 1370 Kampfwagen (70% der Sollstärke) einsatzbereit. Die Truppe konnte sich nur langsam bewegen; von 200–300 Lkw, die jede Division erhalten sollte, waren nur 80 eingetroffen. Die Feldartillerie blieb größtenteils hippomobil.

Die Luftflotte 3 (Sperrle) umfaßte nur eine Fliegerdivision mit 319 Flugzeugen. Nach einem von Milch erarbeiteten Aufmarschplan sollte zu Beginn der Invasionsschlacht die Masse der im Reichsgebiet konzentrierten Jagdfliegerverbände nach Frankreich geworfen werden. Dies setzte brauchbare Flugplätze und eine intakte Bodenorganisation voraus.

Als Hauptziel der alliierten Invasion wurde die Küste des Pas de Calais vermutet. Hitler widmete aber auch der Normandie seine Aufmerksamkeit. General Erich Marcks, der ein Armeekorps im Calvados (westlich der Seinebucht) kommandierte, hielt seinen Verteidigungsabschnitt für besonders gefährdet. Der erfahrene Stabsoffizier und Troupier sollte recht behalten, auch mit seiner Warnung vor dem 5. Juni 1944.

Tatsächlich bestimmte Eisenhower diesen Tag zum Angriffstermin (für die Landung in Südfrankreich den 15. August). Voraussetzungen waren eine günstige Mondphase, Niedrigwasser und frühes Büchsenlicht. Eine ähnlich günstige Konstellation trat erst wieder in 14 oder 28 Tagen ein. Schließlich wurde die Invasion um 24 Stunden verschoben, weil SHAEF den Durchzug eines Sturmtiefs und das folgende Zwischenhoch abwarten wollte.

Am 5. Juni 1944, kurz vor Mitternacht, gingen alliierte Luftlandetruppen

303 Bereitstellung einer Schweren Panzer-Abteilung mit Kampfwagen des neuen Baumusters »P VI/II Königstiger« hinter der deutschen Abwehrfront in Nordfrankreich.

304 In den letzten Monaten vor ihrer Landung ließen alliierte Sonderstäbe durch die französische Résistance zahlreiche Anschläge auf Eisenbahnen unternehmen.

306 Teile der alliierten Invasionsflotte mit Sperrballonen zum Schutz gegen Tiefflieger-Angriffe im Anmarsch auf die Seinebucht am 6. Juni 1944.

307 Die vorausgeworfenen Luftlandetruppen der Anglo-Amerikaner erlitten schwere Verluste.

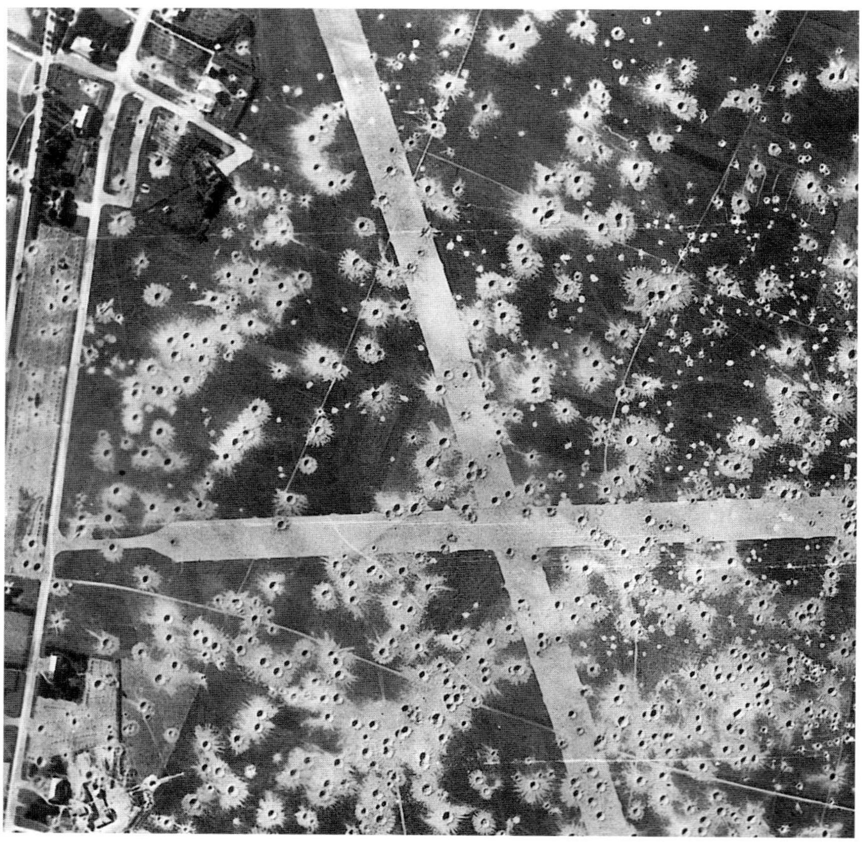

305 Zu den Vorbereitungen der Invasion gehörte vor allem eine Bomberoffensive zur Zerstörung des Eisenbahnnetzes und der Fliegerhorste im Rücken des Atlantikwalles. Der zerbombte Flugplatz von Le Culot.

beiderseits des Landungsgebietes nieder. Im Morgengrauen des 6. Juni schlossen Tausende von Booten gegen die Küste auf. Der stürmische Nordwest setzte den Fahrzeugen übel zu; 291 kenterten oder wurden auf Hindernisse geworfen. Durchnäßt taumelten die ersten anglo-amerikanischen Infanteristen an Land.

308 Royal Marines erreichen den Strand des Calvados.

Das LXXXIV. Armeekorps (Marcks) leistete hartnäckig Widerstand. Aber die Hilfe der deutschen Unterstützungsstreitkräfte war gering. Während Mallory 14674 Fliegereinsätze verzeichnete, kam Sperrle nur auf etwa 450. Krancke konnte lediglich ein paar Torpedoboot- und Schnellboot-Flottillen in die Seinebucht schicken. Von 36 U-Booten, die aus der Biskaya vorstießen, gingen sofort 5 verloren.

Die alliierten Luftlandetruppen verloren 3149 Mann und 70% ihrer Ausrüstung. Ähnlich erging es der Infanterie. Das Tagesziel, die Errichtung eines zusammenhängenden Brückenkopfes, wurde nicht erreicht. Unter dem Feuerorkan der Raketenfähren, Schiffsgeschütze und Tiefflieger hatten Amerikaner, Briten und Kanadier jedoch an drei Stellen Fuß gefaßt.

Das Eingreifen der deutschen Panzergruppe stockte im Schutt zerstörter Ortschaften. Ein Bombenteppich vernichtete den Stab des Generals Leo Geyr von Schweppenburg. Die HGr. G (Blaskowitz) mußte ihre Schnellen Truppen abgeben, auch begann der Zustrom motorisierter Truppen aus dem Reich, Holland und Ungarn. Bis zum Eintreffen dieser Kräfte vergingen jedoch Tage und Nächte.

»Maquisards« der französischen Résistance suchten die Bewegungen zu stören. Einige Truppenteile ergriffen dagegen Repressalien. In Tulle hängten Soldaten der Waffen-SS 99 Franzosen wegen vorausgegangener Mordtaten. Bei Saint-Pol erschoß die gleiche Einheit 53 Geiseln. Am folgenden Tag fielen ihr 642 Einwohner von Oradour-sur-Glâne zum Opfer.

Weit höher waren die Verluste der französischen Zivilbevölkerung durch alliierte Luftangriffe. Eisenhower und Tedder rechneten mit 45000 Toten. Diese Zahl wurde nicht erreicht, doch starben Tausende, als Mallory mit seinen Bombern die in den Städten zwischen Seine und Loire gelegenen Eisenbahnknotenpunkte vernichtete und so eine taktisch bedingte *Railway Desert* schuf.

Die weitgehende Zerstörung des Verkehrsnetzes war der eigentliche Grund für den stockenden Anmarsch deutscher Eingreifreserven. Ein verzögerter Gegenangriff des I. SS-Panzerkorps (Dietrich) konnte den Feind nicht ins Meer werfen. Ebenso scheiterte das aus Polen eintreffende II. SS-Panzerkorps (Hausser) an dieser Aufgabe. Sechs Tage nach der Landung hielten die Alliierten einen Brückenkopf von 100 km Breite und 10–15 km Tiefe.

Im Bereich der 15. Armee (Salmuth) begann am 12./13. Juni 1944 der V-Waffen-Einsatz (Unternehmen »Rumpelkammer«). Tage vergingen, bis bei verbesserter Zielgenauigkeit die Mehrzahl der Geschosse London erreichte, das Hitler zum Ziel bestimmt hatte. Als er mit Keitel, Jodl und Schmundt am 17. Juni nach Margival bei Soissons kam, ersuchten ihn Rundstedt und Rommel vergebens, die Projektile auf den alliierten Brükkenkopf zu richten.

309 Amerikanische Infanterie kurz nach der Landung. Zwischen den vorrückenden Soldaten rechts Gefallene, links Verwundete. Am Strand Sommerfield-Platten zur raschen Befestigung losen Sandes. Von den eroberten Bunkern werden optische Signale an die Beschießungsverbände auf See gesendet.

Folgenden Tags überquerten Divisionen der 1. US-Armee (Bradley) die Halbinsel Cotentin. Hitler hatte für diesen Fall den Rückzug ausreichender Kräfte auf die Festung Cherbourg zur dauerhaften Verteidigung angeord-

net. Aber nur Truppenreste erreichten die Stadt. Nach heftigem Beschuß durch anglo-amerikanische Schlachtschiffe kapitulierten dort 21000 Wehrmachtangehörige.
Der Gegner konnte die zerstörten Hafenquais erst drei Monate später benutzen. Indessen war der Brückenkopf nahezu überfüllt. Doch die deutschen Truppen vermochten ihn kaum noch abzuriegeln, da nur eine von den vier Armeen der Heeresgruppe West (Rundstedt) an dieser Front kämpfte. Die 7. Armee (Dollmann) hatte 97000 Mann verloren, darunter General Marcks.
Rundstedt und Rommel fuhren Ende Juni zum Vortrag bei Hitler nach Berchtesgaden, entschlossen, ihm eine politische Lösung des Konfliktes nahezulegen. Hitler verbat sich jede Einmischung in seine Angelegenheiten. Er rang um Zeitgewinn für den Einsatz neuer Unterseeboote, Raketen und Düsenflugzeuge. Nicht »Rückzug« und »Verhandeln«, sondern »Endsieg« lautete die Parole.
Nach dieser Begegnung ließ Hitler den Feldmarschall Rundstedt durch Kluge ablösen und auch Geyr seines Kommandos entheben. Rommel blieb noch verschont. Doch er suchte nicht weniger sorgenvoll einen Ausweg. Die von Osten heranrollende Lawine der Roten Armee und ein alliierter Vorstoß auf Caen wurden im Schlosse von La Roche-Guyon, dem Quartier des Heeresgruppenkommandos, wie das Wetterleuchten einer nahenden Katastrophe empfunden.

310 Acht Tage nach Beginn der Invasionsschlacht wurde von deutscher Seite eine raketengetriebene Flügelbombe mit 850 kg Sprengstoff und 210 km Reichweite eingesetzt. Insgesamt starteten 9305 dieser Projektile. Aber nur die Hälfte erreichte ihr Ziel. Britische Jagdflieger konnten sie durch Ankippen eines Flügelendes aus der Flugbahn werfen.

Weißrußland 1944

Seit Beginn der alliierten Invasion im Westen zählte das deutsche Ostheer noch 2,3 Millionen, die Rote Armee hingegen 6,4 Millionen Mann. Außerdem verfügten die Sowjets über 88900 Geschütze, 9500 Panzer und 14787 Flugzeuge, während das Volumen der den Wehrmachtverbänden belassenen Schwerpunktwaffen unter 2300 Kampfwagen und 1800 Flugzeuge gesunken war.
Finnland und Rumänien hatten zwar die ihnen übermittelten Waffenstillstandsbedingungen der Sowjets abgelehnt, doch standen beide Staaten weiter unter starkem Druck. Helsinki lief Gefahr, das Wohlwollen der USA zu verlieren, Bukarest war aus den Dnjeprbrückenköpfen des Gegners bedroht. Oppositionspolitiker verhandelten daher noch immer, ohne zu ahnen, daß Churchill ihre Länder der UdSSR als »Operationsgebiet« überlassen hatte.
Mit dieser auch Bulgarien einbeziehenden Regelung hatte der Premier sowohl Jugoslawien als auch Griechenland dem britischen Einfluß sichern und die Absprachen von Teheran nachbessern wollen. Roosevelt erteilte sein Plazet aber erst nach wochenlangem Zögern und nur unter der Bedingung, daß Churchills Übereinkunft lediglich für drei Monate galt.
Wenn Stalin diese Frist nutzen wollte, mußte er sich beeilen. Nachdem Hitler auf ein weiteres Verhandlungsangebot des sowjetischen Diktators im Frühsommer nicht eingegangen war, sollte die Rote Armee auf breiter Front zwischen Onegasee und Schwarzmeerküste angreifen und damit ganz Rußland und die Ukraine freikämpfen.
Shukow und Wassilewskij planten eine Reihe »Stalinischer Schläge«. Zuerst sollte die Stawka den Finnen eine entscheidende Niederlage bereiten, dann durch kräftigen Stoß die Heeresgruppen Nord (Lindemann) und Mitte (Busch) voneinander trennen und schließlich aus der Ukraine nach Norden angreifen.
Die erste Offensive zerschmetterte den Sperriegel in Karelien. Sowjetische Fliegerverbände bombardierten Helsinki, die Rotbannerflotte (Tribuz) Stützpunkte an der Küste. Darauf ersuchte Heinrichs, der Generalstabschef Mannerheims, Berlin um Hilfe. Deutsche Kreuzer brachten sogleich als Schnelltransporter panzerbrechende Waffen nach Turku (Åbo). Die Luftwaffe unterstellte zwei Gruppen den Finnen.
Ribbentrop forderte dafür den Abschluß eines regelrechten Bündnisvertrages, Bindungen, die Finnland ablehnen mußte, weil sich in seinem Parlament keine ratifizierungsbereite Mehrheit fand. Der Reichsaußenminister mußte mit einem Schreiben Rytis vorlieb nehmen, das den Präsidenten und die von ihm eingesetzten Persönlichkeiten zur Fortsetzung des Kampfes verpflichtete, nicht aber ihre Nachfolger.
Der zweite »Stalinische Schlag« sollte sich gegen einen unmäßig ausladenden deutschen Frontbalkon in Weißrußland richten, dessen Ballustrade ostwärts Witebsk-Orscha-Mogilew lag und südlich der Pripjetsümpfe 400 km weiter nach Westen abbog. Die Heeresgruppe Mitte (Busch) hielt diesen Raum mit der 2. Armee (Weiß), 9. Armee (Jordan), 4. Armee (Tippelskirch) und 3. Panzerarmee (Reinhardt).
Die Stawka beabsichtigte den Frontbogen zunächst an zwei Stellen aufzu-

311 In Abstimmung mit den westalliierten Operationen wurden ab 17. Juni 1944 die deutsche Heeresmitte an der Ostfront von sowjetischen Angriffsverbänden zermalmt.
Vielleicht der Letzte seiner Kompanie.

313 Zur Überwindung der hereingebrochenen Katastrophe berief der ObdW den Generalfeldmarschall Walter Model (l.).

314 Das Chaos griff auf große Teile Mittelosteuropas über.
Der Bahnhof von Mariampol in Litauen nach einem sowjetischen Luftangriff.

312 Zahlreiche Flüchtlingstrecks stauten sich an Flüssen und Bächen. Sie wurden zumeist von sowjetischen Divisionen überrollt.

brechen (Operation »Bagration«). Wassilewskij, der die Bewegungen der »1. Baltischen Front« (Bagramjan) und »3. Weißrussischen Front« (Tscherjachowskij) koordinierte, sollte Witebsk erobern und über Wilna (Vilnius) auf Kaunas vorstoßen, Shukow, dem die »2. Weißrussische Front« (Sacharow) und »1. Weißrussische Front« (Rokossowskij) unterstanden, einen Zangenangriff gegen Minsk führen.

Die vier sowjetischen Heeresgruppen (18 Armeen, 3 besondere Korps und 166 Divisionen) waren ihren Aufgaben vollauf gewachsen, zumal Nowikow starke Schlachtfliegerverbände einsetzte. Die Stawka zog durch Woroschilow auch wieder Partisanen heran. Ihre Kommandos sprengten die Eisenbahnlinien hinter der deutschen Front an 10500 Stellen, so daß die hier anrollenden Transporte 24 Stunden zum Stehen kamen.

Am 25./26. Juni 1944 wurde Witebsk eingeschlossen, kurz darauf auch Bobruisk. Panzer und Kavallerie der Roten Armee strömten ins Hinterland. Zeitzler konnte bei Hitler keine angemessenen Entschlüsse erwirken. Busch, der die lange Reise nach Berchtesgaden unternahm, wurde vom ObdW abgeschoben und durch Model ersetzt.

Da er vorerst Oberbefehlshaber der Heeresgruppe Nordukraine blieb, konnten seine Panzerverbände aus Galizien eingreifen. Doch ehe sie eintrafen und die auf knapp 500 Maschinen zusammengeschmolzene Luftflotte 5 (Greim) Verstärkungen erhielt, waren alle Dämme gebrochen. Die Krise wurde zur Katastrophe.

Truppen der 3. Panzerarmee (Reinhardt), die sich dem Einschließungsring von Witebsk entzogen, sahen sich bei Ostrowo erneut abgeschnitten und nach ihrem nochmaligen Ausbruch überwältigt. Die 9. Armee (Jordan) opferte Bobruisk; 72000 Mann marschierten in Gefangenschaft, 25000 konnten fliehen. Die 4. Armee (Tippelskirch) war beim Beresinaübergang der Vernichtung nahe.

Unterdessen schob die »3. Weißrussische Front« (Tschernjachowskij) mitten durch das Chaos der fortstrebenden Truppenreste und Flüchtlingstrecks einen Panzerkeil bis nach Minsk. Spitzen der »1. Weißrussischen Front« (Rokossowskij) erreichten den Südrand der Stadt. Viele Verwundete konnten noch evakuiert werden. Die 4. Armee (Tippelskirch) war endgültig abgeschnitten. Gehbehinderte, die zurückblieben, wurden von sowjetischen Soldaten erschossen.

Model konnte mit seinen drei Divisionen keine neue Front aufbauen. Denn die 3. Panzerarmee (Reinhardt) war zerschlagen, die 4. Armee (Tippelskirch) untergegangen, die 9. Armee (Jordan) auseinandergefallen. Verbände der 2. Armee (Weiß) räumten Pinsk, gruben sich am Njemen ein und mußten auch dort weichen, als die »1. Ukrainische Front« (Konjew) losschlug.

Der sowjetische Rundfunk meldete 159280 deutsche Gefangene, darunter 22 Generale, 57600 dieser Soldaten wurden im Triumph durch Moskau geführt. Das Oberkommando des Heeres mußte 28 Divisionen (etwa 350000 Mann) abschreiben. Die Verluste von Stalingrad waren um das Doppelte übertroffen. Eine Frontlücke von 480 km Breite klaffte zwischen den Flügeln des Ostheeres; die Heeresgruppe Mitte (Model) hatte zu bestehen aufgehört.

Stalin feierte den Sieg am 9. Juli 1944 mit Shukow, Wassilewskij und Poskrebyschew in einer Datscha bei Moskau. Man erörterte die politischen Auswirkungen des Erfolges, insbesondere die jetzt akut werdende Polen-

315 In Massen ziehen deutsche Kriegsgefangene über den Moskauer Gorkij-Prospekt.

frage, auch wieder den möglichen Kurswechsel des geschlagenen Reiches. Molotow, der hinzukam, befürchtete, daß sich die Deutschen nun den Anglo-Amerikanern nähern könnten, um mit ihnen Waffenstillstand zu schließen.

Zerschlagung der Heeresgruppe Mitte 1944

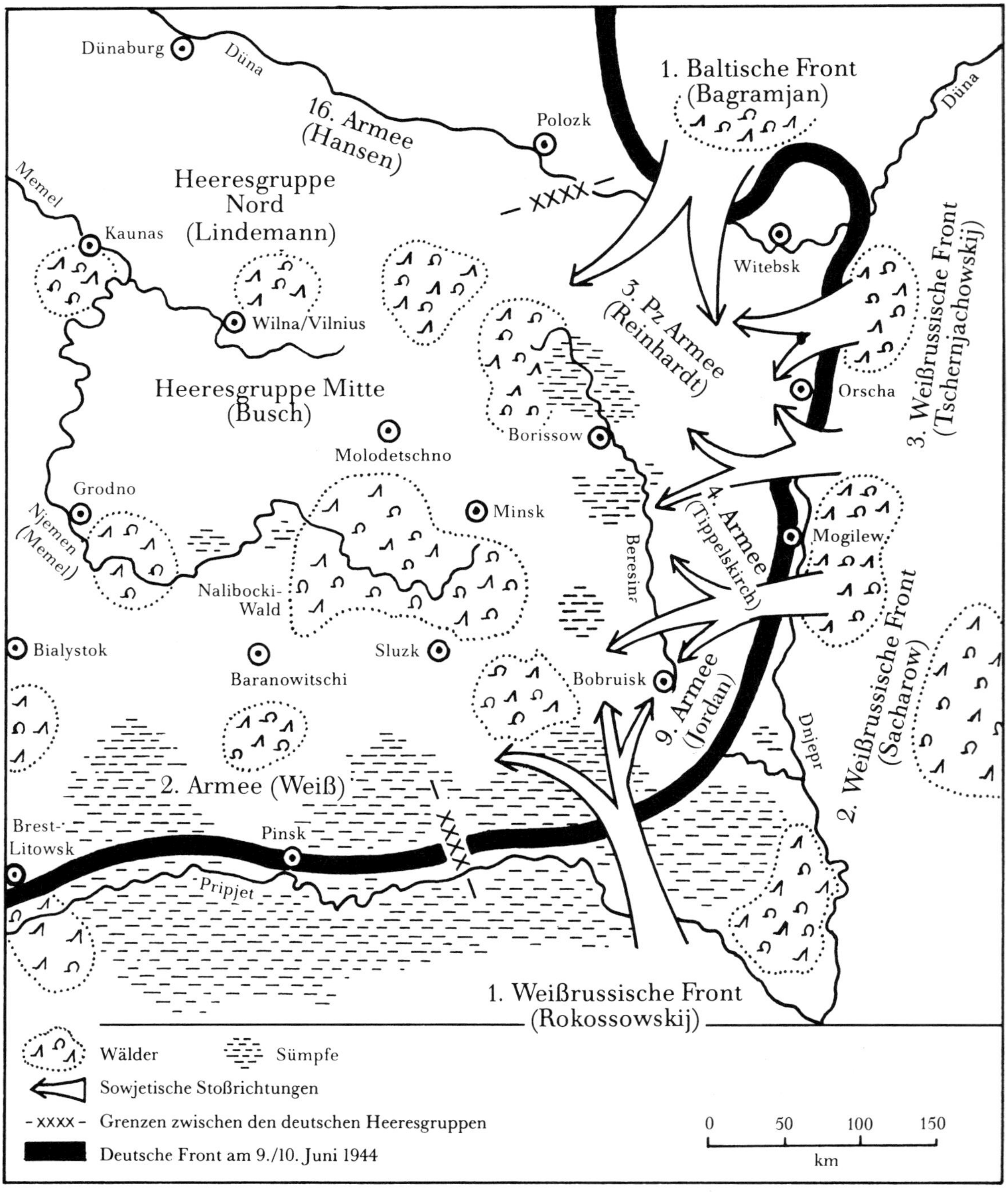

Der 20. Juli 1944

Die deutsche Widerstandsbewegung stand unter Zeitdruck. Wollte sie Hitlers Gewaltherrschaft brechen und das Reich vor dem Untergang bewahren, mußte die befreiende Tat bald gelingen. Zwei Jahre lang hatte die Opposition mit der Übereinstimmung zwischen Führung, Volk und Wehrmacht rechnen müssen. Nun lockerte der Wechsel des Kriegsglückes diesen Zusammenhalt.

Kaltenbrunner rechnete mit fünf Gruppierungen: den christlichen Kirchen, sogenannten Kreisen, der »Schwarzen« und einer »Roten Kapelle« sowie Verbindungen zwischen oppositionellen Militärs. Ein organisatorischer Zusammenhang, wie ihn Jean Moulin für die Résistance in Frankreich schuf, fehlte. Auch wurde die deutsche Widerstandsbewegung nicht von den Westmächten unterstützt.

Die christlichen Glaubensgemeinschaften bildeten keine Volksbewegung. Martin Niemöller vom Bruderrat der evangelischen Kirche saß im Konzentrationslager. Doch Theophil Wurm protestierte energisch gegen Euthanasie und Judenverfolgung, ebenso wie Vertreter des katholischen Klerus, an der Spitze Bischof Clemens August Graf von Galen und die Kardinäle Michael Faulhaber und Adolf Bertram. Mehr konnte nicht geschehen, solange sich der Vatikan zurückhielt.

Das gleiche galt für die kleinen Zirkel. Außer einem Freiburger Kreis von Universitätsprofessoren und der Berliner Mittwochsgesellschaft, die ursprünglich keine politischen Ziele hatte, waren bereits alle zerschlagen: die »Weiße Rose«, der Solf-Kreis, eine Gruppe ehemaliger Gewerkschaftler, Treffen von Universitätsprofessoren, Ableger des Kreisauer Kreises in Schlesien, Bayern und der Reichshauptstadt.

Die »Rote Kapelle« – eine Schöpfung des Sowjetfunktionärs Alexander M. Erdberg, der ihr Geld und Funkgerät ausgehändigt und Residenturen in Amsterdam, Brüssel und Paris, Genf und Lausanne, Lyon und Marseille miteinander verbunden hatte – war zugleich Konspiracija und Spionageorganisation. Oberleutnant Harro Schulze-Boysen, Oberregierungsrat Arvid von Harnack und der Regisseur Adam Kuckhoff samt Ehefrauen und Freunden beschafften Moskau wichtige Informationen.

Die »Rote Kapelle« war der Gestapo zufällig ins Netz gegangen. Agentenjäger hatten außer den unangreifbaren Schweizer Sendern alle Residenturen ausgehoben, auch die Berliner Gruppe. Insgesamt wurden 117 Deutsche durch Geständnisse und die Aussagen »umgedrehter Offiziere« der Roten Armee belastet. Das Reichskriegsgericht verurteilte 35 Angeklagte wegen Feindbegünstigung, Hoch- und Landesverrat zum Tod. Die Männer starben am Galgen, die Frauen unter dem Fallbeil.

Der Gedanke an Verrat spaltete die Militäropposition. Die Eidfrage und das Problem des Tyrannenmordes ließen Fromm schwanken, stürzten Kluge in einen Gewissenskonflikt, trugen zur Unschlüssigkeit Küchlers bei. Andere Offiziere – die Generale Rudolf-Christoph von Gersdorff und Henning von Tresckow, Oberstleutnant Wessel Freytag von Loringhoven, die Hauptleute Axel von dem Bussche und Ludwig Gehre – schreckten vor Attentatsversuchen nicht zurück.

Auch Becks Erkrankung hatte die Opposition zeitweise gehemmt. Ohne seine Autorität, jedoch in Wahrnehmung organisatorischer Vorteile, die das Allgemeine Heeresamt bot, sammelte mittlerweile General Friedrich Olbricht neue Kräfte. Er hielt Verbindung zu Goerdeler und Tresckow, gewann den Chefrichter des Heeres, Carl Sack, die Generale Helmuth Stieff, Erich Fellgiebel. Fritz Lindemann und Paul von Hase für das Komplott, zog SS-Führer wie Helldorf und Nebe hinzu und holte Oberst Claus Schenk Graf von Stauffenberg aus dem Lazarett ins OKH.

Eine Verstümmelung aus dem Tunesienfeldzug (ihm fehlten ein Auge, die rechte Hand und zwei Finger der linken) hatten die Schwungkraft des ehemaligen Kavallerieoffiziers nicht gebrochen. Er war entschlossen, den Umsturz zu wagen, ehe die Rote Armee nach Polen vorstieß und der alliierte Trans-Kanal-Angriff begann. Hitler mußte beseitigt werden, wollte man die Soldaten von ihrem Eid entbinden und den Bürgerkrieg vermeiden.

Stauffenberg stützte sich auf einen Plan unter dem Decknamen »Walküre«. Wegen der 7,1 Millionen Fremdarbeiter und 1,05 Millionen sowjetischer Kriegsgefangenen, von denen monatlich etwa 30000 entwichen und wieder eingebracht wurden, mußte für den Fall innerer Unruhen Generaloberst Friedrich Fromm bei Ausgabe des Stichwortes mit 2,5 Millionen Soldaten des Ersatzheeres den Objektschutz übernehmen.

Olbricht und Tresckow hatten den Plan abgeändert. Stauffenberg ergänzte ihn. Volk und Wehrmacht sollten schnell und ohne Blutvergießen über den kritischen Moment des Putsches hinweggeführt und Beauftragten einer provisorischen Regierung die Möglichkeit zu Verhandlungen gegeben werden. Dazu mußte der Militärbefehlshaber in Frankreich, Generaloberst Karl-Heinrich von Stülpnagel, mitwirken. Für die Verbindung sorgte Oberstleutnant Caesar von Hofacker.

Außer diesem Vetter und seinem Bruder Berthold hatten sich um Stauffenberg noch andere Offiziere gesammelt, die Generale Olbricht, Lindemann, Stieff, Wagner und Tresckow, Oberst Albrecht Mertz von Quirnheim, Oberstleutnant Ewald-Heinrich von Kleist und Leutnant Werner von Haeften. Sie vertraten zumeist andere politische Ansichten als Beck, Witzleben und Hoepner, die kaltgestellten Militärs.

Beck hielt an Goerdeler als Kanzlerkandidaten fest, der einen »Canossagang« nach Moskau ablehnte. Dagegen wünschte sich Stauffenberg einen ehemaligen Sozialdemokraten zum Regierungschef, entweder Wilhelm Leuschner oder Julius Leber; auch wollte er durch Adam Trott zu Solz über Waffenstillstandsverträge in West und Ost verhandeln lassen, womöglich mit Hilfe des Rußlandexperten Friedrich Werner von der Schulenburg.

Vordringlich war das Attentat auf Hitler. Noch konnte sich keiner aus dem Verschwörerkreis dem Diktator nähern. Doch Anfang Juli 1944 wurde Stauffenberg Chef des Stabes beim Befehlshaber des Ersatzheeres. Fortan bestand Aussicht, daß man den Oberst als Referenten für die Aufstellung der neuen »Sperrdivisionen« ins Führerhauptquartier nach Rastenburg in Ostpreußen kommen ließ.

Die Zeit drängte. Himmler erklärte, er wisse von Umsturzplänen. Reichwein und Leber waren arretiert. Gegen Goerdeler lag ein Haftbefehl vor. St. Lô und Caen, die Eckpfeiler der Invasionsfront, fielen. Die sowjetische Offensive breitete sich zwischen der Ostsee und den Karpaten aus. Durch die Geschoßgarbe eines englischen Tieffliegers wurde Rommels Wagen

316 Claus Graf Schenk von Stauffenberg (r.) vor seiner schweren Verwundung in Tunesien.

317 General Friedrich Olbricht (2.v.l.), der die auseinandergefallene Militäropposition wieder zusammenfaßte, Stauffenberg ins Oberkommando nach Berlin holte und für den Staatsstreich gegen Hitler gewann. Beide wurden standrechtlich erschossen.

getroffen und der Feldmarschall, mit dessen Einverständnis man rechnete, schwer verwundet.

Am 20. Juli 1944 sollte Stauffenberg über die »Sperrdivisionen« vortragen. In einer »He 111« flog er mit Stieff und Haeften nach Rastenburg. Die Offiziere erreichten rechtzeitig das Führerhauptquartier. Der Oberst drückte den chemisch-mechanischen Zeitzünderstift des Sprengsatzes ein, stellte nach Betreten der Lagebaracke die als Aktenmappe getarnte Ladung neben Hitler ab und entfernte sich unter dem Vorwand, ein Telefongespräch führen zu müssen.

Der Konferenzraum war größtenteils von einem Kartentisch ausgefüllt. Hitler stand an der Längsseite, etwa in der Mitte, umgeben von 23 Personen. Oberst Heinz Brandt störte die Aktenmappe, weshalb er sie hinter einen Sockel verschob. Um 12.42 Uhr schoß eine grelle Stichflamme zur Decke. Stauffenberg vernahm den Knall und fuhr mit Haeften schnell durch die sich schließenden Sperrkreise zum Flugplatz.

Der Oberst und sein Adjutant irrten jedoch, als sie mit einer alles vernichtenden Detonation rechneten. Sockel und Eichenholzplatte des Kartentisches wie auch der Umstand, daß der Sprengsatz nur eine Pulverladung ohne Metallmantel war und darum keine Stahlsplitter umherflogen, verringerten die Wirkung. Die Druckwelle der Explosion hatte durch geöffnete Fenster der Baracke entweichen können.

Ein Stenograph starb auf der Stelle. Brandt, Korten und Schmundt erlagen später ihren tödlichen Verletzungen. Die übrigen Teilnehmer der Besprechung kamen mehr oder weniger glimpflich davon. Hitler wankte, auf Keitel gestützt, mit leichten Hautwunden und Prellungen ins Freie. Bormann verständigte Goebbels und ließ Himmler kommen, der Kaltenbrunner mit der Untersuchung des Attentates beauftragte.

Olbricht hatte mit Fellgiebel, der im Führerhauptquartier war, eine Benachrichtigung vereinbart. Die Meldung blieb aus. Da Hitler überlebt hatte, schien die Grundvoraussetzung des Staatsstreiches nicht gegeben. Als die Verschwörer dann doch von der Bombenexplosion erfuhren, gab Mertz »Walküre«-Alarm. Zur gleichen Zeit landeten Stauffenberg und Haeften auf dem Flugplatz Berlin-Rangsdorf.

Man rief Beck und Witzleben, Helldorf und Hoepner, die Grafen Schulenburg und andere in die Bendlerstraße. Der Befehlshaber des Ersatzheeres verweigerte seine Mitwirkung; er hatte sich durch Blitzgespräch bei Keitel über die Lage informiert. Als Olbricht und Stauffenberg ihren Chef umstimmen wollten, kam es zu einer heftigen Auseinandersetzung. Fromm wollte die beiden verhaften lassen, wurde aber selbst festgesetzt.

In Paris, Wien und Prag lief die Operation planmäßig an. Die rings um Berlin alarmierten Truppen näherten sich jedoch nur langsam ihren Bestimmungsorten. Eine Sondermeldung des Rundfunks erwähnte das Attentat und betonte, daß der Führer zur Nation sprechen werde. Major Ernst Remer, der das Regierungsviertel absperren sollte, wurde von Goebbels mit dem ObdW verbunden und angewiesen, den Bendlerblock zu besetzen.

Dort hatte Witzleben die vollziehende Gewalt übernommen. Die Abfertigung seiner Fernschreiben wurde aber in der Nachrichtenzentrale verzögert. Keitel ließ den Drahtverkehr abhören und reagierte mit Gegenbefehlen. Kaltenbrunner entsandte SS-Obergruppenführer Heinrich Müller und

318 Hitler zeigt Mussolini die Trümmer der zerstörten Lagebaracke des Führerhauptquartiers im Mauerwald bei Rastenburg/Ostpreußen.

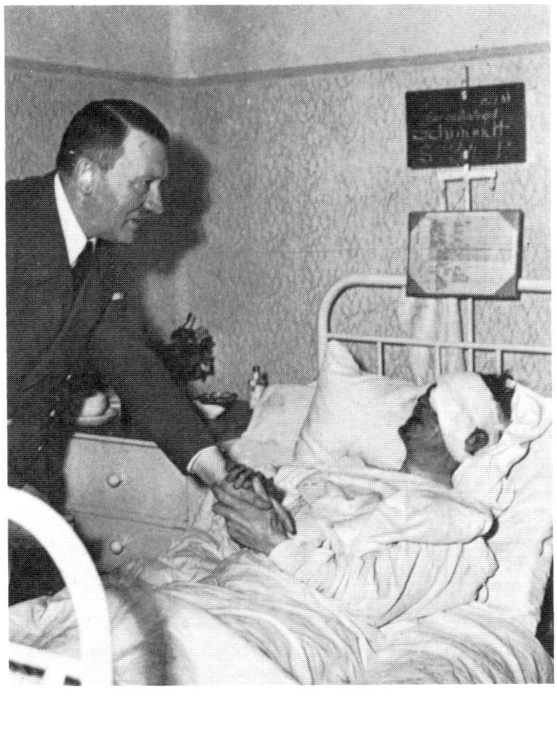

319 Der ObdW besucht den am 20. Juli 1944 schwer verwundeten Wehrmachtadjutanten, General Rudolf Schmundt, im Lazaratett.

Gestapobeamte, die Stauffenberg abführen sollten. Schließlich stürmten regimetreue Offiziere durch die Flure des OKW-Gebäudes und befreiten Generaloberst Fromm.

Die Anführer der Fronde wurden festgenommen. Beck versuchte sich das Leben zu nehmen; ein Feldwebel gab ihm den Gnadenschuß. Hoepner lehnte die Aufforderung zum Selbstmord ab. Fromm erklärte, ein Standgericht habe Olbricht, Mertz, Stauffenberg und Haeften zum Tode verurteilt. Unteroffiziere des Wachbataillons vollstreckten die Hinrichtung in einem Hof des Gebäudekomplexes.

Für Paris dauerte der »Walküre«-Zustand noch an. Stülpnagel war ein überraschender Schlag gelungen. Wachpersonal hatte Oberg und 1200 SD-Leute festgesetzt. Hitlers Rundfunkrede schuf aber eine neue Lage. Kluge zwang den Militärbefehlshaber zum Einlenken. Als man ihn »zur Berichterstattung« nach Berlin rief, unternahm er bei Verdun einen Selbstmordversuch und geriet blind geschossen in die Fänge der Gestapo.

Kaltenbrunner ermittelte gegen rund 7000 Personen. Himmler befahl die »absolute Sippenhaftung«, auch für Offiziersfamilien. Ein »Ehrenhof des Heeres« mußte die Verhafteten ausstoßen, damit sie vor das politische Tribunal, den Volksgerichtshof, gestellt werden konnten. Er sollte nach dem Willen des Diktators »hart und blitzschnell« handeln, die Angeklagten nicht lange zu Wort kommen lassen und »als Regelstrafe« den Tod durch Erhängen verfügen.

Einige der Verfolgten entzogen sich dem Henker und setzten wie Freytag Loringhoven und Tresckow ihrem Leben selbst ein Ende. Berthold Schenk Graf von Stauffenberg, Witzleben und Wagner, Stülpnagel und Stieff, Hansen und Hase, Hoepner, Hofacker und Helldorf, Fellgiebel, die beiden Schulenburg, Nebe und viele andere starben am Galgen, auch Goerdeler, den man später auf der Flucht faßte, obwohl er an der Fronde nicht teilgenommen hatte.

Belastungsmaterial brachte noch Menschen zu Fall, die bereits vor dem 20. Juli verhaftet worden waren und mit dem Staatsstreich nichts zu tun hatten. So starben die Sozialdemokraten Julius Leber und Wilhelm Leuschner, bestiegen Ulrich von Hassel und Helmuth James von Moltke das Schafott, gab es für Abwehrleute wie Canaris, Oster, Dohnanyi, Gehre und die Gebrüder Bonhoeffer bald keine Hoffnung mehr.

Ein merkwürdiges Schicksal war Rommel beschieden. Da er wegen seines Gesundheitszustandes ablehnte, sich bei Keitel in Berlin zu melden, wurden die Generale Wilhelm Burgdorf und Ernst Meisel nach Herrlingen gesandt. Vor die Wahl zwischen Volksgerichtshof oder Freitod gestellt, wählte der Feldmarschall das sokratische Ende. Auf der Fahrt nach Ulm reichte man ihm das Gift. Um die Wahrheit zu verschleiern, ordnete Hitler ein Staatsbegräbnis an.

Die Regimegegner hatten unmittelbar nichts bewirkt. Sie konnten nur hoffen, daß man ihr Opfer später als reinigende Tat, einen »Aufstand des Gewissens« verstehen werde. Solange der Krieg andauerte, bestand diese Aussicht kaum. Churchill behauptete, in Deutschland fänden »Ausrottungskämpfe zwischen Würdenträgern der Nazis« statt. Die »New York Herald Tribune« schrieb: »Wenn der Hitlerismus seine letzte Stellung bezieht, indem er die militärische Tradition zerstört, so nimmt er den Alliierten einen großen Teil der Arbeit ab.«

Entscheidung im Westen

Am 21. Juli hatte sich Hitler von Zeitzler getrennt und Guderian zum Nachfolger bestimmt. Er war ausschließlich für die Ostfront zuständig. Auf sogenannten OKW-Schauplätzen blieb Jodl weiterhin der erste Berater. Diese Aufteilung diente als machtpolitische Handhabe. Unter Berufung auf seine Kenntnis der Gesamtlage konnte der ObdW jeden Vorschlag der Stabschefs zurückweisen.

Jodl hatte frühzeitig erkannt, daß es keinen zweiten Trans-Kanal-Angriff der Alliierten geben werde. Doch der Chef des Wehrmachtführungsstabes vermochte sich nicht durchzusetzen. Daher stand die 15. Armee (Salmuth) weiter untätig in Nordfrankreich, während Kluge (als Nachfolger von Rundstedt und Rommel) allein mit der 5. Panzerarmee (Eberbach) und 7. Armee (Hausser) die Invationsfront halten mußte.

Die HGr. B (Kluge) meldete 116863 Gefallene und Verwundete. Der Gegner hatte kaum geringere Ausfälle (116148 Mann). Aber die deutschen Verluste wogen ungleich schwerer, weil bis Juli nur 14594 Soldaten des Ersatzheeres nachrückten und für 150 zerschossene Panzer lediglich 17 neue eintrafen. Auch die Unterstützungsstreitkräfte wurden nicht erheblich verstärkt.

Der AdU (Friedeburg) schickte einige U-Boote zur Kanalküste, die 2 Korvetten und 12 Transporter versenkten. Korten hatte, ehe er starb, 800 Jäger nach Frankreich verlegt. General Werner Kreipe, sein Nachfolger, bekam nun aber die Auswirkungen einer alliierten Treibstoffoffensive zu verspüren. Im Juli produzierte Deutschland nur 632 t synthetisches Benzin (11% im Vergleich zum Vormonat).

Auch die Angelsachsen hatten Schwierigkeiten. Nach tagelangem Sturm war vor dem »Omaha«-Abschnitt einer der provisorischen Häfen (»Mulberry A«) auseinandergebrochen. Die *Piermasters* mußten daher Verstärkungen weiter über den offenen Strand anlanden. Ende des Monats hielten den Brückenkopf erst 1,5 Millionen alliierte Soldaten besetzt, zu wenig für eine raumgreifende Operation zur Befreiung von Frankreich, Belgien, Holland und Luxemburg.

Sie bildeten ab 1. August 1944 die *12th Army Group* (Bradley) mit der 1. US-Armee (Hodges) und 3. US-Armee (Patton) sowie die *21st Army Group* (Montgomery) mit der britischen 2. Armee (Dempsey) und kanadischen 1. Armee (Crerar). Hinzu kamen je eine Division der Gaullisten und Exilpolen, ferner Brigaden der Belgier, Tschechoslowaken und Niederländer. Sie verteilten sich auf die Front vom Ornebrückenkopf bei Caen bis Lessay an der Westküste des Cotentin.

SHAEF verlegte den Schwerpunkt weiter nach rechts. Am 25. Juli 1944 ließ hier Leigh Mallory durch zwei amerikanische Luftflotten einen 6,4 km langen und 2,5 km breiten Bombenteppich mit 3341 t Sprengmunition abwerfen. Diesen Schlag überstand keiner der dort eingesetzten deutschen Verbände. Auch ein amerikanisches Bataillon und der Stab des zur Beobachtung angereisten US-Heeresministers wurden vernichtet.

Die Bresche erlaubte Bradley, nach Süden vorzustoßen (Operation »Cobra«). Avranches fiel. Die 3. US-Armee (Patton) entsandte ein Korps in die Bretagne, warf andere Verbände zur Loire und drehte mit starken

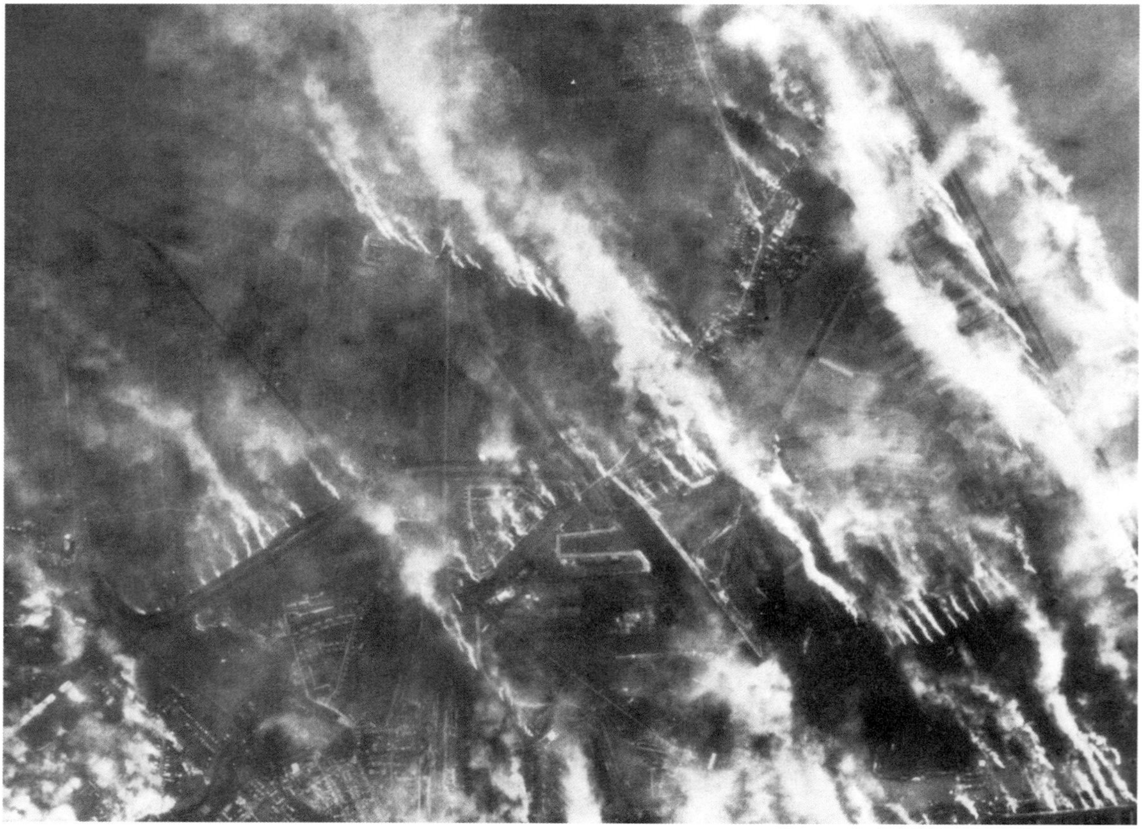

WH
573674

320 Die Invasionsschlacht aus der Luft gesehen. Rechts oben im Bild das Meer. Am Boden die Bomben- und Granateinschläge, dazu brennende Hecken.

321 Zahlreich waren die Opfer der Tiefangriffe alliierter Jagdbomber (Jabos).
Ein amerikanischer Sanitäter bemüht sich um einen verwundeten Luftwaffenoffizier.

322 Mit Panzerunterstützung kämpft deutsche Infanterie um das zerstörte Caen.

323 Britische Grenadiere in dem von Hecken durchzogenen Calvados.

ENGLAND
1. Armee (amerik.)
2. Armee (engl.)
Themse
London
Southampton
Bournemouth
Portsmouth
Brighton
WIGHT
Plymouth
Falmouth
DER KANAL
Unterwasser-Ölleitung „Pluto"
KAP DE LA HAGUE
Cherbourg
ALDERNEY
GUERNESEY
JERSEY
BRITISCHE KANAL-INSELN
COTENTIN
Montebourg
Ste Mère Eglise
Douve
Carantan
Baveux
Tilly
Caen
Caumont
St. Lô
Périers
Villers Bocage
Marigny
CALVADOS
Falaise
Dives
Vimoutiers
Fécamp
Le Havre
GOLF VON ST. MALO
Granville
Avranches
Flers
Orne
Sourdeval
Mortain
Argentan
NORMANDIE
St. Hilaire
Brest
St. Malo
BRETAGNE
Alençon
Mayenne
Laval
Rennes
Le Mans
Lorient
Châteaubriant
Quiberon
St. Nazaire
Angers
Chalonnes
Nantes
Loire
Vienne
ATLANTISCHER OZEAN
FRANKREICH
Frontverlauf am:
6.6.44
12.6.44
25.7.44
1.8.44
7.8.44
17.8.44
25.8.44
15.10.44

Die Invasion 1944

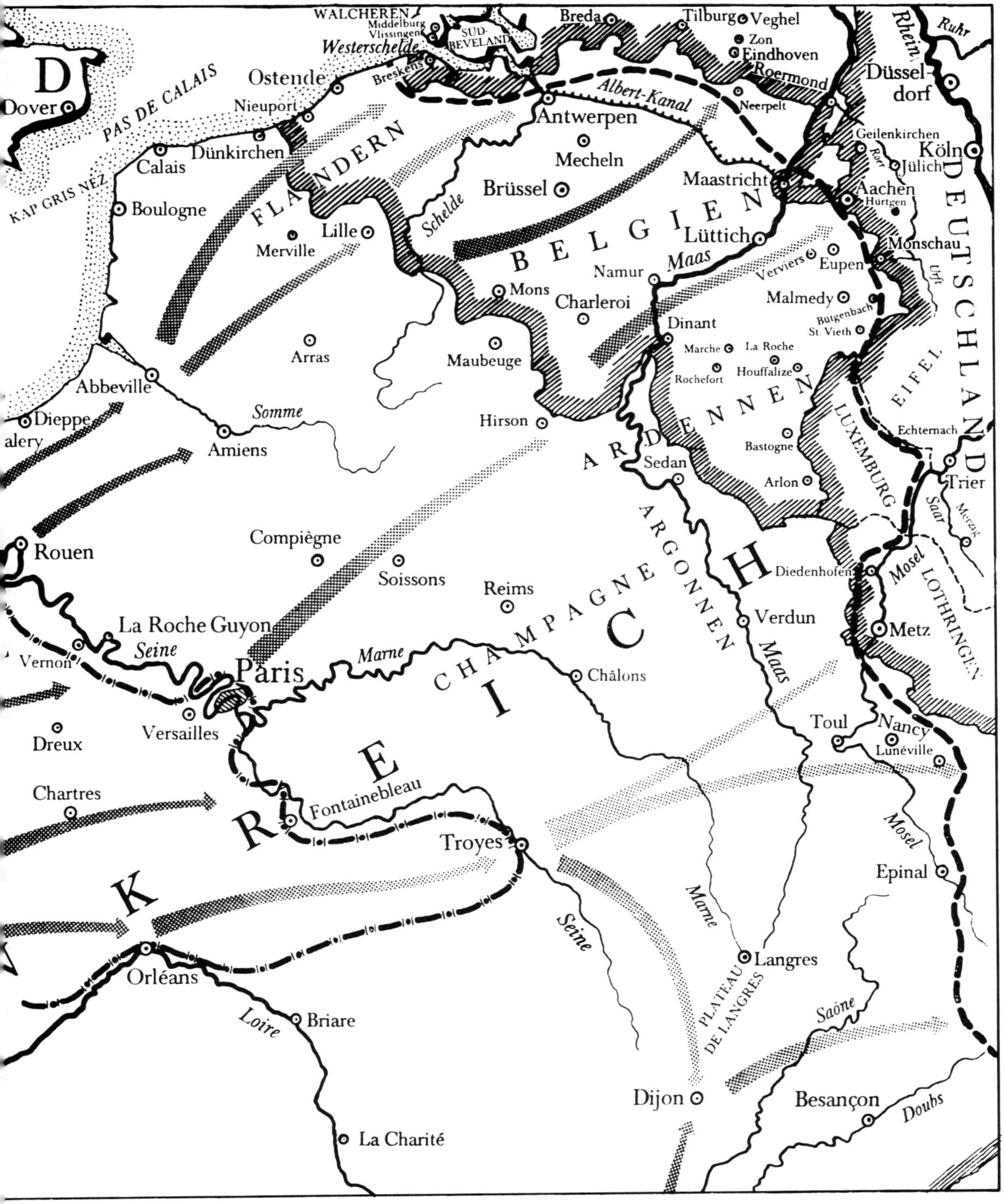

Kräften über Châteaubriant und Laval gegen Le Mans ein. Unterdessen bildtete die 1. US-Armee (Hodges) eine Abwehrflanke zwischen Vire und St. Hilaire. »Ultra«-Informationen aus Bletchley Park erlaubten das risikolose Auseinanderzweigen in drei Richtungen.

Hitler befahl der 5. Panzerarmee (Eberbach), zwischen Mortain und Sourdeval nach Avranches vorzustoßen. Die Amerikaner sollten dort, wie sie sofort durch »Ultra« erfuhren, von ihrer Basis abgeschnitten, eingekesselt und vernichtet werden (Unternehmen »Lüttich«). Die deutsche Fliegerunterstützung blieb aus. Dafür warf Leigh Mallory zahlreiche Jagdbomber über den Kanal. Die Raketenbrandgeschosse der »Typhoons« und »Thunderbolts« hatten eine verheerende Wirkung.

Nicht Pattons Panzer, sondern 15 deutsche Divisionen gerieten in den Kessel. Stießen doch nun auch Polen und Kanadier der Gruppe Montgomery auf Falaise vor. Die Lücke zwischen dieser Stadt und Alençon ließ kaum noch Platz für das Entweichen. Nur einige osterfahrene Truppenteile konnten ausbrechen. Andere waren abgeschnitten, mit ihnen fast alle Kampfwagen der 5. Panzerarmee (Eberbach).

Patton hatte freie Fahrt nach Paris, strebte jedoch zur unteren Seine, wo die bei Falaise entkommenen Deutschen das Ufer wechselten. SS-Obergruppenführer Joseph (»Sepp«) Dietrich verteidigte drei Tage lang Elboef gegen die aus verschiedenen Richtungen zusammenströmenden Amerikaner, Kanadier und Polen. Dadurch wurde noch vielen Versprengten das Übersetzen ermöglicht.

Mit dem Kampf um Elboef endete das zehnwöchige Ringen um die Normandie. Rund 250000 deutsche Soldaten waren verloren. Nur Reste von Divisionen konnten sich der 15. Armee (Salmuth) anschließen. Aber sie bot nur bedingt neuen Halt, denn der Gegner hatte ihren linken Flügel zwischen Cabourg und Le Havre zermalmt, so daß nicht mehr genügend Kräfte für eine Abwehrfront an der Seine übrig waren.

Am 15. August hatte die Operation »Dragoon« begonnen. Die 7. US-Armee (Patch) war beiderseits von St. Tropez gelandet. Blaskowitz konnte hier nur die 19. Armee (Wiese) einsetzen. Hitler faßte daher den Entschluß, ganz Südfrankreich zu räumen. Marseille, Toulon und die Gironde sollten allerdings ebenso wie Brest, Lorient, St. Nazaire und Le Havre als »Festungen« verteidigt werden, damit der Gegner für seinen Nachschub keine Seehäfen gewann.

Zeitweise schien sich die deutsche Wehrmacht aufzulösen. Das Zersplittern der Ostfront und die kampflose Übergabe einiger Truppenteile des Westheeres kündigten den Zusammenbruch an. Am 15. August war das Kabelnetz ausgefallen (Hitler sprach vom »schlimmsten Tag« seines Lebens). Als Kluge 12 Stunden lang nicht erreicht werden konnte, argwöhnte der ObdW, daß er zum Feind übergelaufen sei und über einen Waffenstillstand verhandele.

Am 17. August 1944 kam Generalfeldmarschall Model mit einem Handschreiben des ObdW nach La Roche-Guyon, um den Oberbefehl zu übernehmen. Kluge schied auf der Heimfahrt bei Metz durch Zyankali aus dem Leben. Sein letzter Brief an Hitler enthielt einen beschwörenden Appell: »Das deutsche Volk hat so namenlos gelitten, daß es Zeit ist, dem Grauen ein Ende zu machen.«

324 *Durchsuchung eines verwundeten Untersturmführers der Waffen-SS nach seiner Gefangennahme.*

325 *Kanadier und Soldaten der Waffen-SS beim gemeinsamen Abtransportieren ihrer Verwundeten.*

Aufstände und Seitenwechsel

Nach der Schlacht in Weißrußland hatte die Rote Armee ihre Offensive im Norden und Süden erweitert. Das zum Teil aus Niederländern, Flamen, Dänen und Esten bestehende III. SS-Panzerkorps (Steiner) mußte Narwa räumen; Deutsche, Letten und Wallonen verloren Pleskau. Ein Stoßkeil der »1. Baltischen Front« (Bagramjan) erreichte bei Tukkum die Rigaer Bucht. Damit war die HGr. Nord (Schörner) abgeschnitten.

In Galizien war die »1. Ukrainische Front« (Konjew) im Vorgehen. Sie überwand ein ausgedehntes Minenfeld, überwältigte abgeschnittene Verbände, schlug die ungarische 1. Armee (Beregfy) und nahm Lemberg. Eine neugebildete »4. Ukrainische Front« (Petrow) besetzte das für die Kriegswirtschaft des Reiches wichtige Erdölgebiet von Drogobytsch.

Infolge dieses Verlustes näherte sich die Treibstoffversorgungslage der Wehrmacht einer Katastrophe. Denn Bahntransporte aus Rumänien waren nur auf zeitraubenden Umwegen möglich, und die Schiffahrt stockte, seit amerikanische Spezialflugzeuge jede Nacht zahlreiche Magnetminen an Fallschirmen in die Donau warfen.

Um das Abschwenken Finnlands hinauszuzögern, sollte Schörner auf Befehl des ObdW einen großen Brückenkopf im Baltikum behaupten, bis Kampfgruppen der 3. Panzerarmee (Raus), begleitet von dem Schweren Kreuzer »Prinz Eugen« (Reinicke), die Landverbindung an der Ostseeküste wiederherstellten. Das Kabel zwischen dem Führerhauptquartier und Helsinki blieb jedoch weiter unterbrochen.

Moskau respektierte den zuletzt in Teheran geäußerten Wunsch des amerikanischen Präsidenten, die Finnen zu schonen. Molotow übermittelte eine Kopie der vorgesehenen Waffenstillstandsbedingungen nach Washington; Stalin hielt nicht wie 1939/40 und 1941/42 das Marionettenregime von Terijoki für Helsinki bereit. In den anderen Ländern Ostmitteleuropas jedoch sollten Sonderbeauftragte des Kreml die politische Weichenstellung vollziehen.

Zum Generalbevollmächtigten für Polen hatte Stalin den General Nikolaj A. Bulganin bestellt. Er zog mit einem »Nationalrat« des »Verbandes Polnischer Patrioten« unter den NKWD-Agenten Boleslaw Bierut in das gerade eroberte Cholm ein, von wo die Gruppe einige Tage später nach Lublin übersiedelte und dazu aufrief, sich dem von Moskau autorisierten Komitee unterzuordnen.

Gemeint waren die mit der Londoner Exilregierung verbundene Untergrundbewegung ZWZ und deren »Landesarmee« *(Armia Krajowa)*, die jetzt etwa 150000 Kämpfer zählte. Mikolajczyk, der Nachfolger Sikorskis, hielt an dem Plan eines Aufstandes (Operation »Burza«) fest. Er sollte sich gegen die zurückweichenden Deutschen richten und am Ende zur Restitution des 1939 zerschlagenen polnischen Staates führen.

Tschernjachowskij und Konjew, die Wilna und Lemberg eingenommen hatten und dort mit der *Armia Krajowa* zusammentrafen, hießen diese als Mitstreiterin willkommen. Doch dann griff Berija ein. Er ließ polnische Offiziere, die sich nicht Bierut anschlossen, von Litauen und Ukrainern des KGB erschießen, Korporale und Mannschaften in dem vom NKWD übernommenen Todeslager von Majdanek verkommen.

326 Aufstand der Armija Krajowa in Warschau. Mit einem Flammenwerfer werden Verstecke in den Häusern ausgeräuchert.

327 Heinrich Himmler auf Inspektionsreise in den Niederlanden. Zu seiner Rechten Reichsstatthalter Arthur Seyß-Inquart. Zur Linken des Reichsführers SS Anton Adriaan Mussert, Führer der »Nationaal-Socialistische Beweging«, die mit der deutschen Besatzung zusammenarbeitete.

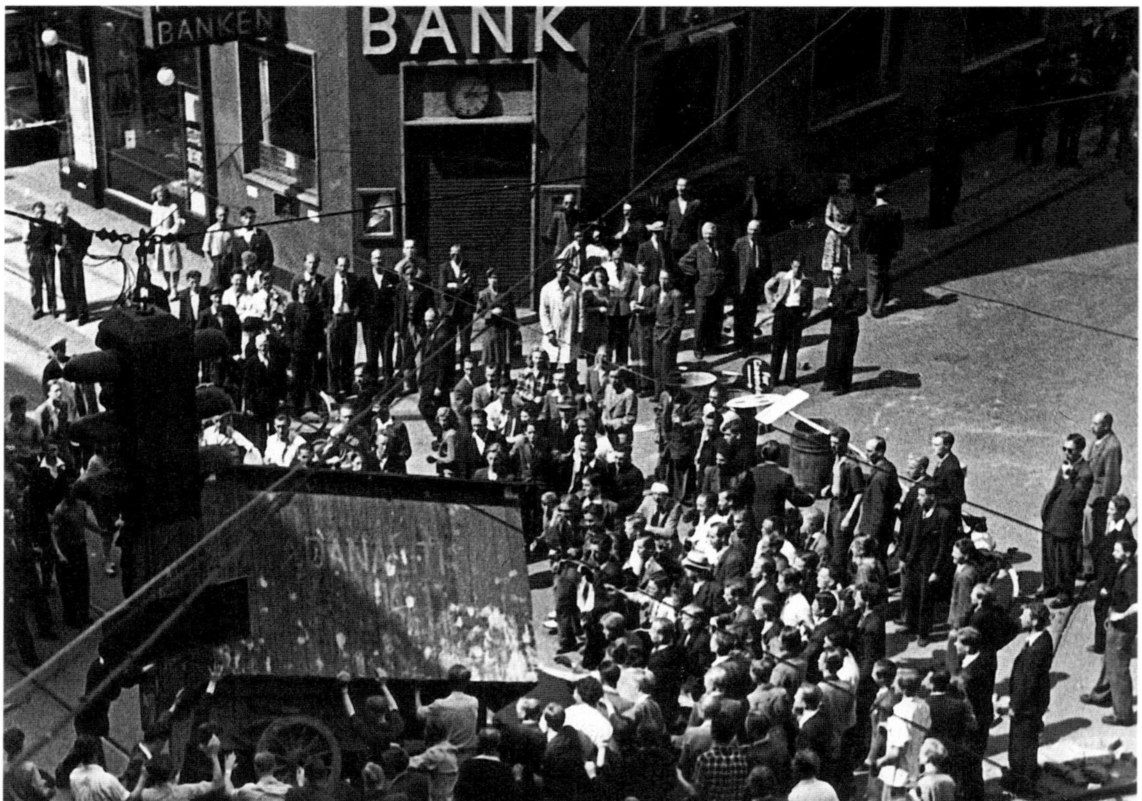
BANKEN
BANK

328 Am 25. August 1944 leitete König Michael I. den Seitenwechsel Rumäniens ein. Er ließ Antonescu verhaften und die deutschen Dienststellen in Bukarest ausheben. Wehrmachtbeamte und -offiziere werden am Athenäum der Hauptstadt gesammelt und abgeführt.

Mikolajczyk war nach Moskau geflogen und hatte vergeblich um Anerkennung des ZWZ gebeten. Stalin verhöhnte diese Organisationen. Er forderte die Vereinigung der Polen unter dem Lubliner Komitee, das Außerkrafttreten der Verfassung von 1935, die Anerkennung der in Teheran besprochenen Landesgrenzen und strenge Maßnahmen gegen ehemalige Mitarbeiter des toten Generals Sikorski.

Nach diesem Rencontre waren die Erfolgsaussichten für einen Aufstand gering. General Tadeuz Komorowski, der polnische Oberbefehlshaber, rechnete jedoch mit Einflügen gut bewaffneter Verstärkungen aus England. Er ahnte nicht, daß der deutsche Stadtkommandant in Warschau, General Rainer Stahel, durch Verrat von der bevorstehenden Erhebung wußte und mit 12000 Mann die Schlüsselpositionen sicherte.

Nur ortsfremde deutsche Einheiten, die der Rückzug anschwemmte, wurden überrascht. Der Sturm auf die wichtigen Objekte brach unter schweren polnischen Verlusten zusammen. Darauf verließ die Hälfte der AK-Leute das Stadtgebiet. Die Zurückbleibenden warteten vergeblich auf Hilfe. Roosevelt sperrte versprochene Gelder. Churchill unterband den Abflug einer in Schottland bereitstehenden Luftlandebrigade der Exilarmee.

Stalin konnte nur wünschen, daß die in seinen Augen »bourgoise Elite« der Polen in Warschau verblutete. Er dirigierte daher die »1. Weißrussische Front« (Rokossowskij) nicht nach Praga, in die östliche Weichselvorstadt, sondern befahl, bei Rozań und Pultusk zwei Brückenköpfe zu bilden. Dadurch wurde die wiederaufgefüllte 9. Armee (Vormann) gebunden, Warschau aber dem Zorn des Reichsführers SS ausgeliefert.

Himmler beauftragte SS-Obergruppenführer Erich von dem Bach-Zelewski und seine Ostlegionäre mit der Niederwerfung des Aufstandes. Da sie größtenteils Russen, Kaukasier und Moslems waren, mußte sich rächen, daß die Polen viele »Hiwis« als vermeintliche Ukrainer umgebracht hatten. Zahllose Bewohner wurden zusammengetrieben und wahllos erschossen, insgesamt etwa 10000 Männer, Frauen und Kinder.

Als Bach-Zelewski weitere Exekutionen verbot, war der Widerstand nicht gebrochen. Er begann eigentlich erst und zog sich in Kellern und Kanalisationsschächten fast zwei Monate lang hin, obwohl die unter dem Druck einer alarmierten Öffentlichkeit endlich begonnenen Versorgungsflüge zur Hälfte scheiterten, weil Stalin keine Zwischenlandungen der Royal Air Force auf sowjetischem Operationsgebiet erlaubte.

Den Einmarsch in Rumänien hatten die Sowjets ebenso vorbereitet wie ihr Vordringen nach Polen. Generalbevollmächtigter war Andrej J. Wyschinskij, sein Helfer ein Offizier, der vor Jahren NKWD-Agent geworden war: Emil Bodnaras. Er stand nicht an der Spitze eines Komitees, sondern hatte sich hinter die deutsch-rumänischen Linien begeben, dort heimlich eine »Vaterländische Wehr« gegründet und die Oppositionspolitiker des Landes zusammengeführt.

329 In Dänemark, dessen staatliche Institutionen von der Besatzungsmacht bis zum Vorjahr unangetastet geblieben waren, änderte sich die Lage nach den deutschen Niederlagen. Sabotageakte und eine Streikbewegung führte zu blutigen Zwischenfällen.

Bodnaras verschwieg die Ziele seiner Auftraggeber. Daher konnte er auch die Hofkamarilla und einige führende Militärs für den Staatsstreich gegen Antonescu gewinnen. Die Verschwörer rechneten mit einer anglo-amerikanischen Luftlandung bei Bukarest. Daß die Türkei unter alliiertem Druck die diplomatischen Beziehungen zu Deutschland abbrach, galt den Rumänen als Vorzeichen des bevorstehenden Engagements der Westmächte in Südosteuropa.

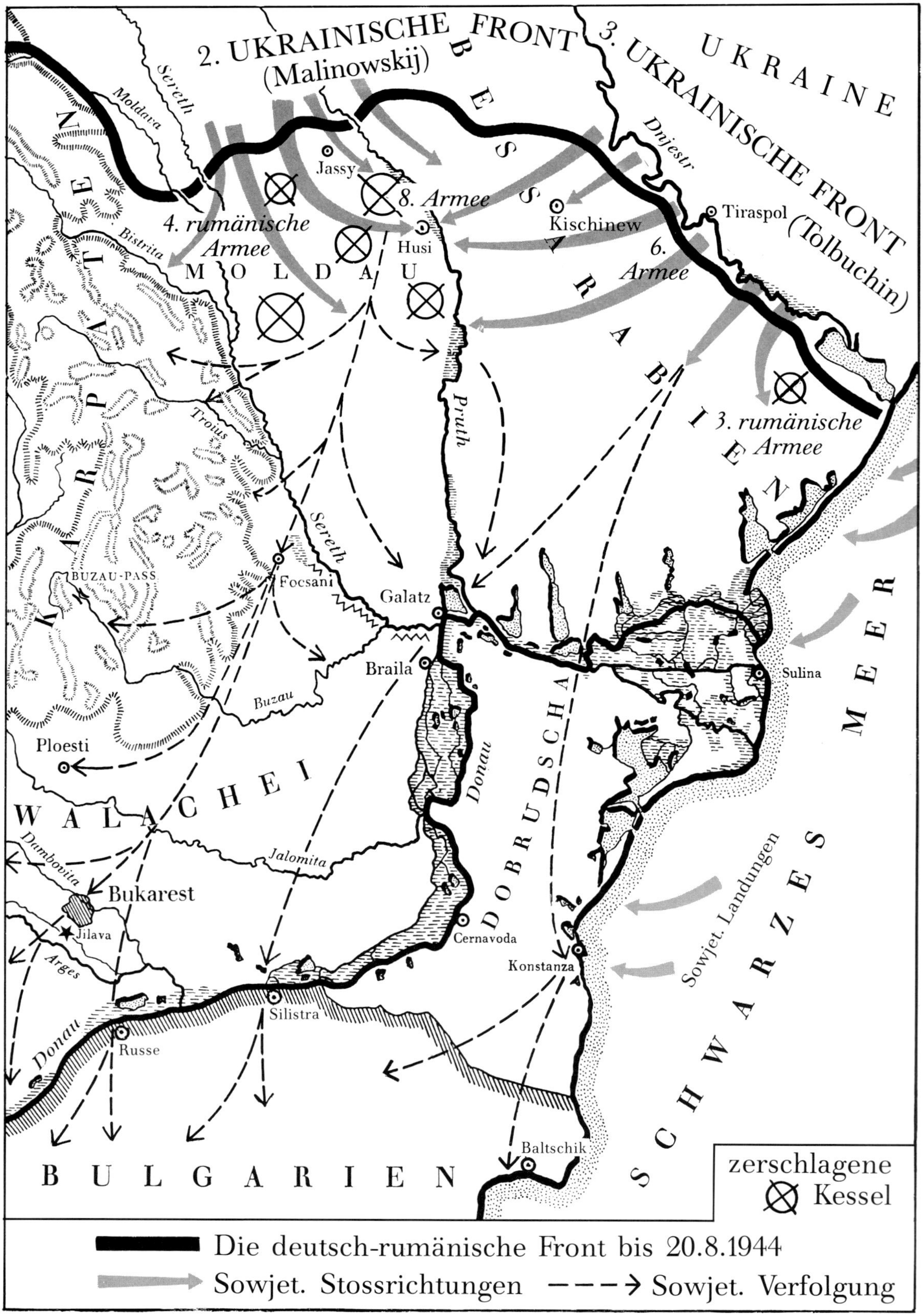
2. UKRAINISCHE FRONT
(Malinowskij)
3. UKRAINISCHE FRONT
(Tolbuchin)
UKRAINE
BESSARABIEN
KARPATEN
MOLDAU
WALACHEI
DOBRUDSCHA
BULGARIEN
SCHWARZES MEER
4. rumänische Armee
8. Armee
6. Armee
3. rumänische Armee
Jassy
Husi
Kischinew
Tiraspol
Focsani
Galatz
Braila
Sulina
Ploesti
Bukarest
Jilava
Cernavoda
Konstanza
Silistra
Russe
Baltschik
BUZAU-PASS
Sereth
Moldava
Bistrita
Trotus
Pruth
Dnjestr
Buzau
Donau
Jalomita
Dambovita
Arges
Sowjet. Landungen
zerschlagene Kessel
Die deutsch-rumänische Front bis 20.8.1944
Sowjet. Stossrichtungen
Sowjet. Verfolgung

330 Nach Rumänien mußte auch Bulgarien die Seite wechseln. Im Schutz der sowjetischen Invasion drangen Tausende von Partisanen in Sofia ein, um einen Staatsstreich zu ermöglichen.

331 Zur Verhinderung des von Horthy vorbereiteten Abfalles besetzten deutsche Truppen die ungarische Hauptstadt. »Königstiger« im Regierungsviertel auf der Ofener Burg.

Einige höhere Offiziere warnten den Marschall, sogar das Führerhauptquartier. Antonescu sah ein, daß Rumänien durch den Abzug aller deutschen Reserven, alliierte Bombenangriffe und die veränderte Haltung der Türkei und auch Bulgariens in aussichtsloser Lage war. Er gab daher auf die Fragen von Hitler und Keitel, ob das verbündete Land weiterkämpfen werde, eine ausweichende Antwort.

König Michael I. hatte den Putschplan gebilligt. Unter dem Vorsitz von Constantin Sanatescu wurden in Alba Iulia die Rollen verteilt. General Mihai Racovitza erhielt Sondervollmachten. Er zog Truppen um Bukarest zusammen, gab General Ilie Steflea eine der beiden rumänischen Armeen am Dnjestr und schickte Verbindungsleute zu den Sowjets.

Die Stawka hatte seit Monaten einen Operationsplan zur Liquidierung des südosteuropäischen Kriegsschauplatzes. Verbände der Roten Armee sollten die deutsch-rumänische Front aufbrechen, durch eine Zangenbewegung das Gros der Verbündeten im Dreieck Jassy-Kischinew-Husi einschließen und gleichzeitig schnelle Truppen über die untere Donau, auf den Karpatenkamm, nach Bukarest und Ploesti werfen.

Für diese Aufgabe standen zwei Heeresgruppen unter Marschall Timoschenko bereit: die »2. Ukrainische Front« (Malinowskij) und »3. Ukrainische Front« (Tolbuchin) samt starken Unterstützungsstreitkräften. Ihr erdrückendes Übergewicht (Infanterie 6:1; Geschütze 7:1; Panzer 6:1) garantierte den Erfolg. Durch weitere Zuführungen wurde eine Artilleriedichte von 240 Geschützen je Frontkilometer geschaffen.

Demgegenüber hielt die HGr. Südukraine (Frießner) eine ungünstige Verteidigungslinie. Die 645 km breite Front sollten je zwei deutsche und rumänische Großverbände halten: die 3. Armee (Constantinescu), 6. Armee (Fretter-Pico), 8. Armee (Wöhler) und 4. Armee (Steflea). Die auf Zusammenarbeit angewiesene Luftflotte 4 (Deichmann) umfaßte nur zwei Korps mit 232 Maschinen.

Die sowjetische Offensive begann am 20. August 1944. Nach 24 Stunden drehte Timoschenko von zwei Seiten mit starken Kräften gegen den Pruth bei Husi ein. Die Zange schloß schneller als erwartet. Bodnaras wurde daher angewiesen, den Staatsstreich in Bukarest um drei Tage vorzuziehen. Die knapp 2000 Mann zählende »Vaterländische Wehr« bezog Ausgangsstellungen unweit des königlichen Schlosses.

Antonescu war gewillt, zwischen Galatz, Focsani und den Karpaten eine neue Frontlinie zu beziehen. Er unterrichtete hiervon Generaloberst Johannes Frießner und fuhr am 23. August 1944 nach Bukarest, um dem Monarchen vorzutragen. Die Audienz dauerte nur wenige Minuten. König Michael ließ den Marschall durch sieben Soldaten der Garde festnehmen und Bodnaras übergeben, der im Nebenraum wartete.

Er verbarg den Gefangenen bis zum Eintreffen des KGB, ebenso Mihai Antonescu und andere Minister, die man festnahm. Michael I. beauftragte Sanatescu mit der Kabinettsneubildung. Um 20.00 Uhr verlas der König eine Rundfunkerklärung: Rumänien habe die Waffenstillstandsbedingungen der Anti-Hitler-Koalition akzeptiert und beende den Kampf gegen die UdSSR, um nunmehr das abgetretene Siebenbürgen zu befreien.

Als Kreipe auf Geheiß Hitlers Bukarest zu bombardieren befahl, erklärte die Regierung Sanatescu Deutschland den Krieg. Ein Handstreich deutscher Flaktrupps auf die Hauptstadt scheiterte. General Stahel, den man aus Warschau einflog, mußte einen zweiten Versuch abbrechen. Die Dienststellen des Reiches ergaben sich, der deutsche Gesandte beging Selbstmord. Timoschenko meldete 261000 Gefangene, darunter 106000 Wehrmachtangehörige.

Abgesprengte Teile der HGr. Nordukraine (Frießner) entkamen über die Karpatenpässe, eine Flußkampfgruppe gelangte bis zum Eisernen Tor. Tolbuchin erreichte in wenigen Tagen mit motorisierten Stoßverbänden die Donaugrenze. Damit war Rumänien, das zuletzt noch 22% des deutschen Erdölbedarfes gedeckt hatte, verloren und die Verteidigungsbereitschaft der übrigen Staaten Südosteuropas stark erschüttert.

Die bulgarische Regierung suchte sich dem Verhängnis durch Proklamation ihrer »strikten Neutralität« zu entziehen. Der ungarische Reichsverweser ernannte Generaloberst Géza Lakatos zum Ministerpräsidenten mit dem Auftrag, die von Kállay eingeleitete Verständigung mit den Westmächten zu vollenden. Die kroatische Führung spaltete sich in Germano- und Anglophile. In der Slowakei bereiteten Teile des Heeres einen Aufstand gegen den bündnistreuen Staatspräsidenten Josef Tiso vor.

Zentrum der Erhebung war die Gegend von Banská Bistrica in der mittleren Slowakei. Die Deutschen konnten das Gebiet isolieren und aus allen Himmelsrichtungen angreifen, freilich nur mit schwachen Kräften, da gleichzeitig Teile der »4. Ukrainischen Front« (Petrow) zusammen mit exiltschechischen Truppen gegen die Karpaten vorgingen. Die Aufständischen kämpften zwei Monate lang und kapitulierten dann.

Das von jeher rußlandfreundliche Bulgarien hatte der verstorbene Zar nicht in den Krieg gegen die UdSSR geführt. Der amtierende Regentschaftsrat setzte diese Politik fort und löste sich zuletzt aus dem Dreimächtepakt. Dennoch mehrten sich die Überfälle kommunistischer Partisanen, hatte der Kreml Semjon S. Birjusow für das Balkanland mit Sondervollmachten ausgestattet und ihm Georgi Dimitroff, den ehemaligen Komintern-Sekretär, beigeordnet.

Am 5. September 1944 erfuhr Bulgarien sein Schicksal innerhalb weniger Stunden. Der Ministerrat wollte über die Kriegserklärung an Deutschland beschließen, um damit einer Besetzung durch die Rote Armee zu entgehen. Ein Kabinettsmitglied verzögerte den Schritt und ermöglichte so Moskau, seinerseits den Kriegszustand mit Sofia zu verkünden. Partisanen rückten in die Hauptstadt ein. Tolbuchin überschritt die Donaugrenze.

Ähnlich wie Bodnaras in Bukarest, hatte auch Dimitroff eine »Vaterländische Front« aus Kommunisten, Sozialdemokraten, Bauernbündlern und Mitgliedern des parafaschistischen »Zweno« geschaffen. Unter Kimon Georgieff, einem ehemaligen Rechtsextremisten, bildeten sie das Übergangsregime. In Wirklichkeit lag die Macht bei Birjusow und dem bulgarischen KP-Chef. Allein die Kehrtwende der Finnen gab dem Kabinett noch Hoffnung auf einen glimpflichen Ausgang.

Durch den Rücktritt des Staatspräsidenten Risto Ryti war das Ribbentrop-Abkommen vom Juni hinfällig und hatte Finnland, wie Mannerheim zu Keitel sagte, wieder volle Handlungsfreiheit. Die Front schien nach schweren Kämpfen stabilisiert. Der finnische Reichstag konnte daher rechtzeitig mit 113 gegen 46 Stimmen die sowjetischen Bedingungen annehmen. Das Feuer wurde eingestellt, der Waffenstillstandsvertrag am 19. September 1944 im Kreml unterzeichnet.

Die UdSSR hatte den größten Sieg ihrer Geschichte errungen. Innerhalb der sowjetischen Vorkriegsgrenzen stand kein fremder Eroberer mehr. Kurz vor dem neuen finnischen Ministerpräsidenten war Sanatescu nach Moskau geflogen, um seinerseits einen Waffenstillstandsvertrag abzuschließen. Georgieff mußte sich noch bis zum Oktober gedulden. Von Horthy erwartete man, daß er bald folgen werde.

Aber keinem der von Hitler abgefallenen Staaten war Frieden und Neutralität vergönnt. Alle mußten mit ihren Streitkräften auf sowjetischer Seite am Krieg gegen Deutschland teilnehmen. Finnland wurde dazu durch eine Vertragsklausel über die Internierung der deutschen Truppen gezwungen. Rumänien und Bulgarien hatten bereits den Fehdehandschuh hingeworfen. Ihre Heere unterstanden jetzt der Stawka.

332 Junger Franzose, ein sogenannter Collaborateur, im Augenblick der Erschießung durch seine Landsleute 1944.

Die neue Westfront

Die HGr. B (Model) ordnete ihre Kräfte nördlich der Seine. Das Gros der HGr. G (Blaskowitz) löste sich aus Südfrankreich. Während die 19. Armee (Wiese) mit der 11. Panzerdivision (Wietersheim) als Wegbereiter auf Lyon zustrebte, mußte die 1. Armee (Chevallerie) sich, von Bordeaux kommend, an den Amerikanern »vorbeistehlen« und bei Orléans das Ufer der Loire wechseln.
Rund 18000 Soldaten und 3000 Wehrmachthelferinnen verloren den Anschluß. Zwei Divisionen, die man in Toulon und Marseille zurückgelassen hatte, waren außerstande, diese »Festungen« zu verteidigen; auf der Land- und Seeseite umschlossen, kapitulierten dort 35000 Mann. Dagegen wurden La Rochelle und die Gironde bis zum Kriegsende gehalten.
Eisenhower hatte jetzt drei Heeresgruppen unter seinem Kommando. Zwischen ihnen klaffte eine Lücke, der Ausweg für abfließende deutsche Kolonnen. Die *21st Army Group* (Montgomery) und *12th Army Group* (Bradley) erreichten die Seine beiderseits von Paris. Die *6th Army Group* (Devers) kam mit der 7. US-Armee (Patch) und französischen Verbänden das Rhônetal herauf, um am rechten Flügel der Alliierten etwa bei Dijon aufzuschließen.
Pétain trat an de Gaulle heran, um für Frankreich eine Übergangslösung zu vereinbaren, bekam jedoch keine Antwort. Laval scheiterte, als er zur Einberufung der Kammer drängte. SS-Leute entfernten den widerstrebenden Marschall aus Vichy. Die Reichsführung bestimmte Schloß Sigmaringen zu seiner Residenz. Anhänger des alten Herrn ließen sich in der Nähe nieder.
Den Rückzug der deutschen Truppen konnten Heckenschützen der Maquisards nur wenig behindern. Um so heftiger traf der Aufstand die Bevölkerung. Vermutlich wurden mehr Franzosen von ihren Landsleuten umgebracht als zur Zeit der Großen Revolution (1789). Raymond Aron schätzte die Zahl der Opfer auf 30000 bis 40000.
Bürgerliche Kreise der Résistance befürchteten eine kommunistische Machtergreifung. Auch der in einem normannischen Städtchen eingetroffene de Gaulle rechnete damit. Er schickte daher einen Militärbeauftragten nach Paris. Dieser stellte fest, daß der deutsche Stadtkommandant, General Dietrich von Choltitz, das Häusermeer so wenig verteidigen konnte wie sein französischer Vorgänger 1940.
In Paris mußte sich die Zukunft des Landes entscheiden. Die Kommunistische Partei plante den Aufstand mit ihren *Franctireurs et Partisans.* An vielen Mauern stand ihre Parole: *»A chacun son boche!«* Um dem revolutionären Umsturz zuvorzukommen, besetzten auf Geheiß des Militärbeauftragten gaullistische Gruppen das Rathaus und die Polizeipräfektur.
Roosevelt zögerte. Ein Abkommen über die Verlegung provisorischer Staatsorgane von Algier nach Paris war noch nicht unterzeichnet, weil der Präsident das französische Empire aufzulösen wünschte. An einer kommunistischen Machtübernahme konnte Washington nicht gelegen sein. Eisenhower wurde daher angewiesen rund 200 gaullistische Panzer in die Hauptstadt zu schicken.
Mit ihnen begann das Entrée de Gaulles und zugleich die Kapitulation der

vorwiegend aus Instandsetzungseinheiten und Büropersonal bestehenden Garnison. Sie hatte sich der begonnenen Schießereien kaum erwehren können. Der Stadtkommandant ging in Gefangenschaft, ohne die von Hitler befohlene Sprengung der Brücken und repräsentativen Gebäude auszuführen. Wegen der Übergabe von Paris war Hitlers Plan, eine neue Front in Nordfrankreich aufzubauen, hinfällig. Die Seine ging verloren, bald auch die Somme. Die meisten V1-Abschußrampen mußten aufgegeben werden. Bei Saint-Quentin, Amiens, Hirson, Maubeuge und Mons ergaben sich Zehntausende von deutschen Soldaten. Eisenhower und Montgomery rechneten daher mit dem baldigen Kriegsende.

333 Am 25. August 1944 kapitulierte der deutsche Stadtkommandant von Paris. Seine Soldaten, die noch nicht alle abgezogen waren, wurden vielfach mißhandelt.

In Bretton Woods und Dumbarton Oaks berieten Abordnungen der Vereinten Nationen über die künftige Friedensordnung. Drei andere Gremien – die Europäische Beratende Kommission, SHAEF und ein amerikanischer Kabinettsausschuß, dem Knox, Morgenthau und Stimson angehörten – entwarfen Nachkriegspläne für das besiegte Deutschland. Roosevelt und Churchill prüften das Zwischenergebnis.

Da sich der Kabinettsausschuß auf kein gemeinsames Konzept geeinigt hatte, lagen drei gesonderte Memoranden vor. Eines war der sogenannte Morgenthauplan; ihmzufolge sollte die deutsche Industrie stillgelegt und das Reichsgebiet »primär Acker- und Weideland« werden. Obwohl dies den Moskauer Beschlüssen von 1943 entsprach, erhob sich Widerspruch. Roosevelt und Churchill zogen daher ihr schon erteiltes Plazet zurück.

Sie schwankten auch bei Plänen für den Einsatz von Senfgas gegen Deutschland. Rund 8000 Hundert-Pfund-Bomben (M47A1) lagen bereit. Doch die LFl. 2 (Richthofen) hatten Ende letzten Jahres in Bari 17 alliierte Schiffe versenkt, darunter eines mit Lost. Angesichts der 701 getöteten Angelsachsen und Italiener sahen sich führende Militärs mit ihrer Warnung vor dem untauglichen Kriegsmittel bestätigt.

Als deutschen Technikern am 8. September 1944 bei Den Haag der Schuß in den Weltraum gelang und von jetzt an V2-Projektile auf London stürzten, gegen die Flak und Jäger nichts mehr ausrichten konnten, verlangte Churchill erneut die Verwendung von Senfgas oder bakteriologischen Stoffen. Wegen der drohenden Rückwirkung auf eigene Streitkräfte lehnten die *Combined Chiefs* aber auch dieses Vorhaben ab.

Die USA rechneten mit einer neuen Waffe. Seit Albert Einstein den Präsidenten vor den Folgen der in Deutschland gelungenen Kernspaltung gewarnt hatte, arbeiteten amerikanische Nobelpreisträger wie Arthur H. Compton, Enrico Fermi, Ernest O. Lawrence und viele andere Wissenschaftler an einem 2 Milliarden Dollar teuren Nuklearprogramm *(Manhattan Project).*

Julius Robert Oppenheimer, bei dem die Fäden zusammenliefen, erwartete zu Beginn des kommenden Jahres die Endmontage einer Atombombe. Roosevelt wollte sie auf Deutschland abwerfen lassen, das er im nuklearen Rüstungswettlauf mit Amerika wähnte. Vorerst stand jedoch die Fortsetzung des Invasionsfeldzuges zur Debatte.

Montgomery wollte durch Nordfrankreich, Belgien und die Niederlande ins Ruhrgebiet vorstoßen, Eisenhower jedoch ausfächern und eine breite Angriffsfront zwischen Basel und Ostende bilden. Wachsende Nachschubprobleme zwangen zum Kompromiß. SHAEF bestimmte Antwerpen zum Schwerpunktziel. Die damit beginnende Verrenkung behob der Führungsstab, indem er die 9. US-Armee (Simpson) einschob.

334 Beim Einzug General de Gaulles in Paris peitschten Schüsse unbekannter Schützen über die Rue Rivoli.

337 Die Westalliierten rechneten mit einem baldigen Kriegsende. Doch ein Luftlande-Unternehmen bei Arnheim am 17. September 1944, das den Weg ins Ruhrgebiet bahnen sollte, brach zusammen.

335 Das deutsche Westheer schien sich aufzulösen. Zehntausende ergaben sich den Amerikanern.

336 Deutsche Kriegsgefangene in einem Raubtierkäfig des Antwerpener Zoos.

338 Am Nachthimmel einer bombardierten deutschen Stadt zeichnen sich Sucharme von Scheinwerfern und Leuchtspurbahnen des Flakfeuers ab.

»Ultra« erleichterte die Verfolgung. Die Briten besetzten Brüssel und schickten eine Panzerdivision nach Antwerpen. Die 1. US-Armee (Hodges) erreichte den Abschnitt Lüttich-Maastricht. Doch da die Kanadier noch vor Le Havre, Boulogne, Calais und Dünkirchen festlagen, konnten Truppen der deutschen 15. Armee (Zangen) einen Brückenkopf in Ostflandern behaupten und die untere Schelde sperren.

Rund 293800 Deutsche waren gefallen, durch Verwundung oder Gefangenschaft ausgeschieden; nur 543000 kämpften noch in Westeuropa. Weitere 230320 Angehörige der Wehrmacht, darunter 86447 Soldaten des Heeres, verteidigten die sogenannten Atlantikfestungen und banden bis zur Übergabe von Le Havre (11. September), Brest (20. September), Boulogne (23. September) und Calais (30. September) etwa 350000 Alliierte.

Inzwischen hatte Hitler auf Drängen Jodls wieder Rundstedt zum OB West ernannt. Göring, Himmler, Dönitz, Kreipe und Speer versprachen ihm die Zuführung frischer Kräfte. Von 18 neuaufgestellten Divisionen mußten jedoch 16 an die Ostfront geschickt werden. Schließlich standen außer einer 1. Fallschirmjäger-Armee (Student) nur Marine-, Garnison- und Polizeitruppen sowie eine SS-Brigade zur Verfügung.

Zwischen den Alliierten gab es erneut Meinungsverschiedenheiten. Montgomery wollte den Westwall umgehen, die Rampen der V2-Geschosse ausschalten, das Ruhrgebiet besetzen und bis nach Berlin durchbrechen. SHAEF befürchtete jedoch, daß diese Offensive alle Treibstoffreserven aufzehren und die Amerikaner zur Untätigkeit verurteilen würde. Eisenhower mußte wieder einen Kompromiß schließen.

Er genehmigte die Operation »Market Garden«. Drei alliierte Luftlandedivisionen sollten sich im Sprungeinsatz der niederländischen Kanal-, Maas-, Waal- und Rheinübergänge bemächtigen und, gefolgt von Panzerverbänden, einen Angriffskeil mit Arnheim als Brückenkopf bilden. Darauf gedachte Eisenhower die Westerschelde freizukämpfen.

Von 4807 alliierten Flugzeugen, die am 17. September 1944 nach Holland einflogen, schoß die deutsche Flak 73 Maschinen und zahlreiche Lastensegler ab. Das rasch eingreifende II. SS-Panzerkorps (Bittrich) isolierte die bei Arnheim gelandeten Briten. In neuntägigem Kampf wurde eine Division samt der polnischen Luftlande-Brigade aufgerieben. Nur 2238 Soldaten entkamen. Insgesamt verloren die Angreifer 13266 Mann.

Zuvor hatte SHAEF beschlossen, die Offensive ohne Rücksicht auf Antwerpen fortzusetzen. Nachdem die 1. US-Armee (Hodges) den Westwall erreicht hatte, sollte Montgomery seinem großen Ziel weiter zustreben können. Aber die Gelegenheit war nun verpaßt, der Rückschlag bei Arnheim eine bittere Lehre. Die Kämpfe um Aachen und Metz kosteten amerikanischen Korps erhebliche Verluste.

Schwierig war auch die Öffnung der Scheldemündung. Die 15. Armee (Zangen) entkam aus Breskens zum Nordufer des Flusses und behauptete sich dort einen Monat lang auf dem Dünenring der überfluteten Insel Walcheren. Die Kanadier mußten 27633 Namen aus ihren Listen streichen. Schließlich war Ramsay gezwungen, mit über 100 Minensuchern den wichtigen Schiffahrtsweg nach Antwerpen freizuräumen.

Die 9. US-Armee (Simpson) erlitt im Hürtgenwald hohe Verluste. Die 3. US-Armee (Patton) rückte nach Saarbrücken vor. Devers berannte mit der 7. US-Armee (Patch) die Vogesenpässe. Ein Stoß der französischen 1. Armee (De Lattre) öffnete den Oberrheingraben; Straßburg wurde genommen, doch um Kolmar blieb ein deutscher Brückenkopf bestehen. Der Herbst war gekommen, das Wetter unbeständig und naß. Die Fliegertätigkeit ließ nach. Straßendecken brachen unter der Last des Kolonnenverkehrs. Die alliierten Soldaten, besonders Farbige und Nordafrikaner, befanden sich in schlechtem Gesundheitszustand. Wer an eine rasche Entscheidung geglaubt hatte, sah sich enttäuscht. Die deutsche Wehrmacht stellte Disziplin und Kampfbereitschaft wieder her. Die Alliierten sprachen von einem *German Miracle*.

339 Unter den neuen Waffen, die zur Stabilisierung der deutschen Fronten in Ost und West beitrugen, gab es schwere Wurfrahmen. Aus ihnen wurden 28-cm-Sprengkörper oder Flammölgranaten 2 km weit verschossen.

Die neue Ostfront

340 In Ostpreußen und anderen Grenzländern des Deutschen Reiches veranlaßten Parteifunktionäre die Bevölkerung zum Ausheben von Panzergräben.

Am 1. September 1944 zählte die deutsche Wehrmacht 10165303 Soldaten. Von ihnen standen 7536816 Mann beim Heer; 1925231 gehörten zur Luftwaffe; 703066 dienten in der Marine. Die Waffen-SS verzeichnete noch 794941, das Ersatzheer 2387937 Mann. Der Rest entfiel auf Russen, Ukrainer und Balten, Turkmenen und Mongolen, Spanier, Franzosen und Italiener, Niederländer, Dänen und Belgier.

Seit Kriegsbeginn waren 144215 Offiziere und 3630274 Soldaten anderer Dienstgrade gefallen, die Mehrzahl im Osten. Allein die Verluste der Bodentruppen betrugen dort vom 1. bis 31. August 1944 etwa 74000 Tote und 407000 Vermißte. Die Iststärke des Ostheeres sank weiter. Ende September belief sie sich auf 2046000 Soldaten.

Die unter Speers Leitung 1943 mächtig angewachsene Rüstungsproduktion erfuhr wegen Rohstoffmangels und Bombenschäden in der zweiten Jahreshälfte 1944 einen steilen Abschwung. Trotzdem benötigte das Reich weitere Arbeitskräfte, vor allem für den Stellungsbau. Als die *Armija Krajowa* kapitulierte, wurden die Gefangenen großenteils zum Schanzen eingesetzt. Gleiches galt für rund 15000 Slowaken, die sich nach dem Zusammenbruch ihres Aufstandes bei Banská Bistryca ergaben.

Neben die Ausländer traten »zwangsverpflichtete« Deutsche. Hunderttausende hoben zwischen Warthe und Netze lange Panzergräben aus. In Pommern gruben 70000 Frauen Deckungslöcher. Die altersgrauen Kasematten von Königsberg und Lötzen, Thorn, Graudenz und Posen, Glogau und Kosel erhielten Sandaufschüttungen, Minengürtel und eine Armierung mit Beutegeschützen aus vielen Ländern des Kontinents.

Indessen schöpfte die UdSSR aus dem vollen. Wosnessjenskij und Ustinow hatten in ihren Zuständigkeitsbereichen erneut Steigerungsraten erzielt. Kontrollkommissionen unter Shdanow, Bulganin, Wyschinskij und Birjusow zwangen die von Hitler abgefallenen Staaten zu Reparationen, Arbeitseinsätzen außerhalb der Landesgrenzen und militärischen Anstrengungen. Finnland mußte Karelien, Petsamo und die Fischerhalbinsel abtreten und anstelle von Hanko, das die Baltische Rotbannerflotte (Tribuz) bis Kriegsende benutzte, Porkkala verpachten. Ein finnisches Korps folgte den aus Lappland abziehenden Deutschen. Andere Verbände kämpften um Suursaari (Hogland), das Widerlager einer wichtigen Minensperre.

Jeremenko und Bagramjan überwältigten Estland; zusammen mit den Freiwilligen des III. SS-Panzerkorps (Steiner) wich die 18. Armee (Loch) über Tallinn (Reval) und Tartu (Dorpat) in Richtung auf Riga zurück. Als Tschernjachowskij bei Polangen einen neuen Stoß zur Ostseeküste führte, war die in Lettland kämpfende HGr. Nord (Schörner) zum zweiten Mal und endgültig von der HGr. Mitte (Reinhardt) getrennt.

Rumänien mußte Bessarabien, die Nordbukowina und Hertza wieder den Sowjets überlassen. Dafür sollte ihm der 1940 mit dem Zweiten Wiener Schiedsspruch abgetrennte Teil von Siebenbürgen zurückgegeben werden. Diese noch ausstehende Retrozession erforderte die Kriegserklärung an Ungarn sowie den Einsatz der 1. Armee (Anastasiu) und 4. Armee (Avramescu) jenseits der Karpaten. Beide Verbände traten zur Heeresgruppe des Sowjetmarschalls Rodion J. Malinowskij.

341 Im Oktober 1944 wurden, wie hier bei Frankfurt/Oder, die berufstätigen Männer zum Volkssturm einberufen. Vorbild waren die sowjetischen Opoltschenije-Abteilungen.

warengroßhandlung

Die bulgarische Regierung mußte Deutschland ein zweites Mal den Krieg erklären. KGB-Kommissionen säuberten das Heer von »faschistischen Elementen«. Birjusow bestimmte einen aus Rußland zurückkehrenden Emigranten, den General Wladimir Stoitscheff, zum Oberkommandierenden. Er wurde zur Wahrnehmung sowjetischer Balkaninteressen vorgeschoben, als das Abkommen mit Churchill über die Begrenzung beiderseitiger »Operationszonen« ablief.

Einflüsse der UdSSR waren schon bis zum östlichen Mittelmeerraum spürbar. Im Nahen Osten meuterten griechische Truppen. Tito, der nach einem verfehlten Überfall deutscher Fallschirmjäger aus seinem Versteck bei Dvar ins britisch besetzte Ausland geflohen war, folgte einem Wink Stalins und verließ sein letztes Refugium auf Vis. Damit scheiterte ein zwischen ihm und der jugoslawischen Exilregierung in London vermittelter Kompromiß.

Churchill wünschte die früher mit der UdSSR vereinbarten »Operationszonen« in echte »Interessengebiete« umzuwandeln. Nach einem zähen Feilschen zwischen Eden und Molotow in Moskau erhielt die Sowjetunion in Rumänien 90%, Bulgarien 80%, Ungarn 80% und Jugoslawien 50% an »Einfluß« zugestanden, während Griechenland zu 90% der britischen Dominanz überlassen sein sollte.

Bulgarien durfte die 1940 von Rumänien abgetretene Süddobrudscha behalten, mußte aber seine Truppen aus Westthrazien und Mazedonien zurückziehen. Darauf setzten die Briten zusammen mit der bisher in Italien kämpfenden griechischen Brigade nach Korfu und Attika über. Angesichts der von den kommunistischen Partisanen hinterlassenen Massengräber kam es jedoch zu neuen internationalen Spannungen.

Mittlerweile räumten auch die Deutschen das griechische Festland. Wegen des Mangels an Schwergutdampfern mußte Löhr allerdings verhältnismäßig starke Besatzungen und Tausende von Italienern, die sich der Wehrmacht angeschlossen hatten, auf den ägäischen Inseln, Kreta, Rhodos und Kos zurücklassen. Die Masse der Heeresgruppe setzte sich durch Mazedonien und Albanien nach Südserbien ab.

Bevor über sie die Katastrophe hereinbrach, geriet Ungarn in schwere Bedrängnis. Malinowskij hatte die Karpaten überschritten. Die Honvéd-Verbände – 1. Armee (Miklós), 2. Armee (Veress), 3. Armee (Heszlényi) – mußten sich nach wochenlangen Kämpfen aus Nordwestungarn, Siebenbürgen und dem Banat zurückziehen, obwohl ihre Personalstärke auf eine Million Soldaten anstieg.

Horthy wünschte Ungarn mit Hilfe der Westmächte zu retten. Aber Churchill hatte das Land schon den Sowjets überlassen. Darauf sandte der Reichsverweser eine Delegation nach Moskau. Molotow präsentierte ihr den Entwurf eines Waffenstillstandsabkommens. Die seit 1937 besetzten Gebiete sollten geräumt, das Heer der Roten Armee angeschlossen werden und Kampfhandlungen gegen Deutschland beginnen. Trotz starker Bedenken erklärte sich die Budapester Regierung damit einverstanden.

Hitler befahl, mit den ungarischen Rechtsparteien einen Staatsstreich vorzubereiten. SD-Leute entführten den jüngeren Sohn des Reichsverwesers. Als Horthy am 15. Oktober 1944 sein Waffenstillstandsersuchen über den Rundfunk verbreitete, besetzten deutsche Truppen schlagartig ganz Transdanubien und die Burg von Budapest.

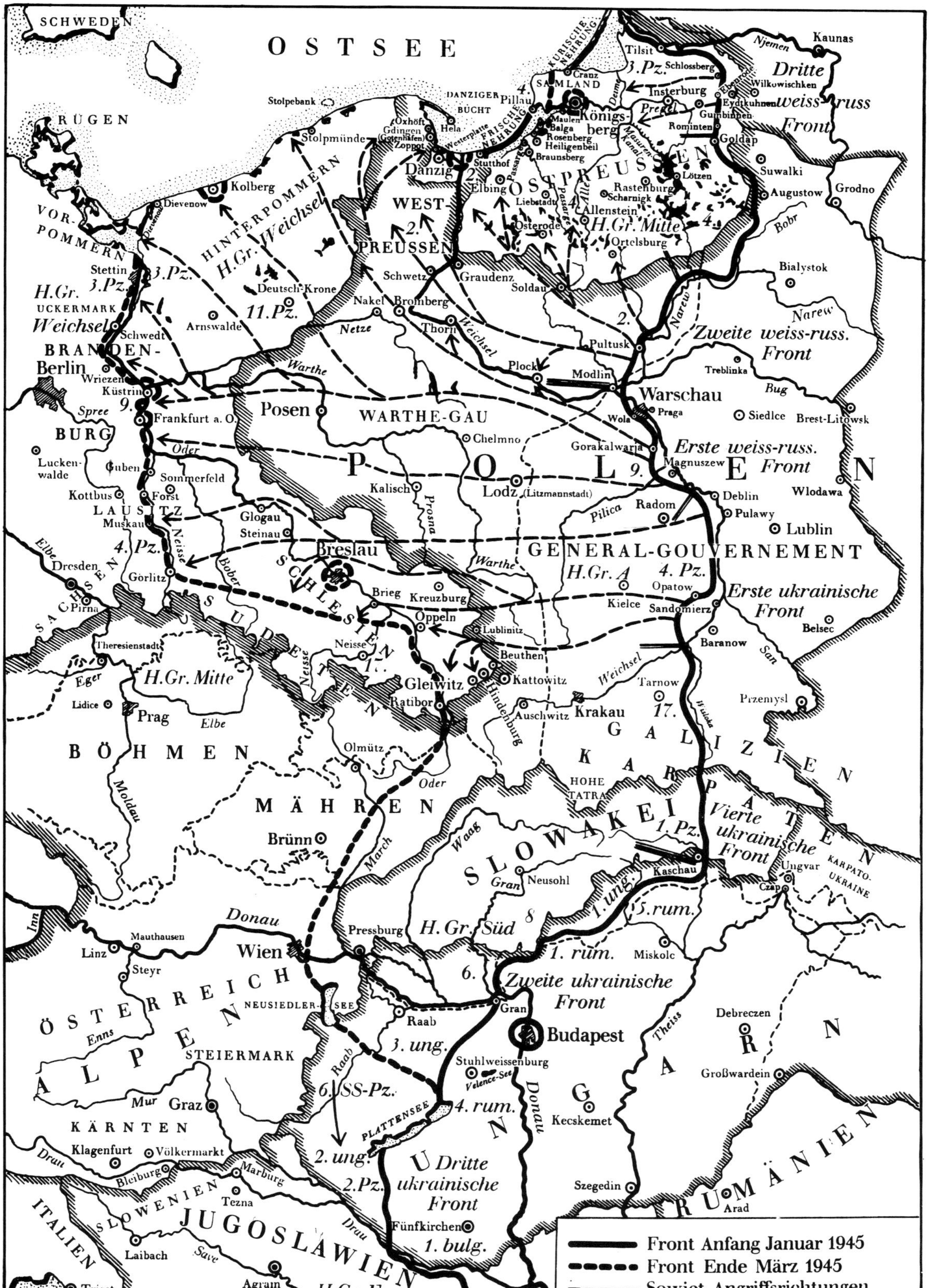
OSTSEE
SCHWEDEN
RÜGEN
VORPOMMERN
HINTERPOMMERN
H.Gr. Weichsel
Stolpebank
Stolpmünde
Kolberg
Dievenow
DANZIGER BUCHT
Oxhöft
Gdingen (Gotenhafen)
Zoppot
Hela
Westerplatte
FRISCHE NEHRUNG
KURISCHE NEHRUNG
Danzig
Stutthof
Pillau
SAMLAND
Cranz
Königsberg
Tilsit
3.Pz.
Schlossberg
Insterburg
Gumbinnen
Eydtkuhnen
Rominten
Goldap
Kaunas
Njemen
Dritte weiss-russ Front
Wilkowischken
Suwalki
Augustow
Grodno
Bobr
Lötzen
Rastenburg
Scharnigk
Allenstein
H.Gr. Mitte
Ortelsburg
OSTPREUSSEN
Elbing
Liebstadt
Osterode
Heiligenbeil
Braunsberg
Balga
Rosenberg
WEST-PREUSSEN
2.
Schwetz
Graudenz
Soldau
Bialystok
Narew
Zweite weiss-russ. Front
Stettin
3.Pz.
H.Gr. Weichsel
UCKERMARK
Schwedt
Arnswalde
Deutsch-Krone
11.Pz.
Nakel
Bromberg
Thorn
Netze
Weichsel
Pultusk
Plock
Modlin
Treblinka
BRANDENBURG
Berlin
Wriezen
Küstrin
9.
Frankfurt a. O.
Spree
Warthe
Posen
WARTHE-GAU
Warschau
Praga
Wola
Bug
Siedlce
Brest-Litowsk
Chelmno
Gorakalwarja
Erste weiss-russ. Front
Magnuszew
Lodz (Litzmannstadt)
Kalisch
Prosna
POLEN
Luckenwalde
Guben
Oder
Sommerfeld
Kottbus
Forst
LAUSITZ
Muskau
Glogau
Steinau
Deblin
Pulawy
Wlodawa
Lublin
Radom
Pilica
4.Pz.
Neisse
Bober
Breslau
SCHLESIEN
GENERAL-GOUVERNEMENT
H.Gr. A
4. Pz.
Opatow
Erste ukrainische Front
Dresden
SACHSEN
Görlitz
Pirna
Brieg
Kreuzburg
Kielce
Sandomierz
Belsec
SUDETEN
Oppeln
Lublinitz
Baranow
San
Theresienstadt
Neisse
17.
Beuthen
Eger
H.Gr. Mitte
Gleiwitz
Kattowitz
Hindenburg
Tarnow
Przemysl
Lidice
Prag
Elbe
Ratibor
Auschwitz
Krakau
17.
GALIZIEN
BÖHMEN
Olmütz
KARPATEN
Oder
HOHE TATRA
Moldau
MÄHREN
Waag
SLOWAKEI
1.Pz.
Vierte ukrainische Front
Brünn
March
Neusohl
Gran
Kaschau
Ungvar
KARPATO-UKRAINE
Czap
1.ung.
5.rum.
Donau
Mauthausen
Pressburg
H.Gr. Süd
8
Linz
Wien
1. rum.
Miskolc
Steyr
6.
Zweite ukrainische Front
ÖSTERREICH
NEUSIEDLER-SEE
Gran
Raab
Budapest
Debreczen
ALPEN
Enns
3. ung.
STEIERMARK
Stuhlweissenburg
Velence-See
Theiss
UNGARN
Großwardein
6.SS-Pz.
Mur
Graz
4. rum.
Kecskemet
KÄRNTEN
PLATTENSEE
Klagenfurt
Völkermarkt
2. ung.
Dritte ukrainische Front
RUMÄNIEN
Drau
Bleiburg
Marburg
2.Pz.
Szegedin
Arad
ITALIEN
SLOWENIEN
Tezna
JUGOSLAWIEN
Fünfkirchen
Laibach
Save
1. bulg.
Triest
Agram
H.Gr. F
Front Anfang Januar 1945
Front Ende März 1945
Sowjet. Angriffsrichtungen

Horthy sah sich im Stich gelassen. Sein Regierungschef hatte die Kriegserklärung aus der Rundfunkansprache gestrichen. Der Generalstabschef unterdrückte den Befehl zum Seitenwechsel der Honvéds. Das mit dem Schutze der Burg beauftragte Hausregiment ging als erste Truppe zu den rechtsradikalen Pfeilkreuzlern über. Generaloberst Béla Miklós floh ins sowjetische Hauptquartier.

342 Der Krieg erreicht Budapest. Blick vom Gellért-Berg auf die Einschläge eines amerikanischen Bombenteppichs im Stadtteil Csepel.

Horthy unterstellte sich deutschem Schutz und demissionierte mit einem Schreiben an beide Häuser des Parlamentes. Die Mehrheit bestätigte den vom Reichsverweser vorgeschlagenen Pfeilkreuzlerführer Ferenc Szálasi als Staatsoberhaupt und Regierungschef. Er befahl den »totalen Kriegseinsatz« und ließ die Juden aus Budapest zuerst nach Westungarn abschieben und dann Eichmann überantworten.

Während Horthy das ihm von Hitler als Domizil angewiesene Schloß Hirschberg in Bayern bezog, tobten an den Südostfronten heftige Kämpfe. Nach turbulenten Panzerschlachten bei Debrecen, Nyiregyháza, Szolnok und Kecskemét führte Frießner die Masse der deutsch-ungarischen Verbände auf Donaubrückenköpfe bei Mohács und Budapest zurück. Die Theiß-Linie und das ganze Alföld waren verloren.

Am 20. Oktober 1944 fiel Belgrad. Verbände des Marschalls Tolbuchin hatten die HGr. F (Weichs) nach Westen zurückgeworfen. Im Süden stießen Bulgaren unter Stoitscheff auf Niš, Vranje und Skoplje vor. Die Četniks verhielten sich neutral. Albanische Freischärler, eine Weißrussisches Korps und die Stabswache der serbischen Selbstverwaltung unterstützten den Rückzug der HGr. E (Löhr).

Rund 350000 deutsche Soldaten zogen aus Griechenland durch die Partisanengebiete des Sandschak und Südserbiens der Drina zu. Solange Kraljewo gehalten wurde, konnte man eine Bahnlinie benutzen. Nach dem Fall dieses Knotenpunktes wurde Sarajewo das Marschziel. Monate vergingen, bis die noch kampffähigen Verbände eine Frontlücke beiderseits der bosnischen Hauptstadt schlossen.

Hitler, Jodl und Guderian erwarteten, daß der Gegner wegen seiner überdehnten Versorgungslinien eine Ruhepause einlegte. Doch Tschernjachowskij brach in Ostpreußen ein. Sowjetische Panzer nahmen Eydtkunen, Stallupönen und Goldap, wo es zu Greueltaten kam, von denen man bisher nur aus fernen Ländern vernommen hatte. Ein deutscher Gegenstoß beendete das Treiben.

Den nächsten Schlag führte Jeremenko im Vorfeld von Riga. Nach zwei Wochen erbitterter Kämpfe mußte Schörner die lettische Hauptstadt räumen. Sworbe, das Südende der Insel Ösel, wurde zum Schutze der Rigaer Bucht mit Hilfe starker Beschießungsgruppen deutscher Kreuzer noch bis Ende November gehalten. Dann evakuierten Prähme und Schnellboote die letzten Verteidiger.

Die aus Lappland zurückgezogene 20. Gebirgsarmee (Rendulic) sollte in Nordnorwegen, gestützt auf die zur »schwimmenden Batterie« gewordene »Tirpitz« (Meyer) eine Riegelstellung beziehen. Doch der Gegner blieb am Tanafjord stehen, kurz bevor am 12. November zwei Spezialbomben britischer Flieger dem Schlachtschiff die Backbordseite eindrückten, der Koloß kenterte und 1204 Seeleute mit sich riß.

343 Ungarische Grenadiere mit Panzerfäusten unterwegs zu ihren Stellungen am Ostrand der Hauptstadt.

Zwei Wochen später durchbrach Tolbuchin die Linien der 3. Honvéd-Armee (Heszlényi) und nahm Fünfkirchen (Pécs). Verzögerungen am

Plattensee erwiesen sich als letzte Etappen auf dem Wege nach Budapest, das Malinowskij und ein rumänisches Korps bereits aus östlicher Richtung erreicht hatten und mit starkem Artilleriefeuer belegten. Bald war die Hauptstadt umzingelt.

Entgegen sowjetischer Annahme waren in Budapest lediglich zwei Korps mit etwa 70000 Mann unter General Iván Hindy und SS-Obergruppenführer Karl Pfeffer von Wildenbruch eingeschlossen, abgesehen von fast 2 Millionen Einwohnern und zahllosen Menschen, die sich durch ihre Flucht den Vergewaltigungen und Mordtaten der feindlichen Soldateska entzogen hatten, nun aber eine fünfwöchige Belagerung ertragen mußten.

344 In Deutschland wurde die Verfolgung der Regimegegner unnachsichtig fortgesetzt. Carl Friedrich Goerdeler, ehemals Oberbürgermeister von Leipzig, war Haupt der zivilen Opposition, jedoch an der Fronde am 20. Juli nicht beteiligt. In der Todeszelle des Gefängnisses Berlin-Plötzensee arbeitete er an Plänen für den Wiederaufbau.

345 Der Gastgeber des Kreisauer Kreises. Helmuth James von Moltke, mit seinem Rechtsanwalt vor dem sogenannten Volksgerichtshof. Auch dieser Oppositionelle war nicht an der Fronde beteiligt, wurde jedoch wie Goerdeler in Berlin-Plötzensee durch den Strang hingerichtet.

Leyte-Golf 1944

Nach dem von Spruance erfochtenen Sieg in der Philippinensee hatten amerikanische Streitkräfte ihren Vormarsch durch die Inselfluren des Pazifischen Ozeans fortgesetzt. Nimitz eroberte die Marianen, Angaur, Peleliu und Ulithi; MacArthur gewann auf Vogelkop und Morotai neue Absprungbasen. Beide Oberbefehlshaber erzielten jedoch keine Einigung über das nächste Schwerpunktziel.

Nimitz wollte auf Luzon oder Formosa vorgehen, MacArthur das feierliche Versprechen seiner Rückkehr nach Manila einlösen. Da sich auch die *Joint Chiefs of Staff* unschlüssig waren, fällte Roosevelt die Entscheidung: alle großen Flottenverbände sollten im spitzen Winkel auf Leyte, die zentral gelegene Philippineninsel, zulaufen und dem Heer dort ab 15. November 1944 Landeoperationen ermöglichen.

Spruance wurde routinemäßig abgelöst. Die 7. US-Flotte (Kinkaid) blieb MacArthur, die 3. US-Flotte (Halsey) wie bisher Nimitz unterstellt. Diese Einteilung bereitete kaum Schwierigkeiten, da der General nicht in die Befugnisse der kommandierenden Admirale eingriff. Zwischen den beiden Flottenchefs gab es jedoch nur einen knappen Nachrichtenaustausch und keine persönlichen Absprachen.

Das kaiserliche Hauptquartier in Tokio hatte alle denkbaren Zielsetzungen der Amerikaner geprüft und Nagano beaufragt, Gegenmaßnahmen vorzubereiten. Mittlerweile gab es vier Pläne zur Erringung des Sieges (»Sho«). Für den Fall einer Landung auf Leyte war SHO-1 konzipiert. Der Entwurf rechnete mit dem Schwerpunkteinsatz der »Vereinigten Flotte«, die sich innerhalb des Sicherheitsringes befand.

Doch wegen der Erfolge alliierter Unterseeboote im Kampf gegen die japanische Transportschiffahrt konnte das Flottengros nicht mehr wie bisher an einem zentralen Liegeplatz vor Borneo versorgt werden. Die Seestreitkräfte lagen verstreut bei Treiböllagern zwischen dem Mutterland und Niederländisch-Indien, vor Okinawa, in Manila und auf der Reede von Lingga östlich von Singapur.

Am Ende mußten sich die Stärkeunterschiede auswirken. Die Japaner konnten nur noch 7 Träger, 7 Schlachtschiffe, 19 Kreuzer und 25 Zerstörer einsetzen. Von amerikanischer Seite liefen 2 Träger, 16 Schlachtschiffe, 23 Kreuzer und 174 Zerstörer zum Leyte-Golf, darunter Geleitträger, langsame Behelfsfahrzeuge mit Flugdecks, entsprechend japanischen Einheiten, die man ebenso umgebaut hatte.

Der kaiserliche Flottenchef, Admiral Soemu Toyoda, konnte lediglich 115 Trägerflugzeuge an den Start bringen, Halsey und Kinkaid dagegen 1062. Die Japaner setzten daher ihre Hoffnungen auf landgestützte Fliegerverbände in Japan, auf Formosa und den Philippinen. Bei ihnen war eine Elite versammelt, die sich mit ihren bombenbeladenen Maschinen auf die amerikanischen Großkampfschiffe stürzen sollte. Kamikaze – »göttlicher Wind« – hieß diese Taktik.

Eine wichtige Vorentscheidung fiel, als Halsey die Stützpunkte des Gegners auf Mindanao, Luzon und Formosa bombardierte. Die Japaner schlugen zurück und meldeten ihrem Hauptquartier 19 Flugzeugträger, 4 Schlachtschiffe und 10 Kreuzer der Amerikaner als versenkt. In Wirk-

346 Rabaul, am Ende der Salomonen-Inseln im Nordosten von Neuguinea, hatte der japanischen Flotte zeitweise als Hauptliegeplatz gedient. Alle umliegenden Plantagen wurden aus der Luft mit Gift besprüht, noch auf Reede liegende Versorgungsschiffe zerbombt.

347 Ein amerikanischer Sturzbomber vom Typ Grumman »F6 F-3 Hellcat« ist auf das Flugdeck seines Trägers geprallt und explodiert. Der Pilot versucht sich aus den Flammen zu retten.

348 *Nach den Regeln des »Bushido« war die japanische Kamikaze-Fliegerei entstanden. Die Freiwilligen trugen unter der Jacke das zeremonielle Gewand mit den schwarzen Knöpfen, dazu eine weiße Binde.*

349 *Das Ende eines Kamikaze-Fliegers. Wie er wurden die meisten Piloten des Korps vor Erreichung des Zieles abgeschossen. Insgesamt starben etwa 2500 japanische Flieger durch Selbstaufopferung.*

352 Das Flugdeck des amerikanischen Trägers »Saratoga« nach einem Angriff des Gegners. Der Kamikaze – »göttliche Wind« – wurde eine ernste Gefahr für die US Pacific Fleet.

350 Auf ihrem Vormarsch durch die Weite des Pazifischen Ozeans hatten amerikanische Flottenverbände in drei Monaten 1500 sm zurückgelegt. Am Ende wurden auf Saipan von 67000 Marines 16500 getötet oder verwundet.

351 Auf Tinian beseitigen Bulldozer die gefallenen Japaner. Einige Soldaten des Kaiserlichen Heeres hielten sich bis zum Friedensschluß verborgen, weil sie wußten, daß Amerikaner zur Gefangennahme bereite Japaner vielfach ermordeten.

353 General Douglas MacArthur betrachtet nach seiner Rückkehr auf die Philippinen-Insel Leyte gefallene Japaner.

lichkeit waren zwei Kreuzer schwer beschädigt, von 1150 landgestützten japanischen Maschinen jedoch über 600 vernichtet.
Inzwischen hatte Admiral Thomas C. Kinkaid den Leyte-Golf erreicht. Spezialeinheiten seiner Flotte besetzten die vorgelagerten Inseln, räumten Fahrrinnen minenfrei und setzten Ansteuerungsbaken aus. Schlachtschiffe und Raketenprähme beschossen den Strand. Als Toyoda dies erfuhr, gab er vier Kampfgruppen der »Vereinigten Flotte« unter den Admiralen Jizaburo Ozawa, Takeo Kurita, Shoji Nishimura und Kiyohide Shima das Stichwort »SHO-1«.
Ausschlaggebend für diesen Entschluß war die irrige Annahme, daß der Gegner durch Luftangriffe geschwächt und das eigene Risiko daher gering sei. Ozawa verließ die Inlandsee des Kaiserreiches auf Südkurs, um Halsey vom Leyte-Golf wegzulocken. Kurita und Nishimura liefen zur Treibölversorgung nach Brunei und trennten sich dann, um die Meeresstraßen der mittleren Philippinen zu durchstoßen. Shima hielt sich westlich von Formosa.
Die Flottenführer mußten mit Toyoda im fernen Tokio Verbindung halten. Sie wurden daher frühzeitig von der amerikanischen Funkaufklärung erfaßt. Nimitz, Halsey und Kinkaid zogen daraus ihre Schlüsse. Westwärts Mindanao bildeten sie mit Unterseebooten verschiedene Vorpostenstreifen. Zwei dieser Einheiten versenkten das Flaggschiff des Admirals Kurita und einen anderen Kreuzer.
Knapp dem Tode entronnen, führte der Japaner weiter von Bord des hinzugekommenen Schlachtschiffes »Yamato« (Morishita). Er nahm Kurs auf die San-Bernardino-Straße, während Nishimura der Surigao-Enge zustrebte. Von beiden Seiten wurden über große Entfernungen die ersten Fliegerverbände in den Kampf geworfen. Durch ihre Angriffe erlitten Japaner wie Amerikaner etwa gleich starke Ausfälle.
Als Halsey erfuhr, daß Ozawa nahte, drehte er dem Widersacher entgegen und entblößte ohne Absprache mit Kinkaid die Leyte-Bucht. Zum Glück hatte dieser 6 alte Schlachtschiffe mit Kreuzern und Zerstörern zur Surigao-Straße detachiert. Der Verbandsführer ließ die schweren Einheiten zum »Crossing the T« aufmarschieren, einer klassischen Gefechtsformation, aus der man Breitseiten abfeuern konnte, während dem Gegner nur die Buggeschütze blieben.
Nishimura lief in die Falle und verlor zwei Schlachtschiffe. Doch Kurita hatte freie Fahrt. Er trat mit seinem Verband aus der San-Bernardino-Straße und eröffnete das Feuer auf Kinkaids fliehende Geleitträger und Landungsschiffe. Kurz darauf stürzten sich die Kamikaze-Flieger auf den Feind. Die Amerikaner verloren zwei Träger und drei Zerstörer. Viele andere Einheiten meldeten Schäden.
Kurita hatte sich abwenden müssen, weil Halsey mit seinen Schlachtschiffen umgekehrt war. Dieser mußte zwei Gruppen den entscheidenden Kampf gegen Ozawa überlassen. Ihre Sturzkampf- und Torpedobomber vernichteten am 25. Oktober 1944 hintereinander vier große japanische Träger, darunter das letzte Schiff des einst nach Pearl Harbor entsandten Verbandes.
Die Schlacht um den Leyte-Golf war zu Ende. Obwohl Kurita entkam, konnten sich die Amerikaner den Sieg zuerkennen. Japans Flotte hatte fast die Hälfte der eingesetzten Tonnage verloren und schied als strategischer

354 Am 25. Oktober 1944 naht das Ende der »Zuikako«, des letzten Flugzeugträgers aus dem einst nach Pearl Harbour entsandten Verband. Die Besatzung sammelt sich an Deck des sinkenden Schiffes und salutiert gegenüber der Heckflagge.

355 Auf amerikanischer Seite explodierte der Flugzeugträger «St. Lô«. Die gesamte Besatzung fand den Tod. Insgesamt verlor die Pacific Fleet bei Leyte nur sechs Schiffe. Dagegen existierte die japanische Flotte als Kampfinstrument nicht mehr.

ARAKAN
BURMA
Irawadi
Saluen
Pegu
Rangoon
THAILAND
(SIAM)
Bangkok
BURMA
THAILAND
INDOCHINA
Saigon
GOLF VON SIAM
SÜDCHINESISCHES MEER
SHIMA
von Formosa
LINGAYEN-GOLF
LUZON
Manila
Bataan-Halbinsel
Insel Corregidor
MINDORO
KURITA
von Singapore
CALAMIANES-In.
PALAWAN
SULU-SEE
NISHIMURA
von Singapore
U-Boote
TAWITAWI
amerik. U-Boote
BRUNEI-GOLF
BRIT. NORD-BORNEO
SARAWAK
VEREIN. MALAIEN-STAATEN
MALAKKA-STRASSE
Johore
Singapore
SUMATRA
BORNEO
CELEBES
Palembang
JAVA-SEE
NIEDERLÄNDISCH INDIEN
INDISCHER OZEAN
Batavia
JAVA
BALI

Kriegsschauplätze Südostasien

Faktor aus. MacArthur, der jetzt 26% aller Verbände des amerikanischen Feldheeres befehligte, füllte den gewonnenen Landekopf mit den 132000 Soldaten der 6. US-Armee (Krueger) und eroberte die Insel bis zur Jahreswende.

Die seit dem Sturze Tojos amtierende Regierung des Premierministers Kuniaki Koiso zog daraus keine Konsequenzen. Ebenso wie der Oberste Kriegsrat starrten sie wie gelähmt auf die von Roosevelt, Churchill und Tschiang Kai-schek in Kairo definierten Kriegsziele. Die Alliierten wollten alle besetzten Gebiete befreien, auch Korea, die Mandschurei und Formosa. Das japanische Volk sollte in die Enge seiner ärmlichen Inseln zurückgeworfen werden.

356 Hitler hoffte, sich bis zum Auseinanderbrechen der feindlichen Koalition mit neuartigen Waffensystemen behaupten zu können. Frontreif war mittlerweile die Messerschmitt »Me 262«, ein allen anderen Flugzeugen überlegener Jagdeinsitzer (mit zwei Strahltriebwerken, 870 km/h, vier 3-cm-Kanonen und 24 Raketen). Treibstoffmangel und veraltete Landebahnen begrenzten freilich den Einsatz dieser Maschinen.

Die Ardennenoffensive 1944/45

Hitler beobachtete gespannt jeden Schachzug seines östlichen Gegenspielers. Stalin hatte nach dem Sieg in Weißrußland vor der Demarkationslinie des Jahres 1939 haltgemacht und von Bombenangriffen auf das Reichsgebiet abgesehen, dafür jedoch das Rußland freundlich gesonnene Bulgarien überfallen, um gegen die türkischen Meerengen vorzurücken. Der ObdW folgerte daraus, daß es zu einem neuen Konflikt zwischen den Alliierten im Südosten kommen werde, wo sich England dem sowjetischen Ausdehnungsdrang widersetzte.
Nun schien auch klar, warum die Briten den deutschen Rückzug von der Ägäisküste anfänglich kaum behindert hatten und Churchill ohne Roosevelt nach Moskau geflogen war. Hitler wußte nichts über die Aufteilung Südosteuropas in Einflußsphären. Darum erwartete er hier das Auseinanderbrechen der feindlichen Koalition, eine Umkehr der Bündnisse. Wie immer eilten Spekulationen der möglichen Entwicklung voraus. Nach längerer Zeit hörte man wieder vom bevorstehenden Abschluß eines deutsch-sowjetischen Separatvertrages.
Um die Spannungen zwischen den Koalitionspartnern zu fördern, sollten abziehende deutsche Truppen »den Kampf zwischen Kommunisten und nationalen Kräften schüren«. In Jugoslawien, Polen und Litauen war es bereits zu blutigen Auseinandersetzungen gekommen. Als die linksradikale EAS/ELAS in Griechenland der heimkehrenden Exilregierung den Rücken zukehrte, wurde Athen zum Schlachtfeld und das dort gelandete britische Armeekorps mit betroffen.
Unter diesen Umständen wollte Hitler noch einmal die Initiative ergreifen. Osteuropa kam wegen seiner Raumtiefe, der heruntergekommenen deutschen Kraftfahrzeuge und mangels ausreichender Treibstoffreserven nicht in Betracht. Dagegen boten die reichgegliederten Landschaften des Westens mit ihren relativ kurzen Entfernungen viele Ansatzpunkte. Der ObdW erwartete, daß die expansive Sowjetstrategie nach einer angelsächsischen Niederlage über den Balkan auf das Mittelmeergebiet gerichtet sein werde.
Im Auftrag des ObdW prüfte Jodl fünf verschiedene Möglichkeiten. Hitler entschied sich für eine Ardennenoffensive mit drei Nebenaktionen gegen Maastricht, Breda und das Elsaß. Die von den Amerikanern nur dürftig besetzte Hochebene verlockte zu ausgreifenden Operationen. Offen blieb vorläufig die Frage, wie weit der Hauptstoß zu führen wäre, ob nur bis zur Maas (»kleine Lösung«) oder an Brüssel vorbei nach Antwerpen (»große Lösung«).
Rundstedt empfahl die »kleine Lösung« auf der Grundlage des von Jodl bearbeiteten Entwurfes. Als ältere Planungsakten, die man aus Schlesien kommen ließ, zu beweisen schienen, daß ein Stoß zur Nordseeküste geringere Kräfte beanspruchen würde, als zuerst angenommen, entschied sich Hitler für die »große Lösung«. Gelang sie, so wurde die *21st Army Group* (Montgomery) in den südlichen Niederlanden abgeschnitten und ihr ein »Dünkirchen« bereitet.
Hitler ließ das Westheer umgliedern. Rundstedt unterstanden jetzt nicht mehr zwei, sondern drei Heeresgruppen: die HGr. H (Student) mit der

Die Ardennenoffensive 1944/45

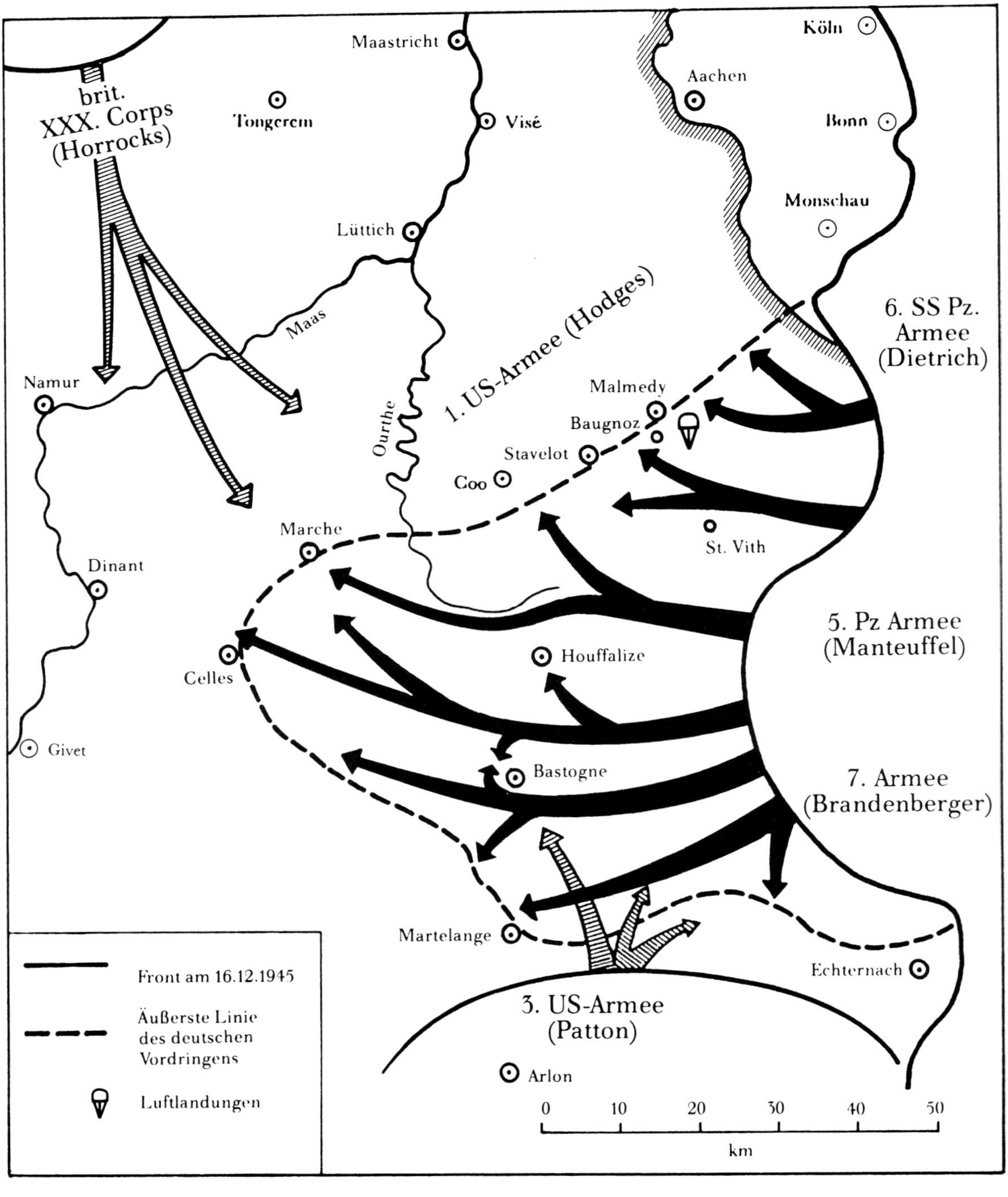

357 Mit der Ardennenoffensive 1944/45 errangen deutsche Verbände einen letzten befristeten Sieg über die Amerikaner.
Vorgehende deutsche Grenadiere am 16. Dezember 1944 bei St. Viet in Belgien.

25. Armee (Christiansen) und 1. Fallschirmjäger-Armee (Schlemm), die HGr. B (Model) mit der 15. Armee (Zangen), 6. SS-Panzerarmee (Dietrich), 5. Panzerarmee (Manteuffel) und 7. Armee (Brandenberger) sowie die HGr. G (Balck) mit der 1. Armee (Knobelsdorff) und 19. Armee (Wiese). Das Schwergewicht des Angriffs lag bei den großen Panzerverbänden.

Rundstedt verfügte über 1427 Kampfwagen, großenteils »Tiger« (I/II) und »Panther«, doch erhielten sie nur 50% des benötigten Treibstoffs. Ähnlich erging es der Luftflotte »Reich« (Stumpff), die dem Luftwaffenkommando »West« (Schmid) 2292 Flugzeuge für den Einsatz im Angriffsbereich der HGr. B (Model) zuteilte, darunter 1492 Jagdmaschinen vom Typ Focke Wulf »FW 190 D-9« und Messerschmitt »BF 109 G-14«, aber nur 171 Bomber und 91 Schlachtflieger.

Die meisten Piloten hatten keine friedensmäßige Ausbildung erhalten und in den vorausgegangenen Kämpfen wenig Vertrauen zu sich selbst und ihrem Fluggerät gewonnen. Nahezu alle erfolgreichen deutschen Jagdflieger – Offiziere wie Otto Kittel, Helmut Lent und Werner Mölders, Hans Philipp, Leopold Steinbatz und Walter Nowotny – waren gefallen. Nur Erich Hartmann, Gerhard Barkhorn und Günther Rall strebten noch ihren Laufbahnhöhepunkten mit 352, 301 und 125 Luftsiegen zu.

Die deutsche Flakartillerie war mit 4292 Batterien, 31569 Geschützen sowie 1100500 Soldaten und Helfern so stark wie nie zuvor. Als erprobte Nahkampfwaffe hätten die 8,8 cm-Kanonen den Angriff wirkungsvoll unterstützen können. Die Masse war jedoch ortsfest im Objektschutz der Reichsluftverteidigung gebunden. Der HGr. B (Model) wurde lediglich das III. Flakkorps (Pickert) zugeordnet. Seine Beweglichkeit litt wie die der anderen motorisierten Verbände unter Benzinmangel.

Die deutsche Offensive (Unternehmen »Wacht am Rhein«) begann am 16. Dezember 1944 um 05.30 Uhr. Unter den leuchtenden Himmelsspuren der nach Lüttich und Antwerpen fliegenden Raketen eröffneten rund 5000 Geschütze und Granatwerfer das Trommelfeuer. Wegen des schlechten Flugwetters konnten nur wenige der 12126 alliierten Maschinen starten. Die Amerikaner waren überrascht.

Der deutsche Angriff geriet bald ins Stocken. Ein Luftlandeunternehmen mit Freiwilligen aus allen Fallschirmjäger-Regimentern scheiterte. Die 6. SS-Panzerarmee (Dietrich) nahm Stavelot, stieß aber bei St. Vieth auf Widerstand. Die 5. Panzerarmee (Manteuffel) erreichte Celles, 9 km vor Dinant, wo ihre Spitze ohne Treibstoff liegenblieb. Die 7. Armee (Brandenberger) durchquerte Luxemburg und nahm das Ardennenstädtchen Martelange.

Eisenhower und Tedder trafen sich mit Bradley, Hodges und Devers in Verdun, um einen doppelseitigen Gegenstoß einzuleiten. Als Treffpunkt des Zangengriffes wurde Houffalize im Zentrum des deutschen Einbruchsraumes bestimmt. Voraussetzung war, daß Montgomery ein Korps abstellte und Devers seine Frontlinien verlängerte, notfalls durch Zurücknahme der 7. US-Armee (Patch) auf den Vogesenkamm.

Letzteres verschaffte Hitler und Jodl die Gelegenheit zur Wiedergewinnung des Elsaß (Unternehmen »Nordwind«). Den Oberbefehl übernahm Himmler. Ende des Monats stießen acht deutsche Divisionen von Bitsch nach Südwesten vor. Ein zweiter Keil entwickelte sich vom Oberrhein her.

358 Amerikanische Gefangene sind an den Straßenrand getreten, um Fahrzeuge der SS-Panzerarmee passieren zu lassen.

359 Fünf SS-Leute eines sprachkundigen Sonderkommandos, das in falschen Uniformen den Gegner zu verwirren suchte, wurden gefaßt und erschossen.

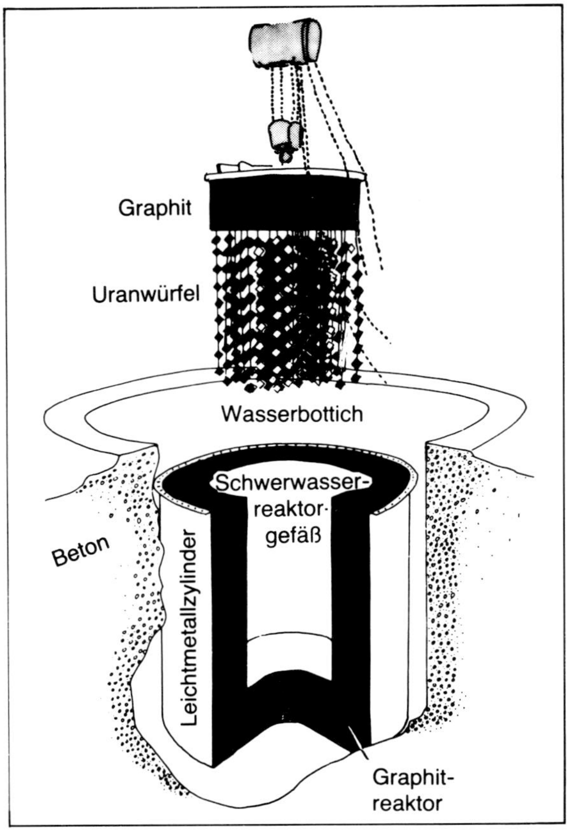
Graphit
Uranwürfel
Wasserbottich
Schwerwasser-
reaktor-
gefäß
Beton
Leichtmetallzylinder
Graphit-
reaktor

360 Zu den überraschenden Kriegsmitteln, die Hitler ausspielte, gehörten keine atomaren Waffen. Der unter Werner Heisenberg in einem Felsenkeller von Haigerloch gebaute Reaktor diente allein wissenschaftlichen Zwecken.

361 Diese an Ketten in schweres Wasser einzutauchenden Uranwürfel waren eine frühe Improvisation. Mittlerweile konnte der seit Februar 1942 von den USA in Chicago betriebene Uranbrenner zur Herstellung von Atombomben beitragen.

In Straßburg brach eine Panik aus. Eisenhower und de Gaulle stritten sich über die koalitionspolitischen Konsequenzen. Doch die Kräfte des Angreifers waren zu schwach für einen großen Erfolg.

Am 1. Januar 1945 warf sich die Luftwaffe auf 17 Feindbasen in Holland, Belgien und Nordfrankreich (Unternehmen »Bodenplatte«). Zurückkehrende Piloten meldeten 479 zerstörte Maschinen, eine Anzahl, die der genauen Prüfung nicht standhielt. Der Einsatz endete mit schweren Verluten; 277 eigene Flugzeuge waren abgeschossen, zwei Drittel durch Flak, die General Karl Koller zum Schutz der V-Waffen aufgebaut, aus Geheimhaltungsgründen aber nicht über die eigene Fliegertätigkeit orientiert hatte.

Die taktische Flugwaffe der Alliierten fiel eine Woche lang aus. Trotzdem drang Patton nach Bastogne vor, das eine amerikanische Kampfgruppe inmitten des Angriffsstreifens der 5. Panzerarmee (Manteuffel) gehalten hatte. Montgomery wechselte bei Lüttich das Ufer der Maas. Hodges und Simpson wurden ihm unterstellt. Doch starker Schneefall behinderte die Anglo-Amerikaner. Der deutsche Angreifer zog sich planmäßig zurück, bevor sich die Zange in Houffalize schloß.

Hitlers Versuch, die Kriegslage durch einen Blitzfeldzug im Stil des Jahres 1940 zu wenden, war gescheitert. Wohl hatte der deutsche Angriff die Amerikaner 75482, das britische Korps 1408 Gefallene, Verwundete und Vermißte gekostet. Belgien, dessen Bevölkerung in Lüttich und Antwerpen unter V-Waffen-Beschuß lag, meldete 6448 Tote und 22542 Verletzte. Doch die deutschen Verluste von etwa 90000 Mann wogen ungleich schwerer.

Zusammen mit diesen Soldaten hatte Hitler den wiederaufgefrischten Stamm der Panzerwaffe hingeopfert. In den Todesstunden der ebenso wertvollen Jägerverbände waren 60% ihres führenden Personals gefallen. Schließlich zählte auch der Verbrauch unersetzlicher Munitions- und Treibstoffreserven, die fehlten, als am 12. Januar 1945 der Gegner im Osten zuschlug und weite Gebiete des Reiches überflutete.

362 Zur »Wunderwaffe« im Sinne der Goebbels-Propaganda wurde die V2, eine ballistische Fernrakete, die mit mehrfacher Schallgeschwindigkeit (1000 m/sec) an einem elektronischen Leitstrang unangreifbar durch die Stratosphäre flog. Das 14 m lange Projektil enthielt 1 t Sprengstoff. Über 1100 dieser Geschosse erreichten London. (Ihr Einsatz sollte ein wichtiger Schritt in der Geschichte des Raumfluges werden.)

Die Konferenz von Jalta 1945

363 Begünstigt durch das Winterwetter und den für Deutschland erheblichen Kräfteverschleiß infolge der Ardennenschlacht, entwickelte sich ab 12. Januar 1945 aus dem Baranow-Brückenkopf die sowjetische Weichsel-Oder-Offensive.

Die deutschen Fronten waren zerrüttet. Südlich der Alpen hielt die HGr. C (Vietinghoff-Scheel) mit 16 geschwächten Divisionen eine Linie quer über den Appennin. Alexanders Armeegruppe verfügte über die gleiche Truppenzahl; aber die buntscheckigen Kontingente aus Amerikanern und Briten, Neuseeländern, Indern und Kanadiern, Polen und Italienern, Griechen und Brasilianern waren modern ausgerüstet und gut versorgt.
In Jugoslawien hatte die HGr. E (Löhr) ihren Rückzug aus Griechenland beendet und nach einem Verlust von 10440 Toten und 7075 Vermißten neue Stellungen zwischen der Neretvamündung und Slavonski Brod bezogen. Die Lücke bis zur Drau füllten Reste der HGr. F (Weichs). Das rückwärtige Gebiet wurde von kroatischen Domobranen und einem Kosakenkorps notdürftig überwacht, ohne daß es gelang, die Partisanengefahr zu bannen.
Hauptproblem der HGr. Süd (Wöhler), die mit vier deutsch-ungarischen Armeen den Abschnitt zwischen Osijek und Kaschau deckte, war Budapest. Seine eingeschlossene Besatzung erwehrte sich seit Anfang Dezember der sowjetischen Übermacht. Drei Entsatzversuche scheiterten, ebenso Versorgungsfahrten auf der Donau. Das Ostufer mußte geräumt werden. Die Verteidiger behaupteten sich noch im Besitze der Burg und eines Quartiers zu ihren Füßen.
An der 750 km langen Front zwischen Kaschau und Memel standen die HGr. A (Harpe) und HGr. Mitte (Reinhardt), insgesamt 7 Armeen. Sie hatten sich nach den Niederlagen des letzten Halbjahres mühsam gefangen und in der Kampfpause 14 Divisionen als Reserve ausgeschieden. Diese Kräfte samt allen großen Panzerverbänden waren jedoch von Hitler abgezogen und im Westen eingesetzt worden.
Ferner bestand noch die HGr. Nord (Rendulic), jetzt als »Kurland« bezeichnet. Sie hielt, von den anderen Gruppen getrennt, einen Stellungsbogen zwischen der Rigaer Bucht und dem Ostseestrand nördlich Memel. Obwohl die Verteidigung dieses Brückenkopfes keine operative Bedeutung mehr hatte, genehmigte Hitler nach immer neuen Anträgen Guderians nur den Abtransport von 5 der 22 Divisionen.
Entgegen der Annahme war Stalins nächstes Ziel nicht das Mittelmeer, sondern Berlin. Am 12. Januar 1945 eröffnete die »1. Ukrainische Front« (Konjew) den Angriff bei Baranow. Stunden später schlugen die anderen Heeresgruppen los. Die »1. Weißrussische Front« (Shukow) und »2. Weißrussische Front« (Rokossowskij) überrannten Stellungen vor den Narew-Brückenköpfen. Die »3. Weißrussische Front« (Tschernjachowskij) durchquerte Masuren. Die »4. Ukrainische Front« (Petrow) nahm Krakau.
Kielce, Radom und Warschau, Tilsit und Allenstein mußten aufgegeben werden. Nach klassischem Muster entwickelte sich ein sowjetischer Panzerkeil gegen Elbing, um Ostpreußen abzuschneiden. Nur hinter der Deime und in Oberschlesien konnten die Verteidiger noch einmal Auffangstellungen beziehen. Zwischen ihnen schlugen sich zwei Korps als »wandernde Kessel« zur Oder durch.
Unterdessen bereitete sich Stalin auf die bevorstehende Konferenz von Jalta vor. Nachdem er das Lubliner Komitee zur künftigen Regierung

364 Lange Panzerkeile der Roten Armee mit aufgesessener Infanterie schoben sich, jeden Widerstand brechend, durch Ostpreußen, den Warthegau und Schlesien.

213

Sattlermeister u.

Polens bestimmt hatte, Mikolajczyk gestürzt war und Tomasz Arcieszewski in London amtierte, wollte der Diktator seinen Satrapen internationalen Rückhalt verschaffen. De Gaulle weigerte sich. Aber Beneš anerkannte die provisorische Regierung des Edward Osóbka-Morawski, die am 17. Januar 1945 in Warschau einzog.
Reste der *Armia Krajowa* setzten sich als Partisanen zur Wehr. Sie wurden ebenso wie ukrainische und litauische Freischärler von den Sowjets für vogelfrei erklärt, mutmaßliche Sympathisanten in Konzentrationslager verschleppt. Binnen sechs bis acht Wochen brachte das NKWD in Polen mehr Menschen hinter Stacheldraht als die Höheren SS und Polizeiführer in vier Jahren deutscher Besetzung.
Roosevelt wollte in Jalta territoriale Fragen dilatorisch behandeln. Um so härter traf ihn, daß sich Stalin schon jetzt darüber hinwegsetzte. Amerikaner, die ihrem Präsidenten Vertrauensseligkeit vorwarfen, schienen Recht zu haben. Hatte seine Politik unlängst Cordel Hull zum Rücktritt bewogen, so trugen jetzt auch der neue Staatssekretär Edward R. Stettinius, Averell Harriman und George F. Kennan erhebliche Bedenken.
Roosevelt wünschte die Teilnahme der UdSSR am Endkampf gegen Japan und ihre Einbindung in das Ordnungssystem der Vereinten Nationen. Beides bedurfte der Klärung. Denn für ein sowjetisches Engagement im Fernen Osten gab es nur allgemeine Absichtserklärungen aus dem Jahre 1943. Und in Dumbarton Oaks hatte Andrej A. Gromyko den Entwurf der United Nations Organization (UNO) zu zerreden begonnen.
Entscheidend war das Gewicht militärischer Tatsachen. Die Sowjets hatten den Sieg greifbar vor Augen, als ihre Truppen nördlich Küstrin die Oder überquerten und Kienitz, 55 km vor Berlin, einnahmen. Um diese Zeit stand Eisenhower noch an der deutschen Westgrenze. England aber sah sich in die Rolle des Juniorpartners der USA versetzt. Seine Hauptstreitmacht, die Royal Navy, operierte nur noch am Rande des Geschehens.
Allein das britische *Bomber Command* (Harris) konnte mit seinen Angriffen auf deutsche Städte der eigenen Regierung noch zur Machtgeltung verhelfen. Englands Vereinigter Nachrichtenausschuß meinte denn auch, daß es »politisch wertvoll« wäre, »in der uns möglichen Art und Weise« ein sichtbares Fanal zu setzen. Churchill drängte Sinclair und Portal, dies vor oder während des Dreiertreffens in Jalta zu tun.
Zielobjekt sollte eine weltbekannte Metropole unweit der sowjetischen Angriffsspitzen sein. Berlin war schon monatelang angegriffen worden, ohne daß sich in seiner weiten, von Grünflächen durchzogenen Bebauungsfläche ein Feuersturm entwickelte. Über Leipzig hatte man reichlich oft Erfolgsmeldungen ausgestreut. Eine vergleichbare Bedeutung hatte nur noch die altsächsische Residenzstadt Dresden.
Die Flugroute maß 2000 km in beiden Richtungen. »Lancaster«- und »Fortress«-Bomber konnten sie in Begleitung von Fernjägern zurücklegen. Hinderlich war jedoch die wechselhafte Jahreszeit. Churchill sah nicht voraus, daß bis zum Beginn einer günstigen Mondphase noch neun Tage und mit ihnen die Konferenz vorübergehen würden, bis das Wetter eine so weitführende Luftkriegsoperation zuließ.
Stalin hatte sich durch die Wahl von Jalta zur Stätte des Treffens neue Vorteile verschafft. Als Gastgeber der am 4. Februar 1945 eröffneten »Krimkonferenz« konnte er Roosevelt zur Übernahme des Vorsitzes bewe-

365 Gruppenbild aus Jalta. In der »Krimkonferenz« vom 3. bis 11. Februar 1945 trafen sich zum zweiten Mal die »Großen Drei«. Vor dem Liwadia-Palast (v.r.n.l.) Stalin, Roosevelt und Churchill. Hinter ihnen (v.r.n.l.) Admiral William D. Leahy (USA), Air Chief Marshal Sir Arthur Tedder (GB) und Admiral Sir Andrew Cunningham (GB). Halb verdeckt: General George C. Marshall (USA) und General Sir Alan Brooke (GB). Links Wjatscheslaw M. Molotow.

366 Am 12./14. Februar 1945 wurde Dresden durch die Angriffe von 2015 anglo-amerikanischen Bombern zerstört. Die Polizei verzeichnete 23926 Ziviltote. Leichenverbrennung auf dem Alten Markt.

367 Am 26. Februar 1945 wurde Berlin erneut durch amerikanischen Kampfmaschinen des Typs Boeing »B 17 Flying Fortress« bombardiert. Von 2,3 Millionen Soldaten der US Army Air Forces fanden weltweit 52 173 den Tod, 63 200 wurden verwundet.

368 Menschen im Aschenflug nach einem der vielen Bombenangriffe auf die Reichshauptstadt.

369 Mannheim, nach einem Großangriff des Bomber Command. Ein Soldat geleitet aus dem Schutt geborgene Menschen zur Sammelstelle der »Ausgebombten«.

370 Aus einem Merkblatt für Luftschutzwarte. Bekämpfung einer Phosphor versprühenden Stabbrandbombe. Die Hausfrau erstickt das Feuer mit Löschsand. Ihrem Schutz dienen Schild, Brille und Kopftuch. Nicht im Bild: die vorgeschriebene Feuerpatsche.

371 Typischer Anblick eines im Substratosphärenflug vordringenden »Bomberstromes«. Wegen ihrer Höhe und Geschwindigkeit waren solche Formationen von den Jägern der Reichsverteidigung nur minutenlang zu bekämpfen.

gen und die Briten düpieren. Der Präsident geriet mehrfach in Widerspruch zu Churchill und Eden. Dagegen verkannte er offenbar gründlich die Absichten des sowjetischen Diktators.

Für seine Zusage, binnen drei Monaten nach der deutschen Kapitulation in den Krieg gegen Japan einzutreten, zahlte Roosevelt einen hohen Preis. In einem Geheimvertrag anerkannte er die »Volksrepublik Mongolei« und versicherte, daß Rußlands Rechte in Dairen und Port Arthur sowie an den ostchinesisch-südmandschurischen Eisenbahnen wiederhergestellt würden. Der Präsident wollte dazu das Einverständnis von Tschiang Kaischek einholen, mit dem Stalin einen Freundschafts- und Bündnispakt abzuschließen gelobte.

Zur Erleichterung der Westalliierten erneuerten Molotow und Gromyko nicht den ursprünglichen Anspruch auf 16 UN-Sitze. Stalin verlangte lediglich vier und begnügte sich mit dreien (für die UdSSR insgesamt sowie die Weißrussische und Ukrainische SSR). Roosevelt akzeptierte diese Ausnahmeregelung, konnte er doch nach Gründung der Weltorganisation in San Franzisko mit einer Mehrheit westlich orientierter Staaten rechnen.

Demgegenüber hofften die Sowjets kraft ihrer expansionistischen Politik bald über einen Block gehorsamer Satelliten zu verfügen. Besonders wichtig nahm Stalin die Veto-Frage. Ein Kompromiß, den Stettinius aushandelte, verlieh jeder Großmacht im UN-Sicherheitsrat das Einspruchsrecht auch für den Fall, daß sie direkt an Konflikten beteiligt war. Damit konnte der Kreml künftig jede für die UdSSR unangenehme Entscheidung verhindern.

Heikel war Roosevelts Absicht, einen Artikel über Treuhänderschaften für ehemals abhängige Gebiete in die Charta der Vereinten Nationen aufzunehmen. Churchill und Eden sträubten sich dagegen, denn eine solche Formel betraf nicht nur die japanischen Mandatsinseln und Französisch-Indochina, sondern auch das Empire. Wie sich zeigte, hatte England seinen südostasiatischen Stäben bereits Franzosen und Niederländer zugeteilt, die gleich nach der Befreiung in ihren früheren Kolonien tätig werden sollten.

Die von der Europäischen Beratenden Kommission erarbeiteten Dokumente wurden abgeändert. Stalin billigte Roosevelts Vorschlag, in die für Deutschland bestimmte Kapitulationsurkunde den Begriff »Zerstückelung« aufzunehmen. Beide wandten sich gegen die von Churchill verfochtene Einbeziehung Frankreichs als Besatzungsmacht.

Einig waren sich Amerikaner und Briten in ihren Bedenken gegen die sowjetischen Reparationsforderungen. Molotow verlangte den »Abtransport« von 80% der deutschen Industrieanlagen und Entnahmen aus der laufenden Produktion. Als das Plenum die weiteren Behandlungen dieses Problems einer Kommission übertrug, zeigten sich die Russen enttäuscht, zumal ihre Bemühungen um einen zinsverbilligten 6-Milliarden-Dollar-Kredit mit 30jähriger Laufzeit scheiterten.

Schwierigkeiten bereitete die Polenfrage. Die Angelsachsen anerkannten das neue Regime nur unter der Bedingung, daß einige Exilpolen Kabinettsposten erhielten. Vor der Verpflichtung zu freien Wahlen konnte Stalin seine Schützlinge bewahren. Die Curzon-Linie wurde sanktioniert und Polen für Gebietsverluste »im Norden und Westen ein beachtlicher territorialer Zuwachs« versprochen.

372 Während der ersten vier Monate des Jahres 1945 wurden dreimal mehr Bomben auf Deutschland abgeworfen als in den drei vorausgegangenen Kriegsjahren. Eine von den Briten in Potsdam getötete Schulklasse.

Die »Großen Drei« veröffentlichten eine »Erklärung über das befreite Europa«. Den Angelsachsen schien wichtig, daß sich die Völker des Kontinents »demokratische Einrichtungen ihrer Wahl« schufen. Stalin bestand auf Eliminierung aller »Reste des Nazismus und Faschismus« und öffnete damit die Tür zur ideologischen Einflußnahme der Sowjetunion auf weitere Entwicklungen.

Der sowjetische Diktator interpretierte die getroffenen Vereinbarungen auf seine Weise. Er hatte den nach Moskau verschleppten bulgarischen Regentschaftsrat zurückbringen, als »Kriegsschuldige« aburteilen und auf einem Friedhof bei Sofia erschießen lassen. Großbritannien erhob dagegen keinen Protest, obwohl eines der Opfer, Prinz Kyrill, mit dem englischen Königshaus verwandt war.

Dimitroff organisierte weitere 10000 Prozesse und ließ mehr als 2000 prominente Persönlichkeiten, darunter 36 Minister und 69 Parlamentsabgeordnete hinrichten. Damit war auch die Entwicklung in Rumänien vorgezeichnet, wo Bodnaras die Regierung stürzte und dazu beitrug, daß General Racovitza, eine der Schlüsselfiguren des antideutschen Staatsstreiches, Selbstmord beging.

Polen war schon fest in Stalins Griff. Während der Jalta-Konferenz ließ der Kreml durch den kommunistischen Staatspräsidenten Boleslaw Bierut die kaum verhüllte Annexion von Schlesien und Ostpreußen vollziehen. Kurz darauf wurden sechzehn führende Persönlichkeiten aus dem Exil zu Gesprächen in das Hauptquartier der Roten Armee geladen, dort festgenommen und als »Verräter« abgeurteilt.

Als die alliierten Delegationen vor dem Liwadia-Palast in Jalta ihre Limousinen bestiegen, fiel Budapest. Bis auf 785 Soldaten, die sich durchschlugen, gerieten alle Überlebenden in Feindeshand. Zusammen mit ihnen wurden 130000 Einwohner der Stadt über die verschneite Puszta nach Osten getrieben. Nur wenige sahen die Heimatstadt wieder, wo Woroschilow wichtige Positionen mit Kommunisten besetzte.

Stalin dachte nicht daran, sich der neuen, in Dumbarton Oaks demokratisch verfaßten Weltordnung unterzuordnen. Er beachtete vielmehr die Konsequenzen der territorialen Expansion. »Wer immer ein Gebiet besetzt«, sagte er zu Milovan Djilas, »erlegt ihm das seinige gesellschaftliche System auf und verankert so seine Herrschaftsform; anders kann es gar nicht sein.«

Der Zusammenbruch des Deutschen Reiches 1945

Das englische Kriegskabinett hatte seine Entscheidung für den Angriff auf Dresden nicht zurückgezogen. Britisch-amerikanische Bomberverbände sollten mit Hilfe des neuen Langstrecken-Navigationsgeräts »Loran« in drei Wellen über Deutschland vordringen und die zur Zwischenstation schlesischer Flüchtlinge gewordene Stadt am 13./14. Februar 1945 weitgehend zerstören.

Der »Meisterbomber«, die »Pfadfinder«, Blind- und Erstmarkierer erreichten Dresden kurz nach 22.00 Uhr. Wenige Augenblicke später waren die Geschwader über der Stadt. Sie trafen auf keinen Widerstand. Die Flak war abgezogen; Nachtjäger bekamen keine Feindberührung. Den 245 Maschinen der ersten Welle folgten um 03.23 Uhr weitere. Bis dahin hatte sich ein verheerender Feuersturm entwickelt.

Ein Teil der »Fortresses« verfehlte Dresden und bombardierte Ausweichziele, vor allem Prag. Aber die dritte Welle schlug der Stadt tiefe Wunden. Insgesamt fielen auf sie 3433,3 t Spreng- und Brandbomben. Die Ordnungspolizei verzeichnete 22096 Tote. Bei der Enttrümmerung wurden weitere 1858 Opfer geborgen. Die Gesamtzahl wird auf annähernd 35000 geschätzt.

Ostpreußen war von seinen Landverbindungen fast abgeschnitten. Hitler hatte der 4. Armee (Hoßbach) den Ausbruch untersagt. Das XXVIII. Korps (Gollnick) zog sich unter dem Feuerschutz des Schweren Kreuzers »Prinz Eugen« (Reinicke) aus Memel über die Kurische Nehrung nach Samland zurück und deckte Königsberg zeitweise im Norden.

In Pillau drängten sich Hunderttausende an Bord der Schiffe. Dönitz hatte dem Seetransportchef der Ostsee, Admiral Conrad Engelhardt, alle verfügbaren Passagierdampfer, Depot- und Lazarettfahrzeuge für die Massenevakuierung zugewiesen. Der Kriegsmarine war damit eine letzte, vorwiegend humanitäre Aufgabe gestellt.

Trotz der Bedrohung durch Minen, Bomben und Torpedos konnte Engelhardt bis Kriegsende 2022702 Menschen über das Meer retten; 99% aller Personen, die sich der Marine anvertrauten, erreichten ihr Fluchtziel. Katastrophen auf See – das Ende der »Wilhelm Gustloff«, »General Steuben« und »Goya«, die mit etwa 14300 Passagieren sowjetischen U-Booten zum Opfer fielen – gehören zur Kehrseite dieses Bildes.

»Cap Arcona« und »Thielbeck«, zwei vor Neustadt in der Lübecker Bucht eingetroffene Passagierschiffe, wurden von britischen Fliegern vernichtet, wobei mit Teilen der Besatzung und des Aufsichtspersonals etwa 7000 KZ-Häftlinge aus 24 Nationen den Tod fanden.

Aus Schlesien, der mit 4,7 Millionen größten deutschen Ostprovinz, zogen Hunderttausende, unter ihnen die Überlebenden von Auschwitz, mit Wagentrecks oder zu Fuß über das verschneite Riesengebirge nach Böhmen. Millionen waren zurückgeblieben, als über sie die Rote Armee hereinbrach. In Breslau wurde eine Division mit 15000 Leuten des Volkssturmes und etwa 80000 Zivilpersonen eingeschlossen.

Thorn, Posen und Graudenz waren gefallen, Shukows Angriffsspitzen vor Berlin aber nicht entlastet, solange sich deutsche Kräfte noch in Hinterpommern, an der tiefen Nordflanke seiner Heeresgruppe hielten. Der

373 *Nachdem Ostpreußen vom Inneren des Reiches abgeschnitten war, zogen zahlreiche Flüchtlinge über die Frische Nehrung, wo sie von sowjetischen Tieffliegern angegriffen wurden.*

374 *Nach dem Fall von Königsberg: Sowjetische 12,2-cm-Sturmgeschütze »SU 111« in der Nähe des ausgebrannten Schlosses.*

375 *Nach der Ardennenschlacht drangen amerikanische Armeen durch die Eifel zum Rhein vor.*

376 *Am 7. März 1945 erreichten amerikanische Truppen über die nicht rechtzeitig zerstörte Ludendorff-Brücke von Remagen das Ostufer des Rheines.*

377 *Während Briten und Kanadier durch Nordwestdeutschland vordrangen, gelang den Amerikanern die Bildung des sogenannten Ruhrkessels. Luftlandetruppen an der Lippe im Norden der Einschließungsfront.*

378 *Über 395 000 deutsche Kriegsgefangene verlassen den Ruhrkessel über die Autobahnen. In der Gegenrichtung weiterrollende »Sherman«-Panzer und Munitionskolonnen der US Army.*

379 *In einem süddeutschen Städtchen: Schwerkriegsbeschädigte erwarten zusammen mit ihrem Arzt das Eintreffen der Alliierten.*

380 *Eine von de Gaulle aufgestellte Armee sollte für Frankreich östlich des Rheines günstige Positionen besetzen, mußte jedoch auf Stuttgart verzichten. Marokkanische Flak am Bodensee.*

BÄCKEREI – KONDITOREI

Marschall wandte sich deshalb nach dieser Seite. Unterstützt von Rokossowskij erreichte ein Panzerkeil bei Köslin die Küste und drehte dort zur Danziger Bucht ein.
Damit ging das Ringen um Ost- und Westpreußen neuen Höhepunkten entgegen. Wassilewskij, der an die Stelle des tödlich verwundeten Tschernjachowskij trat, verlagerte das Schwergewicht zum Frischen Haff. Die deutsche Front wurde zerschlagen, das Samland abgetrennt, Königsberg eingeschlossen, Danzig erreicht. Nur auf Hela, bei Gotenhafen und in der Weichselniederung hielten sich noch Verbände der Wehrmacht.
Inzwischen hatte auch die Schlacht um das Rheinland begonnen. Den ersten Schlag führte die *21st Army Group* (Montgomery) in Richtung auf den Strom bei Düsseldorf und Emmerich. Die *12th Army Group* (Bradley) trieb einen Keil bis nach Köln vor, um Flanke und Rücken der deutschen Eifelverteidigung zu fassen, während die 3. US-Armee (Patton) Koblenz, Mainz und Mannheim zustrebte.
An den Flügeln der deutschen Westfront konnten die HGr. H (Blaskowitz) und HGr. G (Hausser) den Zusammenhang mit der zurückweichenden HGr. B (Model) kaum wahren. Die Ludendorff-Brücke von Remagen fiel unzerstört in die Hand der 1. US-Armee (Hodges). Außer sich vor Zorn entsandte Hitler ein fliegendes Standgericht, das vier der fünf angeblich schuldigen Offiziere erschießen ließ.
Als vorausgegangene Teilbeschädigungen zum Einsturz der Remagener Brücke führten, hatten die Amerikaner ihre am Ostufer gewonnene Stellung befestigt, waren Bonn, Köln, Neuß und Krefeld gefallen, standen Briten und Kanadier mit starken Kräften am Niederrhein, eroberte Patton bei Oppenheim einen zweiten Brückenkopf.
Ausschlaggebend wurde, daß Montgomery das Ufer am Niederrhein wechselte und die 9. US-Armee (Simpson) in Richtung Lippstadt vorging, unterstützt durch eine Luftlandung. Denn jetzt konnte Bradley die 1. US-Armee (Hodges) über Remagen in Bewegung setzen, nach Nordosten lenken und einen »Ruhrkessel« bilden.
Das deutsche Westheer war in verschiedene Teile zerbrochen. Die Alliierten zogen lange Operationsstreifen durch das Reichsgebiet. Die kanadische 1. Armee (Crerar) hielt auf Friesland zu. Die 3. US-Armee (Patton) überschritt den Main nach Süden. Die *6th Army Group* (Devers), der Eisenhower nur Nebenaufgaben gestellt hatte, ließ zwischen Mannheim und Karlsruhe den Rhein hinter sich.
Dabei kam es wieder zu interalliierten Spannungen. Brooke hatte SHAEF die »planmäßige Verzettelung« wertvoller Kräfte vorgeworfen und verlangt, daß Eisenhower ein Berater zur Führung des Landkrieges beigeordnet werde. Churchill, der dahinter stand, befürchtete weitere Fortschritte der Sowjets. Er drängte zum Stoß auf Berlin.
Doch Eisenhower bekam Rückendeckung durch Marshall. Devers wurde angewiesen, mit der 7. US-Armee (Patch) gegen Nürnberg vorzugehen. Gleichzeitig ließ der alliierte Oberbefehlshaber dem Kreml mitteilen, daß die Amerikaner »auf der Linie Erfurt-Leipzig zur oberen Elbe« ausgreifen und im übrigen das deutsche »Alpen-Reduit« erobern würden.
Stalin verfolgte ungehindert seine Politik des *fait accompli*. Als die Türkei durch Kriegserklärung an Deutschland zum Verbündeten Großbritanniens wurde, kündigte Molotow den mit Ankara geschlossenen Freundschafts-

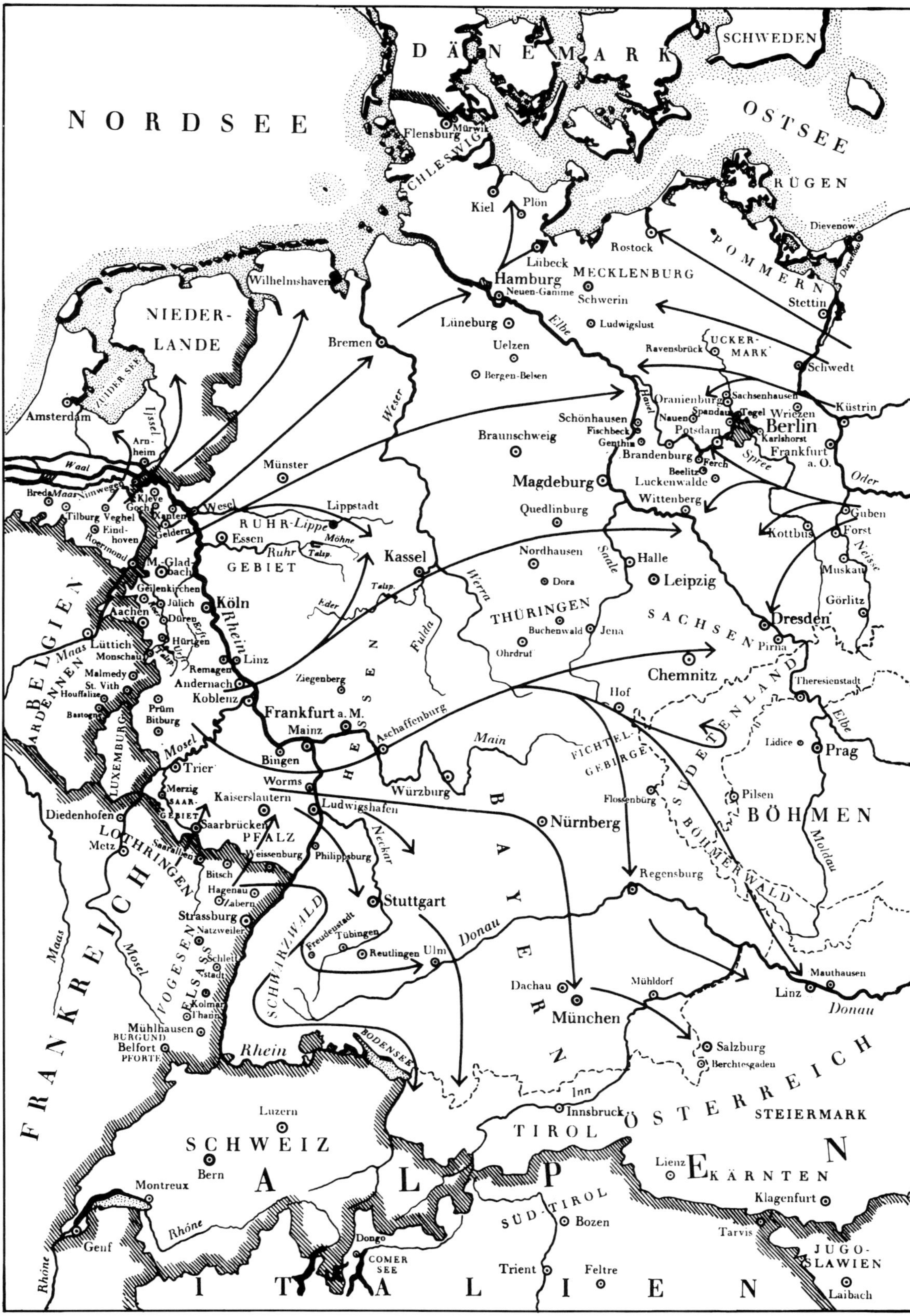

NORDSEE
DÄNEMARK
SCHWEDEN
OSTSEE
RÜGEN
Flensburg
Mürwik
SCHLESWIG
Kiel
Plön
Lübeck
Rostock
Dievenow
POMMERN
MECKLENBURG
Hamburg
Neuen-Gamme
Schwerin
Ludwigslust
Stettin
Wilhelmshaven
NIEDER-LANDE
ZUIDER SEE
Amsterdam
Ijssel
Arn-heim
Waal
Maas
Breda
Nimwegen
Tilburg
Veghel
Eind-hoven
Kleve
Goch
Xanten
Geldern
Wesel
Roermond
Bremen
Lüneburg
Uelzen
Bergen-Belsen
Elbe
Weser
UCKER-MARK
Ravensbrück
Schwedt
Oranienburg
Sachsenhausen
Küstrin
Nauen
Spandau
Tegel
Wriezen
Potsdam
Berlin
Karlshorst
Frankfurt a. O.
Oder
Spree
Ferch
Beelitz
Luckenwalde
Schönhausen
Fischbeck
Genthin
Brandenburg
Braunschweig
Magdeburg
Havel
Münster
Lippstadt
RUHR-GEBIET
Lippe
Möhne
Ruhr
Essen
Kassel
Eder
Wittenberg
Quedlinburg
Guben
Forst
Kottbus
Neisse
Muskau
Görlitz
Nordhausen
Dora
Halle
Saale
Leipzig
Werra
Fulda
M.-Gladbach
Geilenkirchen
Jülich
Köln
Aachen
Düren
Rhein
BELGIEN
Lüttich
Monschau
Hürtgen
Erft
Malmedy
St. Vith
Houffalize
Bastogne
Remagen
Linz
Andernach
Koblenz
Prüm
Bitburg
LUXEMBURG
Mosel
THÜRINGEN
Buchenwald
Jena
Ohrdruf
SACHSEN
Dresden
Pirna
Chemnitz
Ziegenberg
HESSEN
Frankfurt a. M.
Mainz
Bingen
Aschaffenburg
Main
Trier
Hof
Theresienstadt
FICHTEL-GEBIRGE
Lidice
Prag
Worms
Würzburg
Kaiserslautern
Ludwigshafen
Merzig
SAAR-GEBIET
Saarbrücken
PFALZ
Diedenhofen
LOTHRINGEN
Metz
Neckar
Weissenburg
Philippsburg
Bitsch
Hagenau
Zabern
Nürnberg
Flossenbürg
Pilsen
BÖHMEN
Moldau
BÖHMERWALD
Regensburg
Strassburg
Natzweiler
Stuttgart
Tübingen
Freudenstadt
Reutlingen
Ulm
Donau
SCHWARZWALD
VOGESEN
ELSASS
Schlettstadt
Kolmar
Thann
FRANKREICH
Maas
Mühlhausen
BURGUND
Belfort
PFORTE
BAYERN
Dachau
München
Mühldorf
Salzburg
Berchtesgaden
Linz
Mauthausen
Donau
ÖSTERREICH
BODENSEE
Inn
Innsbruck
STEIERMARK
TIROL
Luzern
SCHWEIZ
Bern
ALPEN
Lienz
KÄRNTEN
Klagenfurt
Montreux
Genf
Rhône
SÜD-TIROL
Bozen
Tarvis
JUGO-SLAWIEN
Laibach
Dongo
COMER SEE
Trient
Feltre
ITALIEN

und Neutralitätspakt. Gleichzeitig forderte der Außenkommissar die Abtretung von Stützpunkten am Bosporus und in den Dardanellen.
Die Reichsführung sah darin erneut ein Zeichen für den fortschreitenden Verfall der feindlichen Koalition. Als der SS-Obergruppenführer Karl Wolff nach Berlin kam, um seine Kontrakte mit dem amerikanischen Geheimdienst in der Schweiz zu rechtfertigen, äußerte Hitler: »Ich will die Front noch acht Wochen halten…, bis die Sache zwischen Ost und West auseinanderbricht.«
Der Kreml war über Wolffs Verbindungen unterrichtet. Stalin erfuhr auch von einer Sprachregelung des Auswärtigen Amtes, mit der Ribbentrop etwaige Dialoge deutscher und westalliierter Diplomaten nicht mehr grundsätzlich verbot. Ebenso dürften Absprachen, die Himmler und der Vizepräsident des Schwedischen Roten Kreuzes trafen, in Moskau bekannt geworden sein.
Die Sowjets zeigten sich nervös und mißtrauisch. Sie bezeichneten Separatgespräche als Verstoß gegen die Verpflichtungen der Koalitionspartner. Gleich darauf kam aus Moskau die Mitteilung, daß nicht Molotow, sondern Gromyko zur konstitutionierenden Sitzung der Vereinten Nationen am 25. April 1945 nach San Franzisko reisen werde. Deutlicher konnte Stalin sein geringes Interesse für die von amerikanischer Seite gewollte Nachkriegsordnung kaum bekunden.
Roosevelt war verärgert, wollte aber nicht, daß Stettinius eine Protestnote nach Moskau richtete und die *Combined Chiefs of Staff* durch Korrektur ihrer jüngsten Direktive General Eisenhower zur Änderung der befohlenen Marschroute zwangen. Botschafter William A. Harriman wurde angewiesen, die Unstimmigkeiten zwischen den USA und der UdSSR als »belanglose Irritation« abzutun.
Roosevelt war schwerkrank. Die Folgen einer Kinderlähmung fesselten ihn an Beinschienen und Rollstuhl. Cholelithiasis und Herzanfälle zwangen ihn seit Kriegsbeginn nicht weniger als 29mal inkognito das Marinehospital in Bethesda (Maryland) aufzusuchen, während James F. Byrnes für den Präsidenten die Regierungsgeschäfte wahrnahm.
Am 12. April 1945 starb Roosevelt in Warm Springs (Georgia) an den Folgen eines Gehirnschlags. »Mein Führer«, rief Goebbels ins Telefon. »Ich beglückwünsche Sie, das Schicksal hat unseren größten Feind niedergestreckt!« Tatsächlich hatte Hitler seit Monaten auf den »Wink der Vorsehung« gehofft, das »Mirakel des Hauses Brandenburg«, dem einst Friedrich der Große seine Rettung verdankte.
Gesteigerter Terror sollte zur Überbrückung der letzten Zeitspanne verhelfen. Greifkommandos machten mit Deserteuren kurzen Prozeß. Regimegegner wurden entlassen, jedoch vor den Gefängnistoren rücklings erschossen. »Fliegende Standgerichte« brachten Häftlinge an den Galgen, so auch Canaris und Oster, Bonhoeffer, Gehre und Sack in Flossenbürg.
Hitler hatte befohlen, die Konzentrationslager und ihre Insassen bei Annäherung des Gegners zu beseitigen. Himmler jedoch benutzte Gefangene teilweise als Handelsobjekte. Er gab 1000 Jüdinnen aus Sachsenhausen die Freiheit, um das Schwedische Rote Kreuz und den Jüdischen Weltkongreß für Verhandlungen zu gewinnen. Wolff, der enge Mitarbeiter des Reichsführers SS, ermöglichte einigen prominenten Häftlingen aus dem KZ Dachau das Entkommen.

381 In Oberschlesien und Breslau war der Widerstand besonders hartnäckig. Ein Kampftrupp deutscher Gymnasiasten mit Panzerfäusten »60« und Sturmgewehren »MP 42«.

382 Zur Schlußphase der sowjetischen Weichsel-Oder-Operation gehörte die Eroberung von Hinterpommern. Auch dort wurden zahlreiche Gefangene eingebracht.

Die versammelten NS-Gauleiter negierten einen von Keitel und Bormann unterzeichneten Befehl zur fanatischen Verteidigung jeder deutschen Stadt. Albert Speer verhinderte teilweise die gleichfalls angeordnete Zerstörung der noch vorhandenen Fabriken. Bürgermeister trafen stillschweigend Vorkehrungen, um ihre Gemeinden ordnungsgemäß den alliierten Truppen zu übergeben.

383 Besprechung sowjetischer Oberbefehlshaber: Die Marschälle Georgij K. Shukow, Konstantin K. Rokossowskij und Iwan S. Konjew, in einem Dorf bei Schneidemühl.

Unterdessen setzten die Westmächte ihre Bombenangriffe auf deutsche Städte fort. Sie zerstörten zahlreiche Baudenkmäler und weite Wohnbezirke von Kiel, Mainz und Würzburg, Nürnberg und Pforzheim, Hildesheim und Halberstadt, Braunschweig, Bayreuth und Potsdam. Zum 363. Mal waren Viermotorige im Anflug auf Berlin, wo die Zahl der Ziviltoten 28000 überstieg. Während der vier Monate des Jahres 1945 wurden 500000 Tonnen Sprengstoff auf Deutschland geworfen, dreimal mehr als von 1941 bis 1944.

Eine letzte Offensive deutscher Panzerverbände zur Rückgewinnung des ungarischen Erdölgebietes war gescheitert und hatte zur Folge, daß Malinowskij am 13. April 1945 Wien eroberte. Darauf suchten die Oberbefehlshaber im Süden und Südosten eine passende Gelegenheit, um ähnlich zu verfahren wie Wolff als Beauftragter der übergabebereiten Heeresgruppe C (Vietinghoff-Scheel).

Den im Ruhrkessel eingeschlossenen Verbänden befahl Model, sich aufzulösen, bevor er bei Düsseldorf zur Pistole griff und sich erschoß. Kleine Gruppen brachen aus, doch die Masse der deutschen Soldaten begrüßte das Ende des Kampfes. SHAEF meldete 325000 Gefangene. Als die 9. US-Armee (Simpson) weiter durch Norddeutschland zog, hingen aus vielen Fenstern weiße Tücher, spontane Zeichen der Kapitulation.

Hitler beobachtete mit Genugtuung, wie Amerikaner und Sowjets an den Strömen im Westen und Osten von Berlin haltmachten. Erkenntnisse des OKH schienen auf eine konzentrische Offensive gegen das Böhmische Becken hinzuweisen. Deshalb wurden die deutschen Kräfte dort verstärkt, der wirklich bedrohte Oder-Neiße-Abschnitt aber durch den Abzug schneller Truppen geschwächt.

Die Ostflanke der Reichshauptstadt deckten zwischen Guben und dem Stettiner Haff 39 Divisionen. Sie bildeten die Heeresgruppe Nord (Heinrici) mit der 4. Panzerarmee (Graeser), 9. Armee (Busse) und 3. Panzerarmee (Manteuffel) und zählten knapp 527000 Mann, überwiegend Soldaten, zum Teil auch Volkssturm-Bataillone und Freiwillige aus halb Europa, gestützt auf etwa 10000 Geschütze und 1500 Kampfwagen.

Das Luftwaffenkommando Nord (Fiebig) und die Luftflotte 6 (Greim) hatten in ihren Listen 2224 Maschinen. Viele waren als Nachtjäger für den Erdkampf ungeeignet, die Bomber vom Typ Junkers »Ju 88 S-1« in Mistelkombination bei Angriffen auf Pontonbrücken des Gegners schon verbraucht. Von den Schlachtflugzeugen des Baumusters Henschel »HS 129 B-3« konnten nur etwa 300 betankt werden. Der Treibstoffvorrat reichte keine zwei Tage.

384 Zu Beginn der Schlacht um Berlin schlagen sowjetische Pioniere bei der gesprengten Autobahnbrücke südlich von Stettin eine panzertragende Kriegsbrücke über die Oder.

Auf der anderen Seite hatten die Heeresgruppen der Sowjetmarschälle Konjew, Shukow und Rokossowskij mit rund 2,5 Millionen Rotarmisten, 51600 Geschützen und Granatwerfern sowie 6200 Panzern gegen Oder und Neiße aufgeschlossen und diese Flüsse nördlich von Görlitz und Küstrin bereits überschritten. Für den Endkampf um Berlin verteilte Nowikow

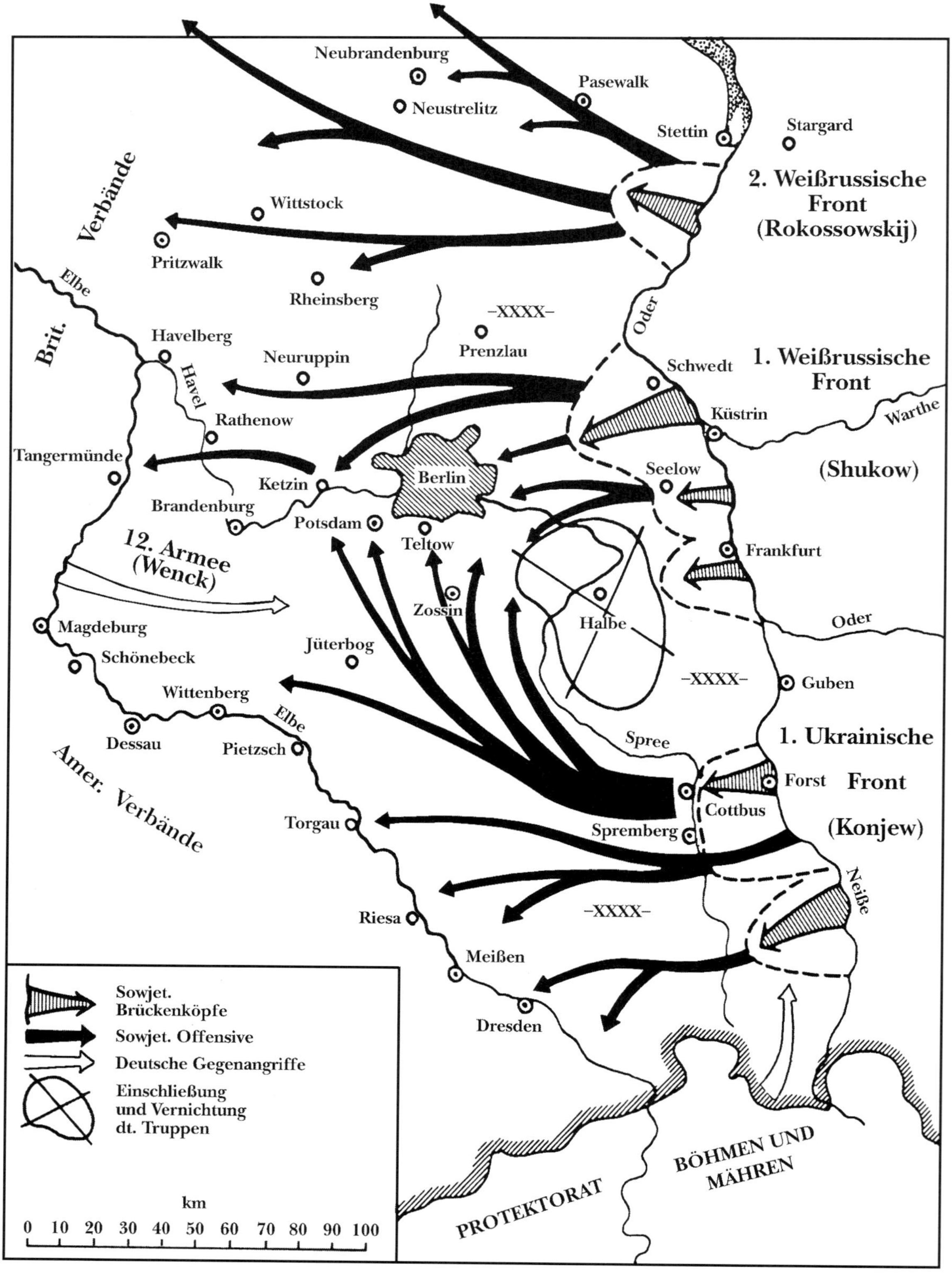

385 In Erwartung der Roten Armee: Ein Straßenbild aus der Reichshauptstadt.

388 Sowjetische Schlachtflugzeuge vom Typ Iljuschin »Il 2 Sturmowik« über Berlin. Bis Kriegsende wurden 36136 dieser Maschinen gebaut.

386 Ein sowjetischer Panzerfahrer hat aus seinem brennenden »T 34« das Freie gewonnen. Die zu Propagandazwecken verfaßte Bildlegende behauptet, daß der Verwundete seine Kameraden zum Sturm auf Berlin anfeuert.

387 Flüchtlingstrecks und versprengte Soldaten in den Kiefernwäldern der Mark Brandenburg. Die Mehrzahl dieser Menschen hoffte auf ein weiteres Vorrücken der bei Schönebeck über die Elbe gegangenen Amerikaner.

389 Straßenkampf in Berlin. Sowjetische Lkw mit schwenkbaren Leitschienen für Raketenschnellfeuer »BM 13«, von den Russen »Katjuscha« oder »Maria Iwanowna« genannt, von den Deutschen als »Stalinorgel« gefürchtet.

7496 Flugzeuge, darunter 3975 Jäger und 2267 Bomber, an vier vorgeschobene Luftarmeen.

Die sowjetische Schlußoffensive begann am 16. April 1945. Sie entwickelte sich wie gewöhnlich in einer zeitlichen Staffelung aus den gefestigten Oder-Neiße-Brückenköpfen, erdrückte die Berlin-Verteidigung und verebbte in Richtung auf das Ostufer der Elbe. Die verschiedenen Abläufe dieser Operation waren relativ langsam, weil auch der letzte Rotarmist wußte, daß die Entscheidung längst gefallen war.

Die Verteidiger kämpften noch, weil sie insgeheim hofften, sich den nahenden Amerikanern anschließen zu können, raunten doch Gerüchte von einem bevorstehenden *renversement des coalitions*. Am ersten Tag erzielte die Rote Armee wegen des zähen Widerstandes keinen Erfolg. Aber dann trieb Konjew einen starken Panzerkeil mit aufgesessener Infanterie in Richtung auf Luckenwalde vor, und eroberte Shukow unter schweren Verlusten bei Buckow die Seelower Höhen.

Rings um Berlin waren Panzergräben ausgehoben und die Zufahrtsstraßen verbarrikadiert. Die drei Verteidigungsringe bestanden aus weiteren Sperren sowie Geschützstellungen und betonierten Kampfständen. Den Stadtkern überragten drei fünfstöckige Flaktürme mit 3 m dicken Wänden und Gefechtsplattformen. Besonders hinderlich fand Konjew auch die vielen Kanalisationsschächte, Luftschutzkeller und U-Bahntunnel.

Die Verteidigungskräfte waren ungenügend. Neben einer SS-Brigade und drei Divisionen des LVI. Panzerkorps (Weidling), Flakpersonal und Heeresschulen – insgesamt 44630 Soldaten – standen weitere 42530 Kombattanten (die seit Oktober letzten Jahres gebildeten Volkssturmbataillone, Hitlerjugend-Kampftrupps, Polizei und Werkschutzeinheiten mit Gewehren und Panzerfäusten).

Die Reichsführung begann auseinanderzufallen. Himmler hatte seinem schwedischen Verhandlungspartner in Lübeck ein Kapitulationsangebot überreicht, das nach London weitergeleitet wurde. Göring meldete sich vom Obersalzberg und wurde aller Ämter enthoben, weil Hitler und Bormann dem Telegramm des Reichsmarschalls zu entnehmen glaubten, daß er an die Alliierten herantreten wolle.

Auch die militärische Befehlsgewalt zerbröckelte. Teile des III. SS-Panzerkorps (Steiner) und die bei Magdeburg neu aufgestellte 12. Armee (Wenck), die Berlin entsetzen sollten, kamen kaum von der Stelle und erstatteten erst auf Nachfragen Vollzugsmeldung. Keitel und Jodl hatten sich mit dem OKW in Rheinsberg ein Ausweichquartier geschaffen, ohne dort noch einmal aktiv zu werden.

Die Rote Armee rückte weiter vor. Verbände von Tschuikow und Kusnezow erreichten den östlichen Stadtrand. Im Süden überschritt Konjew mit einem Korps den Teltowkanal. Am 25. April 1945 schlossen zwei Gardepanzerarmeen ihre Zange bei Ketzin westlich von Potsdam. Berlin war eingeschlossen. Nur einzelne Flugzeuge erreichten noch die Stadt.

Außerhalb des Zentralgeschehens entfalteten sich die alliierten Operationen fast ungehemmt. Nach dem Zusammentreffen von Amerikanern und Russen an der Elbe bei Strehla war das westliche Reichsgebiet in zwei Teile zerschnitten. Hitler wollte, daß Dönitz den Nordsektor verteidigte und Kesselring für Süddeutschland und Niederösterreich eine neue Front aufbaute.

390 Beim Eindringen anglo-amerikanischer Verbände in die Poebene kam es vielfach zu Straßenkämpfen zwischen Aufständischen und Faschisten. Mussolini floh aus Mailand und wurde am 28. April 1945 in Giulino di Mezzegra von einem kommunistischen Partisanenführer ermordet.

391 Antifaschisten ließen die geschändeten Leichen Mussolinis und seiner Maitresse, der Clara Petacci, zur Beschimpfung an der Piazzale Loreto in Mailand aushängen. Hitler faßte darauf endgültig den Entschluß, sich das Leben zu nehmen.

Doch Devers fächerte mit zwei alliierten Armeen über Baden, Württemberg und Vorarlberg aus. Patton ließ das zerstörte Nürnberg hinter sich und nahm Pilsen, Linz und Salzburg. Bradley hatte auf breiter Front die Elbe erreicht, während Montgomery bei Lauenburg über den Strom setzte und durch das westliche Mecklenburg Rokossowskijs Heeresgruppe entgegenstieß.
Hitler hatte sich entschlossen, das Ende in der Berliner Reichskanzlei abzuwarten. Was er befürchtete, widerfuhr dem Duce. Er war an den Comer See geflohen, um sich ins Valtellino zurückzuziehen, wurde jedoch angehalten und am 28. April 1945 in Mezzagra von dem Kommunistenführer Walter Audisio ermordet, der auch die gesamte neofaschistische Regierung erschießen ließ.
Während die von der Menge zertrampelten Körper des Duce und seiner Gefährten vom Dachgestänge einer halbfertigen Mailänder Garage hingen, traf Hitler letzte Vorkehrungen. Er verteilte Giftampullen an das Personal der Reichskanzlei, schloß die Ehe mit Eva Braun und diktierte im Führerbunker außer dem privaten ein politisches Testament.
Hitler verstieß Göring und Himmler aus der NSDAP. Dönitz sollte Reichspräsident werden und ein Kabinett unter Lutz Graf Schwerin von Krosigk bilden. Nach dem Willen des Diktators war auch die künftige Regierung »zur peinlichen Einhaltung der Rassegesetze« und »zum unbarmherzigen Widerstand gegen das internationale Judentum« verpflichtet.
Am 30. April 1945 lag Berlin wieder unter starkem Artilleriefeuer. Stoßtrupps der Roten Armee nahmen das Reichstagsgebäude und drangen zur Wilhelmstraße vor. Um 15.30 Uhr, als sie etwa 500 m vor der Reichskanzlei standen, nahmen sich Hitler und Eva Braun das Leben. Goebbels folgte ihrem Beispiel. Bormann wollte sich durchschlagen.
Wiederholte Versuche, die Stadt zu übergeben, waren gescheitert. Tschuikow durfte darauf nicht eingehen. Shukow mußte bei Stalin nachfragen und erhielt ablehnenden Bescheid. Schließlich ging General Helmuth Weidling in Gefangenschaft, gefolgt von 70000 überlebenden Soldaten und Legionären, Volkssturmmännern und Hitlerjungen.
In Mecklenburg stemmte sich die 3. Panzerarmee (Manteuffel) noch gegen den Angriff der von Rokossowskij geführten Heeresgruppe. Generaloberst Gotthard Heinrici wollte, daß die deutschen Truppen einen Weg für die Flüchtlingsmassen offenhielten und sich dann den zwischen Dömitz und Wismar stehenden Briten ergaben.
Für mehr als 700000 KZ-Häftlinge kam jede Hilfe zu spät. Himmler hatte befohlen, sie bei Annäherung des Gegners zu verlegen. Die Folge war, daß nach wochenlangen Irrfahrten und Gewaltmärschen in den überfüllten Aufnahmelagern jeder dritte Gefangene an Entkräftung und Seuchen starb – für die Befreier ein Bild des Grauens, das sie mehr denn je mit flammendem Zorn gegen alles Deutsche erfüllte.
Dönitz ließ, wie verlangt, unter Schwerin von Krosigk eine »geschäftsführende Regierung« bilden. Himmler und Ribbentrop, die sich in Mürwik einfanden, erhielten keine Posten. Jodl wurde Militärbeauftragter. Speer, der Wirtschaftsminister, appellierte über den Rundfunk an die Bevölkerung, mit dem Wiederaufbau zu beginnen.
In Caserta hatten Beauftragte der HGr. C (Vietinghoff-Scheel) eine Kapitulationsurkunde unterzeichnet. Dadurch ermutigt, wollte Dönitz weitere

392 Nachdem schon bis August des Vorjahres in den deutschen Konzentrationslagern infolge unzureichender Versorgung über 525000 Häftlinge gestorben waren, stieg die Zahl der Toten bis Kriegsende weiter an. Abtransport von Leichen aus dem KZ Buchenwald.

393 Im KZ Bergen-Belsen waren zuletzt 41000 Gefangene zusammengepfercht. Die meisten dieser durch Verlegungsmärsche entkräfteten Menschen starben an Typhus und Fleckfieber. Der Lagerkommandant, SS-Hauptsturmführer Josef Kramer, wurde von den Briten gezwungen, die Leichenhaufen zu entwirren, bevor man ihn henkte.

Teilverträge abschließen und damit möglichst viele Soldaten und Flüchtlinge vor sowjetischer Gefangenschaft bewahren. Am 4. Mai 1945 ließ er durch Admiral Georg von Friedeburg vor Montgomery die Übergabe aller Wehrmachtsverbände des Nordwestraumes vollziehen.
Im Protektorat Böhmen und Mähren hatte SS-Obergruppenführer Karl Hermann Frank mit der tschechischen Widerstandsbewegung ein Stillhalteabkommen geschlossen, dem Dönitz zustimmte. Alle Dienststellen sollten dem Nationalkomitee übergeben werden und die deutschen Truppen abziehen. Doch Beneš trieb zur Erhebung. Am 4./5. Mai 1945 erhielten seine Agenten den auslösenden Befehl.
Gerüchte vom Anmarsch der 3. US-Armee (Patton) trieben in Prag zahllose Menschen auf die Straße. Als Frank die Menge zerstreuen ließ, trafen seine Ordnungshüter plötzlich auf kampfbereite Gruppen, Wegbereiter Stalins, aber auch Truppenteile der antisowjetischen Wlassow-Armee, die bei den slawischen Brüdern eine neue Heimat zu finden hofften. Der Pöbel entfesselte ein Pogrom gegen die deutschen Einwohner der Stadt und des Landes.
Schwierig war auch die Lage der noch in Jugoslawien stehenden Verbände. Bei dem Versuch, für sie einen Ausweg zu finden, mußte Löhr auf Deutsche, Slowenen, Ungarn und Italiener, die kroatische Armee (Gruić) und das XV. Kosakenkorps (Pannwitz) Rücksicht nehmen, die zum Teil schon auf eigene Faust mit den nach Steiermark und Kärnten vordringenden Briten verhandelten.
General Sir Harold Alexander genehmigte der Heeresgruppe den Übertritt nach Österreich. Ihre Verbände wurden entwaffnet, dann jedoch aufgrund eines in Jalta geschlossenen Abkommens, das die Repatriierung sowjetischer Staatsbürger vorsah, von den Engländern größtenteils willkürlich an Tito-Partisanen und sowjetische Kommissare ausgeliefert.
Zuvor war Admiral Friedeburg im Auftrage von Dönitz nach Reims, ins Hauptquartier des westalliierten Oberbefehlshabers, geflogen. Auch Generaloberst Jodl traf dort ein. Am 7. Mai 1945 unterzeichnete er mit Vertretern Eisenhowers eine für alle deutschen Wehrmachtsverbände geltende Kapitulationsurkunde.
Auf Drängen Stalins mußte dieser Akt am nächsten Tag in Berlin vor Shukow wiederholt werden, obwohl die Sowjetuntion schon in Reims vertreten war. Eisenhower ließ sich von der Teilnahme abraten. Montgomery blieb der Zeremonie auf Anweisung Churchills fern. Die Neuinszenierung verlief daher nicht so eindrucksvoll wie gewünscht.
Dönitz hatte Keitel mit Friedeburg und Stumpff (als Repräsentanten der Marine und Luftwaffe) entsandt. Die abschließende Handlung verzögerte sich bis Mitternacht. Am 9. Mai 1945 um 00.10 Uhr wurden die Besiegten in den Speisesaal der Unteroffiziersschule in Berlin-Karlshorst geführt. Die Unterzeichnung der Dokumente dauerte sechs Minuten. Dann gingen die Delegationen grußlos auseinander.

394 Kurz vor dem Zusammenbruch des deutschen Widerstandes: Ein sowjetischer »JS 1« am Brandenburger Tor in Berlin.

395 Berlin, Unter den Linden: Auf dem Mittelstreifen der Straße werden deutsche Verwundete zusammengetragen.

396 Reims, Collège technique, 7. Mai 1945: Generaloberst Alfred Jodl vollzieht im alliierten Oberkommando (SHAEF) die Kapitulation der deutschen Wehrmacht. Neben ihm Admiral Hans-Georg von Friedeburg, letzter Oberbefehlshaber der Kriegsmarine.

Die Konferenz von Potsdam 1945

Shukow hatte Keitels Bitte um Gewährung einer Frist von 12 Stunden zur Bekanntgabe der Kapitulation abgelehnt. Daher endete das Kampfgeschehen nicht einheitlich. Tage vergingen bis zur Übergabe der HGr. Kurland (Hilpert) und letzter Einheiten in Ostpreußen sowie isolierter »Festungsbesatzungen« auf den Ägäischen Inseln, in Dünkirchen, La Rochelle, Lorient, St. Nazaire und Breslau.

Die Besiegten waren rechtlos. Keitel wurde vier Tage nach der Kapitulation festgenommen. Eisenhower verschickte 1,75 Millionen Kriegsgefangene als Zwangsarbeiter nach Frankreich und in die Sowjetunion. Dagegen hielt Churchill entwaffnete deutsche Truppenteile und eine ungarische Division mit eigener Kommandostruktur und Jurisdiktion zurück.

Die sogenannte Repatriierung sowjetischer Staatsbürger vollzog sich unter dramatischen Umständen. General Andrej A. Wlassow und seinen Offizieren war der Galgen sicher. Ostlegionären und Kosaken, Hiwis und zahllosen Fremdarbeitern stand ein langsames Dahinsterben in sowjetischen Straflagern bevor. Viele begingen Selbstmord.

Die serbische Staatswache und slowenische Domobranen – insgesamt etwa 11000 Mann wurden von Titos Partisanen in den Wäldern um Gottschee ermordet. Marburg an der Drau war das Golgatha für 40000 kroatische Soldaten und die mit ihnen geflohenen 30000 Frauen und Kinder. Königstreue Jugoslawen standen früher oder später vor kommunistischen Erschießungskommandos.

Mit prominenten Persönlichkeiten inszenierte Tito in Belgrad eine Reihe von Schauprozessen. General Milan Nedić nahm sich vorher das Leben. General Draža Mihailović, der Kriegsminister des Königs, wurde durch den Strang hingerichtet, ebenso Generaloberst Alexander Löhr. Über 50000 deutsche Soldaten und 10000 Italiener ließ der jugoslawische Diktator nach Kriegsende zugrunderichten.

Von den Sowjets wurden rund 27000 Scheinverfahren gegen sogenannte Kriegsverbrecher eingeleitet. Die Westalliierten verhängten über alle SS-Angehörige und NS-Funktionäre, viele Diplomaten und Justizpersonen, sogar Fabrikanten, Autoren und Künstler »automatischen Arrest«. Namhafte Wissenschaftler und Konstrukteure verbrachten die Siegermächte nach Amerika, Großbritannien und in die UdSSR.

Während unüberschaubare Ströme von Kriegsgefangenen und Zivilinternierten, ehemaligen KZ-Häftlingen, heimkehrenden Fremdarbeitern und Evakuierten kreuz und quer durch Mitteleuropa zogen und zwischen ihnen noch Millionen Flüchtlinge umherirrten, gaben die neuen östlichen Machthaber das Signal zur nächsten Völkerwanderung.

Roosevelt hatte nicht nur der von Edvard Beneš gewünschten Vertreibung deutscher »Siedler« aus Böhmen-Mähren zugestimmt, sondern auch Polen, Siebenbürgen und Jugoslawien in dieses Programm einbezogen. Stalin hielt Deportationen schon immer für zweckmäßig. Dementsprechend ließ Berija wieder Hunderttausende aus den baltischen Republiken und Südosteuropa nach Innerasien und Sibirien verschleppen.

397 Auf Verlangen Stalins mußte die deutsche Kapitulation von Generalfeldmarschall Wilhelm Keitel am 9. Mai 1945 in Berlin-Karlshorst wiederholt werden.

Am 9. Mai 1945 bekannte sich Stalin im Rundfunk überraschend zur deutschen Einheit. Sie sollte vorerst zur Richtschnur für eine »Gruppe

401 Verhaftung der letzten Reichsregierung in Flensburg-Mürwik am 23. Mai 1945 durch englisches Militär: Admiral Karl Dönitz (m.), Generaloberst Alfred Jodl (r.) und Minister Albert Speer (l.).

398 Bei Kriegsende kam es in verschiedenen Ländern erneut zu Massakern. Von Tito-Partisanen ermordete Kroaten.

399 Athen: Von kommunistischen Partisanen erschossene Geiseln werden aus einem Brunnenschacht geborgen.

400 Im ehemaligen Protektorat führte ein Aufstand zur Verfolgungsjagd auf die Deutsch-Böhmen.
Von Tschechen ermordete Menschen in Prag.

402 Festnahme deutscher Raketenkonstrukteure bei Reutte: In der Mitte Wernher von Braun (m.), General Walter Dornberger (l.).

33

403 Aus Kurland hatte nur ein kleiner Teil der Wehrmacht-Verbände abtransportiert werden können. Reste deutscher Divisionen und lettischer Truppenteile an der Ostseeküste.

Ulbricht« werden, Emigranten, die das NKWD nach Berlin fliegen ließ. Diese kommunistischen Funktionäre sammelten dort Überreste des zusammengebrochenen Verwaltungsapparates, ähnlich wie die von den Sowjets neu eingesetzte Regierung der Republik Österreich.

Die USA wollten sich aus Europa zurückziehen und zeigten daher kein Interesse an Schlüsselpositionen. Dennoch wuchsen die Ost-West-Spannungen. Hatte Moskau schon übel vermerkt, daß ihm Washington eine Anleihe vorenthielt, so verdroß die Sowjets nun auch die Reduzierung des Leih-Pacht-Systems. Scharf protestierte der Kreml gegen eine besatzungsfreie Enklave um Flensburg für die Regierung Schwerin-Krosigk.

Nachdem sich darüber nicht allein Molotow, Berija und Shukow, sondern auch Hopkins, Eisenhower und einige Engländer empört geäußert hatten, mußte Churchill einlenken. Am 23. Mai 1945 ergriffen britische Soldaten Admiral Dönitz und seine Mitarbeiter mit demonstrativ zur Schau gestellter Verachtung, um Whitehall in den Augen der anwesenden Presseberichterstatter zu entlasten.

Am 5. Juni 1945 ergriffen die alliierten Oberbefehlshaber über Deutschland die Regierungsgewalt. Durch die Unterzeichnung von vier Dokumenten wurde das Reichsgebiet (und seine Hauptstadt) in Besatzungszonen (und -sektoren) aufgeteilt und ein Kontrollrat der Militärgouverneure als oberstes Organ geschaffen. Die Anglo-Amerikaner zogen sich aus den von ihnen eingenommenen Gebieten der Sowjetzone zurück.

Ein Wink aus dem Kreml zwang das kommunistische Regime in Warschau zwar nicht, die ursprünglich vorgesehene Anzahl hoher Ämter, doch immerhin zwei Kabinettsposten Londoner Exilpolitikern zu überlassen. Darauf beeilten sich die Vereinigten Staaten, Großbritannien und Frankreich mit ihrer Anerkennung der vollendeten Tatsachen.

Diese Schritte und das folgende Dreiertreffen hatten Hopkins und Harriman mit Wyschinskij ohne nennenswerte Mitwirkung der Briten in Moskau vorbereitet. Harry S. Truman, der Nachfolger Roosevelts, enthielt sich dazu jeder Stellungnahme. Er bekannte, die weltpolitische Lage noch nicht genügend zu überblicken.

Roosevelt hatte an eine über das Kriegsende hinausgehende Zusammenarbeit der Mächte gedacht. Vier »Polizisten« *(Global Cops)* – die USA, UdSSR, Großbritannien und China – sollten den Weltfrieden sichern. Als die Vertreter von 50 (51) Regierungen am 26. Juni 1945 in San Franzisko der *Charter of The United Nations Organization* (UNO) zustimmten, schien ein Regelwerk geschaffen, mit dem internationale Konflikte künftig geschlichtet werden konnten.

Doch die Ost-West-Spannung wuchs. In Potsdam, beim nächsten Dreiertreffen, versuchte Harry S. Truman den sowjetischen Diktator mit einer sensationellen Nachricht zu düpieren: der Zündung des ersten atomaren Sprengkörpers über der Alamogordo Reservation südlich von Oppenheimers *Los Alamos Laboratory* (Neu-Mexiko).

404 Entwaffnung des Kosakenkorps der deutschen Wehrmacht durch die Briten in Kärnten. Einige Tage später begann die Auslieferung der Offiziere und Mannschaften an das NKGB.

Stalin empfahl dem Präsidenten, die neue Waffe gegen Japan einzusetzen. Die Sowjetführung war bereits durch Spionage und Verrat über das amerikanische Experiment unterrichtet und erwartete, daß ihr eigenes, von Abram F. Joffe entwickeltes Nuklearprogramm unter Boris Wannikow, Lew Landau und Andrej Kapiza zum Erfolg führte.

Eine wirkliche Überraschung war die Niederlage der Konservativen Partei

405 Fototermin während der Potsdamer Konferenz in Schloß Cäcilienhof vom 17. Juli bis 2. August 1945: Harry S. Truman, der neue amerikanische Präsident (m.), Jossif Stalin (l.) und Winston Churchill (r.).

bei den englischen Unterhauswahlen. Am 26. Juli 1945 demissionierte Churchill. Neuer Premier wurde Clement Attlee. Wie alle Minister seines Kabinetts wußte er wenig über Vorgeschichte und Zwischenergebnis der bisherigen Verhandlungen.

In dreizehn Vollsitzungen und vielen Ausschußberatungen rückten unterschiedliche Themen in den Brennpunkt, außer Deutschland und Österreich auch Italien und Jugoslawien, Ungarn, Rumänien und Bulgarien, Japan und Iran, die Türkei und Spanien, dazu Erdölfragen, Reparationsprobleme und die Ahndung der Kriegsverbrechen.

Man schuf eine Außenministerrunde, in die Frankreich und China als Mitglieder des künftigen Sicherheitsrats der Vereinten Nationen aufgenommen wurden. Das neue Gremium sollte Friedensverträge mit Italien und Finnland, Ungarn, Rumänien und Bulgarien, den ehemaligen Partnern des Deutschen Reichs, aushandeln und ihre Mitgliedschaft in den *United Nations* vorbereiten.

Außerdem wurden Grundprinzipien der künftigen Besatzungspolitik – Begriffe kollektiver Abrechnung wie Entnazifizierung und Entmilitarisierung, Dekartellisierung und Dezentralisierung, Umerziehung und Wiedergutmachung – festgelegt. Die Konferenz wollte damit erreichen, daß »Deutschland niemals mehr seine Nachbarn bedrohen und den Frieden der Welt gefährden« würde.

Für Reparationsleistungen sollte Deutschland von den Siegermächten auf Dauer der Besatzungszeit als »wirtschaftliche Einheit« behandelt werden, doch blieb unklar, welches Gebiet gemeint war. Österreich wurde, wie vorgesehen, abgespalten, das nördliche Ostpreußen den Sowjets überlassen, die Festlegung der deutsch-polnischen Grenze aber bis zum imaginären Friedensschluß vertagt.

Flucht und Vertreibung riesiger Menschenmassen erschwerten die territoriale Neuordnung. Zu rund 9 Millionen Bewohnern der von den Russen überfluteten Ostgebiete des Reiches kamen etwa 2,3 Millionen Sudetendeutsche und Zehntausende, die Ungarn, Jugoslawien und Rumänien verlassen mußten. Die Potsdamer Konferenz billigte dies mit einer salvatorischen Klausel.

Der völkerrechtliche Status des Aufnahmegebiets war ungewiß. Das *Random House Dictionary* behalf sich für Deutschland mit einer kurzen Formel: *Germany – a former country in Central Europe.* Das von den Siegern in Berlin geschaffene Zentralorgan, ein »Kontrollrat«, verlor mangels Übereinstimmung seine Zuständigkeit bald an die Militärgouverneure der vier Besatzungszonen.

Die Konferenzergebnisse verzeichnete ein Protokoll, das als »Potsdamer Abkommen« umstritten war. Es enthielt nur eine gekürzte Fassung der Beschlüsse. Manche Passagen hatten lediglich den Charakter von Absichtserklärungen. Der Text band die Unterzeichner, ermangelte jedoch parlamentarischer Ratifikation. Von einem Vertrag im völkerrechtlichen Sinn konnte daher nicht die Rede sein.

406 Berlin, Wilhelmstraße: Die Trümmer der Alten und Neuen Reichskanzlei. Im Garten hinter dem Gebäudekomplex wurde die Leiche von Hitler mit Benzin übergossen und verbrannt.

407 Vor den Augen einer jubelnden Menge werden sieben deutsche Frauen – Wirtschaftspersonal aus dem KZ Stutthoff – von Lastwagen gestoßen und an Pendelgalgen erwürgt.

406a Anfang 1945.
Im Soldatenmantel irrt eine deutsche Flüchtlingsfrau mit ihrem Kind durch den winterlichen Wald.

408 Amerikanisches Gefangenenlager mit Wehrmachtshelferinnen bei Sinzig am Rhein.

Der Zusammenbruch Japans 1945

In Potsdam war auch eine »Erklärung« verabschiedet worden, mit der Amerika, Großbritannien und China von Japan die bedingungslose Kapitulation forderten. Man werde, hieß es, das Kaiserreich auf seine Heimatinseln beschränken, ihm aber die Industrie belassen und den Weg zu Rohstoffmärkten freigeben. Die Kriegsverbrecher müßten bestraft und Hindernisse beseitigt werden, die einer Neubelebung der Demokratie entgegenstünden.
Japan kontrollierte noch die meisten seiner Besatzungsgebiete. Wegen der Rekolonialisierungsabsichten de Gaulles hatte es das französische Protektorat über Laos, Kambodscha, Cochinchine und Tonkin aufgehoben und Bao Dai zum Kaiser von Vietnam bestimmt. Eine Großostasienkonferenz, die Nationalchina und Mandschukuo, Burma und Thailand, Vietnam und die Philippinen beschickten, begrüßte dies.
Mittlerweile waren im Schutze der 5. US-Flotte (Spruance) amerikanische Truppen auf Iwojima und Okinawa gelandet. Der kleineren Insel konnte das Kaiserliche Hauptquartier keine Hilfe bringen, für die Verteidigung der größeren hatte Sugiyama eine Armee aufgestellt, hielt Toyoda das Schlachtschiff »Yamato« (Ariga) und etwa 1200 Flugzeuge – größtenteils mit Kamikaze-Piloten – bereit.
Da die »Yamato« (Ariga) nur bis nach Okinawa gelangen und wegen Treibstoffmangels nicht zurücklaufen konnte, sollte sie sich auf Strand setzen und mit ihren Geschütztürmen die Verteidiger der Insel unterstützen. Das Schlachtschiff und seine Begleitzerstörer wurden aber schon beim Verlassen der japanischen Inlandsee beobachtet und von Halseys Trägerflugzeugen versenkt.
Lange bevor das Ringen um Iwojima und Okinawa zu Ende ging, hatten die *Joint Chiefs of Staff* den Plan für eine Landung auf Kyushu, der südlichen Hauptinsel Japans, genehmigt (Operation »Olympic«). Zum Angriffstermin war der 1. November 1945 bestimmt. Man rechnete mit langwährendem Widerstand, auch noch im nächsten Jahr.
In Washington war bekannt, daß die japanische Führung den Kampf einzustellen wünschte. Ein mit Gefühlen und Denkweisen der Ostasiaten vertrauter Offizier hatte dies durch wohlerwogene Emissionen herausgefunden. Seine Expertise bestätigte ein aus Berlin nach Bern gekommener japanischer Militärdiplomat gegenüber der Residentur des geheimen US-Nachrichtendienstes in der Schweiz.
An die Stelle des zurückgetretenen Premiers Kuniaki Koiso war in Tokio Admiral Kantaro Suzuki getreten. Zusammen mit Außenminister Shigenori Togo sollte er nach dem Willen des Herrschers die Militäroligarchie zum Einlenken bewegen. Hirohito hatte schon am 22. Juni 1945 den Großen Rat aufgefordert, Friedensverhandlungen einzuleiten.
Korechika Anami und Mitsumasa Yonai, den beiden Wehrministern, schien ein Appell an die guten Dienste der Sowjets geraten. Die UdSSR hatte ihren Sieg über Hitlers Deutschland zu einem nicht geringen Teil der japanischen Neutralität zu verdanken und sollte sich nun dafür erkenntlich zeigen. Daß Molotow den Pakt von 1941 kündigte, war scheinbar kein schlimmes Vorzeichen, da der Vertrag erst 1946 auslief.

409 Auf dem pazifischen Kriegsschauplatz nahmen die Operationen ihren Fortgang. Von Raketenträgern begleitet, nähern sich zahlreiche »Amtracks« dem Strand der Insel Iwojima. Der Vulkan Surabachi erwies sich als feuerspeiende Festung. Die Kämpfe dauerten sechs Wochen, der Angreifer verlor 23202 Mann.

410 Vor Okinawa erlitt die vereinigte angloamerikanische Flotte schwere Verluste durch Kamikaze-Angriffe: 36 Schiffe sanken, 368 wurden beschädigt, 4707 Seeleute starben. In den fast drei Monaten dauernden Kämpfen fielen weitere 7374 Amerikaner, auch ihr kommandierender General.

Doch Togos Weisungen an den japanischen Botschafter in Moskau kamen zur Unzeit. Fürst Fumimaro Konoe, der auf Anregung des Kaisers im Kreml vorsprechen sollte, erhielt kein *agrément*. Stalin verschwieg diesen Annäherungsversuch gegenüber den Westmächten. Offenbar war ihm an einem sofortigen Friedensschluß zwischen Japan und den Anglo-Amerikanern nicht gelegen.

Washington war gleichwohl im Bilde. Die Funkaufklärung verfügte noch immer über den gebrochenen Kode der japanischen Marine und des diplomatischen Dienstes. Aus den dechiffrierten Mitteilungen war zu schließen, daß Japan einen Verhandlungsfrieden anstrebte, die Sowjetunion aber Zeit zur Vorbereitung einer Offensive der Roten Armee in Ostasien gewinnen wollte.

Henry L. Stimson hatte im Text der »Potsdamer Erklärung« eine maßvolle Korrektur durchgesetzt. Die Forderung nach bedingungsloser Kapitulation war jedoch stehengeblieben. Truman und seine Mitarbeiter sahen sich zur Ausübung starken Druckes berechtigt. Sie wollten Japan noch vor dem Eingreifen der Sowjetunion in die Knie zwingen.

Ein Mittel hierzu war die *United States Army Air Force*. Seit der Eroberung von Saipan erreichten ihre Bombenflugzeuge vom Typ Boeing »B 29 Superfortress« die japanischen Hauptinseln, wo sie große Städte wie Yokohama, Kobe, Osaka und Nagoya angriffen. Am 25. Februar 1945 hatte auch Tokio ein schwerer Schlag getroffen. Auf einer Fläche von 16 Quadratmeilen waren 267272 Häuser zerstört, 83993 Japaner getötet und 40918 verwundet worden. Die Regierung mußte 6 Millionen Menschen evakuieren, um sie vor dem Feuertod zu bewahren.

Kein namhafter Amerikaner verurteilte den Luftbrandkrieg gegen die Zivilbevölkerung. Viele begrüßten ihn sogar, weil er ein baldiges Ende des Ringens verhieß. James F. Byrnes diskutierte die mögliche Beschleunigung durch einen Atomwaffenschlag mit Henry L. Stimson und Vannevar Bush, Wissenschaftlern und hohen Militärs.

Truman versprach sich nützlichen Rat vom Interimausschuß der beiden Wehrministerien. Den Vorsitz führte Stimson. Neben ihm saß Byrnes als Vertreter des Präsidenten. Bush zog auch Nuklearwissenschaftler heran, vor allem Oppenheimer und Fermi, Compton und Lawrence. Sie empfahlen einstimmig den Abwurf der ersten fertigen Atombombe auf Japan, wenn das Kaiserreich nicht vorher kapitulierte.

Ein wichtiger Beweggrund für die endgültige Entscheidung war das bevorstehende Eingreifen der UdSSR. Roosevelt hatte es zur Schonung eigener Kräfte gewünscht, Trumans Berater glaubten jedoch, daß Amerika den Krieg gegen Japan allein gewinnen könne. Stimson notierte in sein Tagebuch: »Die USA brauchen Rußland nicht mehr.«

In Amerika war genügend waffenfähiges Plutonium und Uran hergestellt worden, um damit je eine Bombe zu schärfen. Man brachte die Materialien nach Tinian, auf eine Koralleninsel der Marianen, von wo die *Group 509* das 1400 km entfernte Japan erreichte. Oberst Paul W. Tibbets, der Kommodore des Sonderverbandes, meldete atomare Einsatzbereitschaft für den 1. August 1945.

In Tokio ahnte man nicht die Gefahr. Das Kabinett nahm sich deshalb Zeit für Verhandlungen, obwohl die »Potsdamer Erklärung« dem Inselreich mit »totaler Vernichtung« drohte. Da der Text kein Wort über die Unantastbar-

411 Am 6. August 1945 wirft eine Boeing »B 29 Superfortress« unter dem Kommando von Oberst Paul W. Tibbets die erste Atombombe auf Hiroshima.

412 Der Strahlentod einer Japanerin. Am 9. August 1945 fiel eine zweite Atombombe auf Nagasaki.

keit der geheiligten Majestät des Kaisers enthielt, äußerte Premierminister Kantanaro Suzuki nur *Mokasutsu*, was soviel wie »schweigende Verachtung« bedeutete.
Truman setzte den Japanern eine Frist. Als Suzuki nicht antwortete, erteilte der Präsident den Einsatzbefehl für die auf Tinian bereitliegenden Atombomben *(Little Boy, Fat Man)*. Ihre Zerstörungskraft entsprach etwa 20000 Tonnen Trinitrololuol. Flugzeuge vom Typ B 29 *Superfortress* sollten sie ins Ziel tragen.
Am 6. August 1945 brachte *Little Boy* in Hiroshima 92167 Menschen den Tod. Nach einem zweiten gegen Nagasaki gerichteten Schlag wurden die amtlichen Verlustlisten bei 23753 Registrierungen geschlossen. Infolge der andauernden Strahlungsenergie starben noch 200000 weitere Japaner. Unter dem Eindruck dieser Katastrophe funkte die kaiserliche Regierung ihre Kapitulationsbereitschaft.
Truman hatte mit dem atomaren Einsatz die unerwünschte Intervention der UdSSR nicht verhindert. Am 9. August 1945 stießen unter Marschall Wassilewskij drei Heeresgruppen der Roten Armee, begleitet von chinesischen Kommunisten und mongolischen Reiterscharen in die Mandschurei und Korea vor. Kriegsschiffe und Luftlandetruppen der Sowjets nahmen Dairen, Port Artur und die Kurilen.
Das japanische Einlenken war mit einem Vorbehalt für den Kaiser verbunden. Die Westmächte sahen ein, daß sie dies berücksichtigen mußten, sollte schnell ein Waffenstillstand ohne die Russen zustandekommen. Die Sowjets protestierten, aber William Averell Harriman hielt ihre Note zurück. Derweil signalisierte Byrnes das amerikanische Einverständnis mit den von Japan genannten Bedingungen.
Suzuki entging einem Mordanschlag durch Flucht. Hirohito überstand einen Putsch junger Offiziere, die den Tenno aus den Händen verräterischer Höflinge glaubten befreien zu müssen, und verbarg sich im Luftschutzkeller des Palastes. Dort wurde eine Schallplatte mit der Ansprache des Herrschers für die japanische Rundfunkübertragung am folgenden Tag aufbewahrt.
Mit gesenkten Köpfen standen Gruppen von Japanern vor den Radioempfängern, als das Bestürzende geschah und erstmals die Stimme des Gott-Kaisers über den Äther zu ihnen drang, die das Kriegsende ankündigte und Gehorsam forderte. Suzuki und Togo traten zurück. Anami verübte Harakiri. Prinz Higashi-Kuni bildete ein neues Kabinett.
Das kaiserliche Hauptquartier hatte die Beendigung des Kampfes befohlen. Eine Offiziersdelegation flog nach Manila, um mit MacArthur die Modalitäten der Übergabe zu besprechen. Dennoch vergingen Wochen, bis die japanischen Truppen im weiten Halbkreis von Neuguinea bis nach Borneo, Malaysia und Korea das Feuer einstellten.
US-Luftlandeverbände wurden nach China geworfen, wo sie Kriegsgefangene befreiten, Peking, Tsiensin, Nanking und Shanghai sowie die Provinzen Shantung und Hopeh für Tschiang Kai-schek sicherten. Die Sowjets schlossen mit ihm den versprochenen Freundschaftsvertrag. Doch ihr enges Zusammenwirken mit dem Kommunistenführer Mao Tse-tung leitete schon zum nächsten Krieg über.
Amerikanische Luftlandetruppen besetzten den Flugplatz der Hauptstadt. Ein Verband der 3. US-Flotte (Halsey) ankerte in der Sagamibucht unweit

413 General Douglas MacArthur nimmt an Bord des Schlachtschiffes »Missouri« die japanische Kapitulation entgegen. Hinter dem Oberbefehlshaber die Vertreter der am Krieg gegen Japan beteiligten Staaten: UdSSR, Großbritannien, Australien, Frankreich, Niederlande und Neuseeland.

414 Die am 2. September 1945 vor MacArthur erschienene Waffenstillstandsdelegation der Japaner. Links der infolge eines Bombenattentates schwerbehinderte Premierminister Mamoru Shigemitsu mit General Yoshijiro Umezu.

von Tokio. Am 2. September 1945 empfingen MacArthur, Nimitz und andere alliierte Chefs an Bord des Schlachtschiffes »Missouri« (Murray) eine von Shigemitsu geführte Delegation zur Unterzeichnung der Kapitulationsurkunde.

415 Der Physiker Julius Robert Oppenheimer, wissenschaftlicher Leiter des Manhattan Project im Los Alamos Scientific Laboratory 1943–1945, Hauptverantwortlicher für den Bau der ersten Atombombe.

Ergebnisse und Folgen

Zwischen 1648 und 1945 haben die zivilisierten Staaten in Europa und Amerika 285 Konflikte gewaltsam ausgetragen. Dabei gingen die militärischen Verluste durschnittlich von 25% auf 6% zurück, während die Zahl der nicht unmittelbar Beteiligten von 1,48% auf 8,8% stieg zuletzt im Verlauf des Zweiten Weltkrieges.

Mit etwa 55 Millionen Toten übertraf er die blutige Bilanz des Ersten Weltkrieges fast um das Sechsfache. Viele Staaten, voran China, Jugoslawien und Polen, beklagten mehr zivile als militärische Verluste. In Deutschland wurden bis zum 31. Januar 1945 2,73 Millionen gefallene Soldaten registriert und die Zahl der Nichtkombattanten infolge von Bombenangriffen, Flucht und Vertreibung, Deportation und Gefangenschaft auf mindestens eine Million geschätzt.

Für die Sowjetunion soll Molotow in Potsdam von 7 Millionen Toten gesprochen haben. Chruschtschow nannte später 20 Millionen, darunter 13,5 Millionen Gefallene. Wieweit diese Zahlenangaben auch die Opfer Stalinistischen Terrors und deutscher Judenmorde einbeziehen, wurde bisher nicht ausreichend geklärt.

Die materiellen Schäden des Zweiten Weltkrieges stellten alles frühere in den Schatten. Zahllose Wohnstätten waren zerstört, ganze Produktionszweige stillgelegt. Mangels ausreichender Transportmittel konnten die Überlebenden nur notdürftig versorgt werden. Die Dreierpaktstaaten hatten alle Handelsschiffe verloren, die Sieger zwei Drittel ihrer Friedenstonnage.

Die Trümmer wurden in wenigen Jahrzehnten überraschend schnell beseitigt, hatte doch der Krieg nicht nur ein gewaltiges Vernichtungspotential, sondern beiläufig auch die Technik für den Wiederaufbau geschaffen. Zudem war angesichts des Desasters die Leistungsbereitschaft der Menschen erheblich gewachsen.

Die politische Transformation lief auf zwei grundsätzliche Ordnungsvorstellungen hinaus: den »Sozialismus« sowjetischer Zielrichtung und die Ideologie des »American Way of Life«. Die »Weltanschauung« der Besiegten war durch ihre Greuel diskreditiert. Das Verdikt der Weltöffentlichkeit untersagte ihnen jede Wiederbelebung.

Die Alliierten präjudizierten ein neues, einklagbares Völkerrecht. Sie hatten dazu in London ex post facto ungenaue Tatbestände (Verbrechen gegen den Frieden, die Menschlichkeit und das Kriegsrecht) formuliert. Von Dänemark, Norwegen und Holland wurde die bereits abgeschaffte Todesstrafe zur Abrechnung mit Hochverrätern wieder eingeführt.

In Bulgarien, das nur am Rande beteiligt gewesen war, wurden 2138 Menschen hingerichtet. Ion Antonescu und sieben seiner Minister schickte die Sowjetunion zum Erschießen nach Bukarest. Die neuen ungarischen Machthaber brachten in ihrem Land alle Regierungschefs der Kriegszeit und drei Honvéd-Generale an den Galgen.

Die wiederhergestellte Tschechoslowakei überantwortete Karl Hermann Frank und Kurt Daluege samt einigen Protektoratsbeamten, in Preßburg auch Josef Tiso, dem Henker. Philippe Pétain, der nach Frankreich zurückgekehrt war, wurde zum Tode verurteilt und von de Gaulle begnadigt, Pierre Laval jedoch als Kollaborateur erschossen.

Ein Internationaler Militärgerichtshof in Nürnberg verurteilte zwölf Repräsentanten des »Dritten Reichs« zum Galgentod. Nachdem Bormann verschwunden war und Göring sich das Leben genommen hatte, wurden Joachim von Ribbentrop, Wilhelm Keitel und Alfred Jodl, Ernst Kaltenbrunner und Hans Frank, Fritz Sauckel und Alfred Rosenberg, Walter Funk, Arthur Seyß-Inquart und Julius Streicher gehängt.

Andere, von den Amerikanern allein geführte Prozesse (gegen Diplomaten, Juristen und Ärzte, das Oberkommando der Wehrmacht und die Einsatzgruppen, Milch, Flick und Krupp, das Rassen- und Siedlungshauptamt und den IG-Farbenkonzern) hatten zwölf weitere Hinrichtungen und vierundzwanzig lebenslange Haftstrafen zur Folge.

Der Prozeß gegen die »Hauptkriegsverbrecher« in Tokio verzögerte sich. Hideki Tojo, der sich beim Harakiri schwer verletzt hatte, wurde monatelang ärztlich behandelt, damit an ihm die Todesstrafe vollstreckt werden konnte. Auch sechs andere japanische Generale ließ der Henker durch die Bodenklappe des Galgens fallen. Hajime Sugiyama und Chuichi Nagumo waren vorher aus dem Leben geschieden.

Das Reich, dessen Führer den Krieg begonnen hatte, bestand nicht mehr. Die in ihrer Existenz als Großmächte bedrohten und deshalb koalierenden Gegner hatten es aus zwei Richtungen erdrückt. Die mit finsterer Konsequenz an Juden begangenen Massenmorde wurden zur langwierigen niederdrückenden Belastung für das deutsche Volk.

Japan und Italien, in denen es keine sowjetische Besatzung gab, behielten ein ungeteiltes Staatsgebiet. Dagegen verlor Deutschland die erst vor fünfzig Jahren wiedergewonnene Einheit. Auf Betreiben der Siegermächte entstanden beiderseits einer »Zonengrenze«, dem »Eisernen Vorhang«, zwei grundverschiedene Republiken – für die übrige Welt »Feindstaaten« gemäß Artikel 56 und 107 der UN-Charta.

Über die Zukunft Deutschlands konnte sich der alliierte Außenministerrat nicht verständigen. Italien und Rumänien, Ungarn, Bulgarien und Finnland erhielten jedoch 1947 in Paris die vorgesehenen Friedensverträge. Vier Jahre darauf ergab sich auch für Japan eine solche Regelung ohne Teilnahme der Sowjetunion.

Die Expansion des fernöstlichen Kaiserreichs hatte, so kurz sie war, den Nimbus der europäischen Kolonialherren zerstört. Bezeichnenderweise nahm die Unabhängigkeitsbewegung der bisher ausgebeuteten Völker die Laufrichtung von Ost nach West. Zwei Versuche zur Rückeroberung von Niederländisch-Indien endeten mit einem Fiasko.

Auch Frankreich konnte seinen Außenbesitz nicht wieder an sich binden, er ging in langen, kostspieligen Kriegen endgültig verloren. Das britische Empire brach auseinander. Die Dominien rückten von England ab. Indien und Pakistan, Ceylon und Burma, Malaysia und Singapur wurden unabhängig, ebenso Zypern und Malta, die afrikanischen Kolonien, Inseln der Karibik und ihrer Nachbarregionen.

Stalin hatte das in einer Rede vom 19. August 1939 genannte Kriegsziel der UdSSR nicht erreicht. Wohl stand die Rote Armee tief in Mitteleuropa und Ostasien, doch war dies hauptsächlich alliierter Hilfe zuzuschreiben. Aus dem Kräftemessen, das nach sowjetischer Auffassung die »kapitalistischen Mächte« ruinieren mußte, ging die Sowjetunion geschwächt hervor.

Die Vereinigten Staaten waren vom Krieg unversehrt. Ihre Schatzhäuser

416 Auf der Anklagebank im Nürnberger Prozeß vom 20. November 1945 bis 1. Oktober 1946: 1. Reihe (v.l.n.r.) Hermann Göring, Rudolf Heß, Joachim von Ribbentrop, Wilhelm Keitel und Alfred Rosenberg; 2. Reihe (v.l.n.r.) Karl Dönitz, Erich Raeder, Baldur von Schirach, Fritz Sauckel und Alfred Jodl.

417 Der japanische Premierminister, General Hideki Tojo, vor dem International Military Tribunal for the Far East in Tokio. Er wurde als Kriegsverbrecher zum Tode verurteilt und mit sechs anderen Militärs am 22. Dezember 1948 durch den Strang hingerichtet.

bargen 60% der Weltwährungsreserve. Die USA besaßen zwei Drittel der modernen Industrie. Sie verarbeiteten 27% des Stahls und 62% der Erdölförderung. Jeder Amerikaner hatte für seine Ernährung täglich 3400 Kalorien zur Verfügung, viermal mehr als der Europäer.
Die in Bretton Woods gegründeten Geldinstitute arbeiteten mit amerikanischem Kapital. Sie kontrollierten wichtige Produktionen, ganze Länder. Aber nicht nur Weltbank und Währungsfond, auch die UNO diente den Interessen der Vereinigten Staaten, solange viele Mitglieder ihren Beitragsverpflichtungen nicht nachkommen konnten.
Die UdSSR suchte sich als gleichwertige Großmacht zu behaupten. Sie brach das amerikanische Kernwaffenmonopol, machte dutzendfach von ihrem Vetorecht im Weltsicherheitsrat der UNO Gebrauch und hinderte die aus Moskau bevormundeten Staaten, an einem von Truman und Marshall konzipierten Wiederaufbauprogramm zu partizipieren.
Der Ost-West-Gegensatz wurde mit einer unpassenden Bezeichnung zum »Kalten Krieg«. Seine absurde Sicherheit beruhte auf dem schwankenden Gleichgewicht beiderseitiger Erfolge. USA und UdSSR standen sich wie zwei Giganten gegenüber, von denen jeder das Mienenspiel des andern beobachtete. Es gab Krisen, schwere Konflikte, den drohenden atomaren Schlagabtausch, notwendigerweise aber auch Entspannungsversuche, sogar Momente mißtrauischer Zusammenarbeit.
Die beiden »Supermächte« schlossen Militärbündnisse mit über 50 Staaten, führten in Korea, Vietnam und Afghanistan jahrelang blutige Kriege, ohne den Wettlauf kostspieliger Rüstungen und Raumfahrtexperimente aufzugeben. Es fragte sich, wer von ihnen dieses Übermaß der Anstrengungen auf die Dauer ohne Kollaps durchhalten konnte.
Die Entscheidung brachte der mißlungene Versuch, das Herrschaftssystem des Sowjetimperiums zu reformieren. Die zentripetale Kraft des Marxismus-Leninismus war erschlafft. Die Satelliten strebten auseinander, okkupierte Staaten ertrotzten ihre Unabhängigkeit. Von den deutschen Republiken konnte die eine der anderen (westlichen) beitreten. Damit stand fest, daß es bis auf weiteres nur einen *arbiter mundi* gab: die Vereinigten Staaten von Amerika.

418 Französisches Plakat zur Kennzeichnung des Sieges über Deutschland.

VICTOIRE

Personenregister